Naegele / Valtin (Hrsg.) · LRS in den Klassen 1–10 · Band 2

# LRS in den Klassen 1–10

Handbuch der Lese-Rechtschreib-Schwierigkeiten

**Band 2:**
**Schulische Förderung und außerschulische Therapien**

Herausgegeben von Ingrid M. Naegele und Renate Valtin

Beltz Verlag · Weinheim und Basel

**Besuchen Sie uns im Internet**
**http://www.beltz.de**

Gesetzt nach den neuen Rechtschreibregeln
Lektorat: Peter E. Kalb


Herstellung: Klaus Kaltenberg
Satz: Satz- und Reprotechnik GmbH, Hemsbach
Druck: Druckhaus Beltz, Hemsbach
Umschlaggestaltung: Federico Luci, Köln
Printed in Germany

ISBN 3-407-62367-4

# Inhaltsverzeichnis

*Ingrid M. Naegele / Renate Valtin*
Einleitung .......... 9

## Grundlagen

*Renate Valtin*
Von der klassischen Legasthenie zu LRS – notwendige Klarstellungen .......... 16

*Ingrid M. Naegele / Renate Valtin*
Wie LRS vermeiden und beheben? .......... 36

*Ingrid M. Naegele / Renate Valtin*
»Legasthenie kommt von Gott« – Wie SchülerInnen mit LRS ihr Versagen erklären .......... 41

## Schulische Förderung

*Renate Valtin*
Schwierigkeiten beim Schriftspracherwerb. Hinweise und Hilfen für die Förderdiagnostik .......... 48

*Gerheid Scheerer-Neumann*
Förderdiagnostik beim Lesenlernen .......... 70

*Peter May*
Diagnose der Rechtschreibstrategien mit der Hamburger Schreibprobe .......... 87

*Irene W. Gaskins / Linnea C. Ehri / Cheryl Cress / Colleen O'Hara / Katharine Donnelly*
Kinder werden Wörterdetektive oder: Wie amerikanische Kinder Lesen lernen .......... 93

*Marion Bergk*
Integrierter Schreibanfang: Experimentierzeit statt Wartezeit für die »Schriftfernen« . . . . . 99

*Ruth Gerecke*
Rechtschreibschwäche? Nein, danke! . . . . . 104

*Hannelore Frauenfeld*
Ein Förderkonzept für die Grundschule . . . . . 106

*Ingrid M. Naegele*
Förderung in der Sekundarstufe. Mit einem Beispiel aus einem Förderkurs . . . 110

*Reinhold Komnick*
Integrative Legasthenikertherapie an der Jugenddorf-Christophorusschule. . . . 122

*Iris Füssenich*
Fähigkeiten und Schwierigkeiten beim Lesen und Schreiben in der Sonderschule . . . . . 129

*Heike Urban / Ingrid M. Naegele*
»Das ist dir vielleicht auch passiert« – Freies Schreiben mit lese-rechtschreibschwachen Kindern . . . . . 140

*Gabriele Rabkin*
Anregungen zum freien Schreiben und Gestalten . . . . . 146

*Peter May*
Bedingungen für Lernerfolge im Förderunterricht . . . . . 154

*Ralph Weigt*
Zur Förderung in LRS-Klassen – Erfahrungen aus der DDR . . . . . 164

*Christian Klicpera / Barbara Gasteiger-Klicpera*
Anforderungen an die schulische Förderung von SchülerInnen mit LRS – Erfahrungen aus Österreich . . . . . 170

*Wiltrud Döpp*
Lebens- und Lernprobleme in der Schule – Über den Umgang mit Familienproblemen von Kindern . . . . . 179

## Außerschulische Förderung und Therapieansätze

*Ilona Löffler / Ursula Meyer-Schepers / Ingrid M. Naegele*
Überlegungen zur Qualitätssicherung in der kombinierten
Lern- und Psychotherapie .............................. 186

*Heinz Zangerle*
Angebote des Psycho-Marktes. Kritische Sichtung und Wertung ............ 194

*Ingrid M. Naegele*
FIT – Frankfurter Integrative Therapie.............................. 204

*Ingrid M. Naegele*
»Unkonzentriert, aufmerksamkeitsgestört, faul!« – Erfahrungen
einer Lerntherapeutin .............................. 215

*Ilona Löffler / Ursula Meyer-Schepers / Elsa Nijland*
Das LautAnalytische RechtschreibSystem (LARS) ........................ 221

*Christine Mann*
Linguistische orientierte Therapie.............................. 230

**Literaturverzeichnis** .............................. 237

**Die AutorInnen**.............................. 245

**Stichwortverzeichnis**.............................. 246

*Ingrid M. Naegele / Renate Valtin*

# Einleitung

Äußerung von Rike

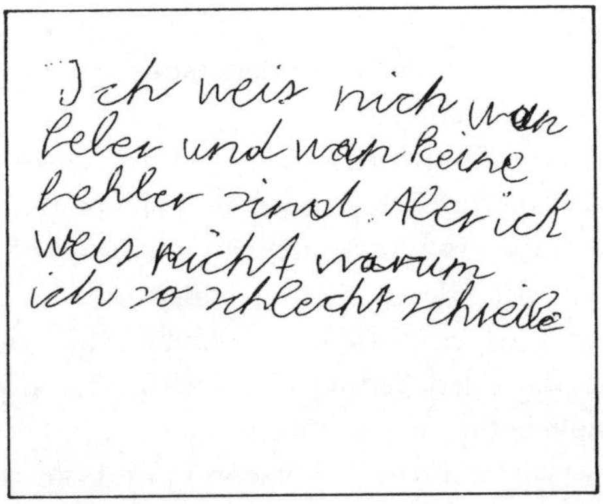


Äußerung von Alex

Diese Veröffentlichung will dazu beitragen, dass ein Kind wie Rike bei Diktaten besser abschneidet und Alex mehr über Fehler weiß.

10 Jahre nach der ersten Auflage des Handbuchs »LRS in den Klassen 1–10« aus dem Jahr 1989 wurde – nicht nur wegen der Rechtschreibreform – eine 4., erweiterte Auflage notwendig – notwendig auch deshalb, weil sich in den letzten Jahren vieles bewegt hat, nach vorn, aber auch zurück. So hat das bereits ad acta gelegte Legasthenie-Konstrukt mit seiner medizinischen Sichtweise von Lese-Rechtschreib-Schwierigkeiten als Defekt des Kindes wieder neue AnhängerInnen gefunden und entsprechende Therapieansätze ohne Bezug zum Schriftspracherwerb werden vermarktet.

In der neuen Auflage besteht das Handbuch aus zwei Bänden. Der erste Band »Grundlagen und Grundsätze der Lese-Rechtschreib-Förderung« erschien 1997. Aus dem im Anschluss an diese Einleitung abgedruckten Inhaltsverzeichnis sind die Themen dieses Bandes zu entnehmen, ergänzt um die Beiträge der geplanten Neuausgabe von Band 1.

Das spätere Erscheinen des hiermit vorliegenden zweiten Bandes »Schulische Förderung und außerschulische Therapien« ist dadurch begründet, dass er völlig neu gestaltet ist und bildungspolitische Veränderungen, neue Erkenntnisse und Forschungsergebnisse einbezieht. Im Zusammenhang mit den einschneidenden finanziellen und personellen Einsparungen im Bildungsbereich, gekoppelt mit einer vielerorts unzureichenden Lehreraus- und -weiterbildung sind die wissenschaftlich und methodisch-didaktisch sinnvollen Erlasse und Richtlinien für Kinder, die besondere Schwierigkeiten beim Erwerb des Lesens, Schreibens und/oder Rechtschreibens haben, häufig zu Makulatur verkommen. Es ist beschämend, dass Deutschland mit seinem Etat für die Grundschule laut OECD einen der letzten Plätze in Europa einnimmt. Ungünstige Lernbedingungen tragen erheblich zum Entstehen von LRS bei. Daher ist es kaum verwunderlich, dass das klassische medizinische Konstrukt der Legasthenie als spezifische Störung bei intelligenten Kindern wieder ausgegraben wird und deren Vertreter damit einer Teilgruppe von Kindern, denen mit so genannten Teilleistungsstörungen auf neuropsychologischer oder neurobiologischer Basis, einen besonderen Förderanspruch bescheinigen und die Finanzierung von Therapien verfechten.

Die AutorInnen dieses Bandes halten wegen der Unterschiedlichkeit jedes einzelnen betroffenen Kindes ein solches Konstrukt für diagnostisch nicht sinnvoll und therapeutisch unbrauchbar, wie es schon Scheerer-Neumann im 1. Band ausgeführt hat. Aus diesem Grund haben wir die Auseinandersetzung mit diesem Konstrukt und die empirischen Gegenbefunde zum Bestandteil dieses 2. Bandes gemacht (s. dazu den Beitrag von Renate Valtin: »Von der klassischen Legasthenie zu LRS – notwendige Klarstellungen«).

Die empirische Forschung und die Didaktik des Schriftspracherwerbs haben zu neuen Erkenntnissen geführt, die in diesen Band aufgenommen wurden.

Über Attribuierungen, d.h. darüber, wie Kinder mit LRS ihr Versagen erklären, handelt der Beitrag von Ingrid M. Naegele und Renate Valtin: »Legasthenie kommt von Gott«.

Alle Kinder zeigen beim Schriftspracherwerb, abhängig von ihrem Entwicklungsstand und ihren Lernerfahrungen, eine charakteristische Folge von Strategien beim Verschriften und Lesen. Dieses Stufenmodell ergibt gleichzeitig Hilfen für die Diagnose und die Förderung. Die Einheit von kontinuierlicher Diagnose und abgestimmter Förderung wird vertreten durch die Beiträge von Renate Valtin (»Schwierigkeiten beim Schriftspracherwerb. Hinweise und Hilfen für die Förderdiagnostik«), Gerheid Scheerer-Neumann (»Förderdiagnostik beim Lesenlernen«) und Peter May (»Diagnose der Rechtschreibstrategien mit der Hamburger Schreibprobe«).

Die Erfahrungen mit schulischer Förderung von Kindern mit LRS sind inzwischen systematisiert und empirisch fundiert worden. Der Beitrag von Peter May (»Bedingungen für Lernerfolge im Förderunterricht«) bezieht sich auf das Hamburger Projekt PLUS. Darüber hinaus fanden wir es wichtig, auch auf die in anderen Ländern gewonnenen Erkenntnisse zurückzugreifen. Der Artikel von Linnea Ehri und ihren Mitarbeiterinnen (»Kinder werden Wörterdetektive«) zeigt, wie amerikanische Kinder Lesen lernen. Nachdem lange Jahre in den USA der Spracherfahrungsansatz dominierte, ist in der letzten Zeit eine Hinwendung zu einem Leselehrverfahren zu beobachten, das unserem analytisch-synthetischen Vorgehen anhand ausgewählter Schlüsselwörter gleicht. Klicpera/Gasteiger-Klicpera ziehen in ihrem Beitrag

»Anforderungen an die schulische Förderung von Schülerinnen und Schülern mit LRS« Konsequenzen aus ihren Untersuchungen zur (mangelnden) Effektivität der LRS-Förderkurse in Österreich.

Ralph Weigt beschreibt in seinem Beitrag »Zur Förderung in LRS-Klassen« Erfahrungen aus der DDR. Wenn wir auch nicht seine Ansicht teilen, dass alle Kinder mit LRS in gesonderten Klassen gefördert werden sollten, halten wird doch die von ihm beschriebenen Grundsätze der Förderung für unverzichtbar.

Im Bereich der schulischen Förderung versuchten wir, ein breites Spektrum von Maßnahmen auf unterschiedlichen Schulstufen darzustellen. Für die Lehrerin Ruth Gerecke gibt es keine Kinder, die versagen müssen: ihren Beitrag nennt sie deshalb »Rechtschreibschwäche – nein danke!« Marion Bergk setzt sich in ihrem Beitrag »Integrativer Schreibanfang. Experimentierzeit statt Wartezeit für die Schriftfernen« kritisch mit neueren Konzepten im Anfangsunterricht ohne Fibel auseinander. Hannelore Frauenfeld stellt ein »Förderkonzept für die Grundschule« vor. Ein Beitrag von Ingrid M. Naegele behandelt die Förderung in der Sekundarstufe. Iris Füssenich schreibt über »Fähigkeiten und Schwierigkeiten beim Lesen und Schreiben in der Sonderschule«. Reinhold Komnick berichtet über die »Integrative Legasthenikertherapie an der Jugenddorf-Christophorus-Schule Oberurff«.

Um deutlich zu machen, dass sich die schulische Förderung bei Kindern mit LRS nicht nur auf ein Training in Lesen und Rechtschreibung beziehen soll, wurde ein weiterer Bereich berücksichtigt: das freie Schreiben (Beiträge von Gabriele Rabkin und Heike Urban/Ingrid M. Naegele).

Aufgrund der schulischen Versäumnisse suchen viele Eltern in ihrer Not Hilfe in Nachhilfeunterricht und außerschulischen Institutionen, die oft nicht für diese Aufgabe qualifiziert sind. Ilona Löffler, Ursula Meyer-Schepers und Ingrid M. Naegele befassen sich mit der Qualitätssicherung von Therapien und definieren Kompetenzen, die von professionellen TherapeutInnen zu fordern sind. Ferner haben wir in diesen Band beispielhaft drei außerschulische Förderkonzepte aufgenommen, die diesen Kriterien entsprechen: die Frankfurter Integrative Therapie (Ingrid M. Naegele), das Konzept des Kinderzentrums für Entwicklungs- und Lerntherapie (Ilona Löffler/Ursula Meyer-Schepers) und die linguistisch fundierte Therapie (Christine Mann).

Heinz Zangerle sichtet und wertet aus österreichischer Sicht kritisch die Angebote des Psycho-Marktes. Wie bereits im ersten Band haben wir auch diesmal die Eltern berücksichtigt. Wiltrud Döpp zeigt in ihrem Beitrag »Lebens- und Lernprobleme in der Schule. Über den Umgang mit Familienproblemen von Kindern« auf, wie wichtig für die Entwicklung des Kindes die Zusammenarbeit von Elternhaus und Schule und das Vertrauen zwischen LehrerInnen und Eltern sind.

Zur Terminologie: Im Wirrwar der Begriffe und Konzepte haben wir uns um eine einheitliche Terminologie bemüht: Den Ausdruck *Legasthenie* benutzen wir nur als *kausalen Begriff* im Sinne der (klassischen) Legasthenie im Rahmen des medizinischen Modells. Ansonsten verwenden wir den Ausdruck *Lese-Rechtschreib-Schwierigkeiten (LRS)*, den auch die Kultusministerkonferenz 1978 vorschlägt. Die Bezeichnung »Schwierigkeiten« anstelle von »Schwäche« vermeidet eine Ursachenzuweisung an Defekte im Kind und deutet auf das dynamische Wechselspiel von individuellen, häuslichen und schulischen Faktoren bei der Entstehung von Lese-Rechtschreib-Schwierigkeiten.

*Zur sprachlichen Kennzeichnung:* Die ständige weibliche und männliche Ansprache ist schlecht lesbar und benötigt viel Platz. Deshalb haben wir uns auf die Form des großen I geeinigt, die auch andernorts (sogar in der Schweiz) praktiziert wird. Sie sieht eleganter aus als andere Abkürzungen, vor allem bei Dativ-Formen wie: den Lehrer(inne)n oder den Lehrer/inne/n.

Die Herausgeberinnen hoffen, mit diesem Band LehrerInnen, TherapeutInnen und interessierten Eltern Anregungen und Hilfen zu geben. Wir danken allen AutorInnen, den KollegInnen, die Manuskripte kritisch gegenlasen und kommentierten, Frau Schnee für die Koordination und last not least allen Kindern, deren Förderung im Mittelpunkt dieses Bandes steht.

## Inhalt Band 1

### *Erlasse und Richtlinien*

Grundsätze zur Förderung von Schülern mit besonderen Schwierigkeiten beim Erlernen des Lesens und des Rechtschreibens – Beschluss der KMK vom 20.4.1978
*Ingrid M. Naegele:* Förderung von Schülern mit besonderen Schwierigkeiten im Lesen und Rechtschreiben – Analyse der Richtlinien und Erlasse der Bundesländer
*Konferenz der Kultusminister:* Die Neuregelung der deutschen Rechtschreibung. Ein Überblick
*Renate Valtin / Dieter Haarmann:* Pro und kontra Rechtschreibreform

### *Grundlagen*

*Gerheid Scheerer-Neumann:* LRS und Legasthenie: Rückblick und Bestandsaufnahme
*Renate Valtin:* Zusammenfassung empirischer Befunde zu Behandlungsmöglichkeiten bei LRS
*Gerheid Scheerer-Neumann:* Rechtschreibschwäche im Kontext der Entwicklung
*Rosemarie Portmann:* Förderdiagnostik beim Lesen und Rechtschreiben

### *Schulpraxis*

*Erika Brinkmann / Hans Brügelmann:* Beobachtungshilfen für den Anfangsunterricht im Lesen und Schreiben

*Mechthild Dehn / Irmtraut Schnelle / Ingeborg Wolf-Weber:* Grundsätze für pädagogische Lernhilfen – nicht nur in Klasse 1
*Rosemarie Portmann:* LRS in der Sekundarstufe I
*Renate Valtin:* Erfolgreich lesen und schreiben lernen auch gemeinsam mit lernbehinderten Kindern
*Christa Röber-Siekmeyer:* Lese- und Schreibprobleme bei ausländischen Schülerinnen und Schülern

### *Hilfen für Eltern*

*Rosemarie Portmann:* Was Lehrer/innen Eltern raten können
*Ingrid M. Naegele:* Zu Hause mit der Rechtschreibkartei üben – Beispiel eines Briefes an Eltern

### *Computer*

*Barbara Kochan:* Der Computer als Schreibwerkzeug für LRS-Kinder
*Ingrid M. Naegele:* Können Computerprogramme beim Erlernen der Rechtschreibung helfen? Hinweise zur Auswahl von Software

### *Materialien und Arbeitshilfen*

**Spielen**
*Ingrid M. Naegele:* Spiele und Spielen mit LRS-Schülerinnen und -Schülern

**Lesen**
Renate Valtin / Ingrid M. Naegele: Selbsterfahrungstests
Renate Valtin: Voraussetzungen zum Lesenlernen
Renate Valtin: Zum Begriff des Lesens und den Schwierigkeiten schwacher Leser/innen
Renate Valtin / Ingrid M. Naegele: Lesen lernt man nur durch Lesen (sinnvoller Texte)

**Schreiben / Rechtschreiben**
*Ingrid M. Naegele:* Können Sie richtig r(R)echt-S(s)chreiben?
*Ingrid M. Naegele / Renate Valtin:* Schreiben lernt man nur durch Schreiben
*Ingrid M. Naegele:* Gegen die Diktatur des Diktats

**Lerntechniken**
*Ingrid M. Naegele:* Viel gepaukt und nichts behalten … – Lern- und Arbeitstechniken für LRS-Schüler/innen
*Gudrun Spitta:* Zur Arbeit mit dem Wörterbuch

*Beiträge für die geplante Neuausgabe von Band 1*

*Ralph Weigt:* Zur Bedeutung der Handschrift und der Schreibhaltung
*Ingrid M. Naegele:* Ergänzende Tipps und Literatur für Linkshänder
*Carl Ludwig Naumann:* Grundwortschatz-Orientierung: Ermutigung aus Begrenzung und Struktur der Orthographie
*Ingrid M. Naegele:* »Der schielt vom Rieta« – Sinnlose Rechtschreibübungen
*Aline Lenel / Ingrid M. Naegele:* Katjas langwieriger Weg zur Schrift
*Peter Rathenow:* Lesen ist auch Familiensache – Tipps für Eltern
*Ingrid M. Naegele:* Von Pechvögeln und Unglücksraben. Kinder- und Jugendbücher zum Thema

# Grundlagen

*Renate Valtin*

# Von der klassischen Legasthenie zu LRS – notwendige Klarstellungen

## Zum Konstrukt der Legasthenie

»Legasthenie gibt es nicht – was nun?«, »Das Ende der Legasthenieforschung«, »Der Unfug mit der Legasthenie«, »Legasthenie – gibt's die?« – all dies sind Büchertitel der letzten Jahre, die auf eine große Verunsicherung in puncto Legasthenie schließen lassen. Obwohl kaum ein Phänomen innerhalb der Erziehungswissenschaft so gründlich erforscht ist wie die Legasthenie, gibt es keine Einhelligkeit in Bezug auf die Ursachenerklärung oder die empfohlenen pädagogischen Maßnahmen. Dies liegt auch daran, dass mit dem Ausdruck Legasthenie unterschiedliche Bedeutungen verbunden werden, welche die Geschichte und Erkenntnisfortschritte in der Legasthenieforschung widerspiegeln. Im Folgenden wird gezeigt, dass Legasthenie zunächst als *kausaler* Begriff (als Eigenschaft des Kindes und Erklärung seiner Lese- und Rechtschreibstörungen) verwendet wurde. Als sich in zahlreichen empirischen Untersuchungen herausstellte, dass diese kausale Verwendung weder sinnvoll noch brauchbar ist, wurde Legasthenie als *deskriptiver* Begriff – zur Beschreibung unterschiedlicher Schwierigkeiten beim Lesen und Schreiben – und als Synonym für »Lese-Rechtschreib-Schwäche« verwendet. Schließlich empfahl die Kultusministerkonferenz 1978, die so belastete Bezeichnung Legasthenie aufzugeben und durch den Begriff Lese-Rechtschreib-Schwierigkeiten (LRS) zu ersetzen.

Obwohl alle Annahmen des »klassischen« kausalen Legasthenie-Konzepts als falsifiziert gelten (vgl. auch Bühler-Niederberger 1991), finden sich immer noch Anhänger dieses Konzepts, die gegenwärtig in der Öffentlichkeit viel Resonanz finden. Sie definieren Legasthenie als spezielle Lese-Rechtschreib-Störung bei intelligenten Kindern und betrachten angeborene bzw. ererbte Defekte des Kindes (»Teilleistungsstörungen«) als Ursache der Legasthenie. Durch Presse und »Ratgeberliteratur« geistern zurzeit folgende Aussagen: »Legasthenie beruht auf neuropsychologischen Funktionsstörungen«, »Legastheniker haben Teilleistungsschwächen«, »Zwanzig Prozent der Kinder haben, zum Teil leichte, legasthene Störungen«, »Legasthenie ist nicht heilbar«. Was ist davon zu halten?

## Die Annahmen zum klassischen Legastheniekonzept

Der Kinderarzt Ranschburg prägte 1916 die Bezeichnung Legasthenie – aus dem Griechischen »Leseschwäche« – für ein Versagen, das bei Kindern aller Intelligenzgrade auftreten kann und von ihm als »Rückständigkeit in der geistigen Entwicklung des Kindes« gedeutet wird. Interessanterweise setzte er sich schon damals von einer medizinischen Therapie ab: »*Unserer Erfahrung nach führt eine einseitige medizinische Therapie ... nicht zum Ziel. Stets muß der eigentliche heilende Faktor die in die richtigen Wege in richtiger Weise geleitete Übung der Funktion sein, also der heilpädagogische Unterricht*« (Ranschburg 1928, S. 299).

Die österreichische Psychologin Linder definierte 1951 Legasthenie als spezifische Lesestörung mit Krankheitscharakter bei Kindern mit mindestens durchschnittlicher Intelligenz. Linder grenzte die Legastheniker ab nicht nur von den unterdurchschnittlich intelligenten, sondern auch von Kindern mit manifesten Seh- und Hörstörungen, mit sonstigen körperlichen Behinderungen oder unzureichenden Schulverhältnissen. Linder nahm an, dass die Legasthenie erkennbar sei aufgrund spezifischer Fehler, den Reversionen. Dies sind Verwechslungen spiegelbildlicher Buchstaben wie d-b, p-q oder Vertauschungen der Reihenfolge von Buchstaben wie bei ie-ei. Ferner nahm Linder an, dass die Legasthenie verbunden sei mit typischen Erscheinungsformen wie Raumlagelabilität bzw. Rechts-Links-Unsicherheit, visuellen Gliederungsschwächen und Linksdominanz (Linkshändigkeit und Linksäugigkeit).

## ... und die Gegenbefunde

Vom Ende der 60er-Jahre an wurden zahlreiche größere empirische Untersuchungen durchgeführt, die zeigten, dass – wenn überhaupt – nur ein verschwindend geringer Anteil von Legasthenikern die postulierten Charakteristika aufweisen. Reversionen ließen sich nicht als charakteristische Fehler erkennen: Der Anteil der Reversionen in der Rechtschreibung ist ohnehin geringfügig, aber auch beim Lesen ist er nicht überhöht. In einer Untersuchung, in der 100, aufgrund ihrer guten Intelligenz und ihres ausgeprägten Lese-Rechtschreibversagens als Legastheniker diagnostizierte Kinder verglichen wurden mit 100 vergleichbar guten Lesern/Rechtschreibern, zeigten letztere in einem Wort-Unterscheidungs-Test prozentual sogar *mehr* Reversionen als die Legastheniker, bei denen gravierendere Lesefehler, wie Auslassen, Hinzufügen und Ersetzen von Buchstaben, überwogen (Valtin 1974). Ähnlich stellten Klicpera/Gasteiger-Klicpera (1993) aufgrund ihrer Studien fest, dass die Annahme des traditionellen Legastheniekonzepts, Legastheniker würden häufiger Reversionen beim Lesen machen, nicht bestätigt wurde. Leider hält sich das Gerücht, Legastheniker würden durch erhöhten Anteil von Reversionen auffallen, nach wie vor. Dabei sind Reversionen typische Fehler von allen Kindern auf der logographischen Stufe des Schreibenlernens. Die Einsicht, dass nicht nur die Form eines Buchstabens, sondern auch seine Lage im Raum bedeutsam ist, muss von allen Kindern in einem mehr oder weniger mühsamen Lernprozess erworben werden. Auch die These von Teilleistungsschwächen als Ursache der Legasthenie ließ sich nicht bestätigen (s. unten).

Das Konzept einer angeborenen oder ererbten Legasthenie wurde sehr fragwürdig angesichts der Tatsache, dass Kinder mit Problemen beim Lesen- und Schreibenlernen überproportional häufig aus sozio-kulturell anregungslosem Milieu stammen (Valtin 1974; Niemeyer 1974; Klicpera/Gasteiger-Klicpera 1993) und in den ersten Schuljahren häufiger einen Lehrerwechsel erlebten (Valtin 1974).

## Teilleistungsschwächen als Ursache von Legasthenie?

Die Anhänger des klassischen Legasthenie-Konzepts führen die Legasthenie auf Defekte im Kind zurück, auf »Teilleistungsschwächen« bzw. Funktionsschwächen im kognitiven Bereich, z.B. Schwierigkeiten in der visuellen Wahrnehmung, in der visuomotorischen Koordination oder bei der auditiven Differenzierung. Ist das Konzept der Teilleistungsschwächen haltbar? Empirische Befunde sprechen dagegen.

### *Visuelle und visuomotorische Teilleistungsschwächen?*

In der ersten größeren empirischen Untersuchung zur Frage, ob Legastheniker Störungen der visuellen Wahrnehmung aufweisen (Valtin 1974), wurden 100 Legastheniker aus Legasthenie-Förderkursen in Dortmund, Bremen und Köln mit je 100 Kindern mit guten Leistungen im Lesen/Rechtschreiben paarweise verglichen, wobei die Paare in Bezug auf IQ, Alter, Geschlecht, Schulklasse und Beruf des Vaters parallelisiert waren. Es wurde eine Vielzahl von Tests verwendet:

- Wahrnehmungsschnelligkeit (nach Thurstone) zur Prüfung der Fähigkeit der raschen Erfassung und Gliederung von geometrischen, gegenständlichen und abstrakten Gebilden,
- Fußspurentest (nach Wechsler/Hagin) zur Prüfung der Gestaltauffassung und Raumlagesicherheit,
- Benton-Test zur Prüfung visuo-motorischer und visuell-gedächtnismäßiger Leistungen,
- Merkfähigkeit für Figurengruppen (aus dem Kramer Intelligenz Test),
- Zahlen-Symbol-Test (aus dem HAWIK) zur Prüfung der Schnelligkeit der visuomotorischen Koordination,
- Verschlungene Linien (nach Rey) zur Feststellung der Augenkoordination,
- Augen-Hand-Koordinationstest (nach Moor).

In all diesen Tests ließen sich keinerlei signifikante Unterschiede zwischen den Kindern mit LRS und der Kontrollgruppe erkennen. Bei 6 Kindern mit LRS deuteten die niedrigen Werte im Benton-Test und niedrige Werte im Test Wahrnehmungsschnelligkeit und Zahlen-Symbol-Test auf eine mögliche hirnorganische Störung hin. Bei den übrigen LRS-Kindern war jedoch keinerlei Anzeichen für hirnorganische oder Teilleistungsstörungen im Bereich der visuellen Wahrnehmung und visuomotorischen Koordination erkennbar. Die Legastheniker waren in Thurstones Test »Wahrnehmungsschnelligkeit«, der die Fähigkeit der raschen Unterscheidung zwischen gleichen und unterschiedlichen optischen Gestalten erfasst, sogar signifikant besser. Die unerwartete Überlegenheit der Legastheniker in diesem visuellen Test ist von Kemmler (1967), Machemer (1973) und Oehrle (1975) bestätigt worden, wird jedoch von manchen Anhängern der klassischen Legasthenie schlicht ignoriert. (So liest man – allerdings ohne Literaturverweis – im »Ratgeber Legasthenie«: »Man wusste aus älteren Studien, dass etwa 75% der legasthenen Kinder in solchen Tests schwächer abschneiden, die rasche visuelle Informationsverarbeitung verlangen« (s. Dummer-Smoch u.a. 1998, S. 10).

Auch ein weiteres Ergebnis spricht dagegen, dass visuelle Schwierigkeiten Ursachen von Legasthenie bzw. LRS sind: Zahlreiche Längsschnittstudien zeigen, dass der Frostig-Test, der verschiedene Aspekte der visuellen Wahrnehmung erfasst, sich nicht zur Vorhersage von Lese- und Rechtschreibschwierigkeiten am Ende des 1. Schuljahrs eignet. Die Korrelationen zwischen dem zu Schulbeginn durchgeführten Frostig-Test und der Lese- und Rechtschreibleistung am Ende des 1. Schuljahrs betrugen in einer deutschen Untersuchung zwischen .30 und .50 (Valtin 1972, 1981). Dies entspricht Ergebnissen aus der amerikanischen Forschung (Olson 1966; Ohnmacht/Olson 1968). Die Hypothese von Frostig (1965), dass unterdurchschnittliche Leistungen im Frostig-Test sich gut zur Vorhersage von späterer LRS eignen, konnte ebenfalls nicht bestätigt werden (Valtin 1972).

### *Raumorientierungsschwierigkeiten? Lateralitätsstörungen?*

In der oben erwähnten Untersuchung (Valtin 1974) wurden ebenfalls Tests zur Erfassung der Sicherheit in der Raumorientierung und der Rechts-Links-Unterscheidung durchgeführt: Raumorientierung (aus dem Bildertest 2–3), die Piaget-Head-Batterie zur Prüfung der Kenntnis von rechts und links am eigenen und fremden Körperschema sowie im Raum sowie der Rechts-Links-Unterscheidungstest nach Rey. Ferner wurden Verfahren zur Erfassung der Lateralitätspräferenzen verwendet, wie der A-B-C Vision Test von Miles zur Feststellung der Augenpräferenz und die Testserie »Harris Tests of Lateral Dominance« zur Untersuchung der Handdominanz.

Die Kinder mit LRS zeigten keine vermehrten Raumorientierungsschwierigkeiten oder Unsicherheiten beim Unterscheiden von Rechts-Links (so gab es ebenfalls gute Leser und Rechtschreiber mit beträchtlicher Rechts-Links-Unsicherheit). Auch die

These, dass Kinder mit Linksdominanz (Linkshändigkeit, Linksäugigkeit) größere Schwierigkeiten in der Raumorientierung, in der Rechts-Links-Unterscheidung oder in puncto Reversionen hätten als Kinder mit klarer Rechtsdominanz, ließ sich nicht belegen.

Unter den Kindern mit LRS befanden sich 10% Linkshänder und – was auf den ersten Blick als bedeutsam erscheint – ca. 40% Kinder mit Linksäugigkeit bzw. gemischter Hand-Augen-Dominanz. Diese Zahlen relativieren sich jedoch, wenn man die Kontrollgruppe der guten Leser und Rechtschreiber betrachtet. Dort ist der Anteil von Kindern mit Linksäugigkeit und gemischter Hand-Augen-Dominanz vergleichbar hoch. Schon deshalb verbietet es sich, hier von »Lateralitätsstörungen« oder »Dominanzanomalien« zu sprechen, wie es in der Literatur noch gelegentlich der Fall ist. In den letzten Jahren sind zahlreiche Studien zum Bereich Händigkeit und Äugigkeit von Kindern mit LRS erschienen, die allesamt zu dem Ergebnis kamen, dass diese Lateralitätspräferenzen keine ursächliche Bedeutung für LRS haben. Auch Schenk-Danzinger, die vor Jahren die These vertrat, derartige Dominanzstörungen seien Ursache von Legasthenie, ist inzwischen von dieser Position abgerückt.

### *Auditive Wahrnehmungsschwierigkeiten? Störungen der phonologischen Verarbeitung?*

Immer wieder hört man, gerade von Anhängern der klassischen Legasthenie, Legastheniker könnten nicht richtig hören, weil sie zum Beispiel bei den Wörtern Na*g*el und Na*d*el die Laute g und d nicht unterscheiden und nicht alle Laute eines Wortes analysieren könnten. Dazu ist zunächst festzustellen, dass hier zwei Leistungen nicht sauber getrennt werden: das reine Hören als sensorische Leistung und die phonematische Analyse als eine kognitive Leistung. Zu wissen, dass Nagel mit g und Nadel mit d geschrieben wird, erfordert eine qualitativ andere Leistung als die auditive Unterscheidung der beiden Wörter.

Ob Kinder mit LRS Schwierigkeiten im Bereich des Hörens – also im Unterscheiden phonetisch differenter Wörter –, aufweisen, wurde in einer schon älteren Studie empirisch untersucht (Valtin 1981). Bei Kindern mit und ohne LRS wurde die Fähigkeit der Unterscheidung deutscher und englischer (also den Kindern nicht vertrauten) Wortpaare mithilfe des Bremer Lautdiskriminationstest und des Wepman Auditory Discrimination Test festgestellt. Dabei zeigte sich, dass es keine Unterschiede zwischen den Gruppen bei den englischen Wörtern gab, wohl aber im deutschen Lautunterscheidungstest. Hier schnitten die guten Leser und Rechtschreiber besser ab – möglicherweise, weil sie beim deutschen Lautunterscheidungstest eine andere Strategie benutzen: Sie verlassen sich vermutlich nicht nur auf das Hören, sondern orientieren sich zusätzlich am vorgestellten Schriftbild, d.h. sie verwenden akustische und visuelle Stimuli und sind deshalb Kindern mit LRS gegenüber im Vorteil, denen das Schriftbild häufig nicht geläufig sein dürfte. Wenn es sich bei Kindern mit LRS tatsächlich um eine allgemeine auditive Wahrnehmungsschwäche handelte, müssten sie auch im englischen Lautunterscheidungstest mehr Fehler als die normalen Leser und Rechtschreiber machen. Dies ist aber nicht der Fall. Ein weiterer Befund dieser Untersuchung spricht ebenfalls gegen die Annahme einer auditiven Wahrnehmungsschwäche bei LRS-Kindern: die Fehler in den beiden Diskriminationstests korrelierten nicht mit den phonetischen Fehlern in der Rechtschreibung, also den Verstößen gegen die lautgetreue Schreibweise. Kinder mit Schwierigkeiten im Lautdiskriminationstest (5 und mehr Fehler) machten nicht mehr phonetische Fehler als Kinder mit guten Leistungen in den Lautdiskriminationstests – dies galt für die Gruppe der Kinder mit LRS ebenso wie für die Gruppe der normalen Leser und Rechtschreiber. Diese Befunde werden unterstrichen durch die Ergebnisse einer Faktorenanalyse: Die phonetischen Verstöße in der Rechtschreibung und die Lautdiskriminationstests bildeten zwei unabhängige Faktoren.

Phonetische Verstöße gelten innerhalb des Stufenmodells der Schriftsprachentwicklung als Anzeichen dafür, dass Kinder die Fähigkeit der Analyse eines Wortes in Sprachlaute noch nicht vollständig erworben haben. Dass diese Lautanalyse durch artikulatorische Mängel des Kindes beeinträchtigt werden kann, scheint höchst plausibel.

In den letzten Jahren wird von Anhängern des klassischen Legastheniekonzepts darauf verwiesen, dass bei Legasthenikern eine zentrale Hörstörung vorliege. Verwiesen wird auf eine Untersuchung von Tallal (1980), die allerdings leseschwache Kinder mit Sprachverzögerungen umfasste und Probleme bei der Unterscheidung rasch aufeinander folgender akustischer Reize feststellte. Die empirischen Befunde hierzu sind jedoch uneinheitlich. So fanden Schulte-Körne u.a. (1998) keine Anzeichen für eine Schwäche in der auditiven Wahrnehmung von schnell aufeinander folgenden Reizen. Die bisherigen Studien beruhen nur auf kleinen Stichproben. Sie lassen jedoch den Schluss zu, dass bei Kindern mit LRS die Diskriminationsfähigkeit bei nicht-sprachlichen Reizen unauffällig ist, während gelegentlich, aber auch nicht in allen Studien, schwächere Leistungen bei der Diskrimination von sprachlichen Reizen beobachtet werden (zusammenfassend bei Schulte-Körne u.a. 1998). Wir wissen inzwischen, dass die Hörleistungen auch durch Lernprozesse beeinflusst werden (Ptok/Ptok 1996). Wenn Kinder mit LRS also isoliert dargebotene Kurzvokale (o-u, i-e) oder Konsonanten (b-p, d-t, g-k) nicht so gut unterscheiden können wie gute Leser/Rechtschreiber, liegt das womöglich daran, dass letztere durch die beim Lesen- und Schreibenlernen erworbene Fähigkeit der Phonemanalyse ihre Hörleistungen geschult haben. Im Übrigen ist bekannt, dass auch lesen lernende Kinder bei der Unterscheidung dieser Sprachlaute zunächst unsicher sind.

Den Anhängern der Hypothese einer generellen auditiven Wahrnehmungschwäche bei Kindern mit LRS ist es bislang nicht gelungen, die therapeutische Relevanz dieser »Teilleistungsstörung« nachzuweisen (s.u.).

Unbezweifelbar ist, dass Kinder mit LRS Probleme im Bereich der phonologischen Bewusstheit und vor allem bei der Phonemanalyse und -synthese haben (Downing/Valtin 1984). Dies sind die zentralen Fähigkeiten, die beim Schriftspracherwerb **erworben** werden müssen, d.h. sie sind Ergebnisse von kognitiven Lernprozessen. Die Frage stellt sich, wie viel Lerngelegenheiten und Lernangebote Kinder brauchen, sodass man sagen kann, ein Nicht-Lernen deute auf eine Störung im Kind hin. Ansonsten ist die Feststellung, dass Kinder mit LRS phonologische Probleme haben, trivial und gar tautologisch, ebenso wie die Feststellung, die Ursache der Armut sei die Pauverté.

### Sprachliche Probleme von LRS-Kindern

Das Konzept der »Teilleistungsstörungen« wird in der Regel auf den Bereich der Wahrnehmung bezogen. Da die eigentlichen Schwierigkeiten von Kindern mit LRS jedoch im sprachlichen Bereich liegen, soll an dieser Stelle darauf hingewiesen werden. In vielen Untersuchungen wurde ein gehäuftes Auftreten von sprachlichen Problemen bei Kindern mit LRS berichtet (Kossakowski 1961; Becker 1985; Niemeyer 1974; Valtin 1972, 1974, 1981). Diese betreffen Verzögerungen der Sprachentwicklung, Artikulationsschwierigkeiten, geringere Merkfähigkeit für sprachliches Material, schlechtere Werte in Wortschatztests und einen im Vergleich zum Handlungs-IQ niedrigeren Verbal-IQ. Es ist unmittelbar plausibel, dass sprechmotorische Probleme die Analyse eines Wortes beeinträchtigen können, zumal sich Kinder bei ihren ersten Verschriftungsversuchen stark an ihrer eigenen Artikulation (Dehnsprechen) orientieren. Das Sinnverständnis beim Lesen kann durch Wortschatzarmut ebenso behindert werden wie durch ein schlechtes Kurzzeitgedächtnis für sprachliches Material.

### Aber die Diskrepanzlegastheniker sind anders ...

Die Annahmen des klassischen Legastheniekonzepts gelten als falsifiziert. Anhänger dieses Konzepts verweisen nun darauf, dass in den entsprechenden empirischen Studien gar nicht die »richtigen« Legastheniker untersucht worden seien, sondern lese-/rechtschreibschwache Kinder, bei denen die Diskrepanz zu ihrem IQ nicht signifikant sei. Um diesen Einwand zu entkräften, wurden in einer Untersuchung (Valtin 1981) »Diskrepanzlegastheniker« (definiert als Kinder mit signifikanter T-Wert-Differenz zwischen IQ und Lese- und Rechtschreibleistung) verglichen mit mindestens durchschnittlich intelligenten Kindern mit LRS. Auch bei den Diskrepanzlegasthenikern zeigten sich keine signifikanten Minderleistungen im Bereich der Lautdiskrimination, der visuomotorischen Koordination und der visuellen Wahrnehmung – also den als typisch für Legasthenie geltenden Teilleistungsschwächen. In dieser Studie wurde auch der Frage nachgegangen, ob und inwieweit sich LRS-Kinder aus Klassen mit einem niedrigen Anteil von Kindern mit LRS (also vermutlich Klassen mit angemessener Unterrichtsqualität) unterschieden von LRS-Kindern aus Klassen mit einem hohen Anteil von Kindern mit LRS (also möglicherweise schlechter Unterrichtsqualität). Die letzte Gruppe wurde als »didaktogene Legastheniker« bezeichnet, da sich unter ihnen wahrscheinlich Kinder befinden, die aufgrund unzureichender Lehrerkompetenz schlechte Leistungen im Lesen und Rechtschreiben aufweisen. Es stellte sich heraus, dass diese Kinder insgesamt niedrigere sprachliche Leistungen (geringer Verbal-IQ, niedrige Werte im Wortverständnis und in der sprachlichen Abstraktionsfähigkeit) aufweisen. Dieser Befund stützt die folgende Interpretation: Versteht es die Lehrerin nicht, individuell auf den Lernvoraussetzungen der Kinder aufzubauen, so scheitern in den schriftsprachlichen Fächern vor allem Kinder mit niedrigem sprachlichen Niveau. Zieht man die Gruppe der »didaktogenen Legastheniker« von den übrigen Kindern mit LRS ab, so finden sich auch in der verbleibenden Gruppe keine Defizite in den Funktionen der Lautdiskrimination, der visuellen Wahrnehmungsschnelligkeit und der visuomotorischen Koordination.

Die Tatsache, dass sich die Diskrepanzlegastheniker nicht von den übrigen Kindern mit LRS unterscheiden, spricht dafür, dass dieses Konstrukt nicht sinnvoll ist.

## Zur Kritik am Modell der »Teilleistungsstörungen«

Unter den Kindern mit LRS gibt es nur einen ganz geringen Prozentsatz mit Teilleistungsstörungen (Valtin 1974, 1981; Klicpera/Gasteiger-Klicpera 1993). Hingegen gibt es viele Kinder mit derartigen »Teilleistungsstörungen«, die keinerlei Probleme beim Schriftspracherwerb haben. Selbst Schenk-Danzinger, die Vertreterin der klassischen Legasthenie-Konzeption, schreibt: »Es gibt Legastheniker mit großen Orientierungsschwierigkeiten, aber es gibt auch viele Legastheniker, die diese Unsicherheit nicht haben, und viele Nicht-Legastheniker, die darunter leiden« (1993, S. 33). Ähnliche Feststellungen trifft sie in Bezug auf Rechts-Links-Unsicherheiten im optischen Bereich, auf auditive Differenzierungsschwierigkeiten und auf Schwierigkeiten, Reihungen zu bilden. Wenn dem so ist, so stellen sich doch die Fragen: Warum sollen solche »Teilleistungsstörungen« einmal zu Legasthenie führen und einmal nicht, und warum gibt es Legastheniker ohne derartige Störungen? An welcher Stelle im Prozess des Erlernens von Lesen und Schreiben beeinträchtigen solche Funktionsschwächen den Schriftspracherwerb? Das Modell der Teilleistungsstörungen gibt darauf keine Antwort, außer der etwas kläglichen: Bei einigen Legasthenikern gibt es ein gemeinsames Auftreten. Dies dient nicht der Erhellung.

Als weiterer Kritikpunkt ist zu nennen, dass das Konzept der Teilleistungsstörungen auf einem unangemessenen Modell des Lesen- und Schreibenlernens beruht: Leseleistung käme zu Stande, wenn verschiedene Teilleistungen, wie visuelle und auditive Unterscheidungsfähigkeit, visuomotorische Koordination, sprechmotorische Durchgliederung und Merkfähigkeit ungestört funktionieren. Dabei werden jedoch weder die Wirkungszusammenhänge dieser Teilleistungen einsichtig gemacht noch ihre genaue Stellung im Leseprozess bestimmt. Auch bleiben in diesem Modell die spezifischen Lernprozesse unberücksichtigt. Der Lernerfolg/-misserfolg wird als Stärke/Schwäche einer im Kind liegenden Kapazität aufgefasst. Dieses Modell der Teilleistungsstörung impliziert also eine bestimmte Kausalattribuierung (Ursachenzuschreibung), die die Gründe für den Lernerfolg bzw. den Lernmisserfolg im Ausprägungsgrad bestimmter Funktionen im Kind sieht. Unversehens wird hier ein Zusammenhang kausal gedeutet, obwohl die Untersuchungsbefunde dergleichen Schlussfolgerungen gar nicht gestatten.

### Geringe Relevanz der therapeutischen Ansätze

Besonders prekär wirken sich diese Annahmen auf therapeutische Ansätze aus, die gleichfalls auf diesem Modell der Teilleistungsstörungen beruhen: Durch den Ausgleich von visuellen Schwächen, Raumlagelabilität, auditiv-sprechmotorischen Mängeln und motorischen Schwierigkeiten – was die so genannten *Funktionsübungen* leisten sollen – erhofft man sich auf dem Weg über einen nicht näher erläuterten Transfer eine gleichzeitige Verbesserung der Leseleistung.

Der Glaube an einen derartigen Transfer basiert auf der impliziten Annahme, kognitive Funktionen bildeten eine psychische Einheit, die sich relativ aufgaben- und materialunabhängig realisiere (Scheerer-Neumann 1979, S. 43, hat ebenfalls diese Annahme kritisiert). Hinter vielen Trainingsprogrammen gegen Legasthenie stehen die Auffassungen, es existiere ein einheitliches visuelles Wahrnehmungsvermögen, das sich gleichermaßen auf gegenständliches, bildliches, abstraktes oder schriftsprachliches Material erstrecke; oder das auditive Differenzierungsvermögen umfasse sowohl Geräusche, Töne, Laute, Phoneme, Wörter und anderes sprachliches Material; oder das räumliche Orientierungsvermögen beziehe sich gleichzeitig Objekte im Raum, bildlich dargestellte räumliche Verhältnisse, Rechts-Links-Unterscheidungsfähigkeit am eigenen und fremden Körperschema und den Buchstabenbereich. Diese Annahmen sind allerdings nicht haltbar, da verschiedene Untersuchungen die *Bereichsspezifität dieser Funktionen* nachgewiesen haben.

Auch die vorliegenden Belege zur *Effektivität derartiger Funktionsübungen* bei Legasthenikern sind kaum geeignet, diesen Transferglauben zu stützen, denn therapeutische Erfolge sind ausgeblieben. Die zahlreichen amerikanischen Experimente zur Behebung dieser Funktionsschwächen, z.B. im visuellen oder im visuomotorischen Bereich (zur Zusammenstellung von Studien zum Frostig-Programm vgl. Valtin 1972), haben keine Lernübertragung auf die Lese- und Rechtschreibleistungen erbracht (Scheerer-Neumann 1979, Sullivan-Spafford/Grosser 1996). Dennoch erfreuen sie sich in bestimmten Therapien nach wie vor großer Beliebtheit.

Förderunterricht, der sich am klassischen Legasthenie-Konzept orientiert, ist nicht hilfreich. Klicpera/Gasteiger-Klicpera (1993) konnten bei Wiener Legasthenikern, die ein bzw. zwei Jahre lang einen Legastheniker-Förderkurs besuchten (eine Stunde pro Woche Unterricht außerhalb des Klassenverbandes), keinen Leistungszuwachs beobachten. Sie verweisen darauf, dass bestimmte Elemente dieses Förderunterrichts einen Erfolg im Lesen und Schreiben auch unwahrscheinlich machen: erheblicher Anteil an Funktionsübungen; häufiges lautes Lesen, vor allem von einzelnen Wörtern, wobei das Textverständnis wenig berücksichtigt wird; in der Rechtschreibung Übungen zur Vermeidung von Reversionen, also von Fehlerschwerpunkten, die gar keine große Rolle spielen (s. dazu auch den Beitrag von Klicpera/Gasteiger-Klicpera in diesem Band).

Auch Förderprogramme im Bereich der auditiven Wahrnehmung haben sich bislang nicht als erfolgreich herausgestellt. Sullivan-Spafford/Grosser (1996) verweisen auf die negativen Ergebnisse mit dem Hörtraining nach Tomatis. Warnke (1995) berichtet zwar eine große Zufriedenheit der Eltern, die das von ihm entwickelte Gerät Brainboy beim Training mit ihren Kindern einsetzen, und beschreibt Ergebnisse aus einer kleineren Untersuchung, allerdings fehlt eine Kontrollgruppe. Klicpera/Gasteiger-Klicpera (1996) haben in einer Längsschnittstudie die Auswirkungen einer Schulung des zentralen Hörvermögens nach edu-kinesiologischen Konzepten auf Kinder mit LRS untersucht. Das 10-wöchige Training umfasste neben der Schulung des beidohrigen Hörens auch das wiederholte Mitlesen eines vorgelesenen Textes und bewirkte bei den Kindern – im Vergleich zu einer Kontrollgruppe – eine deutliche Steigerung ihrer Lesegeschwindigkeit, jedoch nur geringe Fortschritte in der Lesesicherheit und keine Auswirkung auf die Rechtschreibung – also die Leistungen, auf die ein direkter Transfer zu erwarten gewesen wären. Eine Variante des Trainings mithilfe des Brainboy nach Warnke (Übungen zur Erhöhung der zeitlichen Ordnungsschwelle und der Unterscheidung von Konsonanten in sinnlosen Silben) erbrachte zwar bessere auditive Leistungen, jedoch keine Verbesserungen der Lese- und Rechtschreibfähigkeiten.

## Ist Legasthenie eine neuropsychologische Störung? Evidenz für keine Evidenz

Gerald Coles setzt sich in seinen Büchern »The Learning Mystique« (1987) und »Reading Lessons« (1998) kritisch und gründlich mit dem Konstrukt »Lernstörungen« und »Dyslexie« – im Folgenden mit Legasthenie übersetzt – auseinander. Er beklagt, dass sich in den USA in den letzten Jahren Vorherbestimmungs-Theorien wachsender Beliebtheit erfreuen und biologische Erklärungsmuster für das Entstehen von Lernschwierigkeiten herhalten müssen – ohne Berücksichtigung von so wichtigen Faktoren wie Unterrichtsmängeln, Familienproblemen oder Persönlichkeitsmerkmalen des Kindes. Die Forschungen stammen aus dem Bereich der Neuropsychologie, sie greifen auf hochkomplizierte, für Laien schwer verständliche Methoden zurück. Obwohl sie außerhalb des Verständnishorizonts von PädagogInnen liegen, werden die Ergebnisse aber gern geglaubt. Coles weist sorgfältig nach, dass die »Beweise« für neurologische Störungen bislang nicht überzeugend sind. Keinesfalls lassen die bisherigen Daten den Schluss zu, alle Legastheniker litten an neurologischen Funktionsstörungen oder Hirndefekten. Coles belegt, dass die Mehrzahl der US-Forscher geradezu »defizit-besessen« seien und jegliche Unterschiede, die sie beobachten, einer Anomalität der Legastheniker zuschreiben. Eine beliebte Art des »Beweises« liegt darin, ein gemeinsames Auftreten (Korrelationen) fälschlich mit einer Verursachung gleichzusetzen. So wurden Unterschiede in den Hirnfunktionen zwischen normalen und leseschwachen Kindern gefunden und dies vorschnell auf neurologische Abnormitäten der Legastheniker zurückgeführt. Tatsächlich sind aber immer dann Unterschiede in der Gehirntätigkeit zu erwarten, wenn Personen mit unterschiedlicher Kompetenz Aufgaben lösen: die Gehirnaktivität deutet dann auf *Unterschiede*, nicht auf *Defekte*.

Laut Coles gibt es immer wieder Moden im Bereich der neurologischen Erklärungsmuster, solange, bis Wiederholungsstudien beweisen, dass diese Erklärung doch nicht haltbar ist. Am Beispiel des klinischen EEG wird dies deutlich. Mitte der 60er-Jahre vermuteten Forscher, dass 95% der Legastheniker Abnormitäten in ihrem EEG aufwiesen. Einige Jahre später waren es nur noch 62%. Als sich herausstellte, dass es sich bei einigen Studien nicht um ein »Doppel-Blind-Vorgehen« handelte und einige der bezeichneten Abnormitäten doch eher normal seien, verringerte sich der Prozentsatz noch einmal auf ca. 30%. Heute ist allgemein anerkannt, dass sich Legasthenie nicht mithilfe des EEG diagnostizieren lässt.

Gegenwärtig sind andere neurologische Erklärungen in Mode – übrigens auch in Deutschland. Coles verweist auf Untersuchungen von Galaburda, die in zahlreichen medizinischen und psychologischen Zeitschriften referiert und begierig von den Medien aufgegriffen wurden. Auch Dummer-Smoch u.a. (1998) beziehen sich auf diese Untersuchung und wir lesen im »Ratgeber Legasthenie«: »Die Untersuchung von Hirnschnitten ehemals legasthener Personen zeigte, dass die großzelligen Schichten im seitlichen Kniehöcker von legasthenen Gehirnen weniger organisiert waren und kleinere Zellkörper enthielten im Vergleich mit Gehirnen von ehemals nicht legasthenen Personen« (S. 10). Die AutorInnen folgern daraus, dass die »unzureichende Leistungsfähigkeit des großzelligen Verarbeitungskanals Leselern- und Leseschwierigkeiten« erklären kann. Auch hier wird also aus einer *Korrelation* auf eine *Verursachung* geschlossen – auf jeden Fall aber ist der Laie beeindruckt. Das sollte er aber nicht sein, denn schon die empirischen »Beweise« sind sehr fragwürdig, wie Coles zeigt. Zunächst muss man wissen, dass Galaburda und sein Team die Gehirne von fünf (!) Legasthenikern und sieben normalen Lesern untersuchte – also eine extrem kleine Stichprobe zugrunde legt. Auch zur Diagnose der Legasthenie liegen keine konkreten Angaben vor.

Ähnlich kritisch geht Coles mit Studien ins Gericht, die bei Kindern mit LRS angeblich Anomalien im Planum temporale festgestellt haben.

Da diese Hirnregion bei der Analyse und Synthese von Sprachlauten und dem Verständnis gesprochener und geschriebener Sprache beteiligt ist, wird sie häufig von Leseforschern untersucht. Die Ergebnisse sind jedoch höchst uneinheitlich und widersprüchlich.

Coles gelangt schließlich zu dem Fazit, es gäbe bislang nur eine Evidenz für keine Evidenz dafür, dass Legasthenie eine neuropsychologische Störung sei. Dieses Erklärungsmuster liefere aber Lehrkräften eine bequeme Entschuldigung dafür, dass von Legasthenikern ohnehin keine großen Lernfortschritte zu erwarten seien. Vor allem aber beklagt er, biologische Interpretationen würden den Blick dafür verstellen, dass

## Exkurs: Zur Kritik an Galaburdas Befunden

Galaburda maß Größe und Anzahl der Neuronen in einem bestimmten Gehirnareal, dem seitlichen Kniehöcker, und gelangte zu folgenden Feststellungen:

- Die Neuronen des medialen Kniehöckers waren bei den Legasthenikern auf der linken Gehirnhälfte signifikant kleiner als auf der rechten Gehirnhälfte. Diese Asymmetrie war bei den normalen Lesern nicht zu finden.
- Verglichen mit normalen Lesern hatte der mediale Kniehöcker der Legastheniker auf der linken Hirnhälfte mehr kleinere und weniger große Zellkörper.

Galaburda und seine Mitautoren folgern aus diesem Befund auf eine linkshemisphärische Funktionsstörung. Coles macht darauf aufmerksam, dass die Feststellung von kleineren Zellkörpern auf der linken Hirnhälfte der Legastheniker gar nicht stichhaltig ist, wenn man die einzelnen Individuen betrachtet: In Bezug auf die Größe der Zellkörper zeigte sich bei drei von sieben Gehirnen der normalen Leser die gleiche Asymmetrie wie bei den Legasthenikern: bei ihnen war die durchschnittliche Zellkörpergröße auf der linken Hirnhälfte kleiner als auf der rechten (links/rechts: 224/250, 221/234 und 241/250). Ein Legastheniker hatte sogar fast identische Werte wie ein normaler Leser (Coles 1998, S. 128).
Wie kommt es, fragt Coles, dass diese drei normalen Leser erfolgreich lesen gelernt haben, obwohl sie das gleiche Zellkörper-Muster wie die Legastheniker aufweisen? Wie gelangt Galaburda zu der Schlussfolgerung, nur die Legastheniker würden »eine abnorme Asymmetrie« aufweisen und diese drei normalen Leser aber nicht?
Coles verweist auf einen weiteren wichtigen Vergleich, den der Zellkörpergröße auf der linken Hirnhälfte des medialen Kniehöckers: Zwei Gehirne der Legastheniker hatten auf der linken Hirnhälfte durchschnittliche Zellkörpergrößen, die größer oder annähernd so groß waren wie die von fünf der normalen Leser (Die Werte der Legastheniker betrugen 240 und 237, die der normalen Leser 224, 226, 236, 221 und 241). Wenn also die Legastheniker deshalb schlechter lesen, weil ihre Zellkörper auf der linken Hirnhälfte kleiner sind, wie kommt es dann, dass die normalen Leser mit derselben Ausprägung keine »abnorme Entwicklung« gezeigt haben?
In Deutschland werden die Ergebnisse Galaburdas von Anhängern des klassischen Legasthenie-Konzepts immer wieder referiert und als Beweis für »neurobiologische Grundlagen« der Legasthenie angeführt.
Hier wird also aus den kaum vorhandenen Unterschieden, die Galaburda konstruierte, eine Anomalie, und es wird ferner behauptet, dass es sich dabei um vorgeburtliche Defekte handelt, was von Galaburda bisher nur als *Hypothese* vorgetragen wurde.
Coles analysiert weitere neurologische Studien, die mit der PET (Positron-Emissions-Tomographie) gearbeitet haben. Dabei erhalten die Probanden Injektionen von radioaktiven Isotopen ins Blut und es wird die Blutzufuhr in verschiedenen Hirnarealen gemessen, die auf Aktivitätsveränderungen hindeuten. Mit dieser Methode zeigen sich Unterschiede in den Hirnregionen zwischen Legasthenikern und normalen Lesern. Nur: wie sind diese zu interpretieren? Ist ein Unterschied schon ein Hinweis auf einen Defekt? Coles hat verschiedene Studien analysiert und stellt fest: Die Ergebnisse sind sehr uneinheitlich: Mal ist bei den Legasthenikern die Aktivitätsveränderung hoch, mal ist sie niedrig, mal wird eine Asymmetrie der Hirnhälften beobachtet, mal nicht. Wie auch immer die Ergebnisse ausfallen, sie werden interpretiert als Beweis für eine neurologische Dysfunktion als Ursache der Legasthenie (vgl. Coles 1998, S. 129ff.)

gesellschaftliche, wirtschaftliche und soziale Faktoren (z.B. die Finanzierung von Bildung und Schule, die Klassengröße, Unterrichtsmethoden, ungünstige Lebensverhältnisse) zu einem Lese- und Rechtschreibversagen beitragen.

Zusammenfassend ergibt sich also ein uneinheitliches Bild, ob und welche Bedeutung die neuropsychologischen Befunde bei Kindern mit LRS haben. Während die einen darauf verweisen, dass derartige Unterschiede nur auf unterschiedliche Strategien und kognitive Vorgehensweisen beim Lesen deuten, sehen andere in diesen Unterschieden Defizite aufseiten des Lernenden. Wie wenig gerechtfertigt dies ist, macht folgende »Schlussfolgerung« deutlich: So sind zum Beispiel bei Personen, die ein Saiteninstrument spielen, bestimmte Hirnareale größer ausgebildet – und es wäre absurd zu behaupten, Leute könnten nicht Saiteninstrumente spielen, weil ihre Hirnareale dafür zu klein seien. Aber die Anhänger der neurologischen Thesen gehen noch einen Schritt weiter: Sie postulieren, dass diese »Anomalie« angeboren sei, also genetisch bedingt oder hervorgerufen durch Schädigungen vor oder während der Geburt. Bis auf eine Häufung von LRS in bestimmten Familien gibt es hierzu keine empirischen Untersuchungen und Belege.

Auch in deutschen Veröffentlichungen und vor allem in den Medien ist immer wieder zu lesen, Legasthenie sei bedingt durch neuropsychologische Störungen und es seien bis zu 20% aller Kinder davon betroffen. Gegen diese Schlussfolgerung spricht allein der folgende Sachverhalt: Ein Vergleich der Rechtschreibleistungen von Kindern der BRD und der DDR erbrachte, dass sich in den Klassen 1 bis 9 in der BRD (definitionsgemäß) 5% Kinder mit schwerem Versagen befanden, in den DDR-Klassen waren es aber nur 0,0 – 1,5% (May 1995a). In der Gruppe der schwachen Rechtschreiber befanden sich in der BRD-Stichprobe definitionsgemäß 20% der Kinder, in den DDR-Klassen waren es 1,0 bis 10,3%. Will man nicht die abenteuerliche Vermutung vertreten, die Menschen der DDR hätten das bessere Erbgut oder die robustere neuropsychologische Ausstattung, so deuten diese Ergebnisse darauf hin, dass auch äußere Faktoren, wie zum Beispiel *unterrichtliche Bedingungen*, eine bedeutende Rolle beim Entstehen von LRS spielen. In eigenen Untersuchungen in Hamburger und Berliner Klassen schwankte der Anteil von Kindern mit LRS von 2 bis 30%, selbst in derselben Schule (Valtin 1981).

### Ist Legasthenie erblich?

Auch die Frage der Erblichkeit ist nach wie vor umstritten. Viele Studien berichten ein gehäuftes Auftreten von Leseproblemen in bestimmten Familien. Dies allein ist jedoch noch kein Beweis für genetisch verankerte Erblichkeit, da es sich auch um ein »soziales Erbe« handeln kann. Auch über den Erbmodus ist bislang nichts bekannt. Coles (1987) analysiert kritisch eine Studie, die zu dem Ergebnis kam, der Legasthenie-Defekt sei auf dem Chromosom 15 lokalisiert. Spätere Studien konnten dies nicht replizieren, und die Autoren gaben schließlich diese Hypothese ganz auf, allerdings nicht die Suche nach dem Legasthenie-Gen. Inzwischen teilten sie mit, es sei nicht das Gen 15, sondern das Gen 6 (Cardon u.a. 1995). Wie Coles bemerkt, wurde diese Erkenntnis mit großem Medienrummel begleitet. Da in den Medien allerdings nichts davon berichtet wurde, dass die ursprüngliche These revidiert wurde, musste in der Öffentlichkeit der Eindruck entstehen, die biologischen Grundlagen der Legasthenie seien erhärtet. Unabhängige Wiederholungsstudien fehlen bislang noch. Auch in deutschen Tageszeitungen wurde berichtet, die Ursache der Legasthenie sei ein Defekt im Gen 15 **und** im Gen 6!

## Legasthenie – eine Störung der Blicksteuerung? Oder: Wie man mit einer Pathologisierung Geschäfte machen kann

Zu den vielen Defiziten, die man im Laufe der über 80-jährigen Legasthenieforschung »entdeckt« hat, gesellt sich neuerdings ein weiteres: Störungen der Blicksteuerung. An den Untersuchungen von B. Fischer und seinen Mitarbeitern und vor allem an den Interpretationen der Befunde lässt sich die »Pathologisierung« der Legastheniker gut nachzeichnen.

Schon ältere Untersuchungen zeigten, dass leseschwache Kinder sich durch andere Augenbewegungen während des Lesens von guten Lesern unterscheiden und mehr Regressionen (Rechts-Links-Sprünge) ausführen. Da gute Leser bei schwierigen Texten jedoch ähnliche Muster wie schwache Leser zeigen, wurden Augenbewegungen nicht als Ursache, sondern als Begleiterscheinung von Leseschwierigkeiten angesehen (Heller 1976).

Fischer und sein Team untersuchten die willentliche Steuerung der Blicksprünge und stellten fest, dass sich diese erst im Schulalter, wenn Lesen und Schreiben gelernt werden, entwickelt. Schon dieser Sachverhalt lässt die Vermutung aufkommen, dass das Lesen selbst eine Auswirkung auf die Blicksteuerung hat.

Was sind nun die empirischen Belege für eine Störung der Blickkontrolle bei Kindern mit LRS? Fischer u.a. (1998) untersuchten 108 Kinder, davon 72 »Legastheniker«, wobei leider nichts über die Herkunft der Stichprobe berichtet wird. Auch das diagnostische Kriterium für Legasthenie ist unüblich. Als Legastheniker werden Kinder bezeichnet, die einen nicht-verbalen IQ von mindestens 91 aufweisen und deren »Lese- oder Rechtschreibleistung« »unter dem 25. Prozent Quantil (sic!) der Normgruppe« liegt (Fischer u.a. 1998). Falls damit gemeint sein soll, dass diese Kinder einen Prozentrang kleiner 25 aufweisen, so befinden sich in dieser Gruppe auch Kinder, die nicht unter die übliche Legasthenie-Definition fallen, da in der Regel als Grenzwert ein Prozentrang kleiner 15 (manchmal auch nur 5) gefasst wird. Auch der Verweis auf Lese- *oder* Rechtschreibschwierigkeiten ist unklar: Kann eine der Leistungen auch besser sein als PR kleiner 25%? Über die Lese-Rechtschreibleistung der Kontrollgruppe wird nichts berichtet. Mit beiden Gruppen wurden unterschiedliche Augenbewegungsmessungen durchgeführt und mittels einer Varianzanalyse die Signifikanz der Unterschiede berechnet. In den insgesamt 18 Aufgaben wurden nur viermal signifikante Unterschiede zu Gunsten der Kontrollgruppe gefunden, bei 14

Maßen waren die Unterschiede statistisch nicht signifikant. Trotzdem sprechen die Autoren von einer »Dysfunktion der Fixationsaktivität« bei den Legasthenikern. Auch bei der Feststellung: »Bei **etwa der Hälfte der Kinder mit Lese-Rechtschreib-Schwächen** (Hervorhebung R.V.) ist trotz normaler Sehschärfe die Ausrichtung des Blicks durch schnelle Sprünge nicht altersgerecht entwickelt,« (S. 23) ist nicht erkennbar, auf welche empirischen Belege Bezug genommen wird. In einer englischsprachigen Veröffentlichung (Biscaldi u.a. 1998) findet sich ebenfalls diese Feststellung, zusammen mit der Bemerkung, dass auch bei 20% der Kontrollgruppe »abweichendes« augenmotorisches Verhalten zu konstatieren ist. Warum diese Abweichungen bei der Kontrollgruppe nicht zu Leseproblemen führen, ist also erklärungsbedürftig.

Aus der Untersuchungsanordnung lassen sich keine Rückschlüsse über die Ursachen dieser »Dysfunktion« machen. Trotzdem bieten die Autoren zwei mögliche Erklärungen an: erstens »eine frontale bzw. parietale Dysfunktion bei der Steuerung von Blickbewegungen«. Hierbei handelt es sich jedoch um eine Vermutung, die durch nichts belegt wird, außer durch den Hinweis, dass solche Befunde dem blickmotorischen Verhalten von neurologischen Patienten mit präfrontalen Hirnläsionen und von Kindern mit Aufmerksamkeitsdefiziten ähneln und dass »bei diesen beiden Gruppen eine Dysfunktion der Fixationsaktivität **vermutet** (Hervorhebung R.V.) wird« (Fischer u.a. 1998, S. 18). Zwei Vermutungen addieren sich hier also zur Gewissheit. Bezeichnenderweise wird nur diese Erklärung in der Tagespresse zitiert: Störungen der Hirnfunktion seien eine wesentliche Ursache der Legasthenie, hätte der »Neurobiophysiker Fischer« herausgefunden. Neben dieser pathologisierenden Erklärung werden von Fischer u.a. aber noch eine andere Interpretation geboten: »Die Möglichkeit, dass anfängliche Leseschwierigkeiten oder ungenügende Leseübung einen negativen Einfluss auf die Entwicklung der Blickmotorik haben und daher für die auffällige Blickmotorik bei LRS-Personen verantwortlich sein könnten, muss ebenfalls beachtet werden« (Fischer u.a. 1998, S. 21). Leider wird diese zweite Möglichkeit von den Autoren nicht erforscht. So hätte es sich angeboten, die Blickmotorik von Kindern mit LRS vor und nach einem spezifischen Lesetraining zu erfassen. Stattdessen gehen die Forscher einen einträglicheren Weg und empfehlen: »In jedem Fall erscheint es notwendig, eine schwache Blicksteuerung zu verbessern«, und bieten gleich zwei jeweils für Diagnose und Therapie geeignete Geräte an. Durch tägliches Training mithilfe dieses Geräts konnten 32 Legastheniker (Kriterien der Diagnose werden hier nicht genannt) nach einer Trainingsperiode von 3 – 6 Wochen ihre Augenbewegungen verbessern. (In einer anderen, aus dem Internet abrufbaren Studie von Fischer und Hartnegg wird übrigens nur von 80% Trainingserfolg gesprochen). »In etwa einem Drittel der Fälle waren auch spontane Verbesserungen der Leseleistungen erkennbar, wenngleich die Kinder ihr Lesedefizit noch nicht vollkommen aufholen konnten« (Fischer u.a. 1998, S. 22.) Nähere Angaben zu Ausmaß und Art der Verbesserungen fehlen leider. Man kann es aber auch umgekehrt wenden: Bei 20% der Legastheniker gab es keine Verbesserungen der Augenmotorik und bei zwei Drittel der Legastheniker gab es keine spontanen Verbesserungen der

Leseleistungen. Bei ihnen hat sich der finanzielle und zeitliche Aufwand des täglichen Blicktrainingsprogramms also nicht gelohnt. Und man fragt sich: Was hätten diese Kinder in einem 3- bis 6-wöchigen täglichen Training zur Steigerung der Leseleistung lernen können? Womöglich hätte sich dadurch auch ihre Blicksteuerung gebessert …

Fischer hat inzwischen ein Blick-Labor an der Universität Freiburg eingerichtet und bietet für Legastheniker eine Prüfung der Blickmotorik an, eine »Okulographie der Blicktüchtigkeit als weitergehende Untersuchung der Klärung einer der möglichen Ursachen von Legasthenie (bis zu 2/3 der Legastheniker)«, wie der im Internet zugängliche Informationszettel des Blicklabors (1998) anpreist. Man beachte, dass die Zahl der »Gestörten« inzwischen auf 2/3 angewachsen ist, nachdem in der oben referierten Untersuchung nur die Hälfte der Legastheniker (und immerhin 20% der Kontrollgruppe) betroffen war. Weiter ist zu lesen: »Das komplette Untersuchungsprogramm incl. umfangreicher Legasthenie-Diagnose kostet zwischen 400 und 600 DM. Privatkassen erstatten diesen Betrag in der Regel«.

Prof. Fischer bietet auch ein Messgerät für Augenbewegungen sowie ein Gerät zum täglichen Üben der Blicktüchtigkeit an. Wenn es den Autoren tatsächlich um die Erweiterung wissenschaftlicher Erkenntnisse ginge, hätten sie vor der Vermarktung ihrer Geräte zunächst redlicherweise ihre alternative Erklärung empirisch überprüfen müssen, dass nämlich die »weniger zuverlässige Blicksteuerung« der Legastheniker auf mangelnder Übung des Lesens oder auf einer »falsch gelernten Strategie infolge der schwierigen Buchstabenerkennung beim Lesen« beruht (Fischer u.a. 1998). Von wenig Seriosität zeugt auch, dass in dem Informationsblatt des Blicklabors völlig veraltete »typische Erkennungsmerkmale einer ›umschriebenen Lese-Rechtschreib-Schwäche‹« genannt werden: »Vertauschen der Reihenfolge der Buchstaben, Verwechseln symmetrischer Buchstaben: q mit p und d mit b. Verwechseln ähnlich klingender Buchstaben: d und t«. Dass Buchstaben als grafische Zeichen nicht klingen können, sollte sich doch auch unter Ärzten herumgesprochen haben. Ferner wird behauptet, dass zur Legasthenie häufig »Rhytmusstörungen« (sic!) gehören sowie allgemeine visuelle und/oder auditive Wahrnehmungsstörungen. Auch die letzte Behauptung zeugt von wenig Seriosität, denn die Autoren berufen sich an anderer Stelle auf die Internationale Klassifikation psychischer Störungen der Weltgesundheitsorganisation. In dieser Veröffentlichung wird aber Folgendes festgestellt: »In einigen Fällen (von Lese-Rechtschreib-Schwierigkeiten; Hinzufügung R.V.) können darüber hinaus Probleme bei der visuellen Informationsverarbeitung bestehen (der Buchstabenunterscheidung) und bei der akustischen Differenzierung; jedoch sind diese Probleme bei Kindern, die gerade damit beginnen, lesen zu lernen, häufig, und aus diesem Grunde wahrscheinlich nicht ursächlich mit der mangelnden Lesefähigkeit verknüpft« (Weltgesundheitsorganisation 1993, S. 276). Die Weltgesundheitsorganisation weist auf eine weitere Schwierigkeit hin, die auch bei den Arbeiten von Fischer besteht: Lesen und Schreiben als schulische Fertigkeiten müssen »gelernt und gelehrt werden. Sie sind nicht nur eine Funktion der biologischen Reifung. Zwangsläufig hängt das Niveau der kindlichen Fertigkeiten vom familiären Umfeld, der Beschulung und von den eigenen individuellen Merkmalen ab. Leider gibt es keinen direkten und eindeutigen Weg, um schulische Schwierigkeiten, die aus einem Mangel an entsprechender Lernerfahrung herrühren, von denen zu unterscheiden, die auf einer individuellen Störung beruhen«. Auch in Bezug auf »Abweichungen in der kognitiven Verarbeitung« ist es beim einzelnen Kind »schwierig, die durch solche Störungen verursachten Leseschwierigkeiten von einer solchen zu unterscheiden, die auf geringen Lesefertigkeiten beruhen«.

Bei der Diskussion der phonologischen Schwierigkeiten von Kindern mit LRS wurde schon auf diese Problematik verwiesen.

## Von der klassischen Legasthenie zum Konzept der Lese-Rechtschreib-Schwierigkeiten (LRS)

Alle zentralen Annahmen des klassischen Legastheniekonzepts wurden in den letzten Jahren durch zahlreiche empirische Untersuchungen widerlegt. Aus diesem Grund haben viele Forscher vorgeschlagen, die Bezeichnung Legasthenie nur *beschreibend* zu verwenden als Sammelbegriff für verschiedenartige Lese-Rechtschreib-Störungen mit unterschiedlichster Ursache, sofern es sich um Schülerinnen und Schüler mit mindestens durchschnittlicher Testintelligenz handelt. Inzwischen ist auch eine untere IQ-Grenze als Kriterium für Legasthenie fragwürdig geworden, zumal der IQ mit der Verwendung verschiedenartiger Intelligenztests variiert (so zeigte Valtin 1981, dass je nach IQ-Maß jeweils andere Kinder als Legastheniker bezeichnet werden). Klicpera/Gasteiger-Klicpera (1993) haben zudem in einer Untersuchung nachgewiesen, dass es in der Grundschule kaum Unterschiede in den Lese- Rechtschreibfertigkeiten gibt zwischen intelligenten Kindern mit LRS, bei denen eine Diskrepanz zu ihrem IQ besteht, und den übrigen Kindern mit LRS, bei denen keine derartige Diskrepanz zu ihrem IQ besteht. Die Autoren folgern: »Eine Differenzierung der beiden Gruppen leistet daher keinen besonderen Beitrag, wenn es darum geht, die besonderen Schwierigkeiten, die das Lesen- und Rechtschreibenlernen manchen Kindern bereitet, zu analysieren« (Klicpera/Gasteiger-Klicpera 1993, S. 166).

Da der Ausdruck Legasthenie derart belastet ist, scheint es sinnvoll, ihn durch die Bezeichnung *Lese-Rechtschreib-Schwierigkeiten* (LRS) zu ersetzen. Dies entspricht der Empfehlung der Kultusministerkonferenz (KMK) von 1978, welche die Bezeichnung »besondere Schwierigkeiten beim Erlernen des Lesens und des Rechtschreibens« vorschlägt. Diese Sprachregelung trägt auch der Erkenntnis Rechnung, dass Schwierigkeiten beim Lesen und Rechtschreiben von vielfältigen Faktoren, wie familiären Bedingungen, aber auch den schulischen Lernverhältnissen und lesemethodischen Mängeln abhängig sind. Die Empfehlung der KMK beinhaltet auch, dass besondere Fördermaßnahmen **allen** lese-rechtschreibschwachen Kindern zugute kommen und nicht nur den intelligenten LegasthenikerInnen (In den 70er-Jahren waren schwachbegabte SchülerInnen mit LRS aus den Fördergruppen ausgeschlossen!)

Das klassische Legasthenie-Konstrukt sollte endgültig verabschiedet werden, denn es beruht auf inzwischen falsifizierten Hypothesen, berücksichtigt nur die Gruppe der intelligenten SchülerInnen und führt zu ineffizienten Fördermaßnahmen, die auf die Therapie vermeintlicher Teilleistungsstörungen zielen. Fruchtbarer für diagnostische und therapeutische Zwecke erscheint die Erklärung der Lese-Rechtschreib-Schwierigkeiten innerhalb eines Ansatzes, der das dynamische Wechselspiel sozial-familiärer, individuell-kognitiver und schulischer Faktoren berücksichtigt. Grissemann (1986) hat ein Modell der mehrdimensionalen Legastheniediagnostik vorgelegt, das auf einem Redundanzmodell vom Lese- und Schreibprozess basiert. Lesenlernen wird als Ausbilden von Strategien zur Ausnutzung von Redundanz, d.h. Informationsvielfalt, auf Wort-, Satz- und Textebene gesehen. Der kompetente Leser verarbeitet in selektiver und flexibler Weise Informationen auf unterschiedlichen Ebenen: Einzelgrapheme, Konsonantengruppen, Silben, Signalgruppen, Morpheme, wobei er gleichzeitig Hypothesen bildet aufgrund der sprachlich-inhaltlichen Satzzusammenhänge sowie der grammatisch-syntaktischen Zusammenhänge. LRS wird von Grissemann gefasst als eine »Redundanzausnützungsschwäche«, die aufgrund unterschiedlicher Faktoren zu Stande kommen kann, z.B. unzulänglicher Ausbildung der Teilprozesse aufgrund unzureichender verbal-kognitiver Lernvoraussetzungen (wie Artikulationsschwierigkeiten, Wortschatzarmut) oder emotional-sozialer Persönlichkeitsmerkmale (Lernmotivationsstörungen, Impulsivität, affektive Labilität). Diese Lernbeeinträchtigungen können ihrerseits organisch oder soziokulturell bedingt sein.

Dieser Ansatz, LRS als Lernentwicklungsstörung zu begreifen, erscheint sehr sinnvoll, jedoch ergänzungsbedürftig um eine kognitiv-entwicklungspsychologische Perspektive. Grissemanns Ansatz, wie auch andere prozessorientierte Ansätze, basiert auf einer logischen Analyse der Teilfertigkeiten und Bearbeitungsstufen, über die geübte Leser und Rechtschreiber verfügen. Er beinhaltet die Annahme, dass sich die sachstrukturellen Gegebenheiten des Lerngegenstandes umstandslos in den Köpfen der Lernenden spiegeln und also die »Logik des Gegenstands« der »Psycho-Logik« des Lernenden entspräche. Spätestens seit Piaget wissen wir aber, dass Lernen nicht die Aufnahme eines Sachverhalts durch einen passiv Lernenden ist, sondern die aktive Rekonstruktion des Sachverhalts aufgrund einer Assimilation an die sich verändernden Strukturen des Subjekts. Unangemessene Regelbildungen und Strategien können den Lernerfolg beeinträchtigen. Beim Lernprozess müssen also auch die entwicklungsstandsspezifischen Hypothesen, Modellvorstellungen und private Regeln des Lernenden in Bezug auf den Lerngegenstand Schriftsprache berücksichtigt werden (s. dazu den Beitrag von Valtin: »Schwierigkeiten beim Schriftspracherwerb«, in diesem Band).

Zusammenfassend sei noch einmal die Kritik am klassischen Legastheniebegriff (im Sinne einer krankhaften Eigenschaft eines Kindes, das eine Diskrepanz zwischen guter Intelligenz und schwachen Lese-Rechtschreibleistungen aufweist) dargestellt:

Dieses Konstrukt

- ist theoretisch nicht sinnvoll, denn es beinhaltet die Annahme, die Intelligenz sei ein wesentlicher Faktor für den Erfolg im Lesen-/Schreibenlernen und deshalb sei Legasthenie eine *erwartungswidrige* Störung (vgl. dazu auch den Beitrag von Scheerer-Neumann in Band 1 dieses Handbuchs). Die Korrelationen zwischen IQ und Leistungen in Lese- und Rechtschreibtests liegen jedoch nur in mittlerer Höhe, d.h. Diskrepanzen zwischen dem IQ und den Leistungen im Lesen und Rechtschreiben sind also erwartungsgemäß und keinesfalls krankhaft.
- ist methodisch nicht sinnvoll, denn bei der Feststellung einer Diskrepanz zwischen IQ und Leistungen im Lese- und im Rechtschreibtest gehen die Messfehlerschwankungen ein und führen zu unzuverlässigen Resultaten. Je nach Verwendung unterschiedlicher Intelligenztests werden zudem unterschiedliche Kinder als Legastheniker diagnostiziert (Valtin 1981).
- ist diagnostisch nicht sinnvoll, denn die so definierten Legastheniker unterscheiden sich in ihren Schwierigkeiten im Lesen und der Rechtschreibung nicht von anderen Kindern mit LRS (Klicpera/Gasteiger-Klicpera 1993). Reversionsfehler, die häufig als typisch für Legasthenie bezeichnet werden, sind nicht charakteristisch für diese Gruppe.
- ist therapeutisch nicht brauchbar, denn die so definierten Legastheniker brauchen keine anderen Therapiemaßnahmen als andere Kinder mit LRS. Der Therapie-Erfolg ist auch nicht von der Intelligenz der Kinder abhängig. Programme zum Training von Wahrnehmungsfunktionen, die im medizinischen Modell der Legasthenie als Teilleistungsstörungen aufgefasst werden, zeigen keine Übungsübertragung auf das Lesen und die Rechtschreibung.

Zum Abschluss stellt sich die Frage, warum in der heutigen öffentlichen Diskussion nach wie vor der klassische, kausale Legastheniebegriff eine Rolle spielt. Bühler-Niederberger (1991, S. 101) beklagt zu Recht, dass »die zentralen Aussagen des alten Konzepts (… Linksfaktor, Raumlagelabilität, legastheniespezifische Fehler und visuelle Wahrnehmungsmängel …) – obschon wiederholt falsifiziert – mit einer gewissen Hartnäckigkeit immer wieder auftauchten und auch heute noch auftauchen«.

Man fragt sich, wieso das Modell der Teilleistungsstörungen und das klassische Legasthenie-Konzept sich nach wie vor so großer Beliebtheit erfreuen, denn viele Gruppen berufen sich darauf, so zum Beispiel der »Bundesverband Legasthenie«, eine Interessenvertretung von Eltern »legasthenischer« Kinder, aber auch eine Reihe von TherapeutInnen und LehrerInnen. Dieses Konzept hat einerseits eine entlastende Funktion für die Beteiligten: Wenn es sich um eine Teilleistungsschwäche oder gar um eine MCD (Minimale Cerebrale Dysfunktion) handelt, ist keiner schuld und niemanden trifft Verantwortung. LehrerInnen können sich von Schuldgefühlen befreien, wenn sie die Ursachen für schulische Leistungsprobleme in Defekten des Kindes sehen und ihre Verantwortung für das Lesen- und Schreibenlernen des Kindes an außerschulische Instanzen delegieren können. Andererseits ist das Modell der Teilleistungsstörungen auch unter einem weiteren Gesichtspunkt nützlich. Für Eltern ist dieses Konzept nützlich, weil Krankenkassen für eine Therapie von Wahrnehmungsstörungen bereitwilliger zahlen als für eine Lesen- und Rechtschreibtherapie. Ferner dient dieses Konzept standespolitischen Interessen, indem es bestimmten Berufsgruppen ein zahlungswilliges Klientel beschert (s. dazu auch den Beitrag von Zangerle in diesem Band). Die neueren Ansätze betrachten Kinder mit LRS als langsam Lernende, denen es besonders schwer fällt, die Hürden des Schriftspracherwerbs zu überwinden. Deshalb brauchen sie in der Grundschule mehr Zeit zum Lernen und vor allem gut ausgebildete LehrerInnen, die günstige Lernbedingungen realisieren und gezielte Hilfestellungen beim Prozess des Lesen- und Schreibenlernens geben können. Leider gelingt es aber auch unter günstigen schulischen Verhältnissen nicht immer, LRS zu verhindern. In diesen Fällen ist die außerschulische Hilfe von Experten notwendig, für die allerdings die von Löffler, Meyer-Schepers und Naegele in diesem Band beschriebenen Qualitätsstandards gelten muss.

*Ingrid M. Naegele / Renate Valtin*

# Wie LRS vermeiden und beheben?[1]

- Alle Kinder kommen neugierig zur Schule und wollen lernen. Tut sich ein Kind schwer, dann hat es dafür nach Bettelheim (1994) gewichtige Gründe, die es herauszufinden gilt: »*Wenn daher ein Kind mit der nötigen Begabung trotzdem in der Schule versagt, muss es dafür gewichtige Gründe geben, die für das Kind zwingender sind als alle Belohnungen für gute Leistungen. Um diesen Gründen auf die Spur zu kommen, müssen wir herausfinden, unter welchen Gesichtspunkten das Versagen in der Schule wünschenswerter erscheinen könnte als Schulerfolge*« (Bettelheim 1994, S. 89).
- Probleme beim Schriftspracherwerb haben vielfältige, individuell unterschiedliche Ursachen. Je länger sie andauern, um so komplexer werden sie, wenn nicht geholfen wird. Sie bleiben kein isoliertes »Teil«-Leistungsversagen, da sie auf alles schulische Lernen wirken und bis zu Lernblockaden und psychosomatischen Auffälligkeiten führen können.
- Jedes Kind weist eine eigene Geschichte seines Scheiterns auf. Beteiligt daran sind neben dem schulischen Lernen (Methodik, Didaktik und Lehrerpersönlichkeit) und ungünstigen individuellen Lernvoraussetzungen beim Kind auch die familiäre Situation und die Beziehungen zu Gleichaltrigen und Freunden.
- Die kritische Phase für das Entstehen von LRS sind die ersten Schuljahre, wenn das Kind grundlegende Erfahrungen mit Schrift macht. Aufgabe der Schule ist es, *allen* Kindern genügend Zeit und verschiedenartige Lernwege für einen positiven Zugang zur Schriftsprache bereitzustellen. Je differenzierter und individueller der Anfangsunterricht gestaltet wird und je vielfältiger die Kinder über alle Sinne angeregt werden, um so weniger Kinder müssen scheitern. Dies bedeutet, dass langsam lernende Kinder zunächst im binnendifferenzierenden Unterricht zu fördern sind und jede frühe Aussonderung oder Sonderbeschulung nur eine Notlösung sein kann.

1 Ein Teil dieser Ausführungen stammt aus unserer 1995 verfassten Stellungnahme »Prävention von Analphabetismus: Was kann die Grundschule tun?«. Diese ist mit leichten Veränderungen – und offenbar aufgrund eines technischen Versehens – unter dem Namen von Gabriele Faust-Siehl (in: Stark/Pfitzner/Schubert 1995, S. 46ff.) erschienen.

- Um eine Verbesserung des Unterrichts im Lesen-, Schreiben- und Rechtschreibenlernen zu erreichen, sind nach neuesten Erkenntnissen folgende **didaktisch-methodische Maßnahmen** erforderlich:
  - Feststellung und Berücksichtigung der **Lernausgangslage** der SchülerInnen schon in den ersten Wochen und Monaten des Unterrichts.
  - Anwendung einer **sachadäquaten Leselehrmethode**, die direkt zur Erfassung der Struktur unserer Alphabetschrift anleitet. Bewährt hat sich die analytisch-synthetische Methode, die von sinnvollen sprachlichen Einheiten (Schlüsselwörtern) ausgeht, die von Beginn an visuell, auditiv und sprechmotorisch vollständig durchgliedert werden, wobei die Einheit von Sinnverständnis und Lesetechnik gewahrt ist. Häufig werden in Förderkursen und vor allem an Sonderschulen Leselehrverfahren angewendet, die nach heutigem Erkenntnisstand ungenügend sind: zum einen das naiv-ganzheitliche Lesenlernen, das zum Raten verführt, weil den Kindern nicht von Beginn an die Buchstabenfunktion vermittelt wird, zum anderen die synthetische Methode mit fragwürdigen Mitteln der Lautgewinnung (Sinnlautmethode), was das Synthetisieren erschwert, und unter Verwendung von häufig sinnlosem Lesematerial (Silben, Kunstwörter), was zu »Silbenbellen« führt, aber nicht dem Sinnverständnis dient.
  - Verwendung eines zunächst **begrenzten klasseneigenen Grundwortschatzes**, an dem systematisch und mit vielen Wiederholungen die Prinzipien der Alphabetschrift und der Orthographie erarbeitet werden.
  - Vermittlung und Einübung wichtiger **Lernstrategien und Arbeitstechniken**. Untersuchungen zeigen, dass gerade Kinder mit LRS falsche Strategien (z.B. in der Rechtschreibung die fehlerträchtige »Schreib-wie-du-sprichst«-Strategie) und ineffiziente Lern- und Behaltenstechniken anwenden.
  - Einbindung des Lesen- und Schreibenlernens in **kommunikativ relevante Bezüge**, damit der Sinn und der Vorzug dieser Kulturtechniken verdeutlicht und die Motivation der Kinder zum Lesen und Schreiben gefördert wird.
  - **Verbindung von Lesen- und Schreibenlernen** von Anfang an, sodass die Lernprozesse sich gegenseitig stützen können. Damit die Vorteile des gleichzeitigen Lesen- und Schreibenlernens voll genutzt werden können, sollte dieselbe Schriftart als Erstlese- und Schreibschrift angeboten werden. Bewährt hat sich die Druckschrift (Gemischtantiqua), aber auch – während der ersten Schulwochen – die Verwendung der Großantiqua, denn die großen Druckbuchstaben werden besonders leicht von Kindern, auch von schwächer begabten, erlernt.
  - Orientierung der **förderdiagnostischen Hilfen** am Entwicklungsmodell des Schriftspracherwerbs. Die Forschungen der letzten Jahre haben ergeben, dass alle Kinder charakteristische Zugriffsweisen ausbilden, die sich in einem Entwicklungsmodell darstellen lassen. Schon in den ersten Schulwochen liefert dieses Modell wichtige förderdiagnostische Informationen, mit welchem Ziel (»Stufe der nächsten Entwicklung«) welche Kinder besonders zu fördern sind. Manche Kinder brauchen länger, um bestimmte Phasen zu durchlaufen, sie

brauchen aber auch die optimale Passung zu ihren Lernvoraussetzungen. Bei der heute noch häufig anzutreffenden Form des Frontalunterrichts, der am Durchschnitt der Klasse orientiert ist, laufen die langsam lernenden Kinder Gefahr, hinterher zu hinken, weil ihr Entwicklungsstand und die Lernanforderungen immer mehr auseinander klaffen und sie vom Lernangebot nicht mehr profitieren können. Dadurch stellen sich beim Kind Misserfolgserlebnisse sowie Beeinträchtigungen des Selbstwertgefühls und der Motivation ein, was in schwerwiegenden Fällen zu dem bekannten Teufelskreis führt. Ein gezieltes förderdiagnostisches Vorgehen, das sich schon in den ersten Schulmonaten im binnendifferenzierten Unterricht realisieren lässt, kann ein Scheitern vermeiden helfen.

- Einsatz von **Computern als Schreibwerkzeug** in der Grundschule. Internationale und hiesige Erfahrungen zeigen, dass SchülerInnen große Freude daran haben, Texte auf dem Computer zu verfassen und dabei normgerecht zu schreiben. Der Einsatz von Computern ebenso wie die Entwicklung sinnvoller Programme sollten verstärkt werden.
- **Sichtung** aller verwendeten Lehrgänge im Lesen und Schreiben sowie aller Materialien für den Förderunterricht in Bezug auf Adäquatheit der Methoden, des Wortmaterials, der Sprache und der Übungsformen. Viele der Rechtschreibmaterialien, die für LRS angeboten werden, strotzen vor didaktisch-methodischen Mängeln, die geradezu Verunsicherungen in Bezug auf die richtige Schreibweise produzieren.
- Konsequente **Förderung aller Kinder**, die Schwierigkeiten beim Schriftspracherwerb zeigen. Auch lernbehinderte Kinder können mit geeigneten Fördermethoden Erfolge beim Lesen- und Rechtschreibenlernen haben.
- **Mehr Unterrichtszeit im Anfangsunterricht** zur Ausschöpfung aller hilfreichen Übungsmethoden. Bedenklich ist, dass in der Stundentafel der Anteil an Unterrichtsstunden, die dem Lesen und Schreiben gewidmet sind, immer mehr gekürzt wird (auch im Vergleich mit der Anzahl der Deutschstunden in der DDR).
- **Administrative Unterstützung** aller Förder- und Differenzierungsmaßnahmen zum Erwerb der Schriftsprache für alle SchülerInnen. Dazu ist es auch notwendig, an den Schulen Lehrkräfte mit besonderer Beratungs- und Förderkompetenz für die SchülerInnen einzusetzen, die im binnendifferenzierten Unterricht nicht ausreichend gefördert werden können.
- **Zusammenarbeit** der Lehrkräfte mit dem **Elternhaus**. Eltern sollten über die besonderen Schwierigkeiten beim Lesen- und Schreibenlernen informiert sein und sinnvolle Hilfestellung erhalten, damit Überforderungen des Kindes vermieden werden.

● Auf dem Hintergrund eines komplexen Ursachenverständnisses kann es keine einfachen Lehr- und Behandlungsmethoden geben, die immer wieder große Publizität erhalten und – wie der Beitrag von Heinz Zangerle in diesem Band aufzeigt – derzeit seltsame Blüten treiben.

- Auch wenn es trivial klingt, so muss bei der Fülle an Behandlungsmethoden ohne Bezug zum Problem LRS klargestellt werden: Lesen kann man nur durch Lesen lernen. Normgerecht schreiben lernt man nur durch sinnvolle Rechtschreibübungen.
- Förderung ist nur dann erfolgreich, wenn sie regelmäßig – in den ersten beiden Jahren möglichst binnendifferenziert – stattfindet und motivierend gestaltet ist. Neben den gezielten Hilfen zum Erwerb der Schriftsprache sollten Gespräche, Spiel- und Entspannungsangebote sowie sinnvolle Arbeits- und Lerntechniken in das Förderkonzept integriert sein. Lesen und Schreiben lernt man am effektivsten, wenn man dazu motiviert ist und die Sinnhaftigkeit dieser Kulturtechniken für das eigene Leben begreift. Förderung muss auch die emotionalen Probleme und die Versagensängste von Kindern einbeziehen.
- Für LehrerInnen ist es aber auch wichtig zu wissen, dass es einzelne Kinder geben kann, deren Schwierigkeiten mit schulischen Fördermöglichkeiten nicht zu lösen sind – seien es psychische Belastungen oder komplexe Entwicklungsverzögerungen. In solchen Einzelfällen werden außerschulische integrative psycho- und lerntherapeutische Maßnahmen notwendig.
- Eine gründliche Aus- und Fortbildung aller GrundschullehrerInnen in Theorie und Praxis des Schriftspracherwerbs wird seit Jahren gefordert. In den ersten Klassen sollten nur besonders gut ausgebildete und erfahrene LehrerInnen eingesetzt werden. Was die Universitäten gegenwärtig an Ausbildungsangeboten bereithalten, ist beschämend: In Berlin müssen die Studierenden in einer nur zweistündigen Lehrveranstaltung einen obligatorischen Leistungsnachweis »Schriftspracherwerb« erbringen. In Bayern wurde mit Änderung der Prüfungsordnung 1997 dieser verpflichtende Schein gestrichen (in Frankfurt 1999 ebenfalls). Allerdings gibt es in Bayern eine halbstündige mündliche Prüfung im Bereich Schriftspracherwerb. Innerhalb dieser Prüfung bilden Lernschwierigkeiten im Lesen und Schreiben eines von sechs möglichen Themen. Immerhin sieht die Studienordnung sechs Semesterwochenstunden für Schriftspracherwerb vor.

Vorbildlich für Lehrerfortbildungsmaßnahmen ist zurzeit Hamburg, wo innerhalb des Projekts »Lesen und Schreiben für alle« (PLUS) eine Konzeption der Lehrerfortbildung entwickelt wurde. In der Mitteilung des Senats an die Bürgerschaft (Drucksache 15/1540 vom 5.7.94) ist dazu Folgendes zu lesen:

## Konzeption der Lehrerfortbildung

Ein Schwerpunkt der neuen Konzeption zur Vermeidung von Schriftlernversagen ist ein umfassendes Angebot zur Qualifizierung der Lehrerinnen und Lehrer. Künftig sollen vor allem an Schulen in sozialen Brennpunkten speziell für diese Aufgabe fortgebildete LehrerInnen als so genannte SchriftsprachberaterInnen verantwortlich tätig werden …
Die Fortbildung besteht aus einem Jahreskurs, der begleitenden Supervision bei der Einführung der Förderprojekte in den Schulen durch die FortbildnerInnen sowie aus Fachtagungen und Seminaren zum Thema Schriftsprachliche Förderung. Die Fortbildungsinhalte umfassen Konzepte und Methoden der präventiven Förderung (Struktur der deutschen Schriftsprache, entwicklungspsychologische Grundlagen, Anwendung förderdiagnostischer Verfahren, Psychologie des Lernens), der integrativen Förderung (Lehrer-Schüler-Interaktion, Didaktik und Methodik, vielfältige Förderkonzepte) und der kooperativen Förderung (Team-Teaching, Beratungskompetenz, Strukturen interaktiver und kommunikativer Prozesse) …
Entsprechend den Prinzipien der neuen Konzeption und der Lehrerfortbildung haben die künftigen Schriftsprachberaterinnen und -berater nach Abschluss ihrer Fortbildung folgende Aufgaben in den Schulen:

*Klassenübergreifend*
Sie sollen Vorschläge zur Organisation des Förderunterrichts im Lesen und Schreiben erarbeiten, dabei mit der Schulleitung kooperieren und bei der Umsetzung der Vorschläge mitwirken.
Sie sollen klassenübergreifende besondere Vorhaben zum Thema Lesen und Schreiben koordinieren.
Sie sollen Themenkonferenzen bzw. pädagogische Jahreskonferenzen zum Thema Schriftspracherwerb planen und gestalten.
Sie sollen den Elternrat mit der Thematik vertraut machen und sich in Absprache mit den KlassenleiterInnen an den Klassenelternabenden (insbesondere der Klasse 1) beteiligen und Projekte zum Thema Lesen und Schreiben erarbeiten, um die Eltern in die Gestaltung einzubeziehen.
Sie sollen KollegInnen, die mit der Förderarbeit bei Lernschwierigkeiten im Schriftspracherwerb wenig vertraut sind, bei der Konzipierung des Lese- und Schreiblehrgangs beraten sowie Klassenlehrerinnen und Klassenlehrer in die Methoden der Lernbeobachtung und der Früherkennung von Lese- und Schreibversagen einführen.

*Mitarbeit als Teamlehrerin oder -lehrer in den Klassen*
Sie sollen gemeinsam mit den KlassenlehrerInnen, die weiterhin verantwortlich dafür sind, dass alle Kinder der Klasse die Ziele des Schriftspracherwerbs erreichen, Konzepte für einen integrativen und kooperativen Förderunterricht in der Klasse entwickeln. Die Beratung mit dem Klassenlehrer soll als kooperativer Reflexionsprozess gestaltet werden.
Sie sollen nach Möglichkeit als zweite Lehrkraft in der Klasse im Team arbeiten und sich insbesondere den Schülerinnen und Schülern mit Lernschwierigkeiten zuwenden.
Zu Beginn der Klasse 1 sollen sie die Lernbeobachtung und die Frühförderung unterstützen; in der Folgezeit sollen sie sich auf die Arbeit mit den Schülerinnen und Schülern mit Schwierigkeiten beim Erwerb des Lesens und Schreibens konzentrieren; das gilt auch für die Klassen 2 bis 4.

*Ingrid M. Naegele / Renate Valtin*

# Legasthenie kommt von Gott

*Wie SchülerInnen mit LRS ihr Versagen erklären*

Versagt ein Kind in einem Bereich, der den meisten Gleichaltrigen offensichtlich leicht fällt oder sogar Spaß macht, so beginnt es, nach Erklärungen dafür zu suchen. Betrifft es den Sport, so redet es sich vielleicht ein: Ich bin halt ungeschickt! Kann das Kind nicht malen oder basteln, so heißt es oft: Ich habe halt zwei linke Hände! Bei Rechenproblemen hieß es früher bei Mädchen: Das brauchst du nicht, du heiratest sowieso!

Wie Menschen ihre eigenen und die Erfolge und Misserfolge anderer erklären, welche Zuschreibungs- oder Attribuierungsmuster sie verwenden, ist in der psychologischen Forschung recht gut erforscht worden. Diese Erklärungen beeinflussen das allgemeine Selbstbild, das man von sich selbst entwickelt hat, das Selbstkonzept eigener Fähigkeiten (z.B. das Selbstvertrauen in die eigene Leistungsfähigkeit), aber auch die Anstrengungsbereitschaft und die Leistungsmotivation – insofern haben sie direkt oder indirekt einen Einfluss auf die Schulleistungen. Aus der empirischen Forschung (s. Helmke 1990) ist bekannt, dass vielfältige internale oder externale Faktoren für die Erklärung von schulischem Erfolg und Misserfolg herangezogen werden (s. Übersicht).

**Übersicht über Faktoren und Kategorien der Kausalattribuierung**

| Internal | External |
|---|---|
| Schulische Faktoren | Anstrengung (u.a. Aufgabenschwierigkeit/ Schwierigkeit des Unterrichtsfaches |
| Fähigkeiten/Begabung | Zufall (Glück/Pech) |
| Motivation und emotionale/affektive Variablen | Häusliche Faktoren |
| Schulbezogene Tugenden | Ökologische, nicht schulbezogene Faktoren |
| Körperliche Befindlichkeit und körperliche Behinderungen/Umgang mit gesundheitlicher Beeinträchtigung, Behinderungen der Lernfähigkeit | Kritische Lebensereignisse |

*(aus Valtin u.a. 1996)*

Eine Studie von Valtin u.a. 1996 ergab, dass Kinder des 2. und 3. Schuljahrs bei der Erklärung von guten und schwachen Schulleistungen sehr differenzierte Zuschreibungen äußerten. In Bezug auf die Erklärung von eigenem Misserfolg machten Kinder vor allem mangelnde Anstrengung (über 30%), schulische Faktoren (19%) und fehlende Begabung (15%) verantwortlich. Betrachtet man die Fülle der möglichen Zuschreibungen, so ist es unter normativen Erwägungen selbstwertdienlicher, Erfolg auf eigene Kompetenzen zurückzuführen, und entlastender, Misserfolge auf externale Faktoren zu schieben oder auf stabile internale Faktoren, die man selbst nicht beeinflussen kann.

Welche Erklärungsmuster Kinder mit LRS für ihr Versagen zeigen, wurde bislang nicht untersucht. Eine ältere Studie von Niemeyer (1974) zeigte allerdings, dass diese Kinder sich schon am Ende des zweiten Schuljahrs als fauler, unkonzentrierter und schwächer begabt bezeichneten, obwohl sie in Bezug auf den Intelligenzquotienten mit der Kontrollgruppe der guten Leser und Rechtschreiber vergleichbar waren.

Im Folgenden wird über eine Befragung von Kindern mit LRS berichtet. Sie sollten sich schriftlich zu drei Aspekten äußern:

- Was glaubst du, woher deine Lernprobleme kommen?
- Was macht dir am meisten Probleme?
- Was glaubst du, was man dagegen tun kann?

Die Fragen wurden SchülerInnen mit LRS von zwei unterschiedlichen Fördereinrichtungen vorgelegt. Zum einen handelt es sich um ein Legasthenie-Internat in Nordhessen, das Betroffene von der 5. Klasse (Realschule oder Gymnasium) an aufnimmt. Die Aufnahme erfolgt nach § 35 des KJHG (Eingliederungshilfe von Behinderung Bedrohter) über ein medizinisch-jugendpsychiatrisches Verfahren. Bei der zweiten Einrichtung handelt es sich um eine integrative psycho- und lerntherapeutische Praxis in Frankfurt, zu der Kinder aller Schulformen aufgrund ihrer ausgeprägten LRS und Selbstwertproblematik einmal wöchentlich zwei Stunden zur Einzeltherapie kommen. Die Kosten für die ambulante Therapie tragen in der Regel die Erziehungsberechtigten, sie können im Einzelfall nach dem KJHG als Hilfe zur Erziehung (§ 27) übernommen werden, wenn die Notwendigkeit durch den zuständigen Allgemeinen Sozialdienst und eine Beratungsstelle festgestellt wurde (gem. KJHG 1990).

Insgesamt liegen die Antworten von 102 Kindern vor, von denen 57 aus dem Internat und 45 aus der ambulanten Praxis stammen. Es muss nicht betont werden, dass es sich nicht um eine repräsentative Befragung handelt. Zum Antwortverhalten ist anzumerken, dass die Äußerungen um so kürzer ausfielen, je jünger die TeilnehmerInnen waren. Mehrfachnennungen und differenzierte Antworten gaben vor allem die älteren SchülerInnen ab Klasse 6.

## Was glaubst du, woher deine Lernprobleme kommen?

Bei der Auswertung der Ursachenfrage fällt zunächst auf, dass sich die Antworten der Kinder aus den beiden Einrichtungen deutlich unterscheiden. Von den ambulant betreuten 45 Kindern hatten 26 keine Ahnung von den Gründen ihrer Schwierigkeiten, 12 machten die Lehrer, Lehrerwechsel, hänselnde Mitschüler oder fehlende Konzentration im Unterricht dafür verantwortlich. Nur 7 Kinder gaben familiäre oder erbliche Ursachen an, wenn Eltern oder Geschwister ebenfalls betroffen waren.

Demgegenüber ist auffällig, wie viele der befragten 57 Internats-SchülerInnen Gründe angeben, die auf Vererbung und medizinische Ursachen hinweisen (N = 37). Nur zwei geben an, keine Ahnung zu haben. Für 15 SchülerInnen sind die Schule, sie selbst oder fehlende Konzentration im Unterricht die Ursache ihrer Lernprobleme, für 6 weitere das elterliche Erziehungsverhalten. Mehrheitlich sehen diese Kinder ihr Versagen aufgrund von vererbten oder angeborenen Schäden, hirnorganischen oder hirnfunktionellen Störungen. Es ist zu vermuten, dass die Attribuierungen der zweiten Gruppe wesentlich mit dem Aufnahmeverfahren und der davon abhängigen Kostenübernahme im Internat zusammenhängen.

Insgesamt ließen sich die Aussagen der Kinder mit LRS den folgenden Kategorien zuordnen, wobei es nur in wenigen Fällen zu Mehrfachnennungen kam:

- *Antworten vom Typ »ich weiß nicht«* (N = 28)
- *Vererbung* (N = 27): »wir haben es Gerbt gegriegt«, »das ehrbt man«, »das liegt in den Genen von jeden einzelnen«. Ferner nennen Kinder auch die Personen, von denen sie die Legasthenie »haben«: »vererbt von meinen Großeltern«. »Legastini kan vererba sein! Ich glaube das ich es da herr habe. Meine Kusine (Vaterseite) und meine Onkel (Mutterseite) haben es auch«. Einige Kinder verweisen einfach auf andere Personen: von meiner Mutter, meinem Vater, meinen Geschwistern oder meinen Verwandten
- *Hirnorganische oder -funktionelle Störungen* (N = 21): »ich glaube das die legasteni aus dem gehörn komt«, »aus dem Kopp«, »eine nicht er fülte gehirn reifung«, »irgendwie ist eine leitung im Gehirn ferstohft«, »die gehirnhelften arbeiten nicht zusammen«, »von Pilz im Gehirn«, »Legasteniker sind Rechtsdenker. Sie denken ehr Bildlich«. Von zwei Kindern wird auf externe Ursachen dieser Funktionsstörungen verwiesen: »Dadurch das man in der Kindheit zu viel Fernsehen hat wird die Rechte gehirnhelfte stärker ausgeprägt.« – »Wen die Eltern die Kinder anschreien oder sie schlagen dan spilt das Gehirn ferügt.«
- *Körperliche Beeinträchtigungen oder Geburtsschäden* (N = 8): Sehfehler, Mittelohrentzündung, »stress und migräne«, »von einem virus«, »wegen meiner frügeburt«, »ein minimaler Sauerstoffverlust im Gehirn bei der Geburt«
- *Schicksalhafte Erklärungen* (N = 4): »Legasthenie kommt von Gott, »vom Herrn«, »Fon der Natur«, »veleicht wollte Gott das wir noch unterschitlicher sind«

- *Häusliche Faktoren* (N = 5): Hier werden vor allem die Eltern genannt: »Es kommt häufig davon das die Eltern geschiden oder ein Elternteil verstorben ist« – »vieleicht weil meine Eltern falchen geschlechtverker hatten«.
- *Schulische Faktoren* (N = 13): einzelne Lehrer (»er hat mich angeprült« bzw. »angeschnauzt«), Lehrerwechsel (»von den vielen Lehren die ich hate«), Hänseln und Auslachen durch Mitschüler, mangelnde Kontrolle der Hausarbeiten oder andere didaktische Mängel der Lehrer (»Ich denke meine Fehler wurden in der Grundschule nicht richtig behandelt. Es war damals egal ob wir Fehler machen oder nicht«.)
- *Mangelnde Anstrengungsbereitschaft* (N = 7): »Ich habe nicht immer lust zum lernen«, »ich bin ein bischen faul«. »Ich habe früher nicht so oft meine Hausaufgaben gemacht, deshalb bin ich im Unterricht nicht so gut mitgekommen«.
- *Multifaktorielle Verursachungen* werden von 6 Kindern genannt. Dazu zwei Beispiele: Ben, 7. Klasse, schreibt: »1. bischen faul, 2. frühe propleme in der Grundschule, 3. Nervosität, 4. Konsentration.« Jörn, 6. Klasse, nennt drei Gründe : »1. weil ich meinerseits nichst gerne Lese und deshalb habe ich Schwierigkeiten beim Schreiben, 2. weil ich mich immer ablenke. 3. Weil ich immer unkonzentriert bin.« Auf einen Zusammenhang zwischen Lesen und Schreiben verweist auch Lenni aus der 6. Klasse: »Ich habe sehr frü begonen zu lesen. Ich laß so schnell daß ich Wörter überflogen habe auf diese Weise hat sich bei mir die Rechtschreibung nicht richtig durch das lesen entwickeln können«. Benjamin aus der 9. Klasse vermutet eine Wechselwirkung zwischen häuslichen, schulischen und persönlichen Faktoren: »Ich nemme an das sie zum grösten teil aus Famielieren Problemen kommt da ich früher meine Hausaufgaben alleine machen muste und mich keiner auf Feler aufmerksam machen konnte. Und in der Hausaufgabenzeit wurden die Hausaufgaben nur überflogen das ich sie gemaht hatte. Und ein kleiner teil durch Faulheit«.

Welche Bedeutung haben derartige Attribuierungsmuster für den Einzelnen? Wir hatten schon festgestellt, dass es selbstwertdienlicher ist, Misserfolge auf externale oder auf internal stabile, nicht beeinflussbare Faktoren zu schieben. Dies bedarf jedoch einer Differenzierung. Wenn Kinder mit LRS ihr Versagen auf Gott, die Natur oder ihre Eltern (per Vererbung) zurückführen, so ist dies zwar eine Entlastung von individueller Schuld, diese ist jedoch teuer erkauft durch mögliche psychische Nebenwirkungen. Ein Verweis auf Gott kann ein Hadern mit dem Schicksal, ein Verweis auf die Eltern Aggressionen zur Folge haben. Auch Erklärungen wie »Pilze im Gehirn« oder »falscher Geschlechtsverkehr der Eltern« vermögen Ängste und Verunsicherungen auszulösen. Überhaupt werden die Eltern insgesamt am häufigsten verantwortlich gemacht. Welch ungünstige innerfamiliäre Dynamik und Problematik daraus entstehen kann, ist leicht vorstellbar.

## Was macht dir die meisten Probleme?

Während die meisten jüngeren Kinder stichwortartig oft nur ein oder zwei Gründe nannten, konnten die älteren ihre Schwierigkeiten differenziert beschreiben. Erwartungsgemäß stehen die Probleme mit Aspekten des Deutschunterrichts an erster Stelle. Genannt wurden aber auch Probleme mit Fremdsprachen, Mathematik und allgemein der Schule sowie soziale Schwierigkeiten, z.B. negative Erfahrungen mit MitschülerInnen.

## Was glaubst du, was man dagegen tun kann?

Auf die dritte Frage gibt nur ein Kind die Antwort: Ich weiß es nicht. In beiden Gruppen stehen undifferenzierte Angaben wie »üben« bzw. »lernen« an erster Stelle. An zweiter Stelle rangiert das jeweilige Förderangebot, das die Kinder in der Regelschule vermisst haben oder vermissen. Erst dann folgen in der Nennhäufigkeit bei beiden Gruppen die spezifischen Defizitbereiche Schreiben und Lesen. Die InternatsschülerInnen nennen Lesen und Schreiben jeweils 13-mal, es folgen Konzentration (7), Wünsche nach besseren Lehrkräften oder Schulen (6), Computerprogramme (2) und Einzelnennungen wie Abschaffen der Benotung, des Schreibens oder gleich der gesamten Schule, bessere Lernmethoden und Wege. Vier SchülerInnen meinen, dass ihnen nichts helfen könne.

Bei einigen wenigen Kindern findet sich eine fatalistische oder resignative Haltung: »Legastheniger bleibt man für immer«. – »Man gewöhnt sich daran und lernt damit zu leben, dass man ein Depp ist«. – »Man kann gar nicht's tun. Entweder es geht weg oder es bleibt ewig.« – »Ich glaube, daß ich nichts dagegen machen kann«. Benjamin aus der 9. Klasse empfiehlt: »lesen und Legietraining und sich mit dem bischen an Legastenie abfinden die man nicht bekemfen kann«. Kinder fordern auch, dass die Umwelt mehr Verständnis für sie entwickele: »Mehr aufklärung dahrüber betreiben. Manche Leute wissen nicht was Legasteni ist und halten uns für Dumm«. – »Man sollte auch Legasteniker sein, um sie zu unterichten und leren«. Drei Schüler sprechen sich für radikale Lösungen aus: »Alle Deutschlehrer auf den Mond schißen«, Deutsch bzw. die Rechtschreibung abschaffen.

Die Kinder aus der ambulanten Therapie glauben, dass ihnen neben Üben im Lesen und Schreiben, wobei letzteres z.T. spezifiziert wird in Karteiarbeit, Geschichtenschreiben, Rechtschreiben und Computerprogamme, individuell unterschiedliche Dinge helfen, die sie in der Therapie einüben: Konzentrationstraining, Entspannungsübungen, im Lexikon nachschlagen, darüber reden, sich gegen Schüler wehren, weniger Fernsehen, nicht mehr faul sein. Einer der befragten Schüler möchte daheim bleiben und nicht mehr in die Schule gehen.

## Kommentar

Die Antworten zeigen, dass massive Lese-Rechtschreibprobleme in vielen Fällen Auswirkungen auf das Selbstkonzept der Betroffenen haben. Die befragten SchülerInnen haben durch integrative lern- und psychotherapeutische Förderung gelernt, ihre Schwierigkeiten zu artikulieren und haben somit die Möglichkeit, sie zu verarbeiten. Wie sieht es jedoch dort aus, wo keine adäquate schulische oder außerschulische Hilfe angeboten wird, was vielerorts die Regel zu sein scheint? Wichtig wäre, dass mehr Kinder, denen es ähnlich geht, die Möglichkeit erhalten, ihre Schwierigkeiten reflektieren zu lernen und systematisch aufzuarbeiten. Dazu gehört auch die Fähigkeit, diese in Worte zu fassen und in dem Medium zu äußern, mit dem sie bisher nur negative Erfahrungen gemacht haben.

Eigene Befragungen könnten helfen, die Bedingungen zu erhellen, die Kindern Probleme bereiten, Beziehungskonflikte aufzuzeigen, persönliche Erklärungsmuster für das Scheitern aufzuarbeiten. Es ist zu vermuten, dass ein Teil der Kinder unter besseren Lernbedingungen – z.B. bei Berücksichtigung der kindlichen Lernwege am Schulanfang und differenziertem ermutigendem Unterricht – weniger Schwierigkeiten beim Schriftspracherwerb gehabt hätte. Unter den derzeitigen schulischen Rahmenbedingungen und der unbefriedigenden Lehreraus- und -weiterbildung kann jedenfalls nicht davon ausgegangen werden, dass die Schule ihren Auftrag, **allen** Kindern Lesen und Schreiben beizubringen, erfüllen kann.

Die befragten Kinder erleben die spezifische Förderung mehrheitlich als positiv und hilfreich. Die Antworten bestätigen die eigene therapeutischen Erfahrung, dass Kinder erst dann Kritik an der verursachenden Schule oder spezifischen LehrerInnen zu üben wagen, wenn sie diese verlassen haben.

Es macht sehr nachdenklich, dass eine Reihe von SchülerInnen die Ursachen für ihre Schwierigkeiten in Umständen sucht, die sie selbst nicht beeinflussen können (Vererbung, Hirnstörungen u.a.). Die Vermutung liegt nahe, dass sie diese von den Lehrkräften und Eltern übernommen haben, die das medizinische Konzept entweder als persönlich entlastend wertschätzen oder medizinischen Erklärungen eher glauben als pädagogischen oder psychologischen. Die Folge ist, dass Kinder, die in dieser Richtung geantwortet haben, eher fatalistische und resignative Einstellungen zur Therapie äußern, während Kinder mit multifaktoriellen Erklärungen oder solche, die sich auf konkrete schulische, häusliche und persönliche Faktoren beziehen, häufiger gezielte Gegenmaßnahmen erwähnen. Werden daher Lese-Rechtschreib-Schwierigkeiten nicht als im Kinde liegendes organisches Defizit, sondern als Verzögerung der schriftsprachlichen Entwicklung gesehen, so hat dies bei den Kindern auch Auswirkungen auf ihre Attribuierungen und ihre Einstellung zu Fördermaßnahmen, wie diese Befragung zeigt.

Wir möchten an dieser Stelle allen danken, die diese Befragung ermöglichten, den SchülerInnen für ihre offenen Antworten und den LehrerInnen und TherapeutInnen für die Durchführung der Befragung.

# Schulische Förderung

*Renate Valtin*

# Schwierigkeiten beim Schriftspracherwerb

*Hinweise und Hilfen für die Förderdiagnostik*

Eine differenzierte Analyse der Stärken und Schwächen des Kindes beim Schriftspracherwerb ist Voraussetzung und Grundlage der individuellen, gezielten Förderung. Eine umfassende Förderdiagnostik muss darüber hinaus auch die persönliche, häusliche und schulische Situation des Kindes berücksichtigen (vgl. dazu den Beitrag von Portmann im 1. Band dieses Handbuchs).

Die besonderen Probleme von Kindern mit LRS lassen sich am besten innerhalb eines kognitiv-entwicklungspsychologischen Ansatzes, der Theorie der kognitiven Klarheit (Downing 1984), beschreiben.

Dieser Ansatz wird als kognitiv bezeichnet, weil das Hauptproblem beim Lesen- und Schreibenlernen ein *kognitives* ist: es geht um den Erwerb von Einsichten in die alphabetische Struktur unserer Schrift und das Begreifen des Zusammenhangs von gesprochener und geschriebener Sprache. In der älteren Forschung ging man noch davon aus, dass das Erlernen der Schriftsprache vorwiegend eine Wahrnehmungsleistung sei und dass es genüge, zwei Symbolsysteme (Buchstaben und Laute) durch genaues Sehen und Hören zu lernen und Phonem-Graphem-Korrespondenzen im Gedächtnis zu speichern. Probleme beim Schriftspracherwerb wurden dann folgerichtig auf Teilleistungsstörungen der Wahrnehmung zurückgeführt. Heute wissen wir, dass es sich beim Schriftspracherwerb um die Erlangung spezifischer Einsichten, also um erlernbare *kognitive* Prozesse handelt.

Dieser Ansatz ist ferner *entwicklungspsychologisch* fundiert und bezieht sich auf die Erkenntnis, dass Kinder nicht passiv lernen, sondern aktiv den Lerngegenstand (re)konstruieren, und zwar auf einem Niveau, der ihrem kognitiven Entwicklungsstand und ihrer naiven Theorie vom Lerngegenstand entspricht. Das bedeutet, dass die Logik des Gegenstandes nicht immer der Psycho-Logik der Lernenden entspricht, weil Kinder ihren Lerngegenstand aktiv strukturieren und sich dabei bestimmte Hypothesen bilden oder Problemlösungsversuche unternehmen, die manchmal dem Lerngegenstand nicht angemessen sind. Die Lernprozesse des Kindes lassen sich in einem Stufenmodell des Erwerbs von Strategien beschreiben.

Die *Theorie der kognitiven Klarheit* besagt: Beim Schriftspracherwerb müssen die Lernenden zu einer *kognitiven Klarheit in Bezug auf Funktion und Aufbau der Schrift* gelangen. Ferner brauchen sie *metakognitives Wissen* in Bezug auf geeignete Lern- und Übungsstrategien sowie effektive Arbeitstechniken. Aufgrund der Komplexität und Abstraktheit der Schriftsprache haben *alle* Kinder Schwierigkeiten in der Erwerbsphase, die sich im Stufenmodell des Lesen- und Rechtschreibenlernens beschreiben lassen. Kinder mit LRS verbleiben aus unterschiedlichen Gründen besonders lange auf den unteren Ebenen des Stufenmodells. Sie entwickeln Vorstellungen und Strategien, die dem Lerngegenstand Schriftsprache nicht angemessen sind, weil bei ihnen Unklarheiten und Verwirrungen in Bezug auf Funktion und Aufbau der Schriftsprache bestehen.

Beim Schriftspracherwerb müssen die Lernenden das alphabetische Prinzip der Schrift konstruieren und damit innerhalb weniger Schuljahre eine kulturelle Leistung nachvollziehen, für deren Entwicklung die Menschheit Tausende von Jahren gebraucht hat. Während fast überall auf der Welt Begriffsschriften entstanden, ist die Erfindung des Alphabets eine einmalige Leistung. Die geniale Idee, von der Bedeutung der Sprache zu abstrahieren, den Klangstrom in Lautklassen zu gliedern und durch einen kleinen Vorrat von Zeichen (26 Buchstaben) darzustellen, erfordert eine beträchtliche Abstraktion und Sprachbewusstheit. (Zum Problem der Sprachbewusstheit und der Sprachanalyse, insbesondere der phonologischen Fähigkeiten, liegen seit geraumer Zeit konzeptionelle und empirische Arbeiten vor, die allerdings wenig rezipiert worden sind, vgl. Andresen 1985, Downing/Valtin 1984.)

## Die Theorie der kognitiven Klarheit – ein neues Verständnis von Lese-Rechtschreib-Schwierigkeiten

Beim Lesen- und Schreibenlernen muss das Kind die Einsichten in die Sprache, die die Erfinder des Schriftsystems besaßen, rekonstruieren und die Kodierungsregeln für sich neu entdecken (vgl. Downing 1984). Der Rekonstruktionsprozess beim Schriftspracherwerb bezieht sich auf zwei Aspekte:

- die Erkenntnis der *kommunikativen Funktion* von Schrift (Schrift ist eine besondere Form von Sprache und nicht Zeichen beliebig auswechselbaren Inhalts und sie hat einen bestimmten Gebrauchswert)
- und zweitens die Erkenntnis des *Aufbaus* unserer Schrift, dass nämlich in unserem alphabetischen Schriftsystem bestimmte sprachstrukturelle Merkmale, wie Laute, Wörter und Sätze, graphisch repräsentiert werden.

Untersuchungen an Schulanfängern und Kinder einer Vorklasse (Valtin u.a. 1993) zeigen, dass vielen Kindern, vor allem solchen aus schriftfernem Milieu diese Einsichten fehlen und dass bei Kindern mit LRS auch nach einigen Monaten Schulunterricht noch kognitive Unklarheiten oder Verunsicherungen über Funktion und Aufbau der Schrift bestehen.

Im Folgenden sollen einige der Einsichten, die sich Kinder beim Lesen- und Schreibenlernen aneignen, dargestellt werden. Sie dienen gleichzeitig als *Beobachtungshilfen*, damit LehrerInnen die spezifischen Probleme von Kindern mit LRS frühzeitig erkennen und bei den Fördermaßnahmen berücksichtigen können. Diese

Empfehlungen basieren auf Ergebnissen von Längsschnittstudien zur kognitiven Klarheit beim Schriftspracherwerb, wobei Kinder einer Vorklasse und aus drei 1. Klassen beobachtet wurden (Ergebnisse aus zwei Klassen werden näher dargestellt in Valtin u.a. 1993, Valtin 1993). Es zeigte sich, dass Kinder, die am Ende des Schuljahrs durch ihre schwachen Leistungen im Lesen und Schreiben auffallen, schon in den ersten Schulmonaten aufgrund besonderer Probleme in Tests oder Beobachtungsverfahren auffällig werden.

## Erfassen von Funktionen und Merkmalen der Schriftsprache

Der Test »Linguistic Awareness in Reading Readiness (LARR)« von Downing, ein Papier- und Bleistifttest, enthält einen Untertest: »*Erkennen schriftsprachlichen Verhaltens*«, in dem Gegenstände und Situationen dargestellt sind, in denen Schrift eine Rolle spielt. Ferner sind Personen abgebildet, die lesen, schreiben oder malen.

Kinder, die am Ende des ersten Schuljahres besondere Schwierigkeiten im Lesen und Schreiben aufweisen (im Folgenden »langsam Lernende« genannt) fallen dadurch auf, dass sie zu Schulbeginn in diesem Test die Tätigkeiten des Lesens, Schreibens und Malens nicht sicher unterscheiden können und Zahlen nicht als etwas, das man lesen kann, identifizieren.

*LARR 1 – Aufgabe 4: Streiche die Personen an, die schreiben.*

*Konzepte vom Lesen und Schreiben* lassen sich auch im Unterrichtsgespräch durch einfache Fragen feststellen: »Kannst du schon lesen/schreiben? Wie machst du das? Was liest/schreibst du? Können deine Eltern lesen/schreiben? Wie machen sie das? Was und warum lesen/schreiben sie?« (zu Ergebnissen von Kindern zu Schulbeginn und nach 10 Monaten Unterricht vgl. Valtin u.a. 1993). Langsam lernende SchülerInnen haben noch am Ende des ersten Schuljahrs nur vage Vorstellungen über die Mechanismen und die sozialen Funktionen des Lesens und Schreibens.

## Einsichten in den Zusammenhang zwischen gesprochener und geschriebener Sprache auf der Wortebene

Ein Segmentierungstest (nach Ferreiro 1979) gibt Aufschluss darüber, welche Vorstellungen sich Kinder über den Zusammenhang zwischen geschriebener und gesprochener Sprache bilden. Zwar handelt es sich um ein Einzelverfahren, es eignet sich jedoch auch dazu, als Aufgabe mit der ganzen Klasse durchgeführt zu werden, was möglichst schon in den ersten Schulwochen erfolgen sollte. Hier das Vorgehen:

> Vor den Augen der Kinder schreibt die Lehrerin folgenden Satz:
> VATER SIEHT DIE KATZE

Im Anschluss daran liest sie den Satz mit normaler Betonung vor, ohne einzelne Wörter besonders hervorzuheben, und bittet das Kind/die Kinder, den Satz zu wiederholen. Daran schließt sich die Frage an: »Habe ich irgendwo ›Vater‹ geschrieben? Wo steht das?«. Nacheinander werden die Wörter »Katze«, »sieht« und »ein« abgefragt. Wenn einzelne Textteile vom Kind noch nicht zugeordnet sind, deutet die Lehrerin darauf und fragt: »Und was steht da?« Zum Abschluss soll das Kind den Satz noch einmal wiederholen. Analog wird mit dem Satz

> DAS KIND KAUFT EIN EIS

verfahren, wobei nach den Satzteilen in folgender Reihenfolge gefragt wird: Eis, Kind, kauft, ein, das.

Ferreiro hat bei mexikanischen Vorschulkindern eine bestimmte Stufenfolge von Antwortmustern beobachtet, die ebenfalls in unserer Stichprobe gefunden wurde. Sie reichen von Stufe 1 – der völligen Unfähigkeit, Textsegmente korrekt zuzuordnen – zu Stufe 3 bis 4 – der Fähigkeit, einzelne Segmente (zunächst Nomen, dann Nomen plus Verb) zuzuordnen – bis zur Stufe 5 – bei der das Kind alle Elemente, auch Artikel, richtig zuordnen kann. Dieses Antwortmuster ergibt sich daraus, dass die Kinder zunächst der Meinung sind, nur bestimmte Wörter, z.B. Nomen, würden schriftlich dargestellt. Der typische Schulanfänger ist der Meinung, Artikel würden nicht abgebildet.

SchülerInnen, die am Ende der 1. Klassen gute Leistungen im Lesen und Schreiben aufweisen, gehören zu Schulbeginn zu Stufe 4 und können nach 6 Schulmonaten die Aufgabe richtig lösen. Die langsamen Lerner gehören sämtlich zu denjenigen, die zu Schulbeginn Stufe 2 aufweisen und auch nach 6 Monaten Schulunterricht bei einer Wiederholung dieses Verfahrens keine wesentlichen Fortschritte zeigen. Hier einige Beispiele: Carsten glaubt zu Schulbeginn, im Satz »Vater sieht die Katze« würde »Vater« und »Katze« nicht stehen, wohl aber »Vater sieht«. Sechs Monate später hat sich seine Leistung kaum gebessert. Er meint nun, bei »Vater« würde stehen »Vater sieht die Katze« und bei dem Rest »Das Kind kauft ein Eis«. Beim zweiten Satz beginnt er zu segmentieren, wobei er Artikel und Nomen als ein Wort zählt und ordnet so zu:

Zeig mal, wo die Wörter stehen:

| | | | | |
|---|---|---|---|---|
| DAS | KIND | KAUFT | EIN | EIS |
| *Das* | *Kind* | *kauft sich* | *Eis* | *?* |

Auf die Frage, was der letzte, nicht identifizierte Teil, bedeutet, antwortet er: »Das mit dem Bär« und bezieht sich auf einen weiteren in der Untersuchung verwendeten Satz.

Daniel löst bei Schulbeginn die Zuordnungsaufgaben so, dass er in Verfolgung einer Links-Rechts-Strategie bei jeder Frage von links nach rechts auf das jeweilige Element des Satzes zeigt. Er hat also offenbar keine Vorstellung davon, dass die Reihenfolge der geschriebenen Wörter auch der Reihenfolge der gesprochenen Wörter entsprechen muss. 6 Monate später ordnet er dem Satz folgende Wörter zu:

| | | | |
|---|---|---|---|
| VATER | SIEHT | DIE | KATZE. |
| *Vater* | *sieht'ne* | *Kat-* | *ze.* |

Er hat zwar jetzt offenbar die Einsicht erworben, dass es eine Entsprechung zwischen der Reihenfolge der gesprochenen und geschriebenen Wörter gibt, hat aber noch Schwierigkeiten bei der Segmentierung. Beim zweiten Satz kann er keine Zuordnung vornehmen.

Von allen Verfahren unserer Untersuchung ist dieses das aussagekräftigste: Alle Kinder, die nach 6 Monaten Schulunterricht im Segmentierungstest unfähig sind, korrekte Entsprechungen zu finden, weisen am Ende des Schuljahrs schwache Leistungen in einem Lese- und einem Rechtschreibtest auf. Sie haben offenbar noch nicht begriffen, dass sich die Reihenfolge der gesprochenen und geschriebenen Wörter entsprechen muss, und sie sind ferner, wie eine weitere Auswertung zeigt, unfähig, einen Satz in Wörter zu segmentieren. Nach 6 Monaten Schulunterricht wurden die Kinder befragt, wie viele Wörter die Sätze »Vater sieht die Katze« und »Das Kind kauft ein Eis« enthalten. Nur wenige Erstklässler konnten die Frage richtig beantworten. Die langsam lernenden Kinder versagen in diesem Untersuchungsteil völlig. Ihre Schwierigkeit, Wörter in einem Satz zu zählen, ist einerseits bedingt durch die Unfähigkeit, nach linguistischen Einheiten zu segmentieren. So meint Carsten, die Sätze enthielten jeweils zwei Wörter, und zwar Satz 1: »Vater« und »sieht die Katze« und Satz 2: »Das Kind« und »das Eis«. Nadine zählt »sieht die« und »kauft ein« als jeweils ein Wort.

Andererseits sind die falschen Antworten auch dadurch erklärbar, dass die Kinder nicht die Wörter zählen, sondern mit einzelnen Lauten antworten, wobei jedoch selten eine Übereinstimmung zwischen den Anfangsbuchstaben der Wörter und den Lauten festzustellen ist.

Diese begriffliche Verwirrung zwischen Laut und Wort leitet über zu den nächsten Beobachtungsverfahren.

## Verständnis technischer Begriffe der Schriftsprache

Der LARR-Test enthält Aufgaben mit verschiedenen schriftlichen Zeichen, wobei die Kinder Zahlen, Buchstaben, Wörter oder Sätze identifizieren müssen. Derartige Aufgaben können auch als Tafelbild verwendet und besprochen werden.

| | | | |
|---|---|---|---|
| 2 | T | G | 4 |
| m | R | dies | 33 |
| **F** | Elefant | zu | **b** |

*Aufgaben zur Identifizierung von Zahlen, Buchstaben und Wörtern*

In der dritten Reihe streichen viele Kinder richtig »Elefant« als Wort an, nicht aber »zu«. Offenbar orientieren sie sich an der Länge und halten »zu« für zu kurz.

Dass zu Schulbeginn nur wenige Kinder derartige Aufgaben lösen können, ist plausibel. Problematisch wird es jedoch, wenn Kinder auch am Ende des 1. Schuljahrs diese wichtigen technischen Begriffe nicht verstehen. Auch wenn Kinder ein geschriebenes Wort an visuellen Merkmalen (Länge, Lücken) identifizieren können, bedeutet dies noch nicht, dass sie über den entsprechenden Begriff operativ verfügen, was im folgenden Absatz beschrieben wird.

## Kenntnis sprachlicher Einheiten wie Wort, Satz, Buchstabe/Laut

In der Schule wird das Kind mit einem neuartigen formalen Wortbegriff konfrontiert, während seine Alltagsvorstellungen vom Wort handlungs- und kontextbezogen sind. Auf die Frage: »Warum heißt Erdbeere Erdbeere?« erhält man Antworten wie: »weil sie rot ist«, »weil sie gut schmeckt«. Um sich auf den schulischen Wortbegriff einzustellen, muss das Kind kognitiv eine Dezentrierungsleistung vollbringen und vom Gegenstand bzw. der Handlung abstrahieren, was nicht auf Anhieb gelingt. Schon die Voraussetzung der Vergegenständlichung von Sprache, die Fähigkeit, Sprache bewusst zum Gegenstand der Aufmerksamkeit zu machen, fällt Kindern schwer. Noch nach drei Monaten Schulunterricht gibt es Kinder, die auf die Frage:

»Hör mal genau hin. Womit fängt das Wort Auto an?« antworten: »Mit einer Stoßstange«.

Untersuchungen zeigen, dass Kinder zu Schulbeginn noch nicht über ein Wortkonzept im linguistischen Sinne verfügen. Anzeichen dafür sind: die Unfähigkeit, Wortlängenvergleiche durchzuführen, weil Kinder sich noch nicht auf die Lautung konzentrieren können, oder die Unfähigkeit, einen Satz in einzelne Wörter zu segmentieren, weil sie semantische Einheiten verwenden. (Eine Zusammenfassung auch internationaler Forschungsergebnisse zum Wortkonzept findet sich bei Valtin 1984.)

Zu Schulbeginn ist keines der langsam lernenden Kinder in der Lage, ein Beispiel für ein Wort zu geben oder zu erklären, was ein Wort ist. Dies trifft auch für die guten SchülerInnen zu, aber sie können nach einem halben Jahr Unterricht ihre Leistungen wesentlich verbessern, während die langsam Lernenden sämtlich zu der Gruppe von Kindern gehören, die bei Fragen zum Wortbegriff Probleme haben, und zwar bei folgenden Fragen: »Kannst du ein Beispiel für ein Wort geben? Welches Wort ist länger, ›Kuh‹ oder ›Piepvögelchen‹? (vgl. Bosch, 1937, 1984) Ist ›in‹ ein Wort? Kannst du ein Beispiel für einen Buchstaben, ein Wort oder einen Satz geben?« Die langsamen Lerner können entweder keine Beispiele nennen oder sie verwechseln die Begriffe. Oliver zum Beispiel beantwortet die Frage »Weißt du, was ein Wort ist?« mit nein, begründet aber seine Antwort, dass Piepvögelchen das längere Wort sei, mit der Aussage »Piepvögelchen« habe zwei Wörter. Oliver gehört zu der Gruppe von Kindern, die keinen konsistenten Wortbegriff haben, sondern je nach Kontext dem Wort unterschiedliche Bedeutungsdimensionen zuweisen.

Wolfgang bemerkt auf die Frage: »Weißt du den Unterschied zwischen einem Buchstaben, einem Satz und einem Wort?«: »Der Satz ist was ganz anderes als ein Wort. Das Wort ist mehrere Buchstaben zusammen, der Satz ist auch mehrere Buchstaben zusammen.« Als Beispiel für einen Buchstaben nennt er »A«, für einen Satz »Mai« und für ein Wort ebenfalls »Mai«. Wolfgang kann, wie verschiedene andere Kinder aus unserer Stichprobe, seine eigenen Kriterien nicht strikt befolgen. So nennt er »Mai« als Beispiel sowohl für ein Wort als auch für einen Satz. Er hält aber das Wort »in«, das ebenfalls wie »Mai« aus zwei Lauten besteht, nicht für ein Wort: »›In‹ ist kein Wort, weil es so kurz ist. Ein Wort ist viel länger.«

Zusammenfassend ergibt sich also, dass die langsam lernenden SchülerInnen nicht sicher über die Begriffe Wort und Satz verfügen, diese entweder systematisch verwechseln oder, je nach Kontext, mit unterschiedlichen Bedeutungsinhalten versehen.

In den Verschriftungen der Kinder spiegeln sich ihre Einsichten zum Wortkonzept wider. Kinder gelangen erst allmählich zu der Erkenntnis, dass *alle* Redeteile aufgeschrieben werden, und sie schreiben zunächst die Wörter ohne Lücken hintereinander. Mit der Erkenntnis des Wortkonzepts setzen einige Kinder – und auch das ist eine originelle Regelbildung – Striche zwischen die Wörter, um Wortgrenzen zu markieren.

Wie beim Wortbegriff ist es auch beim Buchstabenbegriff der Kinder wichtig und sinnvoll, zwei Bedeutungsvarianten zu unterscheiden: eine figurative – an äußerlichen, optischen Merkmalen orientierte – und eine operative, die begriffliches Wissen voraussetzt. So verfügen die meisten Kinder mit LRS spätestens im zweiten Schuljahr über ein recht gutes figuratives Buchstabenwissen: Sie können fast alle Buchstaben erkennen und schreiben. Allerdings fehlt ihnen fast immer das operative Wissen über die Funktion der Buchstaben in einem Wort, dass nämlich Buchstaben Sprachlaute repräsentieren (Phonembewusstsein) und dass beim Schreiben Wörter in Sprachlaute zerlegt werden (Lautanalyse) und beim Lesen Sprachlaute zusammengefügt werden (Lautsynthese).

### Phonembewusstsein, Lautanalyse und Lautsynthese

Eine wichtige Hürde beim Schriftspracherwerb ist für alle Kinder das Phonembewusstsein: die Erkenntnis, dass Wörter sich in lautliche Segmente zerlegen lassen und bestimmten Schriftzeichen bestimmte Lautsegmente zuzuordnen sind. Kinder erkennen nun die Funktion der Buchstaben als Repräsentanten von Sprachlauten (Phoneme) und erwerben die Fähigkeit, beim Schreiben gesprochene Wörter in Laute zu analysieren und beim Lesen die den Schriftzeichen zugehörenden Laute zu synthetisieren.

Die Lautanalyse ist deshalb so schwierig, weil beim Reden die einzelnen Laute miteinander verschmolzen werden. Andresen (1985) schreibt dazu: »Die Silbe und nicht der Einzellaut bildet die artikulatorische Grundeinheit. D. h., dass innerhalb der Silbe benachbarte Laute sich gegenseitig beeinflussen; die abstrakten, auf der Ebene der Sprachstruktur wohl unterschiedenen Phoneme verschmelzen auf dem Wege der Realisierung in der Artikulation gewissermaßen miteinander. Man kann es an sich selbst beobachten: Artikuliert man das Wort blasen, so nimmt die Zunge, schon bevor der Verschlusslaut, der am Anfang steht, realisiert wird, die Stellung zur Artikulation des Folgelauts ein. Daher ist die Zungenstellung bei der Artikulation des Wortes Boot vom Beginn an eine andere« (Andresen 1985, S. 25).

Auch wenn die Kinder die Zuordnung von einzelnen Lauten und Buchstaben erlernt haben, dauert es noch eine ganze Weile, bis sie zur vollständigen Phonemanalyse – vor allem bei langen Wörtern oder bei Wörtern mit Konsonantenhäufungen – fähig sind.

Nur weil wir Erwachsene uns in der Regel am vorgestellten Schriftbild orientieren, vermeinen wir, einzelne Laute nacheinander oder sogar nicht vorhandene Laute zu hören. Jung (1977) hat dies in einem einfallsreichen Experiment nachgewiesen. Dabei wurden per Tonband Sätze vorgesprochen, die teilweise manipuliert waren, indem akustisch ähnliche Wörter vertauscht wurden, z.B. »Der Arzt hat seinen Puls gef*üll*t«. »Die Mutter hat sein Glas gef*ühl*t«. Die Versuchspersonen hatten zu entscheiden, ob es sich um einen langen oder kurzen Vokal handelte. Die meisten bemerkten die Vertauschung gar nicht, da sie sich am vorgestellten Schriftbild orientierten und objektiv im Lautbestand nicht vorhandene Laute zu hören glaubten. So genannte Legastheniker schnitten bei dieser Aufgabe sogar besser als gute Leser ab, weil sie noch nicht über die Schriftbildvorstellungen verfügten. Diese gute Leistung ist ein Beleg dafür, dass Kinder mit LRS sehr wohl genau hören können, ihre Probleme liegen eher in der Analyse und Kategorisierung als in der Wahrnehmung von Lauten. Oder anders ausgedrückt: bei der Phonemanalyse handelt es sich um eine kognitive und nicht eine sensorische Leistung. Die auditive Analyse ist am leichtesten zu bewältigen, wenn die Kinder das Schriftbild vor Augen haben.

### Vollständige und sichere Kenntnis der Phonem-Graphem-Zuordnungen

Die von den Lernenden zu meisternde Schwierigkeit besteht darin, dass es keine Eins-zu-Eins-Zuordnung von Lauten und Schriftzeichen gibt. Einerseits sind die Schriftzeichen unterschiedlich komplex, denn sie können aus einem (a), zwei (ah) oder drei Buchstaben (sch/ieh) bestehen, andererseits gibt es eindeutige Grapheme, die ein Phonem repräsentieren (wie l, r, m, t und h) und mehrdeutige Grapheme, die zwei Phoneme repräsentieren (wie »d« für /d/ und /t/ in Hand, »b« für /b/ und /p/ in Stab). Da nicht alle Wörter regelhaft gebildet werden, ist zum Erwerb der Orthographie ein beträchtlicher Lern- und Übungsaufwand erforderlich.

Die bisherigen Ausführungen sollten belegen, dass Kinder mit fehlenden und unklaren Vorstellungen über den Aufbau der Schriftsprache zur Schule kommen und dass bei SchülerInnen mit schwachen schriftsprachlichen Leistungen noch nach einem Jahr Unterricht eine diesbezügliche kognitive Klarheit fehlt. Auch in späteren Schuljahren finden sich bei Kindern mit LRS unangemessene Strategien und Vorstellungen vom Lerngegenstand Orthographie, denn Kinder als aktive Schöpfer des Lerngegenstands können sich auch Regeln, Modellvorstellungen und Lernstrategien bilden, die der Sachstruktur nicht angemessen sind.

Förderdiagnostisch ist es deshalb sinnvoll, bei Wiederauftauchen bestimmter Fehlerschwerpunkte Kinder nach den Gründen für ihre Schreibweise und nach ihren Lernstrategien zu befragen.

### Kognitive Klarheit in Bezug auf die Unterscheidung von Buchstaben und Lauten

In einer Untersuchung von 60 guten und schwachen RechtschreiberInnen des 3., 4. und 6. Schuljahrs (Valtin 1993a) wurden Kindern Wörter diktiert, die in einen Satz einzusetzen waren, und sie wurden anschließend nach dem Grund für ihre Schreibweise befragt. Es zeigte sich, dass viele Orthographiefehler aus falschen Regelbildungen entstehen. Dies zeigte sich am Beispiel der Schreibung von Doppelkonsonanten bei den Wörtern Geschirr und herrlich. So wurde vor allem von rechtschreibschwachen SchülerInnen die Verdopplung von Konsonanten (in den Beispielwörtern: he*rr*lich, Geschi*rr*) nicht vorgenommen, weil sie die falsche Regel gebildet hatten: »Doppelkonsonanten kann man hören. Ich höre aber nur ein R«. Diese Vorstellung hat zwei Varianten. Die erste lautet: Man kann das Doppel-R vom einfachen R auditiv unterscheiden. Typische Antworten sind hier: Geschirr wird nur mit einem R geschrieben, denn: »Ein R ist nicht so lang, ein Doppel-R wäre länger«, »weil ich das R nicht so lang sprechen kann«. – Geschirr wird mit Doppel-R geschrieben: »Weil das R mehr rollt als das einfache«, »weil es ein bisschen länger ist als ein R«. Herrlich wird mit einem R geschrieben: »es ist nicht so langgezogen«, »Doppel-R würde sich komisch anhören«. Diese Regel hatten auch viele gute Rechtschreiber gebildet, sie hatten aber das Kunststück fertig gebracht, die Doppelkonsonanten zu hören: »Es heißt doch Geschirrrrr und herrrrlich!«.

Die zweite Variante bildet die private Regel vieler SchülerInnen: Wenn man ein Wort in Silben trennt und dabei zwei Konsonanten hört, wird es mit einem Doppelkonsonanten geschrieben. Typische Antworten: »Es heißt Geschir-re, deshalb mit Doppel-R«, »Geschir-r geht nicht, deshalb kein Doppel-R«, »Es heißt Geschi-re, deshalb nur ein R«. Herrlich wird nur mit einem R geschrieben: »Doppelte Buchstaben kann man trennen, her-rlich geht nicht«, »her-lich hört man beim Trennen«.

Leider unterscheiden auch viele Lehrkräfte nicht zwischen den unterschiedlichen Symbolsystemen der Laute (auditiv) und der Buchstaben (graphisch). Immer wieder hören Kinder die unsinnige Anweisung: »Welche Buchstaben hörst du?« Kein Wunder, wenn sie sich dann die falsche Vorstellung bilden, Doppelkonsonanten würden länger ausgesprochen als einzelne Konsonanten. Zudem vermitteln selbst einige LehrerInnen die falsche Strategie, dass man durch Klatschen der Silben zwei Mitlaute hören könne. Interessanterweise bezog sich in dieser Studie kein einziges Kind auf die Rechtschreibregel: Nach Kurzvokal folgt häufig ein Doppelkonsonant, die laut Lehrplan mehrere Wochen im gängigen Rechtschreibunterricht einnimmt – ein eklatantes Beispiel dafür, dass Lehren nicht in Lernen umschlagen muss.

## Verständnis von Regeln der Groß- und Kleinschreibung

Aufschlussreich waren in dieser Untersuchung auch die Antworten der Kinder in Bezug auf die Groß- und Kleinschreibung. Aus statistischen Erhebungen wissen wir, dass die Verstöße gegen die Groß- und Kleinschreibung bei älteren SchülerInnen so wie bei Erwachsenen den größten Anteil aller Fehler ausmachen. Da auch die so genannte Rechtschreibreform nicht zu einer Abschaffung der Großschreibung (wie sie in allen anderen Alphabetschriften längst praktiziert ist) geführt hat, ist es wichtig zu wissen, welche spezifischen Schwierigkeiten Kinder hier erfahren. In unserer Untersuchung wurden die Kinder danach befragt, warum sie bestimmte Wörter (dem Ängstlichen, beim Grüßen) groß bzw. klein geschrieben hatten. Dabei wurden bei den rechtschreibschwachen Kindern vor allem *drei Fehlerquellen* sichtbar: Erstens verwendeten sie vorwiegend eine *einzige Regel starr und mechanisch*: Wenn »der, die, das« davor steht, wird es groß geschrieben: »Dem Ängstlichen« wird klein geschrieben, es steht nicht »der, die, das« davor. Auch die starre Anwendung der Regel »Wie ist er? – also Wie-Wort« und »Was tun sie? – also Tu-Wort« ist fehlerträchtig. Bei dem Satz »Beim Grüßen ...« überlegt Andreas: »Das Grüßen? Oder: Was tun sie? grüßen. Das ist besser. Also klein.« Daniel (4. Klasse) schreibt »beim Grüßen« klein, denn »was tue ich? Grüßen, also klein«. Er verfolgt durchgängig die Strategien, Wörter mit »was tue ich und wie bin ich?« sowie mit »›der, die, das‹ davor« zu befragen, und kommt dabei häufig zu falschen Antworten. Bei »er verreist« sagt er: »Das ›verreist‹? Nein! Was tue ich? Verreist? Nein. Schreibe ich doch lieber groß.« »Dem Ängstlichen« schreibt er richtig mit der falschen Begründung: »Wie bin ich? Geht nicht. Also groß.«

Die letzten Beispiele verweisen auf die zweite Schwierigkeit der Kinder: die *grammatische Wortklasse zu erkennen.* Sven schreibt »Gliedmaßen« klein, »weil es weh tut, ist es ein Tu-Wort«. Viele Kinder haben auch Schwierigkeiten, die Substantivierung von Verben und Adjektiven zu erkennen. »Dem Ängstlichen« wird von vielen Kindern, und zwar vorwiegend den schwachen Rechtschreibern, als Wie-Wort identifiziert. (Manuela: »Wenn man ›wie‹ davor setzen kann, ist es ein Adjektiv, das wird kleingeschrieben. Wie ist er? ängstlich!«).

Drittens bildeten die Kinder häufig Regeln nach einer *privaten Logik.* Kathrin schreibt »sie Zerreißt« mit der Begründung: Weil ein Begleiter davor steht. Statt Artikel lernen die Kinder in einigen Bundesländern den Ausdruck Begleiter. Die anscheinend kindertümlichen Bezeichnungen wie Begleiter oder auch Tun- oder Tu-Wort können Kinder zu falschen Assimilationen verführen.

### Metakognitives Wissen: Lern- und Behaltensstrategien, Arbeitstechniken

Kinder mit LRS verfügen über eine geringere Kenntnis effektiver Strategien und methodischer Vorgehensweisen zum Behalten und Üben eines Wortes. In der erwähnten Untersuchung wurde den SchülerInnen auch die folgende Frage gestellt: »Was tust du, wenn du dir ein schweres Wort merken sollst?« (als Beispiel wurde »Leichtathletik« auf einer Wortkarte vorgelegt). Aus den Antworten geht hervor, dass die guten Rechtschreiber offenbar eine bessere Kenntnis effektiver Strategien zum Behalten eines Wortes haben (sie betonen häufiger, dass sie sich die Besonderheiten des Wortes merkten) beziehungsweise ein methodisches Vorgehen, das verschiedene Aktivitäten umfasst (anschauen, Besonderheiten merken, abschreiben, vergleichen, wiederholen). Die schwachen Rechtschreiber bevorzugen sprechmotorische Lösungen (beispielsweise in Silben gliedern: »Leichtathletik hat 3 (!) Silben, die merke ich mir«) und geben insgesamt weniger Übungsmöglichkeiten an, zum Beispiel: »Lesen und behalten«, »ich guck es mir an, dann kann ich es«.

## Verhalten bei Rechtschreibunsicherheit

Ferner wurden die Kinder gefragt: »Was tust du, wenn du nicht genau weißt, wie ein Wort geschrieben wird?«. Aus den Antworten lässt sich folgern, dass die guten RechtschreiberInnen systematischer vorgehen und häufiger eine visuelle Kontrolle (ausprobieren verschiedener Schreibweisen) verwenden. Kinder mit schwachen Rechtschreibleistungen geben eine akusto-motorische Lösungsstrategie an, sind jedoch nicht alle von dieser Methode völlig überzeugt (Christine: »Ich sage es ganz langsam, aber das hilft meistens nicht«; Sebastian: »Leise vorsprechen, denke nach, ob mit ›h‹ und dann habe ich eben mein Gefühl«).

Befragt nach der Begründung für die Schreibweise verschiedener Wörter, antworteten die schwachen RechtschreiberInnen häufiger, dass sie nach Gehör schrieben beziehungsweise so, wie sie es sprächen. Diese phonetische Strategie nach dem Prinzip »Schreibe-wie-du-sprichst« ist bekanntlich sehr fehlerträchtig.

## Verlängern und Ableiten

Kinder mit LRS sind auch dadurch zu charakterisieren, dass sie die phonetische Strategie anwenden anstelle der Aktivierung des Sprachwissens (z.B. Verlängern des Wortes oder Zurückführen auf die Grundform). Anhand der diktierten Wörter »Ängstlichem«, »Gliedmaßen« und »eckig« (gesprochen eckich) wurde festgestellt, dass die guten RechtschreiberInnen die Schreibweise durch Zurückführen auf das Stammmorphem (ängstlich kommt von Angst) und durch Verlängern (Glied – Glieder, eckig – eckiger) bestimmten. Kinder mit schwachen Rechtschreibleistungen verwendeten häufiger eine phonetische Schreibweise (also E, t, ch) und begründeten dies damit, dass man es doch hören könne bzw. so spreche.

Interessanterweise meinen viele Kinder, dass man ä und Auslaut-d hören könne. (Heidi, 3. Klasse, sagt ganz energisch: »Es heißt ja /e/ngstlich und nicht /e/ngstlich«, wobei sie die beiden Wörter akustisch gleichlautend ausspricht). Auch beim Wort Gliedmaßen glauben viele Kinder, dass man das -d auditiv identifizieren könne, da es sich weicher anhöre als ein -t. Diese Antworten sind ein weiterer Beweis für die inzwischen belegte These, dass das sprachliche Wissen das Gehör beeinflusst.

Bei der Diagnose von Rechtschreibproblemen ist es also sinnvoll, nicht nur die Fehler zu analysieren, sondern auch die Modellvorstellungen der Kinder in Bezug auf den Lerngegenstand und die Lernstrategien zu berücksichtigen. Dies ist für förderdiagnostische Vorgehensweisen unmittelbar relevant. Im Unterricht sollten diese Vorstellungen der Kinder zur Sprache gebracht und aufgegriffen werden – das ist auch ohne aufwendiges Testinstrumentarium möglich.

## Das Stufenmodell des Schriftspracherwerbs

Die oben beschriebenen Einsichten und sprachanalytischen Leistungen werden nicht kontinuierlich oder gar schlagartig erworben, sondern allmählich und in charakteristischen Stufen. Im Folgenden wird ein Stufenmodell dargestellt, das es erlaubt, die Leistungen von Spontanschreibern, von so genannten normal lernenden Kindern und auch von Kindern mit LRS einzuordnen. Die folgende Übersicht verdeutlicht, welche Einsichten und Fähigkeiten das Kind beim Schriftspracherwerb erworben hat und in welchen Strategien sich dies beim Schreiben und Lesen zeigt.

**Entwicklungsmodell für das Lesen und Schreibenlernen**

| Stufe | Fähigkeiten und Einsichten des Kindes | **Lesen** | **Schreiben** |
|---|---|---|---|
| **1** | Nachahmung äußerer Verhaltensweisen | »Als-ob«-Lesen« | Kritzeln |
| **2** | Kenntnis einzelner Buchstaben | Naiv-ganzheitliches Lesen | Malen von Buchstabenreihen, Malen des eigenen Namens |
| **3** | Beginnende Einsicht in den Buchstaben-Laut-Bezug,<br><br>Kenntnis einiger Buchstaben/Laute | Benennen von Lautelementen, häufig am ersten Buchstaben orientiert | Skelettschreibungen (Hs für Hase) |
| **4** | Einsicht in die Buchstaben-Laut-Beziehung | Buchstabenweises Erlesen (G-a-r-t-e-n), gelegentlich ohne Sinnverständnis | Nach dem Prinzip »Schreibe, wie du sprichst« (Rola – Roller / hoite – heute / mia – mir) |
| **5** | Verwendung orthographischer Muster | Fortgeschrittenes Erlesen: Verwendung größerer Einheiten z.B. mehrgliedrige Schriftzeichen, Silben, Endungen wie -en, -er) | Verwendung orthographischer Muster (Auslautverhärtung, Umlaute), gelegentlich auch falsche Generalisierungen (Oper statt Opa) |
| **6** | Automatisierung von Teilprozessen | Entfaltete Lesefähigkeit | Dudenschreibweise |

*Entwicklungsmodell des Lesen- und Schreibenlernens*

In den Beiträgen von Scheerer-Neumann (zur Rechtschreibung s. Band 1, zum Lesen s. Band 2 dieses Handbuchs) finden sich nähere Charakterisierungen der einzelnen Stufen. (Ein Stufenmodell, das auch das Verschriften von Sätzen berücksichtigt und sich auf Ergebnisse einer Längsschnittstudie bezieht, wird beschrieben in Valtin 1993b)

Bei vielen Kindern lassen sich Hinweise auf die Verwendung mehrerer Rechtschreib-Strategien finden. Vor allem unter Stress (bei Zeit- und Leistungsdruck, beim Schreiben von langen oder schwierigen Wörtern, z.B. mit Konsonantenhäufungen, bei nachlassender Konzentration gegen Ende eines Diktats oder Textes) ist häufig zu beobachten, dass Kinder auf eine einfachere Strategie als die zunächst angewendete zurückgreifen.

## Was leistet das Entwicklungsmodell?

Die Erkenntnis, dass es sich beim Schriftspracherwerb um einen Entwicklungsprozess handelt, ist für LehrerInnen unter verschiedenen Gesichtspunkten wichtig:

- *Individuelle Entwicklungsverläufe*
  Kinder brauchen Zeit, Raum und Geduld, um ihre Zugriffsweisen zu erproben und im handelnden Umgang mit Schriftsprache (selbst)entdeckend Erkenntnisse zu gewinnen. Die Zeit, die Kinder für das Verbleiben auf einer Stufe benötigen, ist höchst unterschiedlich. SchülerInnen mit LRS ähneln mit ihren Leistungen im Lesen und (Recht-)schreiben Kindern auf unteren Ebenen der Schriftentwicklung. Offenbar benötigen sie längere Zeit als normal lernende Kinder, um die unteren Entwicklungsstufen zu verlassen. Dies kann unterschiedliche Gründe haben, wobei ein Wechselspiel zwischen individuellen, häuslichen und schulischen Faktoren zu berücksichtigen ist. Langsam lernende Kinder laufen Gefahr, im Unterricht hinterherzuhinken, weil sie aufgrund ihrer Lernvoraussetzungen das größere Wortschatzangebot und die immer schwieriger werdenden Wörter nicht mehr bewältigen können. Dadurch stellen sich beim Kind Misserfolgserlebnisse sowie Beeinträchtigungen des Selbstwertgefühls und der Gesamtpersönlichkeit ein, was in schwerwiegenden Fällen zu dem bekannten Teufelskreis führt.

- *Fehler geben Hinweise auf den Entwicklungsstand*
  Das Stufenmodell impliziert ein neues Verständnis von Fehlern beim Lesen- und Schreibenlernen. Fehler werden nicht (mehr) als Defizite des Kindes gesehen, sondern als durchaus sinnvolle Anzeichen für die Annäherung an einen schwierigen Lerngegenstand. Das Entwicklungsmodell verdeutlicht, dass *alle* Kinder charakteristische Schwierigkeiten haben, die in der Natur der Sache liegen, aber nicht in Defiziten der Kinder. In der früheren Forschung wurden vielfach die Probleme der Kinder auf besondere Defizite zurückgeführt wie Raumlagelabilität oder auditive Differenzierungsmängel. Fast alle Kinder in der Anfangsphase ver-

tauschen spiegelbildliche Buchstaben, wie d und b, weil sie zunächst nur die Form und noch nicht die Lage im Raum als bedeutungsunterscheidend wahrnehmen. (S. die Schreibprobe von Florian, der in seinem Namen die Buchstabenfolge nicht einhält und die Zahl 1 seitenverkehrt schreibt. Er entwickelt sich nicht zum Legastheniker!)

*Typische Richtungsunsicherheiten bei Lernanfängern*

Ebenso haben zunächst alle Kinder Schwierigkeiten, die vollständige Lautanalyse eines Wortes vorzunehmen, ohne dass es sich hierbei um auditive Wahrnehmungsmängel handelt.
Im »Ratgeber Legasthenie« von Dummer-Smoch u.a.(1998) werden 10 »Hinweise für Teilleistungsschwächen« genannt, von denen 9 sich auf Schwierigkeiten beziehen, die **alle** Kinder beim Schriftspracherwerb aufweisen, also nicht spezifisch für Legasthenie sind, beispielsweise:

- Das Kind schreibt Wörter von rechts nach links.
- Es kann Anfangslaute vorgesprochener Wörter nicht nennen.
- Es kann ähnliche Laute (b-p, d-t, g-k) nicht unterscheiden.
- Es verwechselt spiegelbildliche oder gedrehte Buchstabenformen wie b-d, g-p-q, a-e, o-a (Dummer-Smoch u.a. 1998, S. 25).

Hier werden vorschnell »Teilleistungsstörungen« diagnostiziert und Kinder pathologisiert.

- *Feststellung des Entwicklungsstandes*
  Bei den beschriebenen Entwicklungsschritten handelt es sich um Strategien, die die Kinder anwenden, wenn sie ihnen **unbekannte** Wörter schreiben sollen. Daneben verfügen die Kinder über einen allmählich anwachsenden Bestand an gelernten Wörtern (dazu gehören z.B. ihr eigener Name, der Name von geliebten Personen oder andere Lieblingswörter sowie die in der Schule gelernten Wörter). Diese Lernwörter werden zunächst **auswendig** gelernt, und der Wortschatzumfang ist begrenzt. Erst wenn die Buchstabenfunktion erkannt und Buchstaben-Laut-Beziehungen gelernt worden sind, können immer mehr Lernwörter erworben werden. Manche Kinder bleiben aufgrund ihres guten Gedächtnisses für Wortbilder bis zum Ende des ersten Schuljahres völlig unauffällig, da sie die Fibeltexte auswendig kennen und beim Abschreiben keine Schwierigkeiten haben. Den tatsächlichen Entwicklungsstand kann man folglich nur feststellen, wenn Kinder Wörter, die nicht zu ihrem Lernwortschatz gehören, schreiben. Drei Wege dazu seien hier aufgezeigt:

- Diktieren unbekannter Wörter (s. dazu die oben gezeigten Beispiele).
- Freies Schreiben, z.B. indem Kinder Briefe schreiben. Auch Kritzelbriefe, die von den Kindern vorgelesen werden, geben Aufschluss (Anregungen und Beispiele dazu bei Valtin/Naegele 1993 sowie Urban/Naegele in diesem Band).
- Lernkontrollen, wie sie allerdings nur manche Fibeln und Erstleselehrgänge bereitstellen (z.B. »Fara und Fu«). Sie können auch selbst hergestellt werden.

Weitere Hinweise zur Feststellung der Lese- und der Rechtschreibstrategien finden sich in diesem Band in den Beiträgen von Scheerer-Neumann und May.

## Prinzipien und Fördermaßnahmen

Die Feststellung der Entwicklungsstufe ermöglicht die Auswahl geeigneter Fördermöglichkeiten zur Hinführung zur »Zone der nächsten Entwicklung«. Als Grundsatz gilt, eine möglichst optimale Passung zwischen der Aneignungsstufe und dem Lernangebot herzustellen. Die im Folgenden aufgezeigten Beispiele sollen einige Anregungen und Ideen bieten, wie man das Stufenmodell als förderdiagnostisches Hilfsmittel einsetzen kann.

### *Übergang Stufe 1/2*

*Lernziele:* Vergegenständlichung von Sprache, bewusste Lenkung der Aufmerksamkeit auf die Lautung, Hinführung zum Begriff »Wort«.

*Methoden*: Durch Sprachspiele, wie Reimübungen, Zungenbrecher, Silbenklatschen, Silbengehen, Wortlängenvergleiche, sollte die Lautstruktur der Wörter untersucht werden. Rätsel wie »Ich sehe was, was du nicht siehst«, fördern die Anlauterkennung. Vor allem die Namen der Kinder eignen sich, derartige Wortuntersuchungen vorzunehmen.

### *Übergang Stufe 2/3*

*Lernziel:* Die Funktion der Buchstaben erlernen durch analytisch-synthetische Arbeit am Wort. Wichtig ist vor allem, darauf zu achten, dass Kinder nicht nur den Buchstabennamen hersagen, sondern die Einsicht in die Funktion des Buchstabens als Symbol für einen Laut erwerben.

*Methoden*: Das funktionsgerechte Erlernen der Buchstaben geschieht am besten durch die Einbettung der zu erlernenden Buchstaben/Laute in Wörter, die analytisch-synthetisch durchgliedert werden. Die Kinder prägen sich einfach strukturierte

Wortbilder (»Schlüsselwörter«) ein, die von Anbeginn an voll durchgliedert werden, und zwar visuell, auditiv, sprechmotorisch, manuell (durch Legen von Buchstabenkarten) und schreibmotorisch. Die Arbeit am Schlüsselwort und an den Buchstaben/Lauten erfolgt mit allen Sinnen: visuelles Erfassen und Gliedern, lautliches Unterscheiden, Mitartikulieren und Nachsprechen, Hantieren mit Buchstaben- und Wortkarten, Legen, Nachfahren und Schreiben von Buchstaben und Wörtern. Durch die Beobachtung der Mundstellung (mithilfe eines Spiegels oder beim Nachbarn) wird die Aufmerksamkeit auf die Laute und die Lautbildung gelenkt.

Bei der analytisch-synthetischen Methode wird den SchülerInnen die Beziehung von Graphem und Phonem und das Durchgliedern der Wörter konsequent vermittelt. Zu Beginn sollten einfach strukturierte, möglichst lautgetreue Wörter, die aus eingliedrigen und möglichst eindeutigen Schriftzeichen bestehen, verwendet werden. Konsonanten, die man gedehnt sprechen kann (wie m, f, l, r), erleichtern die Synthese (*Mama* ist leichter zu synthetisieren als z.B. *Papa*).

Mithilfe einer Anlauttabelle, in deren Benutzung die Kinder behutsam einzuführen sind, können Buchstaben-Laut-Beziehungen erprobt und gefestigt werden sowie das freie Schreiben erster Wörter angeregt werden. Viele Verlage bieten dazu geeignete Materialien für die Klassenwand und/oder die Hand der SchülerInnen an (zum Beispiel die »Buchstabeneisenbahn für die Klassenwand« und der »Anlautkreis« aus dem Lehrgang »Fara und Fu«).

Bei der Auswahl sollte darauf geachtet werden, dass jeder Anlaut durch möglichst zwei Bilder repräsentiert wird. Gibt es nur ein Bild, verwechseln einige Kinder den Buchstaben mit dem Merkwort (M – das heißt Maus).

Die Kinder sollten auch angehalten werden, eigene Materialien herzustellen: Zu jedem Buchstaben wird ein Poster gestaltet, zu dem jedes Kind auf einem Zettel (Abreißblock) seinen Beitrag erbringt: nur den Buchstaben schreiben, Bilder mit Anfangslaut kleben, Wörter schreiben etc.

Das kommunikative Schreiben sollte angeregt werden, z.B. Kritzelbriefe »schreiben« und vorlesen, Diktieren von Wörtern und Sätzen, Verwenden von Wortkarten. Eine enge Verknüpfung von Lesen und Schreiben erleichtert den Kindern das Erlernen der charakteristischen Merkmale der Buchstaben und lenkt die Aufmerksamkeit auf die genaue Durchgliederung des Wortes.

Für die Freiarbeit sollte eine **Lesekiste** eingerichtet werden, die Materialien, Spiele und leichte Texte enthält. Besonders geeignet sind Materialien, die aus kurzen Übungen bestehen. Sie sollten Möglichkeiten der Selbstkontrolle enthalten und für die Partnerarbeit geeignet sein (zum Beispiel die Leselernspiele und die Leseübungskartei des Lehrgangs Fara und Fu).

*Übergang Stufe 3/4*

*Lernziele:* Kenntnis aller Buchstaben und Laute, vollständige Phonemanalyse, Schreiben und Erlesen einfacher Wörter.

*Methoden*: Bei Wortdurchgliederungsübungen ist es hilfreich, zunächst mit lautlich einfach strukturierten Wörtern zu beginnen. Erst zu einem späteren Zeitpunkt sollten schwierige Konsonantenverbindungen und mehrgliedrige Schriftzeichen auftauchen, wobei letztere (wie in Sch-n-ee, H-uh-n, B-a-ll) durch Farbunterlegung oder Zusammenrücken der Buchstaben gekennzeichnet werden sollten.

Scheerer-Neumann (1996) hat Listen sinnvoller und weniger sinnvoller Übungen zur Phonemanalyse zusammengestellt, die hier wiedergegeben werden:

**Empfehlenswerte Übungen**

*Laut-zu-Wort-Vergleich* unabhängig von der Position des Phonems im Wort (evtl. mit Bildern) (Ist in Roller ein /l/?)

*Analyse von Anlaut und Endlaut:*
- Laut-zu-Wort-Vergleich (Beginnt das Wort Katze mit /l/?)
- Isolierung des Anlauts und des Endlauts (Womit fängt das Wort Katze an?)
- Wörter zu einem vorgegebenen Anlaut finden (evtl. mit Bildalternativen)
- Wort-zu-Wort Vergleich in Bezug auf den Anlaut

*Freies Schreiben*

## Nicht zu empfehlende Übungen

Entscheidung über den mittleren Laut eines Wortes
- Isolierung
- Angabe der Position bei Vorgabe des Lautes (An welcher Stelle steht das /l/ in Blume?)
- Weglassen des Anlautes und Benennen des Wortrestes
- Austausch von Lauten außer dem Anlaut
- Vollständige mündliche Phonemgliederung

## Didaktische Kunstfehler,

**also unbedingt zu vermeiden**, sind Fragen nach nicht hörbaren Lauten:
Hörst du ein r in Koffer (kofɐ)? – An welcher Stelle steht das (d) in Wald (valt)? – Wo steht das (h) in Uhr (u:ɐ)? Auch Fragen nach wenig prägnanten Phonemen sind ungünstig, z.B. nach kurzen Vokalen, besonders in geschlossenen Silben (wie Kind)« (Scheerer-Neumann 1996, S. 4).

Das selbstständige Erlesen einfacher Wörter kann den Kindern erleichtert werden z.B. durch Silbenvorgaben oder Zuordnung von Wort und Bild. Ein Beispiel für spielerische Silbenübungen:

*Tiere legen (Lesespiele mit Selbstkontrolle zu Fara und Fu)*

In einer Lesekiste sollten kleinere Texte aufbewahrt werden, die von den Kindern in Einzel- oder Partnerarbeit erlesen werden und in Phasen der freien Arbeit selbst ausgewählt werden. Das freie Schreiben sollte angeregt werden, auch unter Benutzung der Anlauttabelle. Vielfältige Möglichkeiten, um Schreibanlässe zu schaffen (z.B. einen Kummer-Briefkasten), werden beschrieben in Valtin/Naegele (1993).

### *Übergang Stufe 4/5*

*Lernziele:* Wegführen von der Schreibe-wie-du-sprichst-Strategie, Hinführen zur »Erwachsenenschreibung«.

*Methoden*: Die Fehlerträchtigkeit der »Schreib-wie-du-sprichst«-Strategie kann den Schülerinnen und Schülern bewusst gemacht werden durch Verlängern von Wörtern (Auslautverhärtung) und durch Untersuchen von Wortbildern und Feststellen der Abweichung von Schrift und Klang (s. dazu auch Gaskins/Ehri u.a. sowie die Hinweise zum kommentierten Schreiben bei Weigt in diesem Band). Der Verweis auf Morpheme (Vorsilben: »ver«, »vor«) und die Sammlung von Wortfamilien bzw. Wörtern mit gleichen Rechtschreibphänomenen können der Einprägung von Wörtern mit bestimmten orthographischen Mustern dienen.

### *Übergang Stufe 5/6*

*Lernziele:* Automatisierung von Worterkennen und Hypothesenbildung beim Lesen, Sicherung eines Grundwortschatzes im Rechtschreiben.

*Methoden*: Durch ein reichhaltiges Angebot an motivierenden Lesetexten und an Übungen zur Vorauserwartung des Sinns auf Wort-, Satz- und Textebene soll die Leseleistung gesteigert werden. Auch bei diesen Übungen sollten Materialien eingesetzt werden, die eine Möglichkeit der Selbstkontrolle bieten. Das »paired reading« ist ebenfalls hilfreich (s. Kasten).

Beim Rechtschreiben ist es wichtig, dass die SchülerInnen **Arbeitstechniken** erlernen, um selbstständig üben und ihren Wortschatz erweitern zu können. (Was mache ich, wenn ich nicht weiß, wie ein Wort geschrieben wird? Wie schreibe ich ab und übe richtig? Wie gebrauche ich ein Wörterbuch?) In Band 1 dieses Handbuchs, im Beitrag »Schreiben lernt man nur durch Schreiben« von Naegele und Valtin finden sich weitere Anregungen zum Üben im Rechtschreibunterricht. Übungsmöglichkeiten mit der Lernkartei beschreiben Frauenfeld in diesem Band und Naegele in Band 1.

Wer sich dazu entscheidet, ein kommerzielles Rechtschreibmaterial zu verwenden, hat die Qual der Wahl aus dem reichhaltigen Angebot. Nur wenige Materialien allerdings entsprechen dem folgenden Kriterienkatalog (z.B. »Das Elefantenbuch. Schreiben und Rechtschreiben. Klasse 2, 3 und 4«. Hinnrichs u.a. 1997).

### Paired Reading – eine Übungsform zur Verbesserung des Leseverständnisses und zur Steigerung der Lesemotivation

Als eine besondere Form der Leseförderung wird an englischen und an amerikanischen Schulen das »paired reading«, das Lesen zu zweit, angeboten. Dabei lesen zwei Personen gemeinsam den gleichen Text, von denen eine die Rolle des Tutors übernimmt. Das Kind wählt den Text selbst aus und hat so die Möglichkeit, Geschichten oder Sachtexte zu erlesen, für die seine Lesekompetenz allein nicht ausreicht.
Das Kind versucht zunächst, den Text still zu lesen. Anschließend lesen das Kind und sein Tutor gemeinsam laut, wobei der Tutor sich dem Kind anpasst und auf synchrones Lesen achtet. Bei Verlesungen des Kindes wiederholt der Tutor das Wort so oft, bis das Kind es richtig nachspricht. Wichtig ist allein das Sinnverständnis, nicht die Lesetechnik, und deshalb soll der Lesefluss aufrecht erhalten werden, auch wenn das Kind ein Wort nicht erlesen kann. Die Rolle des Tutors übernimmt selten der Lehrer, manchmal ältere Schüler, meist aber Eltern.
Diese Technik verhindert, dass ein Kind an einem Wort »hängenbleibt« und daran scheitert. Die Angst vor Misserfolgen, die häufig das Versagen prädestiniert, wird so weitgehend reduziert.
Der Umfang des Lesetextes liegt meist bei etwa 50 Wörtern und die tägliche Übungszeit beträgt fünf bis zehn Minuten. Viele Kinder erfahren dadurch in einem ungewohnten Maß Zuwendung und *Aufmerksamkeit* von ihren Eltern (Hofmann 1998, S. 178).

Die Kinder sollten Gelegenheit erhalten, selbstständig die **Klassenbibliothek** zu nutzen, in der zahlreiche Kinderbücher, aber auch Spielesammlungen enthalten sein sollten. Motivierend ist es auch, wenn die SchülerInnen ihre eigenen Bücher herstellen (Rätsel- und Gedichtbücher, Spielebücher, Rezeptsammlungen, Berichte über Ausflüge und Klassenfahrten). Die eigene Motivation ist und bleibt der beste Lehrmeister.

Dabei sollte nicht vergessen werden, dass es sich beim Lesen- und Rechtschreibenlernen um lebenslange Lernprozesse handelt. Wie sagte schon Goethe zu Eckermann: »*Die guten Leutchen … wissen nicht, was es einen für Zeit und Mühe kostet, um lesen zu lernen. Ich habe 80 Jahre dazu gebraucht und kann noch jetzt nicht sagen, dass ich am Ziele wäre*« (15.1.1830; Eckermann 1955, S. 635).

**Kriterien zur Auswahl von Rechtschreibmaterialien**

- Neben einem Training isolierter Wörter sollten Textübungen enthalten sein,
- Sicherung eines begrenzten Grundwortschatzes mit ausreichender Wiederholung,
- Aufgreifen kommunikativ bedeutsamer Schreibanlässe,
- Berücksichtigung von Arbeits- und Lerntechniken,
- Angebote für Differenzierung,
- Möglichkeiten zur Partnerarbeit,
- Möglichkeiten der Selbstkontrolle, z.B. die »Sonnenscheinkontrolle« (das Ergebnis scheint von der Rückseite durch, wenn die Karten gegen das Licht gehalten werden), die »Textkontrolle« (der Lösungstext kann nachgelesen werden).
- Vermeiden von Übungsaufgaben, die zur Verunsicherung über die Schreibweise führen. Gerade bei Fördermaterialien für Kinder mit LRS ist es beliebt, ähnliche Rechtschreibphänomene gegenüberzustellen (ie – ei, p – b, d – t). Dies führt nur zur Ranschburg'schen Hemmung.

*Gerheid Scheerer-Neumann*

# Förderdiagnostik beim Lesenlernen

Leseförderung muss mehrgleisig sein: Neben vorwiegend interessengeleiteten Leseangeboten, die zum intensiven »Selberlesen« Anlass geben, sind Lernangebote zur Weiterentwicklung von Lesestrategien – und häufig auch deren Korrekturen – notwendig. Voraussetzung hierfür ist die Kenntnis des Leseentwicklungsstandes eines Kindes und eine differenzierte Analyse seiner Lesestrategien. Lesen ist ein sehr komplexer kognitiver Prozess, bei dem die einzelnen Komponenten unter ungünstigen Bedingungen leicht aus der Balance geraten. Entsprechend können sich bei langsamen Leselernern – und als solches sollten wir leseschwache Kinder vorrangig betrachten – bei zu hohen Leistungsanforderungen Teilprozesse leicht fehlentwickeln.

## Lesetests oder individuelle entwicklungsorientierte Leseanalyse?

Differenzierte Fehleranalysen beim Rechtschreiben sind heute schon unverzichtbarer Bestandteil des Deutsch-, vor allem aber des Förderunterrichts. Im Bereich des Lesens wird nur selten entsprechend verfahren; dabei ist bei langsam lesen lernenden Kindern eine sehr genaue Analyse ebenso notwendig. Wie beim Schreibenlernen kann auch hier nur gezielt gefördert werden, wenn die individuellen »schwierigen Stellen« im Lernprozess für jedes Kind zuvor ermittelt wurden. Leseanalysen sind sehr aufwendig und es stellt sich deshalb zuerst die Frage, inwieweit auf dem Markt erhältliche Lesetests ökonomisch und effektiv eingesetzt werden können. Die Antwort ist gerade für die Anforderungen im Förderunterricht nicht sehr ermutigend: Aus den vorliegenden Lesetests lassen sich nur zum Teil die differenzierten Informationen ableiten, die für die Entwicklung eines Förderplans notwendig sind. Dies hat vor allem drei Gründe:

- Lesetests erfassen vorwiegend Leseleistungen und weniger Lesestrategien, deren Kenntnis aber für den Förderunterricht unabdingbar ist.
- Lesetests können das konkrete Lernangebot in der Klasse nicht berücksichtigen, weil sie für alle Kinder einer Altersgruppe konzipiert wurden.
- Lesetests können gar nicht so differenziert aufgebaut sein, wie dies nötig wäre, um alle individuellen Probleme leseschwacher SchülerInnen auf den unterschiedlichen Stufen der Leseentwicklung zu erfassen.

Das heißt nun aber nicht, dass die Lehrerin im Einzelverfahren alle denkbaren Lesestrategien und Probleme untersuchen muss. Eine ökonomische Lesediagnose ist *hierarchisch* aufgebaut, d.h. sie grenzt zunächst grob die Stufe der schon erreichten Leseentwicklung ein und schließt dann eine stufenspezifische Feinanalyse an, die bis zum Niveau einzelner Grapheme gehen kann. Im Rahmen dieses hierarchischen Vorgehens empfiehlt es sich durchaus, in einem ersten Schritt der Lesediagnostik auch Tests einzusetzen. Lesetests haben den Vorteil, die Leseleistung in den Aspekten *Lesegeschwindigkeit, Lesegenauigkeit,* zum Teil auch *Sinnesverständnis, objektiv und normorientiert zu messen.* Wir bekommen also einen sehr guten Einblick in den Leistungsstand eines Schülers unabhängig vom Stand der eigenen Klasse oder der Fördergruppe, der sehr unterschiedlich sein kann. Einige Tests, hervorzuheben ist der Salzburger Lese- und Rechtschreibtest (1.–4. Schulstufe) von Landerl, Wimmer/Moser (1997), erfassen auch recht gut bestimmte Teilkomponenten des Lesens (z.B. Synthese, Segmentierung), andere Aspekte, z.B. das Korrekturverhalten der Kinder, bleiben in diesem Test außer Acht. Auch qualitative Verfahren, wie die hier vorgestellte Beobachtung und Analyse von Leseversuchen und Verlesungen, können Lesen nicht in seiner ganzen Komplexität und trotzdem detailliert erfassen; sie liefern aber sehr viele relevante Bausteine, die zu einem Mosaik zusammengesetzt werden können. Dabei wird vor allem der Umstand genutzt, dass bei Kindern in den frühen Stadien des Lesenlernens viele kognitive Prozesse noch sehr offen beobachtbar sind: Liest ein Kind <Hose> als »ha: ha: ha:.ose:« lässt sich daraus sehr leicht entnehmen, dass es bei dem Graphem <h> den Buchstabennamen statt des Lautwertes benutzt und eine erlesende Strategie verwendet. Für solche Leseanalysen sind unbedingt Tonaufnahmen zum wiederholten Abhören erforderlich. Während des Zuhörens beim Vorlesen des Kindes gelingt es allenfalls, auf ausgewählte Aspekte zu achten.

## Lesediagnose im Entwicklungsprozess

Die Analyse des Standes der Leseentwicklung und der besonderen Probleme eines Kindes ist noch aus einem weiteren Grund eine sehr anspruchsvolle und aufwendige Arbeit. Dies hängt mit den qualitativen Veränderungen der Lesestrategien im Laufe des Schriftspracherwerbs zusammen. Die sehr aktive Schriftspracherwerbsforschung der letzten Jahre hat gezeigt, dass Kinder sich in ihren Lesestrategien nicht linear dem Lesen und Schreiben des Erwachsenen annähern, sondern im Laufe der Entwicklung unterschiedliche Zugriffsweisen ausbilden und zeitweilig als ihre dominante Strategie bevorzugen (vgl. Scheerer-Neumann 1996a, 1997). So wird z.B. der bildliche Kontext zu Beginn des Lesenlernens sehr stark genutzt, in der Zeit des gerade erworbenen Erlesens fast ausgeblendet und später wieder stärker verwendet (vgl. Tabelle 1). Die diagnostische Frage nach einer angemessenen Kontextnutzung kann also nur auf dem Hintergrund des derzeitigen Standes der Leseentwicklung beantwortet werden. Während des vorwiegend ganzheitlichen Lesens ist eine ausgeprägte Nutzung des bildlichen Kontexts »normal«; während der Phase des Erlesens sollten die Wörter unabhängig vom Kontext erkannt werden. Die Lesediagnose sollte die Wort-, Satz- und Textebene einbeziehen. Leseschwache Grundschüler scheitern jedoch zumeist schon auf der Wortebene, die deshalb im Vordergrund steht. Dekodierungsleistungen auf der Wortebene sind lesespezifisch und unterscheiden sich zentral vom Hörverstehen; der Ansatzpunkt für spezifische Leseprobleme ist deshalb zunächst auf der Wortebene zu suchen.

### Stufenmodell der Leseentwicklung

Das nachfolgend vorgestellte diagnostische Vorgehen kann als entwicklungsorientierte Beobachtung und Leseanalyse (vgl. Lernbeobachtung bei Dehn 1988) beschrieben werden. Es basiert auf einem Stufenmodell der Leseentwicklung, das in der folgenden Tabelle zusammengefasst wird (ausführlicher in Scheerer-Neumann 1996a, 1997, 1998, Valtin 1993b).

| Stadien der Leseentwicklung | | |
|---|---|---|
| **Dominierende Lesestrategie** | **Einfluß des Kontextes** | **Häufige Fehler** |
| 1. Erkennen von Symbolen | Kontext oft wichtig | |
| 2. logographisches Worterkennen | Kontext oft notwendig | andere Wörter |
| 3. logographisches Worterkennen mit lautlichen Elementen | Kontext oft notwendig | andere Wörter mit z.B. gleichem Anfangsgraphem |
| 4. Beginnendes Erlesen (Kind scheitert noch an langen Wörtern und Wörtern mit Konsonantenhäufungen) | Kontext bei schwierigen Wörtern wichtig | Wörter mit ähnlichen Graphemen<br>Wortteile<br>Nichtwörter |
| 5. Vollständiges Erlesen (alphabetische Strategie) | Kontext weniger wichtig | Nichtwörter |
| 6. Erlesen mit größeren funktionalen Einheiten (z.B. Silben, Morpheme, Signalgruppen, häufige Wörter) Nutzung orthographischer Strukturen | Kontext wieder wichtiger, wird flexibel genutzt | wieder häufiger andere Wörter |
| 7. Automatisches wortspezifisches Worterkennen | Kontext wird flexibel genutzt | andere Wörter (nur wenige Fehler) |

Im Modell dargestellt sind in der linken Spalte die im Laufe der Entwicklung jeweils dominierenden Lesestrategien; in der nächsten Spalte rechts wird auf das Ausmaß der Kontextnutzung auf der jeweiligen Stufe hingewiesen. Unter »Kontext« werden hierbei sehr heterogene Einflüsse verstanden, die aber alle darin vergleichbar sind, dass sie dem Leser zusätzliche Informationen zu den ihm vorliegenden geschriebenen Wörtern liefern: Im weitesten Sinn sind dies alle Wörter im Wortschatz eines Kindes; sie sind ihm »lexikalisch« bekannt. Man spricht in einer Metapher vom »inneren Lexikon« als dem Ort im Gedächtnis, an dem die einer Person bekannten Wörter in ihren Bedeutungen, phonemischen, graphemischen und anderen Merkmalen gespeichert sind. Im engeren Sinn kann der Kontext aus Illustrationen oder Überschriften bestehen (z.B. Zirkusbild oder <Im Zirkus>), die einen ganzen inhaltlichen Bereich im inneren Lexikon aktivieren und damit alle Wörter leichter lesbar machen, die mit dem semantischen Feld »Zirkus« in Zusammenhang stehen (z.B. Akrobat, Clown, jonglieren). Neben diesem allgemeinen Kontext steht jedes Wort im Kontext seines Satzes, der die syntaktisch und semantisch möglichen Alternativen einschränkt: In dem Satz

*Alexander würde gerne auf den …*

steht in der Lücke mit großer Wahrscheinlichkeit ein Substantiv oder Adjektiv; semantisch liegen <Rummel>, <Weihnachtsmarkt> oder <großen Jahrmarkt> nahe. Denkbar sind aber auch andere Fortführungen wie: <gerade erst eröffneten Weihnachtsmarkt>. An diesem Beispiel wird schon deutlich, dass sehr konkrete Erwartungen an die Fortführung eines Satzes nur selten vollständig zutreffen dürften.

In der dritten Spalte sind die Fehlertypen angegeben, die auf einer Entwicklungsstufe häufig sind. Sie sind von Wichtigkeit, um die dominierende Lesestrategie eines Kindes zu ermitteln.

Die Zeiträume der verschiedenen dominierenden Strategien werden als »Stadien«, »Entwicklungsstufen« oder als »Phasen« bezeichnet. Diese Begriffe dürfen aber nicht im Sinne einer vorrangig endogenen (inneren) Entwicklung missverstanden werden. Der Schriftspracherwerb hat ganz sicher auch endogene Komponenten – lautanalytische Prozesse lassen sich nicht beliebig vorverlegen – er ist aber auf jeden Fall in seinem frühen qualitativen Verlauf von *Instruktion*, also Unterricht, abhängig. Es ist wichtig zu wissen, dass frühe Lesestrategien im Prinzip nicht verloren gehen, sondern auch zu einem späteren Zeitpunkt wieder flexibel eingesetzt werden können. Der angepasste, flexible Einsatz von Lesestrategien ist ein Teilbereich *metakognitiver Prozesse*, die in der Leseentwicklung auch eine wichtige Rolle spielen.

Im Folgenden werden häufige Verzögerungen beim Lesenlernen und Leseprobleme analysiert und in Ansätzen Fördervorschläge gemacht. Die Überlegungen sind theoretisch in das skizzierte Entwicklungsmodell des Lesenlernens eingebettet, das auch zur Gliederung genutzt wird.

## Anhaltendes logographisches Lesen

Die eigentliche *Leseentwicklung* beginnt mit dem »logographischen Lesen«, einer Erkennungsleistung, die früher als »naiv-ganzheitliches Lesen« bezeichnet wurde. Es ist aber sinnvoll, einen anderen Terminus zu benutzen, weil sich die Implikationen der Ganzheitsmethodiker in Bezug auf den *Erkennungsprozess* als unrichtig erwiesen haben: Das Kind spricht bei dieser Strategie zwar das Wort als Ganzheit aus, ohne Phoneme zu synthetisieren; Grundlage des Erkennens ist aber nicht das Wort in seiner Gesamtform. Erkannt wird das Wort in der Regel nur anhand weniger Buchstaben oder anderer visueller Merkmale (»Omi ist das Wort mit dem Punkt«).

Logographisches Lesen ist oft ein stark kontextgeleitetes Lesen; das Kind nutzt zusätzlich Informationen aus der Umgebung, in der das Wort steht, in der Umwelt an Gebäuden (z.B. am Kiosk), in der Fibel aus den Illustrationen, den schon bekannten Geschichten, oft sogar aus der ganz konkreten Stelle, an der das Wort steht: Das Wort zu Beginn der zweiten Zeile auf Seite mit der Schultüte heißt »Nina«. Logographisches Lesen ist das typische Lesen des Vorschulkindes – insofern hat die Ganzwortmethode in gewisser Hinsicht durchaus einen richtigen Ansatzpunkt gewählt. Auch bei Unterrichtung nach einer analytisch-synthetischen Leselernmethode lesen viele Kinder zunächst noch ganzheitlich, ergänzen das direkte Worterkennen aber schon bald durch lautliche Elemente. So liest Marion das Wort <Mimi> zunächst als das – ihr logographisch bekannte – Wort »Mama«, bemerkt dann das <i> am Wortende und »korrigiert« zu »Mami«. Fibellehrgänge, die die zumeist schon größere Buchstabenkenntnis der Schulanfänger (vgl. Neuhaus-Siemon 1994) nicht voraussetzen, legen mit ihrem notgedrungen sehr geringen Wortschatz logographisches Lesen nahe. Tatsächlich ist es bei nur wenigen Lesewörtern – und stützenden Illustrationen – die ökonomischere Strategie, auf die Merkmale zu achten, die eben diese Wörter voneinander unterscheiden, als mühsam Phoneme zu synthetisieren. Dass im frühen Stadium des Lesenlernens das direkte Worterkennen eine wichtige Rolle spielt, zeigte sich auch in einer Untersuchung von Jansen (1992) im November des 1. Schuljahres: Die Kinder konnten Pseudowörter aus ihnen bekannten Buchstaben (z.B. AMO zu OMA) weit schlechter lesen als das ursprüngliche Wort.

### Fallstudie: Isabell

*Anhaltendes logographisches Lesen*

Isabell, ein Mädchen mit mehrsprachigem Hintergrund, aber guten Deutschkenntnissen, hatte nach Weihnachten im ersten Schuljahr wegen Umzugs die Schule wechseln müssen. Im Februar bat mich ihre Lehrerin um eine Lernstandsanalyse, da sie den Eindruck hatte, dass Isabell nicht auf dem Stand der Klasse war; sie selbst hatte aber noch keinen genauen Einblick in Isabells Leseprobleme gewinnen können.
Ich habe mir zunächst von Isabell aus ihrer Fibel vorlesen lassen. Sie fing auf eigenen Wunsch auf Seite 1 an und las recht flüssig und mit guter Betonung viele Seiten vor. Wenn

sie ein Wort nicht gleich erkannte, zögerte sie lange, las es dann entweder richtig oder ließ es sich von mir sagen. Es war auffallend, dass sie oft auch einfache Wörter nicht lesen konnte, so <Udo> und <Ina>; statt <du> las sie <da> und konnte diese Verlesung auf Nachfragen auch nicht korrigieren. Auf meine Bitte, den Text aus der Fibel vorzulesen, der gerade in der Klasse behandelt wurde, meinte sie: »Das ist zu schwer…« und tatsächlich gelangen ihr nur wenige Wörter. Meine Vermutung, dass Isabell noch vorwiegend logographisch las, bestätigte sich in einem unerwarteten Ausmaß: Bei Vorgabe von Fibelwörtern und anderen kurzen, einfach strukturierten Wörtern auf Wortkarten zeigte es sich, dass Isabell überhaupt nicht versuchte zu erlesen! Sie schaute immer nur, ob sie ein Wort »kannte«; war dies nicht der Fall, stand ihr keine andere Lese- und Lösungsstrategie zur Verfügung. Dabei stellte sich heraus, dass sie durchaus über eine große Anzahl von Graphem-Phonem-Korrespondenzen verfügte, die auch recht gut zu erweitern waren. In den folgenden Übungsstunden zeigte sich zu meiner Überraschung, dass Isabell die Synthese relativ schnell erlernte; schon nach einigen Förderstunden konnte sie einfache Wörter auch in Sätzchen erlesen. Phonemanalytische Probleme waren also offensichtlich nicht der Grund für Isabells anhaltendes Verbleiben in der logographischen Strategie gewesen. Vermutlich war dies die Lesestrategie, die sie selbst als so erfolgreich empfunden hatte, dass kein Anlass zur Weiterentwicklung bestand. Die häuslichen Übungen mit der Mutter – regelmäßiges »schönes« Vorlesen der immer gleichen Fibelseiten – haben diese Lesestrategie sicher auch gefördert.
Leider war die Anzahl meiner Übungsstunden mit Isabell sehr begrenzt, sodass sie gegen Ende der Förderung trotz individuell großer Fortschritte nur mit Mühe die – inzwischen natürlich schwierigeren – Texte im Klassenunterricht lesen konnte. Mit Zustimmung der Eltern wiederholte Isabell wegen des langsamen Schriftspracherwerbs und schwacher Mathematikleistungen das erste Schuljahr. Ich hatte im Oktober Gelegenheit, sie in ihrer neuen Klasse aufzusuchen und eine zweite Leseanalyse durchzuführen. Das Ergebnis war niederschmetternd: Isabell war mit ihrer neuen Fibel in die von ihr bevorzugte logographische Strategie zurückgefallen, las mir wie zuvor im Februar strahlend und ausdrucksvoll vor und konnte kein Wort mehr synthetisieren! Anhand der Buchstabenkärtchen, die ich in den Förderstunden zur Übung der Synthese benutzt hatte, kam allmählich ihre Erinnerung an die Strategie des Erlesens zurück, an die die Lehrerin dann anknüpfen konnte.

Logographisches Lesen ist also zu Beginn der Leseentwicklung durchaus normal und sogar ökonomisch. Kritisch wird es erst, wenn Kinder durch den Ausbau dieser Strategie unbemerkt von der Lehrerin den Anschluss an das alphabetische Lesen verlieren. Dies kann leicht dann geschehen, wenn die Leistungskontrolle vorwiegend über das Vorlesen von Fibeltexten geschieht, die zu Hause und in der Schule häufig geübt werden (s. Fallbeispiel Isabell). Dabei ist es relativ einfach, logographisches Lesen zu diagnostizieren:

- Wörter auf Wortkarten und nicht in der Fibel oder dem bekannten Text lesen lassen.
- Aus den bekannten Buchstaben noch nicht gelesene Wörter oder Pseudowörter mit ähnlicher Struktur bilden (<Mala> zum bekannten <Lama>).
- Zu bekannten Wörtern Buchstaben hinzufügen (z.B. <MAMAMA>) oder weglassen (<Mau> zu <Maus>).

Diese Aufgaben vorzubereiten ist wenig aufwendig; weit schwieriger ist es für die Lehrerin, sich die Zeit zu verschaffen, um Kinder in den entsprechenden Lesesituationen in Ruhe beobachten zu können. Trotzdem ist dies dringend anzuraten: *Solange sie noch nicht flüssig kleine unbekannte Texte erlesen können, sollten Kinder im ersten Schuljahr in monatlichen Abständen in einer Einzellesesituation von der Lehrerin beobachtet werden können – auch auf Kosten von Unterrichtszeit. Durch die gezielte Leseförderung, die aufgrund der differenzierten Beobachtungen möglich ist, wird die für die Leseanalyse benötigte Zeit mehr als kompensiert.*

Wie man mit einer Bevorzugung der logographischen Strategie über die ersten Monate hinaus umgehen sollte, ist noch eine ungeklärte Frage. Unter dem Anspruch eines entwicklungsorientierten Unterrichts könnte logographisches Lesen bei schriftfernen Kindern, die noch gar keinen Zugang zur Phonemanalyse gefunden haben, auch über einige Monate hinweg angemessen sein. Dies setzt jedoch einen geöffneten Erstleseunterricht voraus, der individuell den Einstieg in das nachfolgende lautorientierte Lesen ebnet, das für die weitere Leseentwicklung unumgänglich ist. Zentral ist jedoch, dass sich die Lehrerin bewusst ist, wenn ein Kind noch vorwiegend logographisch liest. Vor allem im Fibelunterricht kann es Überraschungen geben; die früher oft geäußerte Meinung, Lese-Rechtschreib-Schwäche zeige sich erst im 2. oder gar 3. Schuljahr, war auf Erfahrungen mit Kindern zurückzuführen, die im 1. Schuljahr mithilfe des logographischen Lesens gut aus ihren Fibeln vorlesen oder Texte auswendig lernen konnten (vgl. Fallstudie Isabell, s. Kasten 1).

## Probleme beim Erlesen

Nach und nach übernehmen fast alle Kinder im Laufe des 1. Schuljahrs die alphabetische, erlesende Strategie, die von den analytisch-synthetischen Leselehrgängen nahegelegt wird. Sie interagiert zunächst noch sehr stark mit dem Kontext und dem Wortschatz des Kindes. Durch den semantischen oder syntaktischen Kontext voraktivierte Wörter können auch bei einer noch nicht vollständigen Synthese oft richtig gelesen werden. Interessanterweise folgt dann nach meinen Beobachtungen bei fast allen Kindern eine Phase, in der sie sehr systematisch und konsequent erlesen und den Kontext dabei oft ganz ausblenden. In der Anfangsphase werden die Wörter durch Hinzufügen einzelner Phoneme langsam aufgebaut wie im folgenden Beispiel <Hund>:

[hu:]
[hu:]
[hu:n]
[hu:n:t]
[hunt]

Das ganze Wort wird zunächst in der erlesenden Vorform gesprochen [hu:n:t] und erst dann lexikalisch und semantisch erkannt: [a:, hunt!]. Auch viele Wörter, die nicht ganz so kleinschrittig erlesen werden, zeigen Merkmale des vollständigen Erlesens: Dann wird der <Tiger> als [ti:ge:rr] gelesen und der <Käse> (normale Umgangssprache [kes(e)]) als [kɛ:se:]. Der Sinn wird auch hier oft erst nach dem offenen Erlesen entnommen: Die Kinder suchen in ihrem eigenen Wortspeicher (inneres Lexikon) nach Wörtern, die am besten mit der von ihnen synthetisierten Wortvorform übereinstimmen: Was ist wohl eine [ro:.si:.ne:]? Auftretende Fehler sind zumeist unvollständige Wortteile oder Nichtwörter, die keinen Sinn ergeben (z.B. <bis> als [dis]). Im Laufe der weiteren Leseentwicklung werden die Interaktionen zwischen den Teilkomponenten des Lesens wieder komplexer. Der Kontext wird wieder stärker genutzt. Es wird allmählich ein Sichtwortschatz aufgebaut, mit dessen Hilfe Wörter direkt erkannt werden können. Das vollständige Erlesen kann aber als ein notwendiges Durchgangsstadium betrachtet werden, das prinzipiell durchlaufen werden muss.

Die Lesediagnose muss also auf jeden Fall abklären, inwieweit ein Kind den alphabetischen Weg, das Erlesen, beherrscht. Wie ist zu verfahren? Neben bekannten und geübten Texten, an denen ein Kind seine Kompetenz zeigen kann, sollte man unbedingt einen unbekannten Text lesen lassen. Aus der Transkription des Leseprotokolls lassen sich gut Hypothesen über die Leseprobleme eines Kindes bilden. Für die Feindiagnose empfehlen sich selbst zusammengestellte Wortlisten oder Sätze, die die vermuteten Schwierigkeiten enthalten. Gute Anregungen finden sich auch in Kretschmann u.a. (1998). Es folgen einige Beispiele für häufige Leseprobleme bei der alphabetischen Strategie:

- Mangelnde Kenntnis und Automatisierung von Graphem-Phonem-Korrespondenzen
- Elementare Syntheseprobleme
- Probleme bei Konsonantenhäufungen
- Probleme beim Segmentieren
- Langsamer Zugriff auf das phonologische Lexikon
- Kompensatorische Kontextnutzung

## Mangelnde Kenntnis und Automatisierung von Graphem-Phonem-Korrespondenzen

Während in der Regel am Ende des ersten Schuljahrs alle Graphem-Phonem-Korrespondenzen bekannt sind, findet man bei leseschwachen Kindern noch später immer wieder Lücken besonders bei mehrbuchstabigen Graphemen (st, sp, ch, qu, au, eu) und ein Phänomen, das ich als *unsichere Kenntnis von Graphem-Phonem-Korrespondenzen* bezeichnen möchte: Bei der Einzelüberprüfung der Graphem-Phonem-Korrespondenzen gelingt die richtige Zuordnung; im Leseprozess treten aber Fehler auf, weil die richtige Identifikation viel Zeit und Kapazität benötigt, die beim Lesen schon anderweitig gebunden ist. Dies ist z.B. dann der Fall, wenn ein Kind bei der

Zuordnung von <b> – [b] zunächst einmal zur Unterscheidung von <d> seine Schreibhand bestimmen muss! Deshalb sollte man neben der Einzelüberprüfung von Graphem-Phonem-Korrespondenzen in Leseprotokollen sehr sorgfältig abklären, ob sich bei den Verlesungen systematische Muster im Hinblick auf die Buchstabenebene ergeben.

### Elementare Syntheseprobleme

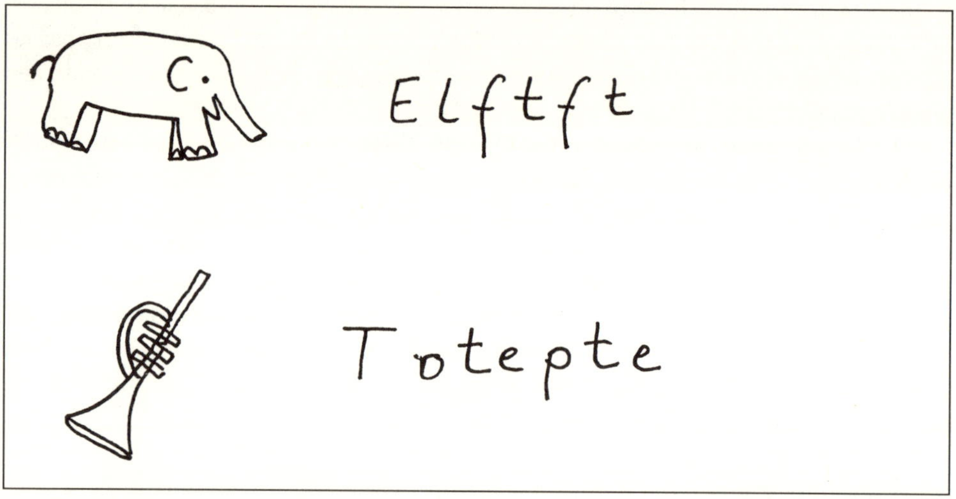


*Abb. 1: Verschriftungen von Johann, der am Ende des 1. Schuljahres Phoneme ansatzweise analysieren, aber überhaupt noch nicht synthetisieren kann*

Wie schon am Fallbeispiel »Isabell« deutlich wurde, gibt es durchaus Kinder, die am Ende des ersten Schuljahrs noch kaum synthetisierend lesen. Anders als bei Isabell liegen oft extreme phonemanalytische Schwierigkeiten vor; es gelingt den Kindern nicht, Laute aus gesprochenen Wörtern herauszuhören und entsprechend vorgegebene Laute zu synthetisieren. Die Wörter in Abbildung 1 wurden von Johann am Ende des 1. Schuljahrs geschrieben. Er konnte zu diesem Zeitpunkt Wörter ansatzweise analysieren, war aber noch völlig unfähig zur Lautsynthese. Die Wiederholung der Konsonanten in seinen Verschriftungen deutet darauf hin, dass er durch die fehlende Synthesefähigkeit auch nicht ausreichend überprüfen konnte, welche Laute er bereits geschrieben hatte. Seine Leseentwicklung konnte durch die Arbeit mit Silben gefördert werden: Er lernte einfache Konsonant-Vokal-Silben wie <MA> <FA> <RA> und ihren phonologischen Code zunächst als Einheiten. Später gelang der Transfer auf <LA> und <NA>, ein Hinweis auf den beginnenden produktiven Umgang mit Phonemen (vgl. auch das Vorgehen des Kieler Leselehrgangs, Dummer/Hackethal 1984).

### Probleme bei Synthese von Konsonantenclustern (Konsonantenhäufungen)

In der Regel sind auch bei langsam lesen lernenden Kindern die Syntheseprobleme nach dem 1. Schuljahr nicht so gravierend wie bei Johann. Oft sind aber Schwierigkeiten bei der Synthese von Konsonantenhäufungen zu beobachten (*Str*umpf, A*ngst*). Ergibt sich aus dem Leseprotokoll ein entsprechender Hinweis, sollte man dieses Problem an Beispielwörtern oder Pseudowörtern überprüfen: Geeignet sind Wortpaare wie <Reis> und <Preis> oder <rot> und <Brot>, <Hut> und <Hund> sowie Pseudowörter, die man beliebig im Hinblick auf das spezifische Problem eines Kindes konstruieren kann: <traul>, <spranz>, <flauß> etc. Pseudowörter (»Zauberwörter«) haben den großen Vorteil, dass die Kinder nicht auf ihren Wortschatz zurückgreifen können und sich damit der reine Prozess des Erlesens erfassen lässt. Das Kind kann höchstens Analogien zu richtigen Wörtern nutzen, auf die man deshalb bei der Konstruktion der Pseudowörter achten sollte (wortähnliche Pseudowörter). Beim Lesetraining kann die Synthese von Konsonantenhäufungen am besten durch direkte Übung gefördert werden: Man stellt Wortlisten mit gleichen Konsonantenclustern zusammen; glücklicherweise ist die Zahl der möglichen Kombinationen vor allem am schwierigeren Silbenbeginn im Deutschen sehr begrenzt (z.B. nach <t> nur <r>). Wahrscheinlich bilden sich durch Übung größere Einheiten im graphematischen und phonologischen Gedächtnis des Kindes, sodass letzten Endes <tr> sofort als »tr« erkannt und nicht einzeln synthetisiert werden muss.

### Probleme beim Segmentieren

Auch zu dem Zeitpunkt, zu dem Kinder vorwiegend »in einzelnen Buchstaben« lesen und sich noch keine größeren funktionalen Einheiten gebildet haben, stellt sich die Aufgabe, *ein Wort zu strukturieren,* um zu erkennen, welche Phoneme gemeinsam synthetisiert werden müssen. Für eine erlesende Strategie, bei der der Sinn häufig erst über die phonologische Repräsentation angesteuert wird, bietet sich ganz eindeutig die Silbe als funktionale Einheit an, weil die Phoneme innerhalb einer Silbe als Ganzes artikuliert (d.h. zusammen artikulatorisch geplant und ausgeführt) werden. Nach meinen Beobachtungen nutzen die meisten Kinder schon bald im 1. Schuljahr Silben als Strukturierungseinheiten, auch wenn sie nicht explizit dazu angehalten werden. Manche SchülerInnen versuchen zunächst, möglichst viele Phoneme hintereinander zu synthetisieren, erkennen dann aber bald die Silbenstruktur. So kann von einem Leseversuch zum anderen aus der »Tulp-e:« eine »Tulp-pe:« und dann eine »Tul-pe« werden. Wie sehr Kinder auf Silben als Strukturierungseinheiten zurückgreifen, sieht man dann, wenn Wörter morphematisch gegliedert werden müssten. Kinder in der Phase des Erlesens lesen:

*Pos-tamt* *Oste-rei* *Erd-bee-reis*

Während von den meisten Kindern Silben als funktionale Einheiten des Leseprozesses implizit erworben werden, finden manche Kinder diese Einheiten nicht selbstständig. Die derzeit gängigen Fibeln helfen hier nicht; sie tun sich mit der Silbe als Gliederungseinheit sehr schwer und verstecken sie didaktisch in Silbenrätseln und anderen Spielen. Segmentierungsprobleme zeigen sich immer bei längeren Wörtern, sind im Extremfall aber bei allen Wörtern sichtbar. Es folgt ein Ausschnitt aus dem Leseprotokoll eines in der Entwicklung keineswegs leseverzögerten Mädchens, das schon früh im ersten Schuljahr eine eigene Segmentierungsstrategie entwickelte:

**Norbert hat zum Geburtstag Geld geschenkt …**
n-orb-e:rt h-at z-um g-eb-urts-t-ag g-elt g-esch-enkt …

Julia segmentierte konsequent nach dem ersten Konsonanten bzw. Konsonantencluster eines Wortes und synthetisierte dann die nächste Einheit beginnend mit dem Vokal bis zum letzten Konsonanten vor dem dann folgenden Vokal (B-irn-e). Dabei verstand sie selbst durchaus, was sie las; für die Zuhörer klang die Sprache aber sehr verfremdet. Ähnlich wie Isabell hat auch Julia sich diese Strategie selbst gewählt und ähnlich wie bei Isabell war sie schon so verfestigt, dass sie nur schwer zu korrigieren war.

Viele Kinder mit Segmentierungsproblemen haben nicht die falsche Segmentierungsstrategie, sondern segmentieren gar nicht: Bei längeren Wörtern erlesen sie nur den Wortanfang und ergänzen das Wort aus dem Kontext.

Segmentierungsprobleme sind in der Förderung nicht einfach anzugehen. Zwar sind Silben als Einheiten der gesprochenen Sprache Kindern schon früh zugänglich; darüber hinaus wird die Silbengliederung im Kindergarten in Singspielen und Abzählreimen geübt. Aber wie erkennt man Silben in der Schrift? Vokale bieten als Silbenkerne eine grobe Strukturierungshilfe; ein oder zwei Konsonanten können nach Regeln recht gut den Vokalen zugeordnet werden. Entsprechend sind Übungen sinnvoll, in denen zunächst das Auffinden der Vokale geübt wird (Scheerer-Neumann 1981). Die Vorgabe von Wörtern in Silbengliederung bzw. mit Silbenbögen kann eine gute anfängliche Hilfe sein; auf Dauer muss aber sichergestellt werden, dass den Kindern die Silbengliederung eigenaktiv gelingt. Wird die Silbengliederung beherrscht, sollte man die Aufmerksamkeit der Morphemsegmentierung zuwenden. Vor allem zusammengesetzte Wörter sind durch das Zusammentreffen vieler Konsonanten schwierig zu lesen:

*Marktfrau* *Handschuhe* *Saftflasche*

Der Leseprozess gelingt hier vor allem dann, wenn Wortteile auf einer höheren Lesestufe schon direkt erkannt werden.

## Langsamer Zugriff auf das phonologische Lexikon

Es ist aus der Literatur bekannt, dass langsame Leser in der Regel auch länger brauchen, um Bilder oder Zahlen zu benennen, selbst wenn sie in nicht-verbalen Aufgaben genauso schnell sind wie andere Kinder. Oft fallen ihnen auch die Bezeichnungen von Tieren nicht ein oder es gibt spontane Verwechslungen, auch wenn sie die Tiere »eigentlich« richtig benennen könnten. Offensichtlich ist bei diesen Kindern der Zugang zu einem inneren Wortspeicher erschwert. Es ist nicht verwunderlich, wenn sie dann größere Probleme als andere Kinder haben, von [»ti:sch«] zu [»tisch«] zu kommen. Wortfindungsstörungen der beschriebenen Art sollten deshalb auch bei der Analyse von Leseprotokollen vermerkt werden.

## Kompensatorische Kontextnutzung

DIESE ECHSE WAR 6

Die-se: de:.sta: nee (VI.: Echse) warr +

METER LANG.

Mete:r +

SIE FRASS GERNE BLÄTTER

\+ + P Gras. Bllü-ter (VI. 'ä')

VON PALMEN UND LEGTE 30

\+ Pa:l.men Gras von Palmen + lan-ge: 30

ZENTIMETER

P (VI./z/) Ze:n-te:rr Zenter und lange und Länge 30 Zenter

GROSSE EIER

(Vl. hilft jetzt ab <legte>)

*Abb. 2: Leseprotokoll aus dem 2. Schuljahr. Patrick kombiniert teilweises Erlesen mit einer stark kontextorientierten Strategie (»Gras« vermutlich durch die Illustration nahe gelegt; »lange« durch die folgende Zahl 30).*

**Zeichenerklärung für die Leseprotokolle**

In den Leseprotokollen wurde auf eine konsequente Lautschrift verzichtet, um die Lesbarkeit nicht zu erschweren. Es wird eine Mischung aus normaler Schrift und Lautschrift verwandt. Im Einzelnen bedeuten:

+ oder lex. (lexikalisch): Wort wurde mit normaler Aussprache und offensichtlich mit Sinnverständnis gelesen.
: Vokal wurde gedehnt gelesen
rr, mm, usw. Dauerkonsonant wurde gedehnt gelesen
. Segmentierung zwischen Silben oder leichte Unverbundenheit zwischen Phonemen
– Phoneme unverbunden artikuliert
L. Bemerkung Lehrerin
Vl. Bemerkung Versuchsleiter
P Pause

Wie aus der Tabelle aus Seite 72 zu ersehen ist, ist die Entwicklung auf den Stufen 6 und 7 durch eine wieder stärker werdende Kontextnutzung gekennzeichnet. Im Vergleich zu den Stadien 1 bis 3 wird der Kontext jedoch flexibel genutzt und hat keinen *notwendigen* Anteil beim Worterkennen. Der Leser kann auch bei schwierigen Wörtern prinzipiell ganz auf das Erlesen zurückgreifen. Leseschwache Kinder versuchen oft die Stufe des vollständigen Erlesens ohne Kontextnutzung ganz zu umgehen: Sie nutzen den Kontext kompensatorisch immer dann, wenn ihre Fähigkeit zur Synthese nicht ausreicht. Abbildung 2 zeigt ein Beispiel für eine stark kontextorientierte Strategie. Neben phonemalytischen Problemen sind textuale Überforderungen eine Hauptursache für die Entwicklung von zu stark kontextorientierten Lesestrategien: Ist ein Text in Bezug auf Wortlänge, Wortstruktur, Satzlänge usw. für ein Kind erlesend nicht zu bewältigen, wird es notgedrungen auf den Kontext zurückgreifen – oder bei Lesebuchtexten auf das häusliche Auswendiglernen, das die Leseentwicklung ebenso wenig fördert. *Es ist deshalb dringend anzuraten, nicht nur im Förderunterricht für langsam lesen lernende Kinder Texte bereitzuhalten, die ihrem Leseniveau entsprechen. Notfalls muss man selbst vorliegende Texte vereinfachen, um sie der Lesefähigkeit dieser Kinder anzupassen* (vgl. Scheerer-Neumann 1994).

## Anhaltendes Erlesen – Problem oder Entwicklungsstufe?

Während manche leseschwache Kinder über Jahre Probleme haben, die alphabetische Strategie vollständig zu erwerben, fällt bei anderen das konsequente Erlesen auf:

»Die lese-rechtschreibschwachen Kinder in meiner Klasse erlesen jedes Wort, auch wenn sie es gerade schon gelesen haben, immer wieder. Es ist ihnen nicht auszutreiben. Was kann ich da machen?« – so die Meinung und Frage eines Lehrers, der im 3. und 4. Schuljahr Sachkunde unterrichtet. Ist ihm zuzustimmen und was ist ihm zu raten? Es ist richtig, dass leseschwache Kinder im 3. Schuljahr oft noch jedes Wort erlesen, auch wenn es bereits im Satz zuvor stand. Der entwicklungsorientierte Ansatz relativiert jedoch dieses Leseverhalten: Vor allem bei massiven phonemanalytischen Schwierigkeiten im 1. Schuljahr ist für leseschwache Kinder das vollständige Erlesen zunächst als eine große Leistung zu würdigen und darf nicht als Hemmnis für die Klasse diffamiert werden. Möglicherweise ist das Erlesen individuell auch gar nicht »lang anhaltend«, sondern lediglich zeitlich verschoben. Eine ausreichende Übung mit der alphabetischen Strategie ist notwendig, bevor die Leseentwicklung zu größeren Einheiten fortschreiten kann. Tatsächlich gibt es aber auch Kinder, die selbst dann noch am Erlesen »kleben«, wenn sie eigentlich schon flexiblere Strategien einsetzen könnten. Auch dies ist wieder metakognitiv zu verstehen: Nach langen Misserfolgen mit dem logographischen Lesen und anderen untauglichen Lesestrategien haben diese Kinder endlich eine Strategie erreicht, die weitgehend fehlerfreies Lesen garantiert. Sie aufzugeben und stärker lexikalisch und kontextorientiert zu lesen, bedeutet Unsicherheit. Abbildung 3 zeigt hierzu ein Beispiel: Sarah hat das Wort <Keller> richtig erschlossen, erliest es aber zur Sicherheit noch zusätzlich.

**Er geht in den Keller.**
err ge:h.t + + kelɐ hm ka ke:lle:r

*Abb. 3: Kontextorientiert wurde das Wort <Keller> richtig erkannt, trotzdem anschließend noch in einzelnen Graphemen erlesen.*

Außer in extremen Fällen erscheint es mir wenig sinnvoll, im Förderunterricht die Kontextnutzung einzuüben: Vielmehr sollte man auf spontane Weiterentwicklung der Lesestrategien vertrauen und diese durch ein reiches und interessantes Leseangebot fördern. Übungen zur Bildung konkreter Hypothesen über die Weiterführung eines Satzes halte ich sogar für kontraproduktiv: Wie wir weiter oben gesehen haben, ist das konkrete folgende Wort nur sehr schwer vorherzusagen; ein falsches Wort zurückzuweisen unterbricht den Lesefluss und verzögert das Lesen eines Textes.

## Sinnkonstruktion und Selbstkorrektur

Es mag erstaunen, dass im vorliegenden Kapitel bisher das Sinnverständnis, die Sinnkonstruktion beim Lesen, die im Gesamtkomplex des Lesens natürlich grundlegend ist, nur indirekt angesprochen wurde. Dies hängt mit der Zentrierung auf frühe Leseprobleme zusammen, bei denen die eher »technischen Teilprozesse« des Lesens betroffen sind. Verständnisprobleme beim weitgehend automatisierten Lesen, mit denen wir uns vor allem in der Sekundarstufe auseinandersetzen müssen, liegen außerhalb des Bereichs dieses Kapitels.

Sinnkonstruktion ist natürlich auf allen – auch den frühen – Stufen der Leseentwicklung ein wichtiger Teilprozess. Entsprechend ist im Leseunterricht von Anfang an darauf zu achten, dass nicht nur erlesen, sondern das Gelesene auch verstanden wird. Zur Überprüfung des Sinnverständnisses können Teile von Lesetests eingesetzt werden oder auch Leseübungen aus didaktischen Materialien (z.B. »Bunte Lesetexte«, Schroedel-Verlag), die wiederum den Vorteil haben, nach dem Lernangebot und Lernstand der Klasse ausgewählt werden zu können. Bei einem unzureichenden Leseverständnis z.B. auf der Satzebene muss aber doch wieder auf Leseprotokolle zurückgegriffen werden, um die Ursachen zu ermitteln. Mangelndes Textverständnis kann mehrere Ursachen haben:

- Bei sehr mühsamem Erlesen ist der Satzanfang oft schon wieder vergessen, wenn das Satzende erreicht ist. Hier hilft nur, den gesamten Satz noch einmal lesen zu lassen, eine Strategie, die von vielen Kindern spontan angewandt wird. Aus dem Leseprotokoll ist zu klären, ob ein Kind diese Wiederholungsstrategie benutzt.
- Kinder, die durch die Textschwierigkeit sehr stark überfordert sind, machen häufig gar nicht den Versuch, einen Sinn zu konstruieren. Eine ähnliche Situation kann beim lauten Vorlesen auftreten, wenn die Schülerin hauptsächlich anstrebt, der unangenehmen Lesesituation zu entkommen.
- Es ist auch möglich, dass ein Kind für sich selbst Lesen ausschließlich als Erlesen definiert und auf Stufe 5 des Modells stehen bleibt. Man kann dies auch bei Kindern finden, deren Muttersprache nicht Deutsch ist und Hürden beim Verstehen zu nehmen haben.

Am häufigsten dürfte die erste Konstellation sein; auch hier gilt es vor allem für Lesematerial zu sorgen, das die Kompetenz der Kinder beim Erlesen nicht zu weit überschreitet.

Eine weitere wichtige Lesestrategie, die auf allen Entwicklungsstufen von Bedeutung ist, ist das Verhalten nach Fehlern, d.h. das Korrekturverhalten. Wie gehen Kinder mit Lesefehlern um, vor allem mit jenen, die offensichtlich semantisch und/oder syntaktisch nicht in den Satz passen oder keinem Wort entsprechen? Nach solchen Verlesungen erwarten wir einen spontanen erneuten Leseversuch; ist er nur selten zu beobachten, sollte nach den Ursachen geforscht werden, die oft mit den oben geschilderten Problemen bei der Sinnkonstruktion zusammenhängen: Bei einem sehr langsamen Erlesen ohne Wiederholung von Wörtern oder des Satzes stehen die Wörter subjektiv gar nicht mehr in einem Kontext, sodass semantische und syntaktische Dissonanzen kaum bemerkt werden. Nichtwörter (z.B. <doch> als [boch] erlesen) sind, wie wir gesehen haben, Kennzeichen einer bestimmten Entwicklungsstufe und bleiben bei den Kindern länger erhalten, die das Gefühl haben, dass es viele Wörter gibt, »die sie nicht kennen«. Das Korrekturverhalten bei Verlesungen ist sehr genau zu beobachten, weil es auf einen zentralen Aspekt des Leseprozesses, die Sinnkonstruktion, hinweist.

## Lesegeschwindigkeit und Automatisierung

Lesen ist dann automatisiert, wenn es in seinen technischen Aspekten fast mühelos erfolgt, sodass die Aufmerksamkeit ganz auf den Inhalt gerichtet werden kann. Subjektiv entfällt das Gefühl eines kognitiven Prozesses und der Anstrengung; das Gelesene ist unmittelbar gegeben. »Ich weiß nicht, warum manche Kinder beim Lesen Schwierigkeiten haben«, sagte ein Kind im 2. Schuljahr, »Es steht doch da!«. Ist Lesen einmal automatisiert, kann es auch nicht unterdrückt werden: Wir lesen »automatisch« die Werbung an der Bushaltestelle und sogar an den Straßen beim Autofahren, obwohl wir uns auf den Verkehr konzentrieren wollen. Bisher liegt noch kein Test zur Erfassung des Automatisierungsgrades des Lesens vor, obwohl ein solcher denkbar wäre. Relativ einfach ermittelt werden kann aber die Lesegeschwindigkeit; im Gegensatz zum angloamerikanischen Raum geschieht dies in unseren Schulen jedoch nur selten. Dabei ist die Lesegeschwindigkeit auch ein entscheidender Faktor für die spätere Nutzung der Medien Buch, Zeitschrift, Zeitung und Internet: Nur wenn Lesen auch zeitökonomisch ist, eignet es sich zur Informationsaufnahme. Es ist sehr anzuraten, sich einen Überblick über die erreichten Lesegeschwindigkeiten in seiner Klasse zu verschaffen. Im Anfangsunterricht sind auch die Zeiten beim lauten Vorlesen interessant; bei älteren Kindern sollten sie beim »leise Lesen« ermittelt werden. Geeignet sind Lesetests, aber auch selbst zusammengestellte Wortlisten oder Texte.

## Zusammenfassung: Hinweise für die Analyse

Abschließend sind die bisher behandelten Kriterien für die Leseanalyse noch einmal übersichtlich zusammengestellt.

## Hinweise für die Leseanalyse

1. *Graphem-Phonem-Korrespondenzen*
   - unbekannte
   - unsichere
   - Probleme bei komplexen Graphem-Phonem-Korrespondenzen

2. *Strategien beim Wortlesen*
   - Hinweise auf eine alphabetische (synthetisierende) Lesestrategie:
     * Lesen eines Wortteils beim ersten Ansatz, evtl. systematischer Aufbau des Wortes
     * Lesen der »lautlichen Vorform« eines Wortes
     * Nichtwörter als Lesefehler
   - Hinweise für eine kontextorientierte lexikalische Lesestrategie:
     * passende Wortersetzungen (s. 4)

3. *Strukturelle Aspekte beim Erlesen* (alphabetische Lesestrategie)
   - Probleme bei Konsonantenhäufungen? Bei welchen?
   - Werden kurze Vokale gedehnt gelesen?
   - Probleme in Abhängigkeit von der Silbenzahl eines Wortes?
   - An welchen Stellen wird segmentiert?

4. *Nutzung des syntaktischen und semantischen Kontexts*
   - Sind die Wortersetzungen syntaktisch passend?
     Bis zum Lesefehler? In Bezug auf den ganzen Satz?
     Gehört die Wortersetzung zur gleichen grammatikalischen Kategorie?
   - Sind die Wortersetzungen semantisch passend?
     Bis zum Lesefehler? In Bezug auf den ganzen Satz?

5. *Reaktion auf Verlesungen oder die lautliche Vorform eines Wortes*
   - Wird korrigiert?
   - Wird bei Korrekturen eine andere Lesestrategie angewandt als beim ersten Lesen?

6. *Verständnis des Gelesenen*
   - Gibt es Hinweise, dass das Gelesene verstanden wird?
   - Wiederholt das Kind den Satzanfang beim langsamen Lesen oder nach Verlesungen?

7. *Lesegeschwindigkeit*

8. *Intonation beim Vorlesen*

*Peter May*

# Diagnose der Rechtschreibstrategien mit der Hamburger Schreibprobe

## Lern- und entwicklungspsychologisches Konzept der HSP

Das Konzept der Hamburger Schreibprobe geht davon aus, dass es grundlegende Strategien zur Schreibung von Wörtern und Sätzen gibt und dass die Regeln, die Schriftlerner entdecken und denen sie schreibend folgen, bestimmten Prinzipien zugeordnet werden können, die der deutschen Schrift zugrunde liegen. Neben dem Prinzip, so zu schreiben, wie es Schriftkundige vormachen, und sich die Buchstabenkombinationen zu merken (logographemisches Prinzip) sind vor allem die beiden Grundprinzipien relevant, die als »alphabetisches Prinzip« (Laut–Buchstaben-Zuordnung) und als »morphematisches Prinzip« (Konstanz des Stammes und der Wortbildungsbausteine) bekannt sind. Daneben bzw. dazwischen gibt es verschiedene »orthographische Prinzipien«, die auf der Grundlage des morphematischen Prinzips das alphabetische Prinzip modifizieren (z.B. orthographische Elemente im Wortstamm wie Länge- und Kürzezeichen). Beim Schreiben von Sätzen und Texten müssen darüber hinaus wortübergreifende Regelungen beachtet werden.

Es liegen verschiedene Versionen (HSP 1+ bis HSP 5-9) mit bundesweiten Vergleichswerten ab Mitte der ersten Klasse bis Ende der neunten Klasse vor. Die Hamburger Schreibprobe ist sowohl für die Einschätzung individueller Lernstände als auch für die Erhebung klassenbezogener Leistungen geeignet (May 1998).

Das Fertigkeitserwerbsmodell, das der Hamburger Schreibprobe zugrunde liegt, ist jenes der stufenweisen Entwicklung, die vom »Anfänger« zum »Experten« führt (siehe Abb. 1). Entsprechend der Wortauswahl und der Aufgabenkonstruktion wird durch die Hamburger Schreibprobe orthographisches Wissen und Können in einem Umfang und in einem Komplexitätsgrad erfasst, das den Anforderungen an orthographische Kompetenz entspricht. Denn die Wörter und Sätze der Hamburger Schreibprobe erfordern von den meisten SchülerInnen, ihre gelernten Rechtschreibstrategien und Zugriffsweisen beim Schreiben nicht eigens geübter Wörter zu erproben, d.h., die Schreibungen müssen in Form eines Problemlöseprozesses rekonstruiert werden.

Da beim Erschreiben komplexer und weitgehend ungeübter Wörter Fehler in der Regel unvermeidlich sind, werden durch die Art der Auswertung der Hamburger Schreibprobe (Graphemauswertung) Zwischenlösungen ausdrücklich berücksichtigt.

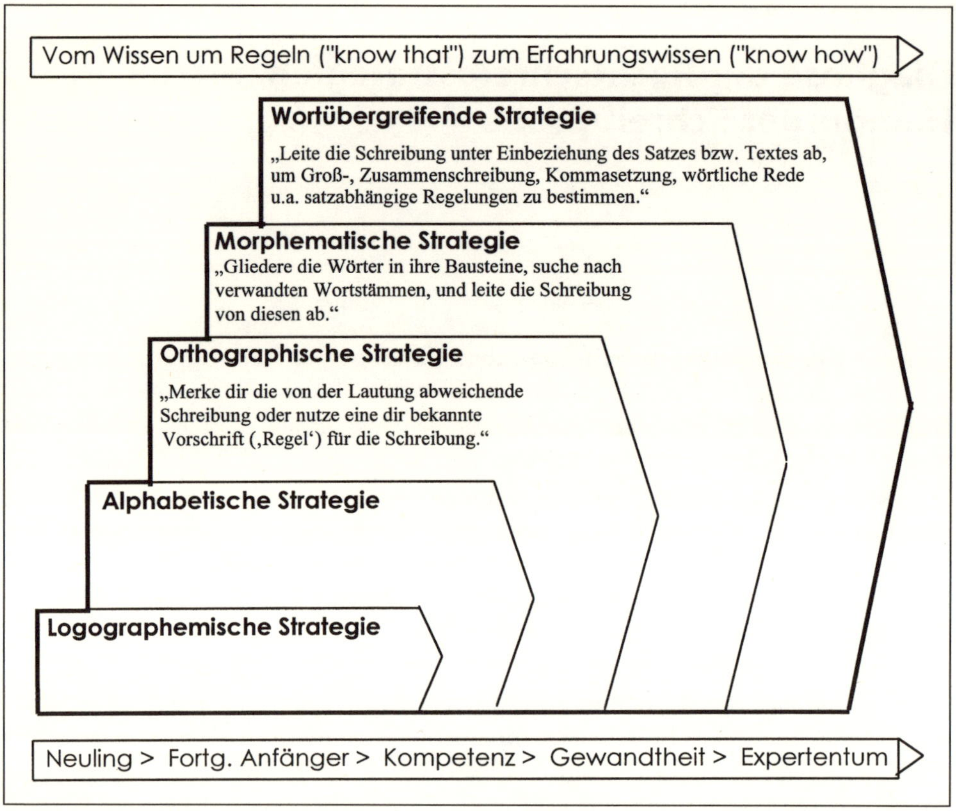


*Abb. 1: Entwicklung des Rechtschreibkönnens – Integration der grundlegenden Rechtschreibstrategien*

## Merkmale des Rechtschreibkönnens, die die HSP erfasst

Die Hamburger Schreibprobe besteht aus Einzelwörtern und Sätzen. Beim Bearbeiten des Tests können die SchülerInnen in ihrem individuellen Tempo schreiben, nachdem sie mit den Wörtern vertraut gemacht worden sind. Damit entfällt weitgehend das gleichschrittige Schreiben, das bei Diktaten für bessere wie schwächere Schreiber stets eine Belastung darstellt. Auf der hinteren Umschlagseite der Testhefte befindet sich ein Kreuzworträtsel für die Kinder, die schon fertig sind, sodass die schnelleren Schreiber nicht ungeduldig werden, während die langsameren noch schreiben. Das Bearbeiten der Schreibblätter beansprucht auch bei leistungsschwächeren SchülerInnen weniger als eine Unterrichtsstunde.

Die Auswertung erfolgt auf der Buchstabenebene (genauer: Graphemebene). Ermittelt wird die Zahl richtig geschriebener Grapheme (Graphemtreffer). Der Vorteil dieses Verfahrens besteht darin, dass die Rechtschreibleistung mit einer vergleichsweise geringen Zahl von Wörtern zuverlässig und ökonomisch erfasst werden kann und auch bei orthographisch schwierigen Wörtern Näherungslösungen gewertet werden können. Anhand einer Auswahl von so genannten Lupenstellen können auf einfache Weise Vergleichswerte für die einzelnen Rechtschreibstrategien ermittelt werden. Mit der Hamburger Schreibprobe wird die individuelle Rechtschreibleistung der SchülerInnen durch folgende Werte bestimmt:

- Zur raschen Ermittlung grober Vergleichsergebnisse kann die **Zahl richtig geschriebener Wörter** herangezogen werden.
  Dieser erste Auswertungsschritt führt bei Schreibern, die nur wenige Wörter fehlerhaft schreiben, bereits zu hinreichend aufschlussreichen Werten. Bei 10 oder mehr falsch geschriebenen Wörtern sollten jedoch die folgende Analyseschritte angeschlossen werden.
- Die **Zahl richtig geschriebener Grapheme** (»Graphemtreffer«) dient der Einschätzung des erreichten Niveaus des Rechtschreibkönnens.
- Werte für den Grad der Beherrschung der grundlegenden **Rechtschreibstrategien**: Mit den folgenden vier Rechtschreibstrategien werden grundlegende Zugriffsweisen von Kindern auf Schrift beschrieben. Sie dienen der Bestimmung des jeweilig erreichten individuellen Lernstandes.
  Die Ausprägung dieser Rechtschreibstrategien und der Grad ihrer Integration kann anhand eines Strategieprofils bestimmt werden.

  **A** **Alphabetische Strategie**: Damit wird die Fähigkeit beschrieben, den Lautstrom der Wörter aufzuschließen und mithilfe von Buchstaben bzw. Buchstabenkombinationen schriftlich festzuhalten. Diese Zugriffsweise basiert also auf der Analyse des eigenen Sprechens (»Verschriftlichen der eigenen Artikulation«).

  **O** **Orthographische Strategie**: Damit wird die Fähigkeit beschrieben, die einfache Laut-Buchstaben-Zuordnung unter Beachtung bestimmter orthographischer Prinzipien und Regeln zu modifizieren. »Orthographische Elemente« sind zum einen solche, die sich der Lerner als von der Verschriftlichung der eigenen Artikulation abweichend merken muss (»Merkelemente«, z.B. Zahn, Vater, Hexe). Zum anderen sind dies Elemente, deren Verwendung hergeleitet werden kann (»Regelelemente«, z.B. Koffer, stehen, Hand).

  **M** **Morphematische Strategie**: Damit wird die Fähigkeit beschrieben, bei der Herleitung der Schreibungen die morphematische Struktur der Wörter zu beachten. Sie erfordert sowohl die Erschließung des jeweiligen Wortstammes wie bei Staubsauger und Räuber (morphosemantisches Bedeutungswissen) wie auch die Zerlegung komplexer Wörter in Wortteile wie bei Fahrrad und Geburtstag (morphologisches Strukturwissen).

  **WÜ** **Wortübergreifende Strategie**: Damit wird die Fähigkeit beschrieben, beim Schreiben von Sätzen und Texten weitere sprachliche Aspekte zu beachten, unter anderem die Wortart für die Herleitung der Groß- bzw. Kleinschreibung, die Wortsemantik für die Zusammen- bzw. Getrenntschreibung, die Satzgrammatik z.B. für die Kommasetzung oder die »dass«-Schreibung und die Verwendungsart eines Satzes z.B. in der wörtlichen Rede. Hier erfordert die Herleitung der Schreibung eines Wortes und das Setzen des Satzzeichens die Einbeziehung größerer sprachlicher Einheiten (Satzteil, ganzer Satz, Textpassage).

- **Überflüssige orthographische Elemente**: Falsch platzierte orthographische Elemente deuten in frühen Phasen des Erwerbsprozesses darauf hin, dass die Schüler bereits solche Aspekte der Schrift in den Blick nehmen, die über die alphabetische Verschriftung hinausgehen, dass sie jedoch noch keine tragfähigen Entscheidungsgrundlagen für die Anwendung der orthographischen oder morphematischen Strategie entwickelt haben. Je nach erreichtem Lernstand können die Gründe für überflüssige orthographische Elemente unterschiedlich sein: weil orthographische Elemente beim Überformen der alphabetischen Strategie zunächst »übergeneralisiert« verwendet werden, oder weil die orthographischen Elemente nicht in die Schreibung der Morpheme eingebettet werden.
- **Oberzeichenfehler**: Sie weisen auf den Grad der Sorgfalt und auf die Kontrolle beim Schreiben hin.

Die Ausprägung der Rechtschreibstrategien und der Grad ihrer Integration kann anhand von **Strategieprofil**en bestimmt werden, wodurch Störungen im Aneignungsprozess differenziert erfassbar werden. Denn gefährdete und gestörte Lernentwicklungen zeigen sich nicht nur in einer vergleichsweise schwachen Gesamtleistung, sondern auch in der mangelhaften Integration der einzelnen Rechtschreibstrategien (z.B. in der Beharrung des alphabetischen Schreibens als dominanter Strategie). Durch die Auswertung nach Strategieprofilen liefern die Ergebnisse der Hamburger Schreibprobe eine sichere Grundlage sowohl für die Differenzierung im Unterricht wie auch für die gezielte Förderung von SchülerInnen mit Rechtschreibschwierigkeiten.

Für die Strategieprofile, die aus dem Verhältnis der Werte für die Rechtschreibstrategien bestimmt werden, ergeben sich folgende **Profiltypen**:

- Beim **ausgeglichenen Strategieverhältnis** ist – bezogen auf den erreichten Stand des Rechtschreibkönnens – die Integration der verschiedenen Rechtschreibstrategien gelungen.
- Beim Strategieprofil »**alphabetische Dominanz**« herrscht das Verschriftlichen anhand der eigenen Artikulation vor; dagegen werden orthographische und/oder morphematische Regeln und Strukturen nicht genügend beachtet.
  Während eine »alphabetische Dominanz« des Schreibens zu Beginn des Schrifterwerbs zu erwarten ist, können sich im weiteren Verlauf des Erwerbsprozesses ernsthafte Störungen des Aneignungsprozesses ergeben, wenn ein Kind in dieser Strategie verharrt.
- Bei Strategieprofilen mit »**orthographisch-morphematischer Dominanz**« operiert der Schreiber offenbar bereits vielfach mit orthographischen Elementen

bzw. beachtet morphematische Aspekte, ohne dass das alphabetische Schreiben entsprechend entwickelt ist bzw. kontrolliert wird.
Dieser Profiltyp verweist fast immer auf eine Störung des Aneignungsprozesses, da das alphabetische Verschriftlichen die elementare Form des Schreibens darstellt. Grundlegende Verstöße gegen alphabetische Prinzipien bei gleichzeitig durchschnittlichen bis guten orthographisch-morphematischen Leistungen können z.B. auf einen Sprachfehler oder eine andere grundlegende Störung hinweisen, die bis dahin unentdeckt bzw. unbehandelt geblieben ist und die den weiteren Lernprozess beeinträchtigen kann.

- Beim Strategieprofil mit **Dominanz des wortübergreifenden Schreibens** beachtet der Schreiber satzbezogene Regelungen stärker als die wortbezogene Rechtschreibung.
  Dieser relativ seltene Profiltyp kann darauf hindeuten, dass der Schreiber (z.B. bei nicht-deutscher Muttersprache) zwar die formalen Regelungen der deutschen Orthographie kennt, jedoch nicht mit der Schreibung der einzelnen Wörter vertraut ist oder zu wenig darauf achtet.

Die der Hamburger Schreibprobe zugrunde gelegten Kriterien für die Erfassung der grundlegenden Rechtschreibstrategien lassen sich auch bei der Auswertung von Schreibungen im Schulalltag (z.B. informelle Rechtschreibproben, Diktate, Aufsätze) anwenden, sodass die mit der Hamburger Schreibprobe gewonnenen Ergebnisse im Unterrichtsalltag weiter differenziert werden und bei der Planung informeller Leistungsbeobachtungen im Rahmen von Fördermaßnahmen helfen können (siehe May 1999a).

## Das Beispiel Christian

Eine Auswertung der in Abbildung 2 gezeigten Schreibungen von Christian (Klasse 6) zeigt, dass sich die relativ schwache Rechtschreibleistung Christians aus dem Zusammenwirken deutlich unterschiedlich entwickelter Rechtschreibstrategien ergibt. Während er die alphabetische Strategie altersentsprechend beherrscht, zeigt er bei der orthographischen und der morphematischen Strategie sowie bei den wortübergreifenden Zugriffsweisen erhebliche Rückstände gegenüber seiner Altersgruppe. Mit seiner ausgeprägten alphabetischen Dominanz seiner Schreibstrategien erzielt Christian zwar in den meisten Fällen lesbare Wortschreibungen, die jedoch überwiegend fehlerhaft sind. Ein Training für Christian müsste sich daher vor allem auf die Aneignung von Operationen konzentrieren, mit denen er die wichtigsten orthographischen und morphematischen Prinzipien sicher anwenden kann.

*Abb. 2: Christians Schreibungen in der HSP 5-9*

*Irene W. Gaskins / Linnea C. Ehri / Cheryl Cress /
Colleen O'Hara / Katharine Donnelly*

# Kinder werden Wörterdetektive oder: Wie amerikanische Kinder lesen lernen[1]

Da einige Kinder im ersten Schuljahr Schwierigkeiten haben, Wörter zu erlesen, haben wir vor einigen Jahren begonnen, die in den USA normalerweise verwendeten Lese- und Schreibprogramme, die als ganzheitlicher Ansatz, gestützt auf Kinderliteratur, zu charakterisieren sind, zu ergänzen. Mithilfe des Worterkennungsprogramms von Benchmark (Benchmark Word Identification program, abgekürzt BWI) lernen die Kinder eine Reihe von Schlüsselwörtern zu lesen, die in der englischen Sprache häufig vorkommen und ein gemeinsames Rechtschreibmuster haben. Diese Schlüsselwörter stehen an einer Wörterwand im Klassenzimmer, sodass alle Kinder sie sehen können. Die Kinder sollen sich an diesen Schlüsselwörtern orientieren, wenn sie ein unbekanntes Wort lesen sollen. Wir haben dieses Programm in unserer Schule übernommen und waren über die Ergebnisse sehr erfreut, denn jedes Jahr lasen die Schüler und Schülerinnen am Ende des Jahres besser. Trotz dieser Erfolge berichteten aber einige Lehrerinnen, dass in den späteren Schuljahren einige dieser Kinder (ungefähr 15%) weiterhin langsame Leser seien und Schwierigkeiten in der Rechtschreibung hätten. Das veranlasste uns, zunächst den Unterricht in den ersten Schulmonaten aufmerksam zu beobachten, und wir entdeckten, dass die Leseanfänger eine gemeinsame Schwierigkeit aufwiesen. Sie waren nämlich nicht in der Lage, gesprochene Wörter in ihre Lautbestandteile zu zerlegen. Es gelang ihnen nur, den Anlaut oder die Anlaute am Beginn des Wortes abzutrennen, z.B. trennten sie das Wort *stop* in *st* und *op*, aber sie konnten es nicht in vier Laute zergliedern. Die genaue Zergliederung eines Wortes in sämtliche Laute gelang ihnen nicht, mit Ausnahme der Anfangslaute eines Wortes. Wenn Kinder mit einem neuen Wort konfrontiert waren, versuchten sie es nicht aufgrund ihrer Buchstaben-Laut-Kenntnisse zu erlesen, sondern sie wendeten eine visuelle Strategie an, indem sie sich an ähnlich aussehende Wörter zu erinnern versuchten. Weitere Lesefehler tauchten auf, weil Kinder impulsiv und zu schnell auf die Wörter reagierten, ohne sorgfältig alle Buchstaben zu beachten. Obwohl wir die Kinder dazu angehalten hatten, bekannte Wörter zu verwenden, um unbekannte Wörter zu erlesen, benutzten sie offensicht-

1 Übertragen von Renate Valtin. Es handelt sich um eine freie Übersetzung des gekürzten Artikels: Children become »Word Detectives«: How American First Graders Learn to Read, in: The Reading Teacher, 1996-97, *50*, 312-327. Mit freundlicher Genehmigung der Autorinnen und der International Reading Association. Einige Textstellen wurden der Struktur der deutschen Orthographie angepasst.

lich andere Strategien, wenn sie Wörter in einem Text lesen sollten. Z.B. errieten sie die Aussprache eines Wortes nur aufgrund des Kontextes oder ausgehend vom Anlaut oder aufgrund von Bildern. Sich dabei an die Schlüsselwörter zu erinnern, die man ihnen beigebracht hatte, schien für diese Schüler und Schülerinnen höchst schwierig zu sein.

Als wir uns näher mit den Theorien zum Schriftspracherwerb befassten, gelangten wir zu einem besseren Verständnis der Schwierigkeiten unserer schwachen Leser. Nach Ansicht von Ehri (1994, 1995) kann sich das Kind, das Lesen lernt, die Wörter am besten merken, wenn es diese vollständig in Laute analysiert und diese Laute mit den Buchstaben des geschriebenen Wortes verbindet. Damit dies gelingt, muss das Kind wissen, wie die gesprochenen Wörter in ihre kleinsten Lauteinheiten zerlegt werden, und es muss wissen, welche Buchstaben typischerweise diese Laute symbolisieren. Abbildung 1 enthält einige Beispiele für die Beziehungen zwischen Rechtschreibung und Aussprachemustern. Um die vollständige Analyse des Wortes in Laute leisten zu können, muss der Leser sowohl die Aussprache als auch die Rechtschreibung eines Wortes kennen. Die obere Reihe der Abbildung enthält die geschriebene Form, die untere Reihe die gesprochene Form. (Es wurden die englischen Beispiele beibehalten, da dort Schriftzeichen-Laut-Beziehungen etwas komplizierter sind als im Deutschen.)

| | | |
|---|---|---|
| CAN | WILL | LOOK |
| c a n | w i l | l *oo* k |
| SNAIL | SMASH | PHONE |
| s n a l | s m a *sh* | f o n |

*Abb. 1: Rechtschreibung – Aussprachemuster*

Bevor das Kind aber zur vollständigen Analyse eines Wortes fähig ist, durchläuft es verschiedene Phasen, die sich in dem Modell von Ehri (1995) als Abfolge von Strategien charakterisieren lassen (Abb. 2 auf der folgenden Seite).

Wenn man berücksichtigt, dass Kinder erst diese Strategien entwickeln, bevor sie zum flüssigen Lesen eines Wortes gelangen, wird auch deutlich, warum sie anfänglich Schwierigkeiten haben, mithilfe von Schlüsselwörtern unbekannte Wörter zu lesen. Wenn sie Schlüsselwörter mithilfe der Strategie 1 oder 2 lesen, kennen sie deren geschriebene Form noch nicht gut genug, um sie auf unbekannte Wörter zu übertragen. Deshalb müssen die SchülerInnen zunächst befähigt werden, die Schlüsselwörter mithilfe der alphabetischen Strategie zu lesen. Sie müssen lernen, alle Buchstaben eines Wortes und die dazugehörigen Laute zu verarbeiten und diese vollständig analysierten Wörter im Gedächtnis zu speichern – erst dann kann es ihnen gelingen, diese gelernten Wörter auf neue unbekannte Wörter, die dieselben Buchstabenelemente enthalten, zu übertragen. Ziel ist das schnelle und automatisierte Worterken-

1. voralphabetische Strategie
   Bevor Kinder Buchstabenkenntnisse erworben haben, lesen sie ein Wort aufgrund visueller Merkmale, orientiert an der Gestalt oder an einzelnen Merkmalen.
2. partiell alphabetische Strategie
   Wenn Kinder einige Buchstaben kennen, orientieren sie sich beim Lesen häufig an den Anfangsbuchstaben, verwechseln aber auch häufig Wörter, die am Anfang gleich aussehen.
3. entfaltete alphabetische Strategie
   Die Kinder beherrschen alle Buchstaben-Laut-Verbindungen.
4. konsolidierte alphabetische Strategie
   Kinder nutzen größere Einheiten, wie z.B. Silben, und können auch längere mehrsilbige Wörter ohne große Schwierigkeiten lesen.

*Abb. 2: Strategien beim Erlernen des Wortlesens*

nen, sodass die Kinder ohne Mühe oder besondere Aufmerksamkeitszuwendung lesen können.

## Konsequenzen für den Unterricht

Da im amerikanischen Leseunterricht häufig ein ganzheitlicher Ansatz gewählt wird (Kinder lesen Texte aus Kinderbüchern), müssen Kinder mit Leseschwierigkeiten ausdrücklich dazu angeleitet werden, wie sie ein Wort vollständig analysieren können. (Da in Deutschland vorwiegend die analytisch-synthetische Methode im Erstleseunterricht verwendet wird, sind die im Folgenden beschriebenen Vorgehensweisen häufig schon Bestandteil des normalen Anfangsunterrichts; Anmerkung R.V.)

In unserem Förderunterricht verwendeten wir deshalb Maßnahmen, die Kinder befähigen, über Wörter zu reden, Laute gedehnt zu sprechen und Wörter in Laute zu zerlegen sowie über Buchstaben-Laut-Zusammenhänge zu reden. Kurz, wir wollten Kinder davon überzeugen, dass es sinnvoll ist, beim Lesen eines Wortes reflektiert und analytisch vorzugehen und zu »Wörterdetektiven« zu werden.

Wir wählten 93 Schlüsselwörter aus, welche die Kinder im Laufe des Schuljahres analysieren sollten, wobei sie pro Woche etwa 3 bis 4 Wörter lernen sollten. Diese wurden auf Wortkarten geschrieben und an der »Wörterwand« aufgehängt. Ferner entwickelten wir einen systematischen Ansatz mit expliziten Anleitungen für die Lehrerinnen, die folgende Elemente enthielten:

- gedehnte Aussprache zum besseren Erfassen der Anzahl und Reihenfolge der Laute eines Wortes, – Analyse der visuellen Form eines Wortes,
- Sprechen über die Zusammenhänge zwischen Buchstaben (auch mehrgliedrige Schriftzeichen) und Lauten,

- Herausstellen von Ähnlichkeiten mit bereits gelernten Wörtern und
- Erinnerungshilfen für die Rechtschreibung der Wörter.

Wichtig war uns, dass sowohl die Lehrerinnen als auch die SchülerInnen Sinn, Ziele und Vorgehensweisen unseres Ansatzes verstanden. Die SchülerInnen sollten angeleitet werden, metakognitive Fähigkeiten zu entwickeln und Vorgehensweisen sowie Techniken zu erlernen, mit deren Hilfe sie sich neue Wörter erlesen und Texte erschließen können. Damit Kinder die Einsicht erlangen, wie wichtig es ist, eine alphabetische Strategie zu erwerben und neue Wörter vollständig zu analysieren, machten wir sie mit unserem Lesemodell vertraut und besprachen mit ihnen Beispiele zur voralphabetischen und partiell alphabetischen Strategie. Zu unserer großen Verwunderung waren Kinder von dieser Vorgehensweise sehr angetan und akzeptierten mit Begeisterung unser Vorhaben, dass sie sorgfältige und analytische Wörterdetektive werden sollten.

Die Lehrerinnen dienten dabei als Modelle, wie man durch Selbstgespräche Kinder dazu anleiten kann, ein Wort vollständig zu analysieren: »*Zuerst sprechen wir das Wort gedehnt, sodass wir alle Laute hören können. Bei jedem Laut hebe ich einen Finger, damit ich die Laute zählen kann. Dann sehen wir uns das geschriebene Wort an und zählen die Buchstaben. Haben wir dieselbe Anzahl von Lauten und Buchstaben, oder gibt es mehr Buchstaben? Dann ordnen wir die Buchstaben den Lauten zu. Dazu ein Beispiel. Pass auf, wie ich das Wort »Rose« zerlege. /r/,/o/,/s/,/e/. Ich höre vier Laute. Ich sehe vier Buchstaben. Das heißt, dass jeder Buchstabe einen Laut hat. Der Laut /o/ wird lang gesprochen wie im Wort »rot«. Im Wort »Rost« wird das /o/ kurz gesprochen, weil zwei Konsonanten folgen. Am Ende des Wortes spricht man also /o:se/. Es gibt noch andere Wörter, die mit /o:se/ enden …*«

(Im Deutschen ist es sinnvoll, die Schriftzeichen nach der Anzahl der Buchstaben zu benennen als Einer, Zweier oder Dreier und bei Wörtern mit mehrgliedrigen Schriftzeichen Segmentierungshilfen vorzugeben, z.B.: k-o-mm-t, w-oh-n-e-n, Sch-u-l-e; Anmerkung R.V.)

Beim Erlernen jedes neuen Schlüsselwortes betätigten sich die Kinder als Wörterdetektive. Dabei geht es darum, in kindgerechter Form über Wörter und Aussprache- und Rechtschreibmuster zu sprechen und Einsichten über den Zusammenhang von geschriebener und gesprochener Sprache zu erlangen.

Die Arbeit als Wörterdetektiv kann allein oder mit Partner erfolgen. Als Hilfe erhalten die Kinder eine Karte mit Anweisungen. Abbildung 3 enthält die »Sprich-mit-dir-selbst«-Karte.

**»Sprich-mit-dir-selbst«-Karte**

1. Das Wort heißt ---------------
2. Sprich das Wort gedehnt.
   Ich höre ...... Laute
3. Ich sehe ...... Buchstaben, weil ......................................................
   (Hier geht es darum, Einer-, Zweier- oder Dreier-Buchstaben zu identifizieren.)
4. Besonders merken will ich mir die Schreibweise......................................
   (Hier sollen Kinder Besonderheiten der Schreibweise notieren,
   zum Beispiel Konsonantenhäufungen, Dehnung oder Dopplung)
5. Ein anderes Wort von der Wörterwand mit dieser Schreibweise ist ...................

*Abb. 3*

Sehr sinnvoll, anregend und lerneffektiv sind auch Partnerübungen mit der »Partner-Karte« (s. Abb. 4).

**»Partner-Karte«**

Person 1:
1. Mein Wort heißt ...............................................................
2. Mein Wort an der Wörterwand heißt...............................................
3. Die Wörter sind ähnlich, weil...................................................
4. Findest du das auch?

Person 2:
Antworte mit:
Ja/Nein, weil.....................................................................
Wechselt die Rollen.

*Abb. 4*

Wenn die Schüler Schlüsselwörter zergliedert haben, lernen sie, neue Wörter zu bilden, indem sie einen Buchstaben austauschen. So sagt die Lehrerin: »Mein Wort ist HUND, mein neues Wort ist HAND«. Mithilfe der Karte »Wörter bauen« sprechen die Schüler mit einem Partner über neue Wörter und wenden ihre Kenntnisse über die Zusammenhänge von Schriftzeichen und Lauten an (s. Abb. 5).

**»Wörter bauen«**

Person 1:
1. Mein Wort heißt ............................................................
2. Mein neues Wort heißt......................................................
3. Ich habe dieses Wort neu gebaut, weil ......................................
4. Findest du das auch?

Person 2:
Antworte mit:
Ja/Nein, weil ..................................................................
Vertauscht die Rollen.
Wenn ihr schnell fertig seid, sucht euch ein anderes Wort von der Wörterwand aus und baut ein neues Wort daraus.

*Abb. 5*

Die SchülerInnen lernen gleichzeitig die Rechtschreibung der Schlüsselwörter. Zu Beginn ist es hilfreich, kleine Kästchen, wie sie von Elkonin entwickelt wurden, zu verwenden. In ein Kästchen kommen alle Buchstaben, die einen Laut darstellen. Um DOSE zu schreiben, braucht man 4 Kästchen, ebenfalls, um SCHULE zu schreiben (SCH-U-L-E).

Jeden Tag lernen die SchülerInnen auch, die Schlüsselwörter im Textzusammenhang zu lesen. Dabei kann es sich um vorhersagbare Reime handeln, die wir selbst »gedichtet« haben, oder um leichte Texte aus einem Kinderbuch. Diese Texte werden zunächst von der Lehrerin vorgelesen, dann lesen die Kinder gemeinsam und im Chor, bevor sie allein lesen.

Unsere Erfahrungen zeigen, dass Kinder sich zu erfolgreichen Wörterdetektiven entwickeln können. Unser Programm leistet ihnen Hilfestellung zum Selberlernen, zur Erlangung von Einsichten über die alphabetische Struktur unserer Schrift und erleichtert ihnen die Aneignung eines vollständig durchgegliederten Lese-Wortschatzes. Wir stellten fest, dass SchülerInnen wirksamer und schneller lernen, wenn wir ihnen direkte Anleitungen zur Durchgliederung eines geschriebenen Wortes geben, als wenn sie sich die Schreibweise eines Wortes durch Spontanschreibungen erschließen. Als günstig erwies es sich, dass die Lehrerinnen die SchülerInnen dazu anhielten, metakognitives Wissen über den Lernprozess zu erwerben. Unsere Beobachtungen haben uns davon überzeugt, dass die Motivation zu selbstständigem Lernen bei Kindern groß ist, wenn ihnen die Ziele, Methoden und Vorgehensweisen des Unterrichtens transparent gemacht werden.

*Marion Bergk*

# Integrierter Schreibanfang: Experimentierzeit statt Wartezeit für die »Schriftfernen«

## Gemeinsamer oder zeitversetzter Start in die Schriftsprache?

»Schriftfern aufgewachsene Kinder« zu integrieren ist dann kein Kunststück, wenn man einfach allen Kindern Zeit lässt, mit dem Schreiben anzufangen, wenn sie »soweit« sind. Die »schriftnah aufgewachsenen Kinder« sind das häufig gleich und können den »schriftfernen« vormachen, wie schön Schreiben ist. Es wird erwartet, dass diese irgendwann Lust bekommen, den Schreibern nachzueifern. Doch bei manchen Kindern kann man darauf bekanntlich lange warten. Sie haben auf vieles Lust, aber nicht aufs Schreiben. Erklärungen sind schnell bei der Hand: Sie sind eben noch auf einer früheren Entwicklungsstufe, wollen noch viel spielen, brauchen Zeit, und die sollen sie haben!

Das klingt zunächst sehr kindorientiert. Aber ist es richtig? Kann es nicht so sein, dass diese Kinder ebenso gern mit dem Schreiben beginnen würden, auch schon ein paar Stempel angefasst und etwas probiert haben, dass es sie aber kränkt statt zum Nacheifern reizt, wenn andere bereits mit Wörtern und Sätzen glänzen und sie nicht? Vielleicht ist es die Enttäuschung, die ihnen die Lust auf Experimente mit Schrift nimmt? Diesen Kindern Zeit zu lassen, vergrößert den Abstand und damit die Enttäuschung, nicht die Motivation.

Ich plädiere stattdessen für einen Schreibanfang, der **allen** Kindern von Anfang an die Schrift nahe bringt. Natürlich brauchen die Kinder am meisten Zuwendung, die der Schrift noch am fernsten sind. Sie benötigen vor allem:

- zusätzliche Starthilfen, bevor sie sich in der Klasse als »Letzte« fühlen,
- Zeit zum Experimentieren mit vielen Zugängen zur Schriftsprache statt anfänglicher Beschränkung auf eine Anlauttabelle, Fibel, Eigenfibel oder das Diktieren, Stempeln oder Drucken,
- verbindliche Schreibvorhaben mit klaren Spielregeln, die vor zu großer Beliebigkeit schützen,
- so viel Gestaltungsspielraum in diesen Vorhaben, dass sie zum Spielen mit Schrift angeregt werden und mit sich zufrieden sein können,
- die Sicherheit, dass die Lehrerin (Lehrer sind immer mitgemeint) sie mit keinem Problem allein lässt.

Es geht also um »maximale Hilfe bei minimaler Lenkung« (Osburg 1998, S. 107) statt Reichens »minimaler Hilfe«. Mit ihr können eher die anderen Kinder auskommen, die den Gestaltungsspielraum schon selbstständig zu nutzen verstehen.

## Starthilfen: Erste Schritte mit oder bei der Lehrerin

Wenn Ihnen eine solche ungleiche Verteilung der Zeit der Lehrerin ungerecht vorkommt, bitte ich Sie, sich für einen Moment in das folgende Bild zu vertiefen: Stellen Sie sich vor, nicht Lesen und Schreiben, sondern Tennisspielen wäre der wichtigste Lerngegenstand am Schulanfang. Und die Kinder, die bereits Erfahrung und die passende Ausrüstung mitbringen, tummeln sich eifrig auf dem Tennisplatz, während die anderen am Rande stehen und nur zuschauen können. Könnten Sie es verantworten, sich nur den Kindern auf dem Platz zu widmen und die anderen draußen stehen lassen? Nein, wer wäre schon so herzlos! Gewiss würden Sie sich vorrangig um die Kinder am Rande kümmern, damit sie so schnell wie möglich auch die Lernvoraussetzungen bekommen, um mitspielen zu können!

Nur Lesespiele, Anlauttabellen oder Schreibanregungen im Unterricht anzubieten und sich »zurückzunehmen« genügt einfach nicht. Kinder, die noch nicht erlebt haben, welch positives Erlebnis Schreiben und Lesen bedeutet und wie schön es ist, brauchen Unterstützung, bevor man ihnen Zeit lassen kann, sich selbst dieses Glück zu verschaffen.

Doch die Starthilfe sollte nur eine temporäre Zuwendung sein, nach dem Prinzip »Hilf mir, es selbst zu tun«. Sie sollte darum nicht zur zu engen Bindung an die Lehrerin führen. Aber die Alternative ist nicht das Alleintun, die soziale Leere, sondern ein Zuwachs an Kontakt und Nähe: die Zusammenarbeit mit einem Partnerkind und später einer Tischgruppe. Diese zu erlernen sollte am Ende jeder Starthilfe stehen.

Das Ziel der Starthilfen ist: Wir probieren schon einmal aus, was demnächst alle tun werden, damit du siehst, welches für dich der beste Weg ist! Es wird nicht – wie in oft fruchtlosen Förderstunden – nachgearbeitet nach dem Motto: Wir machen noch einmal dasselbe, was alle anderen außer dir schon begriffen haben.

Hat ein Kind mit der Lautanalyse noch große Schwierigkeiten, so ist z.B. das Beharren auf der Lautverschriftung mit Anlauttabelle nach Reichen nicht der richtige Weg (vgl. Osburg 1998). Mit Betroffenheit lese ich bei Rödler (1998, S. 164 ff.), wie ein Kind mit erheblichen Sprach- und Sprechproblemen über Jahre in das Korsett dieses rein auditiven Zugangs gezwängt blieb und folglich trotz Zuteilung einer individuellen Lernhelferin kaum vorankam. Wie hätte es diesem Kind geholfen, wenn ihm andere Zugänge angeboten worden wären, z.B. der visuelle Zugang im Vergleich seiner Verschriftungsversuche mit den richtig geschriebenen Wörtern, Sätzen oder Texten. Dies hätte ihm dreifach Mut gemacht:

- Mut zum Richtigschreiben: Unter jeden richtigen Buchstaben kann die Lehrerin, später das Kind, z.B. einen Punkt setzen (Augst/Dehn 1998, S. 258). Schon erste

Skelettschriften des Kindes wie Lw = Löwe (Rödler 1998, S. 165) sind Schreiberfolge: Die beiden markanten Laute wurden getroffen. Was noch fehlt, ergänzt die Lehrerin mit dem Kommentar: »Die beiden kann man wirklich nicht so leicht hören, das hast du gut gemerkt!« Keine Korrektur also, sondern Bestätigung mit Zugabe.

- Mut zum Lesen und Schreiben von Texten: Hätte das Kind seine Texte selbst besser erlesen können, hätte es sie auch lieber vorgelesen und weitergeschrieben. (Rödler 1998, S. 167).
- Mut zum Sprechen: Die Buchstabenfolge des Schriftwortes hilft, sich die Lautfolge bewusst zu machen und deutlicher zu artikulieren (Osburg 1998, S. 132).

Stufenmodelle sind kein Dogma, das am Anfang nur das Spontanschreiben erlaubt. Daneben sollte vielmehr die Orientierung an der Schriftsprache treten: der Aufbau eines klasseneigenen Wortbestands, Kindertexte aus diesem und anderem Klassenlesestoff (Scheerer-Neumann 1998, S. 55; Augst/Dehn 1998, S. 37ff.).

Der Zugang zur Schrift ist unbedingt dort zu erweitern, wo angeblich methodenintegrierende Leselehrgänge in alte Einseitigkeiten zurückfallen und nicht ausreichend analytisch-synthetische Übungen anbieten.

Schließlich sollten die Kinder aus dem auf Stifte konzentrierten Schreiben befreit werden, besonders diejenigen, die körperlich spüren wollen, dass Experimentieren Handeln bedeutet. Sie können, wie in der didaktischen Literatur immer wieder ausgeführt,

- verschiedene Sorten Buchstabenstempel ausprobieren, zuerst große selbstgemachte aus Moosgummi, später zu Wörtern zusammensteckbare (noch später, wo vorhanden, die Freinet-Druckerei),
- Wörter riesengroß mit nassen Schwämmen auf Fußböden, Tische, Tafeln schreiben und anschließend mit trockenem Tuch so oft hinterher wischen, bis die Spur verschwunden ist,
- große Wortkarten in Buchstaben zerschneiden, mit diesen Puzzle spielen und sie auf einem Blatt wieder zusammenkleben (Bergk 1987, S. 68 f.),
- Wörter aus großen Buchstabenkarten legen (in Klassen-Setzkästen),
- auf dem Fußboden Sätze aus großen Wortkarten legen,
- große Lettern aus Zeitungsschlagzeilen oder Werbematerial ausschneiden und daraus Plakate kleben,
- Buchstaben und Wörter aus Blättern, Schneebällen und anderen Materialien legen, kleben, zusammendrücken oder sie in den Schnee, in den Sand treten,
- Schreibmaschinen und Computer erkunden, insbesondere die Möglichkeiten der Textverarbeitung.

Dies ist kein schmückendes Beiwerk zum normalen Unterricht, sondern die für alle Kinder unverzichtbare Reichhaltigkeit, die im Unterricht normal sein sollte! Sie ist preiswerter und individueller als manches vorfabrizierte Materialpaket.

## Verbindliche Schreibvorhaben mit großem individuellen Gestaltungsspielraum

Das wichtigste Wort am Schulanfang, wenn auch nicht das einfachste, ist der eigene Vorname. Das Namenplakat bietet viele Übungsmöglichkeiten. Das Format des Plakats sollte möglichst DIN A3, mindestens DIN A4 sein.

Spielregel: Fülle das Plakat ganz mit deinem Namen aus!

Du kannst
die Buchstaben schreiben, stempeln, kleben,
deinen Namen einmal riesengroß schreiben oder mehrere Male kleiner,
die Lücken mit Buchstaben aus deinem Namen füllen.

Intention der Aufgabenstellung: Die Plakate werden für das Kind und seine Nachbarn zu Such- und Zählbildern (Wie oft steht der Name da?…).

Ideen für Starthilfen:

1. Das Kind sagt der Lehrerin seinen Namen vor, und die Lehrerin schreibt ihn auf das Plakat, während sie langsam mitlautiert und nach jedem weiteren Buchstaben fragt (M? ME? MEL? MELA? …). Es hängt vom Kind und der Komplexität des Namens ab, ob sie gleich alle oder nur die ersten Laute erfragt.
2. Die Lehrerin hat den Namen ganz dünn mit Bleistift vorgeschrieben. Das Kind spurt die Buchstaben mit Farbstiften nach. Dabei lautiert die Lehrerin jeden Buchstaben, den das Kind nachspurt. Dann werden die Rollen getauscht. Kommt das Kind allein nicht weiter, lautiert die Lehrerin mit. Mit dem Lautieren des geschriebenen Wortes erwirbt das Kind ganz nebenher eine akustische Merkhilfe (Augst/Dehn 1998, S. 99).
3. Nun kann das Kind selbst probieren, seinen Namen aus Buchstabenkarten (aus dem Steckkasten oder Papierkarten, die von der Lehrerin vorbereitet werden) auf das Plakat zu kleben, zu stempeln oder zu schreiben. Die Stempel und Buchstabenkarten sollten zunächst richtig herumgedreht auf den Tisch gelegt werden. Das Kind sortiert sie später ein und markiert sie mit einem Kreidepunkt, sodass es sie das nächste Mal selbst finden kann.
4. Mit den anderen Kindern zusammen kann das Kind sein Plakat weiter ausfüllen: nah bei der Lehrerin und deren sofortiger Rückmeldung gewiss, aber auch schon zusammen mit den Nachbarkindern.
5. Mit den fertigen Plakaten können die Kinder tanzen: Wenn die Musik aussetzt, finden sich »Buchstabenverwandte« zusammen! Sie sagen sich anschließend, welche Buchstaben sie gemeinsam haben (ausführlich s. Bergk 1999).

Ähnliche Schreibvorhaben sind mit den ersten eigenen Grundwortschatzwörtern der Klasse möglich: mit »ich, kann, mag, spiele, gern, nicht, habe, mein/e, Freund/in …«. Bald entstehen daraus, ergänzt durch gezeichnete Begriffe (Streubilder), erste Sätze mit individuellen Aussagen. Der Bedarf an Starthilfen wird mehr und mehr durch nachbarschaftlichen Austausch gedeckt, denn alle Kinder arbeiten mit denselben Wörtern. Eigene Wörter folgen bald nach, wenn die Kinder mehr schriftlich mitteilen wollen. Die Hilfestellungen können vielfältig sein, sollten aber immer den auditiven und visuellen Zugang zur Schrift miteinander verbinden. Ich nenne im Folgenden die wichtigsten Verfahren, ausgehend vom einfachsten:

- *Der Lehrerin das Wort diktieren:*
  Die Lehrerin schreibt es, bei jedem Buchstaben nachfragend, auf den TP, die Tafel, einen Zettel, eine Karteikarte, in das Wörterheft des Kindes.
- *Wörter konstruieren und zeigen:*
  Das Kind schreibt das Wort oder den Satz auf einen Zettel, eine Karteikarte, eine löschbare Tafel (Klarsichthülle mit weißer Pappeinlage, mit Overheadstift zu beschreiben) (vgl. Bergk 1999). Die Lehrerin markiert die richtig geschriebenen Buchstaben und ergänzt die übrigen.
- *Wörter konstruieren und Schreibauskunft einholen:*
  Das Kind fragt nach einzelnen – oder mehreren – Buchstaben, die Lehrerin oder MitschülerInnen geben Auskunft.
- *Verschriften mit Anlauttabelle:*
  Das Kind spricht ein Wort, sieht für jeden Laut die Bilder der Tabelle durch, lautiert dabei die abgebildeten Wörter, löst den Anlaut heraus, vergleicht ihn mit dem gesuchten Laut und schreibt schließlich den Buchstaben.
- *Wörter nachsehen:*
  Kann sich das Kind erinnern, das Wort schon geschrieben oder gelesen zu haben, kann es nachsehen: in eigenen Texten, im Wörterheft, später im Wörterbuch.

Das Verschriften mithilfe einer Anlauttabelle steht hier fast an letzter Stelle, weil es dem Kind einen sehr zeitaufwendigen Umweg über Bilder, Begriffe und Anlaute abfordert, auf dem es obendrein leicht vergessen kann, welche Stelle seines Wortes es gerade lautiert hat (vgl. Augst/Dehn 1998, S. 26).

Wirklich integriert durch die Vielfalt der Verfahren beim Verfassen von Texten werden die »schriftfern aufgewachsenen« Kinder aber nur dann, wenn alles geschätzt wird, was sie geschrieben haben: von einzelnen Wörtern bis zu ganzen Geschichten. Wichtig ist allein, dass Kinder beim Experimentieren mit ihren Wörtern der Schrift näher kommen.

*Ruth Gerecke*

# Rechtschreibschwäche? Nein, danke!

Ich liebe die Sprache in ihren vielen Fassetten, lese und schreibe selbst sehr gern und möchte diese Möglichkeiten auch den Kindern offenhalten oder eröffnen. Darüber hinaus halte ich die Kinder für verantwortungsfähige eigenständige Lebewesen, die ich achten und stärken und deren Selbstständigkeit ich fördern will. In diesen Zusammenhängen steht mein »Unterricht« (in Anführungszeichen, denn ich möchte lieber auf- als unterrichten; unbek. Verf.). So hat denn mein Sprach- und Unterrichtsansatz wenig Platz für »Rechtschreibschwäche«. Ganz sicher gibt es einige wenige Kinder, die in der Tat therapeutisch unterstützt werden müssen, weil sie beispielsweise Sinnesbehinderungen haben. Das Gros aller »rechtschreibschwachen« Kinder ist aber in meinem Augen ganz normal und wird von ehrgeizigen LehrerInnen (und Eltern) durch unsinnige Rechtschreibübungen und -kontrollen und daraus resultierende Misserfolge erst stigmatisiert. Im günstigsten Fall sind Übungen für Diktate Zeitverschwendung, denn die Kinder, denen die Rechtschreibung leicht fällt, müssen nicht viel üben. Im schlimmsten Fall verringert die Diktatübung allmählich jedes Selbstbewusstsein – denn wir wissen, zu viel Übung hilft üblicherweise nicht, und der immer stärkere Druck verfestigt Unsicherheit und Fehler. Schreiben macht dann ganz schnell überhaupt keinen Spaß mehr – welches Unglück! – und auch diese fatale Folge wird den armen Kindern vorgeworfen.

Schließlich gibt es Familiendramen und teure »Schülerhilfe«-Einsätze, die den Kindern auch noch die Nachmittage zur Hölle machen. Warum ist die Rechtschreibung im überwiegenden Teil aller Schulklassen (bis zum 6., 7. Schuljahr) fast einziges Kriterium, Leistung zu beurteilen? Ich empfinde das als unglaubliche Überbewertung eines winzigen Teils unserer umfangreichen, faszinierenden Sprache. Alles andere kommt zu kurz und wird durch ständige Verbindung mit der Rechtschreibung zusätzlich vermiest. Ich würde nur zu gern meine »These« beweisen. Immerhin kann ich auf eine Grundschulklasse (1. – 4.) zurückblicken, die ich vor eineinhalb Jahren abgab, in der ich nie ein Diktat geschrieben habe (Rechtschreibung haben wir natürlich trotzdem geübt). Die Kinder, zu denen ich noch Kontakt habe, bestätigen mir, dass sie in der Rechtschreibung nicht schlechter sind als ihre KlassenkameradInnen. Und mit Stolz kann ich sagen, dass wir während dieser vier Jahre Zeit hatten für viele, viele schöne Projekte im Deutschunterricht. Außerdem musste – hoffentlich – nie ein Kind unter seiner unverschuldeten »Rechtschreibschwäche« leiden. Ich habe immer und immer wieder die schwachen Kinder in ihrem Selbstbewusstsein zu stärken versucht – auch im Hinblick auf das, was sie in den weiterführenden Schulen auszuhalten hätten. Ich bin der festen Überzeugung, dass die Kinder, die daran interessiert sind, wie von selbst mit 13, 14 Jahren immer rechtschreibfähiger werden. Eine ehemalige Schülerin, jetzt im 6. Schuljahr, sagte mir neulich, ich hätte mich mit dieser Zeiteinschätzung wohl geirrt, bei ihr finge es jetzt schon an – welches Glück! Wie oft hatte ich sie getröstet, wenn wir beide über ihren Texten saßen und kaum etwas entziffern konnten, und wie oft habe ich sie ermutigt, weiter ihre langen, anstrengenden Geschichten zu schreiben … offensichtlich hat sich unsere Geduld gelohnt.

Gewähren wir also der Rechtschreibung den ihr zustehenden – schmalen – Raum!

**Mutmach-Lied von Jule**

Ich schaff das schon
ich schaff das schon
ich schaff das ganz alleine!

ich komm bestimmt
ich komm bestimmt
auch wieder auf die Beine.

ich brauch dazu
ich brauch dazu

vielleicht 'ne Menge Kraft,
doch ich hab immerhin

schon ganz was anderes geschafft!

*Hannelore Frauenfeld*

# Ein Förderkonzept für die Grundschule

Die Anbahnung und Einübung der Schriftsprache ist eine wichtige Aufgabe der Grundschule. Häufig stellen die Lehrkräfte jedoch fest, dass ihre Schulanfänger einen recht unterschiedlichen Entwicklungsstand zeigen. Hinzu kommt, dass eine wachsende Zahl von Kindern Schwierigkeiten hat, sich dem Schulalltag anzupassen; sie wirken unkonzentriert, verspielt oder sind durch irgendwelche Umstände belastet, sodass sie sich dem Lerngeschehen nur mühsam zuwenden können. Lesen- und Schreibenlernen erfordert jedoch konzentrierte Hinwendung und ein mehr oder minder hohes Maß an Übung. Sind SchülerInnen dazu nicht in der Lage, wird sich das im Lernprozess niederschlagen.

Aufgrund dieser Überlegungen habe ich bei meiner Arbeit mit Kindern mit besonderen Schwierigkeiten beim Erlernen des Lesens und des Schreibens an der Anna-Schmidt-Schule in Frankfurt ein Förderkonzept entwickelt, das sich neben Gesprächen und Spielen schwerpunktmäßig auf den Aspekt des produktiven Übens konzentriert (Frauenfeld 1995). Produktives Üben bedeutet für mich, dass ein systematisches Erleben von Erfolg ermöglicht wird. Dieses Konzept wird auch in den Klassen 5 bis 9 durchgeführt.

## Karteiarbeit

Besonders bewährt hat sich die Wortkartei, die den zu übenden Wortschatz verfügbar machen soll, indem sich die Kinder durch wiederholtes Üben eines gegebenen Wortes in Intervallen die Schreibweise des Wortes einprägen.

Alle Kinder meiner Fördergruppen von der zweiten bis zur vierten Klasse besitzen einen Karteikasten mit Karten des Formats DIN A8 oder DIN A7. Größer sollte der Kasten auf keinen Fall sein, da die SchülerInnen ihn täglich in der Schule und zu Hause benutzen sollen und er daher leicht im Ranzen Platz finden muss. Der Kasten enthält außer den Karteikarten Trennwände, die jeweils in der Zahlenfolge 1 bis 5 markiert sind. Sie kennzeichnen fünf Abteilungen, in welche die zu übenden Wörter eingeordnet werden. Alle Wörter, die ein Kind fehlerhaft schreibt, werden einzeln jeweils auf eine Karte eingetragen und ganz vorne im Kasten eingeordnet. Es empfiehlt sich dabei, bestimmte Rechtschreibprinzipien zu berücksichtigen. Beispielsweise sollte bei dem Wort »Hand« die Pluralform »Hände« mit aufgeschrieben werden, um den Auslaut »-d« zu markieren.

Bei den aufgenommenen Wörtern werden die für die Kinder besonders zu beachtenden Stellen rot markiert oder unterstrichen, beispielsweise bei dem Wort »Sp*ie*l« das »*ie*«. Sobald die SchülerInnen in meinen Unterricht kommen, beginnen sie die Karteiarbeit, indem sie mit einem Partner die zu übenden Wörter (fünf in der zweiten Klasse bis zehn in der vierten Klasse) aus der Kartei nehmen und laut lesen. Dabei beachten sie die rot markierten Buchstaben besonders. Danach werden die Karten an den Partner weitergereicht.

SchülerInnen der zweiten Klasse lassen sich die Wörter diktieren. Spätestens ab der dritten Klasse sollen die Wörter vom Partner in kleine Sätze eingebaut werden. Sind die Wörter bzw. Sätze geschrieben, werden die Karteikarten zur Überprüfung herangezogen. Der Eigentümer der Karte korrigiert selbst und markiert die Karte, wenn richtig geschrieben wurde, mit einem Pluszeichen. Wurde das Wort falsch geschrieben, erhält die Karte ein Minuszeichen am oberen Rand der Karte.

Je nachdem wie die Karte markiert wurde, wird sie eingeordnet. Hat sie beispielsweise ein Pluszeichen, wandert sie hinter die Markierungskarte 1. Bei zwei Pluszeichen hintereinander – das Wort wurde zweimal hintereinander richtig geschrieben – kommt die Karte hinter die Markierungskarte 2 etc. Wurde das zu übende Wort falsch geschrieben, bekommt die Karte ein Minus – und wandert wieder ganz nach vorne (auch wenn es zuvor mehrmals richtig geschrieben wurde), muss also den gesamten Weg nochmals durchlaufen.

Sind die Übungswörter in der fünften Abteilung angelangt, kann man davon ausgehen, dass das Einprägen des betreffenden Wortes relativ gesichert ist. Die Karten werden in einem gesonderten Kasten aufbewahrt und ab und zu nochmals abgefragt bzw. per Diktat geschrieben, um zu überprüfen, ob sie noch verfügbar sind.

Die oben beschriebene Übung sollte täglich, mindestens jedoch jeden zweiten Tag ausgeführt werden. Dies beinhaltet, dass auch zu Hause geübt wird. Ohne die häusliche Mitarbeit der Eltern geht es meistens nicht. Unter Umständen können die SchülerInnen auch allein zu Hause üben, indem sie ihre Wörter auf Kassette sprechen und danach schreiben, was nur bei versierten Kindern gelingt, oder aber das zu übende Wort anschauen, die Karte umdrehen und danach schreiben. Erfolgreicher ist jedoch die Zusammenarbeit mit einer anderen Person, wobei 15 Minuten pro Tag nicht überschritten werden sollten.

Die Vorteile der Arbeit mit der Kartei sind:

- die bewusste Hinwendung zum geschriebenen Wort,
- das laute Lesen des Wortes (auditives Feedback),
- das bewusste Achten auf die besonderen Merkmale eines Wortes,
- die Übung der motorischen Schreibfertigkeit,
- die gezielte Kontrolle des Geschriebenen.

Ein Großteil meiner SchülerInnen arbeitet regelmäßig mit der Kartei und freut sich über das Anwachsen des verfügbaren Wortschatzes.

## Freie Texte

Ein weiterer Aspekt der Förderung und Übung ist das Verfassen freier Texte. Sie dienen gleichzeitig als Übungsfeld für freies Schreiben. Im Vordergrund steht hier das Verschriften von Inhalten, gleichzeitig sind sie ein wichtiges Mittel zur Diagnose und Beurteilung der Lernfortschritte.

Schon in der zweiten Klasse zeigen sich einige Kinder interessiert am Verfassen von kleinen Texten. Diese werden oft in der Gruppe vorgelesen und ernten dort Beifall. Im Gegensatz zur Karteiarbeit sollten die Kinder diese Texte allein verfassen und korrigieren. Bei der Durchsicht kann ich Fehlerschwerpunkte feststellen und die neu hinzugekommenen Fehlerwörter richtig ins Heft schreiben. Danach werden sie mit dem Kind besprochen, wobei immer wieder die Rechtschreibprinzipien hervorgehoben werden. Danach wandern diese Wörter in die Kartei. Während des Förderunterrichts arbeiten meine Gruppen, die zwischen fünf und zehn Kindern variieren, häufig in Partnerarbeit. Sie verfassen gemeinsam Texte, diktieren sich gegenseitig ins Heft oder an die Tafel, sodass ich mit Kindern einzeln arbeiten kann. Die Tafelarbeit dient der gemeinsamen Kontrolle und dem Vergleich mit der eigenen Arbeit. Ich achte darauf, dass alle Kinder mit Schreiben und Lesen beschäftigt sind. Entspannungsübungen, Lob und Ermutigung und ein angenehmes Lernklima tragen dazu bei, dass viele Kinder gern in den Förderunterricht kommen. Alle schriftlichen Arbeiten aus dem Regelunterricht oder Hausaufgaben bieten die Möglichkeit zum Herausziehen von Fehlerwörtern, die mittels Kartei geübt werden können. Von der dritten Klasse an wird erwartet, dass die Kinder als häusliche Übung einen freien Text pro Woche und Sätze mit zehn Karteiwörtern anfertigen. Die Karteiarbeit kann von den Eltern kontrolliert werden. Alle Hausaufgaben werden von mir überprüft und mit den SchülerInnen besprochen.

## Rahmenbedingungen

Förderarbeit mit Kindern kann meiner Erfahrung nach nur befriedigend gelingen, wenn zwei Bedingungen erfüllt sind:

- Sowohl die Eltern als auch die Lehrkräfte müssen um die spezielle Problematik ihrer Kinder wissen.
- Es muss Klarheit bestehen über die angestrebten Förderziele und die Art der Hilfestellung, die sowohl Eltern als auch Lehrkräfte zusätzlich zum Förderunterricht geben können.

Das Gespräch mit allen Beteiligten ist daher ein fester Bestandteil meiner Arbeit. Meine Erfahrung zeigt, dass ohne häusliche Übungsarbeit und ohne die ermutigende Unterstützung ihrer Eltern viele Kinder nicht zu den erwünschten Erfolgen kommen können. Auch wird eine Lehrerin ein Kind, das im Förderunterricht ist, differenzierter beurteilen, wenn sie die Schwierigkeiten des Kindes verstehen und darüber sprechen kann. Deshalb begrüße ich es, wenn Eltern oder Lehrkräfte sich an mich wenden. Ich nehme an vielen Elternabenden teil bzw. führe Einzelgespräche mit den betroffenen Eltern. Die Einzelgespräche haben sich als besonders günstig erwiesen, da sich jedes Kind in seiner Problematik von der anderer unterscheidet. Abschließend sei auf unseren Elternbrief zum Förderkonzept der Anna-Schmidt-Schule verwiesen, der die Eltern ermuntert, uns in unserer Arbeit zu unterstützen.

Im Hinblick auf den organisatorischen Rahmen ist anzumerken, dass der Förderunterricht für jede Gruppe zwei Unterrichtsstunden pro Woche beträgt. Er findet in einem hellen, freundlichen Raum statt, in dem die Kinder sich gut bewegen können. Dies ist wichtig, da sie oft an unterschiedlichen Aufgaben arbeiten.

## Elternbrief

Liebe Eltern,

das Konzept des Förderunterrichts für Kinder mit besonderen Schwierigkeiten beim Erlernen des Lesens und der Rechtschreibung, wie wir es verfolgen, richtet sich darauf, möglichst rasch den Anschluss an die Anforderungen im Regelunterricht zu erreichen. Die Kinder sollen in die Lage versetzt werden, selbst zu lernen und ständig kleine Schritte des Erfolgs zu erfahren.
Die Voraussetzung für die Wirksamkeit dieser Methode ist, dass die Kinder im häuslichen Umfeld in ihrem Lernen ermutigt und bestätigt werden.
Wir bitten Sie deshalb auf diesem Wege, daran mitzuarbeiten, dass Ihr Kind regelmäßig zu Hause übt.
Hauptsächlich sind das Übungen mithilfe einer **Wortkartei**, um den zu übenden Wortschatz zu automatisieren, sowie freie Texte. Wenn nicht mindestens jeden zweiten Tag mit der Kartei geübt wird, kommen die kleinen Erfolgserlebnisse nicht zu Stande, die Ihrem Kind die Energie zur Weiterarbeit geben.
Die **freien Texte** sind ein wichtiges Mittel zur Diagnose und Beurteilung der Lernfortschritte. Außerdem lernt Ihr Kind aus seinen Fehlern, und – nicht zu vergessen –, oft machen diese Texte Spaß.
Sie können Ihr Kind unterstützen, indem Sie ihm helfen, Rechtschreibfehler aus allen Schulheften in die Kartei aufzunehmen.
Ohne die regelmäßigen häuslichen Übungen hat Ihr Kind keine Aussicht auf Erfolg und kein Anrecht auf im Regelunterricht und in der Notengebung gewährten Erleichterungen.
Wir bitten Sie daher zu verstehen, dass wir in diesem Fall Ihr Kind leider vom Förderunterricht ausschließen müssen.
Eine weitere Bitte: Achten Sie darauf, dass Ihr Kind die Materialien (Karteikasten und Hefte) für den Förderunterricht auch mitbringt, nur so kann es am Unterricht wirklich teilnehmen.
Wenn es Ihnen gelingt, täglich mindestens 10 Minuten Ihr Kind bei den Übungen zu begleiten, stärken Sie seine Leistungsfähigkeit erheblich.
Uns ist völlig klar, dass dies nicht immer leicht ist, deshalb stehen wir Ihnen gern beratend zur Verfügung.

*Ingrid M. Naegele*

# Förderung in der Sekundarstufe

*Mit einem Beispiel aus einem Förderkurs*

## Begründung

Nach wie vor haben zu viele Schüler und Schülerinnen nach dem Wechsel von der Grund- zur Sekundarstufe große Probleme mit dem Lesen und (Recht)-Schreiben. Neben den unbefriedigenden Unterrichtsbedingungen ist daran vor allem die fehlende oder unzulängliche Lehrerausbildung im Bereich des Schriftspracherwerbs schuld. So bleibt es dem persönlichen Engagement der LehrerInnen überlassen, ob sie sich überhaupt in Methodik und Didaktik des Deutschunterrichts und speziell in Fragen des Anfangsunterrichts weiterbilden und wo sie dies tun. Oft lassen sich die Gründe für die Schwierigkeiten der SchülerInnen bis ins erste Schuljahr zurückverfolgen:

- Fehlende Passung des Lernangebots an die kindlichen Vorstellung von Schrift
- Über- oder Unterforderung beim Einstieg in die Schriftsprache in der ersten Klasse
- Falsches Konzept von LehrerInnen, dass »der Knoten irgendwann von alleine platze«. (– Das tut er nie!)
- Häufiger Lehrer- und damit Methodenwechsel, vor allem in den ersten beiden Schuljahren
- Schreiben nur vorgeübter Diktate, die auswendig gelernt werden
- falsche Schreibhaltung, die zu Verkrampfungen und Stress mit der Folge von Fehlern führen
- Angst vor Versagen in Prüfungssituationen, weil man die Eltern nicht enttäuschen möchte …

Es kann aber auch jetzt erstmals zu Rechtschreibproblemen kommen, wenn plötzlich unbekannte Diktate geschrieben werden, deren Wortschatz den Kindern unbekannt ist, die sehr lang sind und oft viel schneller diktiert werden, als es in der Grundschule üblich ist.

Die Anforderungen und Erwartungen der LehrerInnen der weiterführenden Schule gehen oft von völlig falschen Lernvoraussetzungen der Kinder aus. Immer wieder fällt eine erschreckende Unkenntnis über die veränderten Lerninhalte im Deutschunterricht der Grundschule auf. Es gibt Fälle, wo selbst normgerechte Buchstaben in der amtlich genehmigten Handschrift (VA, SAS) als Fehler angestrichen werden mit dem Hinweis, dass sie nicht lesbar seien! Vor allem GymnasiallehrerInnen erwarten, dass mit dem Übergang von Klasse 4 zu 5 die deutsche Orthographie weitgehend von den SchülerInnen beherrscht werde und unbekannte Diktate ein sinnvolles Mittel der Leistungsfeststellung seien, trotz aller gegenteiligen wissenschaftlichen und didaktischen Erkenntnisse (Spitta 1994, Süselbeck 1991). Selbst in Erdkunde, Mathematik o.a. Fächern können Rechtschreibfehler die Note verschlechtern.

Gleichzeitig werden im Deutsch- und zunehmend im Fremdsprachenunterricht (z.B. Password Orange von Klett, Notting Hill Gate von Diesterweg) der Sekundarstufe häufig Übungsformen angeboten, die lernpsychologischen und sachlichen Gesetzen zuwiderlaufen und für SchülerInnen mit LRS eher zu erhöhter Fehlerzahl als zum Aufbau von mehr Kompetenz führen: Ratestrategien, falsche Regelungen, Provokation von Fehlern durch Ähnlichkeitshemmung (Naegele/Valtin 1994, 1997).

In Band 1 dieses Handbuchs finden sich wichtige Informationen zu den Grundlagen der Förderung von Kindern mit LRS in der Sekundarstufe. Abgedruckt sind dort die KMK-»Grundsätze zur Förderung von Schülern mit besonderen Schwierigkeiten beim Erlernen des Lesens und des Rechtschreibens«, denen zufolge die Förderung bis Klasse 6, gegebenenfalls auch darüber hinaus, durch geeignete Maßnahmen erfolgen. Die einzelnen Ländererlasse setzen hier unterschiedliche Grenzen. Deshalb ist es wichtig, den jeweiligen Landeserlass in der aktuellen Fassung genau zu kennen und die Hilfen für die betroffenen SchülerInnen voll auszuschöpfen. Die Informationen in Band 1 betreffen außerdem die Schulpraxis allgemein (s. dazu den Beitrag von Portmann, der auch wertvolle Hinweise zur Förderdiagnostik liefert) sowie Materialien und Arbeitshilfen zu den Bereichen Spielen (Naegele), Lesen (Naegele und Valtin), Schreiben/Rechtschreiben (Naegele und Valtin) und Lerntechniken (Naegele). Ferner finden sich dort – auch für SchülerInnen der Sekundarstufe relevante – Hinweise für förderndes Elternverhalten (Portmann) und Ratschläge, wie Eltern zu Hause mit ihren Kindern mithilfe der Rechtschreibkartei üben können (Naegele). Im folgenden Artikel soll deshalb ein konkretes Förderbeispiel im Mittelpunkt stehen.

## Prinzipien und Organisation der Förderung

Je länger Lernprobleme bestehen, umso schwieriger wird es, neue Motivation zum Schreiben zu wecken und dem Kind Lernerfolge zu ermöglichen. Wichtig für Kinder mit LRS sind im **Regelunterricht**:

- Differenzierung der Aufgabenstellungen und Klassenarbeiten, z.B. differenzierte Diktate,
- Lernen in Projekten, Wochenplanarbeit,
- freies Schreiben, evtl. mithilfe des Computers, und Karteiarbeit sowie
- regelmäßiges Üben.

Kinder mit LRS brauchen auch Entlastungen im Regelunterricht, z.B. Lesehilfen bei Textaufgaben, vergrößerte Lesetexte, keine handschriftlichen Arbeitstexte sowie die Möglichkeit, Hausaufgaben mithilfe des Computers zu schreiben.

SchülerInnen mit massiven LRS brauchen jedoch mehr, einerseits mehr Zeit, die ihnen in Kleingruppen im zusätzlichen **Förderunterricht** gewährt wird, andererseits andere Inhalte. Sinnvoll ist ein integrativer Förderansatz, der verschiedene Bereiche umfasst: neben dem Lese-, Schreib- und Rechtschreibtraining die Elemente Arbeits- und Lerntechniken sowie Spiel, Gespräch und Stressabbau (zum Beispiel durch Entspannungsübungen wie sie in dem Beitrag von Naegele »Unkonzentriert, aufmerksamkeitsgestört, faul« in diesem Band beschrieben werden). Die Inhalte müssen möglichst nah an den Interessen der Lerngruppe orientiert sein. Zunächst sollten Gespräche, Spiele und freie Schreibanlässe im Mittelpunkt der Stunden stehen, damit die SchülerInnen ihren bisherigen Frust abbauen können. Mit der Zeit werden Lesetraining, Arbeit am eigenen Text und das Erlernen orthographischer Regeln immer größeren Raum einnehmen. Bedingt durch die häufig ungünstigen Förderkurszeiten in Randstunden behalten Spiele und Gespräche im Verlauf der gesamten Förderung einen wichtigen Platz. Dass Förderung durchaus in der Mittagspause mit gemeinsamem Essen und Spielen erfolgreich durchgeführt werden kann (Naegele/Portmann 1983, Naegele 1989), zeigt das Projekt »Der goldene Engel & Co«.

## Ein Unterrichtsprojekt im Förderunterricht

Der folgende Bericht, von der Kursleiterin geschrieben und von den SchülerInnen redigiert, beschreibt ein Projekt, das im Rahmen des LRS-Förderunterrichts durchgeführt wurde. Der zusätzliche Unterricht fand in 4 Wochenstunden, zweimal in der 5. und 6. Stunde, statt. Der Kurs bestand aus 12 SchülerInnen, acht Mädchen und vier Jungen der 5. Klasse einer Frankfurter Gesamtschule.

### *Motivation*

19.11.: Beim Kreisgespräch und gemeinsamen »Frühstück« hatte ich von einer neuen Druckerei in der Universität berichtet, die wir auch bei Bedarf benützen könnten. Prompt kam von Klaus der Vorschlag, sofort einen Ausflug dorthin zu organisieren. Den Unterrichtsnotizen zufolge wurde das Thema jedoch nicht weiter verfolgt, weil Natascha ein neu entdecktes Kreisspiel »Hans, du stinkst« unbedingt bekannt machen und spielen wollte.

26.11.: Tamara und Claudia muss das Thema doch beschäftigt haben, denn sie hatten in den Pausen besprochen, dass sie drucken wollten. Wann? Was? Für wen? Jeder hatte Ideen und Vorschläge: Witze, Rätsel, Scherzfragen, Geschichten mit Fortsetzung … Selbst die sonst sehr schweigsamen Kinder waren nicht zu bremsen. Und plötzlich war die Idee mit der Zeitung geboren. Da Weihnachten vor der Tür stand, sollte sie als Weihnachtsgeschenk für Eltern und Verwandte gleich praktische Verwendung finden. Die Inhalte sollten überwiegend unterhaltend sein.

### *Planung*

Nachdem sich alle auf die Idee mit der Zeitung geeinigt hatten, ging es auch gleich um einen Titel. Vorschläge wie »Der knackige Rätsellöser«, »Weihnachtszeitung« und Ähnliches fanden keine Mehrheit, dafür aber »Der goldene Engel«. Das & Co. stammte von Tamara, weil sie damit die Kopierbereitschaft von Bekannten anregen wollte. Unsere Planungsschritte können wir hier nur in Stichworten bzw. Fotos andeuten:

- Ideen zusammentragen, Rätsel und Geschichten erfinden,
- Zeitungen auf Verwertbares durchsehen,
- Notizen machen,
- Materialsammlung herstellen,
- Auflage festlegen, Finanzierung klären, Ausflug planen, Transport regeln,
- uns miteinander absprechen, Mehrheitsentscheidungen akzeptieren lernen.

Diese Phase beanspruchte die folgenden drei Doppelstunden.

### *Durchführung*

1.12. – 10.12.: Hand in Hand mit der Planung entstanden die Inhalte der Zeitung. Gleich in der ersten Stunde wollten wir ein Impressum haben wie die richtigen Zeitungen. Die Kinder untersuchten die im Materialschrank als Lese- und Ratestoff bereitliegenden Zeitschriften von Banken und Apotheken, »Spielen und Lernen« sowie den »Bunten Hund«. Das Ergebnis: Herausgeber: PPS – LRS 5, Frankfurt, Redaktionsteam: alle Kursteilnehmer, geplante Auflage: 42 plus Werbeexemplare, Format DIN A4, Umfang: ca. 15 Seiten.

In den folgenden Stunden wurden einzeln, zu zweit oder in Gruppen, im Unterricht und zu Hause Rätsel erfunden, Geschichten erdacht, Bilderrätsel in Anlehnung an schulische Materialien gemalt u.a. Kurzum: die SchülerInnen waren voll beschäftigt. Meine Aufgabe bestand vor allem darin, Diskussionsleiterin bei den »Redaktionssitzungen« zu spielen, auf Einhaltung der knappen Zeitplanung zu achten (Weihnachten!), die Koordination mit der Druckerei zu erledigen und den Kindern, die zwischendurch aufgeben wollten, Mut zu machen.

Ein Beispiel: Jasminka merkte bei der Konstruktion eines Kreuzworträtsels, dass das gar nicht so einfach war und wollte ihren Versuch schon zerreißen. Wir baten sie, ihren Plan an die Tafel zu schreiben und dort entwickelte sie es unter fachmännischer Anleitung von Klaus und Alexander weiter. Guido übertrug das Ganze auf Papier, damit es für die Zeitung nicht verlorenging. (Später wurden dann beim Umschreiben auf Matrize doch die Zahlen vergessen!)

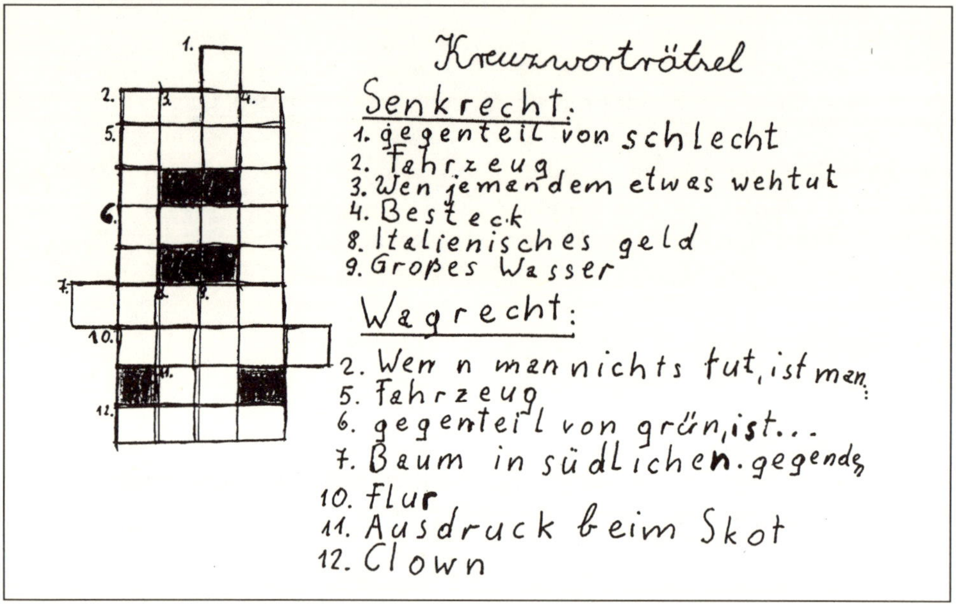


*Jasminkas Rätsel*

Sobald ein Text oder ein Bild fertig war, wurde in der Gesamtgruppe darüber diskutiert, eventuelle Änderungen oder Ergänzungen beraten und über die Aufnahme in die Zeitung abgestimmt. Manchmal wurde dem Autor schon beim Vorlesen an der Reaktion der anderen deutlich, dass die Pointe nicht so wie beabsichtigt verstanden wurde, dass Lachen ausblieb oder die Geschichte zu langatmig geraten war. Einige Texte existieren so in 3 – 4 Versionen.

Dann wurden mehrere Lehrer krank und der Förderunterricht wurde mit einer Gruppe aus Erst- und Zweitklässlern zusammengelegt. Nach einigen gemeinsamen Kreisspielen stellten sich die Kleinen als dankbare Versuchspersonen für die bisher produzierten Witze und Geschichten heraus. Und dann beschäftigte die Gruppe noch die »verhauene« Mathematikarbeit einiger MitschülerInnen. Eine ganze Stunde unserer kostbaren Zeit nahm das Problem in Anspruch, aber dafür wurde ein Helfersystem zwischen den SchülerInnen erreicht. In jeder Stunde wurde nun alles Vorliegende in der jeweiligen Endfassung vorgelesen, darüber gesprochen und eventuell geändert. Claudia und Guido machten – in Anlehnung an die Empfehlungslisten in der »Zeit« – eine Umfrage nach den Lieblingsbüchern ihrer Mitschüler.

Manuela und Katja sammelten die Lieblingsspiele und Andreas und Klaus interviewten Kinder über Weihnachten.

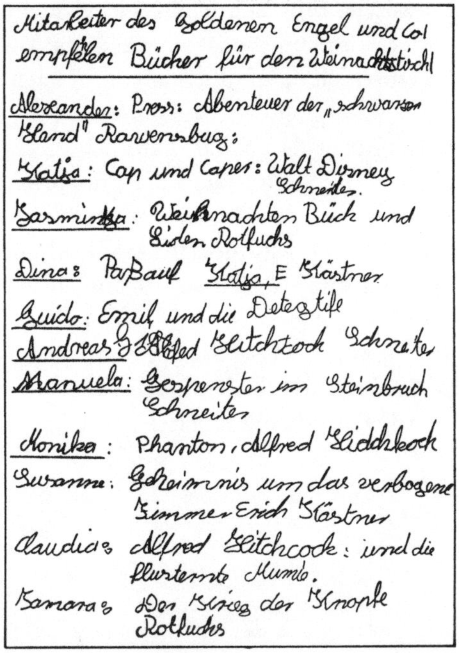
Mitarbeiter des Goldenen Engel und Co!
empfelen Bücher für den Weinachtstisch!

Alexander: Press: Abenteuer der „schwarzen Hand" Rawensburg:
Katja: Cap und Caper: Walt Disney Schneider.
Jasminka: Weihnachten Bück und Listen Rotfuchs
Dina: Paßauf Katja, E Kästner
Guido: Emil und die Detegtife
Andreas: Alfred Hitchcock Schneider
Manuela: Gespenster im Steinbruch Schneiter
Monika: Phanton, Alfred Hiddhkock
Susanne: Geheimnis um das verbogene Zimmer Erich Kästner
Claudia: Alfred Hitchcock: und die flüsternde Mumie.
Tamara: Der Krieg der Knopfe Rotfuchs

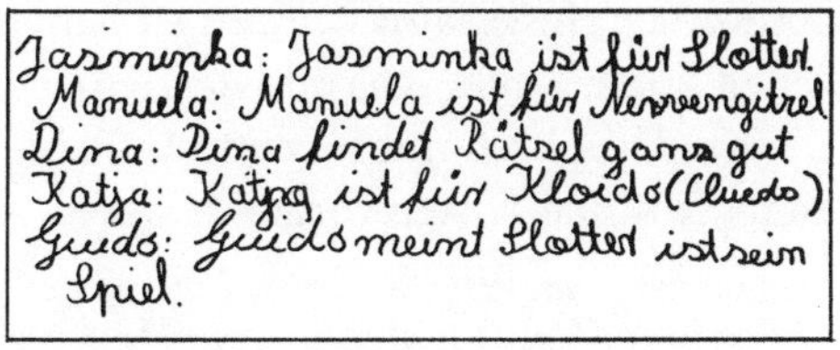
Jasminka: Jasminka ist für Flotter.
Manuela: Manuela ist für Nervengitrel
Dina: Dina findet Rätsel ganz gut
Katja: Katja ist für Kloido (Cluedo)
Guido: Guido meint Flotter ist sein Spiel.

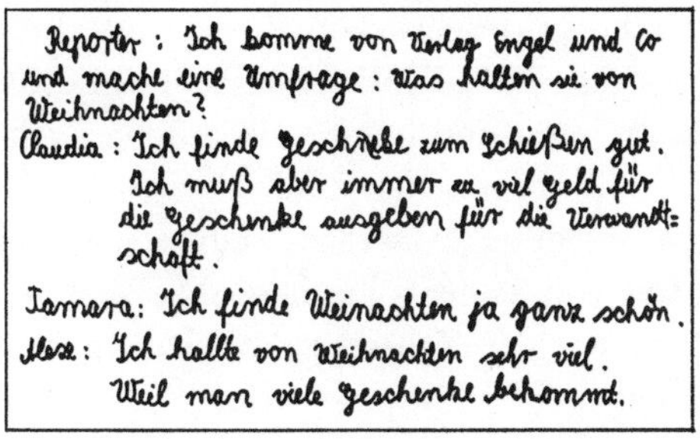
Reporter: Ich komme von Verlag Engel und Co und mache eine Umfrage: was halten sie von Weihnachten?
Claudia: Ich finde Geschenke zum Schießen gut. Ich muß aber immer zu viel Geld für die Geschenke ausgeben für die Verwandtschaft.
Tamara: Ich finde Weinachten ja ganz schön.
Ilse: Ich hallte von Weihnachten sehr viel. Weil man viele Geschenke bekommt.

*Beispiele aus der Zeitung*

Da keiner auf die Idee kam, ein Tonband zu benutzen, wurden die Antworten eben entsprechend der Schreibgeschwindigkeit verkürzt.

Und dann ging es ans Korrigieren. Claudia und Manuela hatten mit dem Wörterbuch Schwierigkeiten, denn es waren so viele Wörter nachzusehen. Als mir auffiel, wie stark diese Arbeit die Kinder belastete und überforderte, ging ich – auch aus Zeitmangel – die Texte zu Hause durch und schrieb die Witze und Geschichten fehlerfrei mit der Maschine ab, soweit das nötig war. Original und Abschrift wurden im Unterricht verglichen und dann in Reinschrift kopierfertig hergestellt.

Der Entwurf des Titelblattes an der Tafel, die Organisation des Ausflugs zur Uni und die Finanzierung waren die Schlussarbeiten vor dem Drucken.

15.12.: Beladen mit zwei Paketen Papier von der Schulleitung und zehn Matrizen brachten ein Vater und ich die SchülerInnen zur Universität. Nach einer Besichtigungstour bis zum 39. Stock stellten wir mit Schrecken fest, dass die Handdruckerei wegen der Größe der Druckbuchstaben nur für die Gestaltung der Titelseite zu verwenden war. Gemeinsam berieten wir unser weiteres Vorgehen und beschlossen, alles, was leicht zu schreiben war, auf Matrizen umzuschreiben (um Kopierkosten zu sparen!), einen Zeitplan für die Druckerei der Titelseite aufzustellen und aufzuteilen, wer im Sekretariat beim Abziehen und Kopieren helfen oder Abzüge ordnen und zählen sollte. Nach einer Einführung in die Technik des Matrizenschreibens verteilten sich die Kinder auf zwei Räume und druckten, schrieben und malten wie besessen, um ihre Zeitung fertig zu bekommen. Wer fertig war, half bei der Herstellung

der Kopien. Insgesamt wurden elf Seiten auf Matrizen umgeschrieben und vierzehn Seiten kopiert, alles vierundvierzigmal. Nach vier Stunden war alles und alle fertig! Die Kinder fuhren mit Bus und U-Bahn nach Hause, ich nahm die Stapel mit, nachdem die Kopierkosten vorgelegt waren.
17.12.: Da dies unsere letzte Stunde vor den Weihnachtsferien war, hatte ich die 24 Seiten der Zeitung bereits zu Hause vorgeordnet und ein Nachwort entworfen. Nachdem der Text von allen SchülerInnen akzeptiert worden war, wurde er abgezogen und jedes Kind stellte sich seine Exemplare mit der selbstgedruckten Titelseite zusammen und heftete sie. Einige wichtige Korrekturen wurden sofort ausgeführt, wie die vergessenen Zahlen beim Kreuzworträtsel und zwei fehlende Zeilen bei zwei Geschichten. Jedes Kind zahlte, wie zuvor vereinbart, DM 1,40 Kopierkosten pro Heft von seinem Taschengeld. Da Manuelas Großmutter in den Unterricht kam, mussten die Zeitungen rasch weggepackt werden, und wir spielten gemeinsam Kreisspiele.

*Reflexion*

Stellvertretend für die positive Reaktion auf die Zeitung aus der Sicht der beschenkten Eltern hier ein Bericht von Claudia.

Mensch, das ist ja toll! Mein Vater hat
die Zeitung nach Weihnachten mit auf die Arbeitgenom-
men. Als er dann Mittagspause hatte, hat er die
Zeite ausgepackt und hat die Rätsel gelöst.

Nach den Ferien brachte Klaus einen selbst gebackenen Kuchen mit und meinte, dass wir nach der Zeitung jetzt ein Kochbuch machen sollten. So startete das nächste Projekt, das dann Ostern als »Das goldene Engel Koch- und Backbuch« erschien.

Zunächst muss aber noch kritisch angemerkt werden:

- Die Druckerei war vorher nicht ausprobiert worden, daher mussten Texte unter Zeitdruck geschrieben werden. Dabei kam es zu einer Reihe von Verschreibungen und mangelhaftem Lay-out. (Heute wäre es mit dem Computer sehr viel leichter, druckfähige Vorlagen zu erstellen und zu gestalten.)
- Die Arbeit unter Zeitdruck beeinträchtigte die Schlussarbeiten, dafür war aber die Motivation mit dem Weihnachtsgeschenk groß.
- Da die Zeitung als Weihnachtsgeschenk geplant war, kamen als Inhalte überwiegend unterhaltsame Texte und Rätsel infrage.

Die SchülerInnen und ich haben bei der Zusammenarbeit viele Erfahrungen gemacht:

- Im Verlauf der Arbeit entstand ein starkes Zusammengehörigkeitsgefühl.
- Die SchülerInnen waren hochmotiviert zum selbstständigen und selbsttätigen Umgang mit Texten und verloren ihre Scheu vor Büchern.
- Beim Versuch, sich dem »Leser« verständlich zu machen, haben die Kinder alle Anstrengungen unternommen, normgetreu zu schreiben (in Bezug auf Rechtschreibung, Satzbau und Zeichensetzung).
- Sie haben Arbeitstechniken eingeübt, die sie auch auf andere schriftliche Produktionen übertragen können, z.B. gliedern, saubere Schrift, Beachtung der äußeren Form, Einsatz von Wörterbuch und Lexika, korrigieren.
- Es hat den Kindern Freude bereitet, Texte, Gedichte und Rätsel herzustellen und die Leseerwartung einzuplanen.
- Freiwillig wurde ein neues Projekt in Angriff genommen.

Wenn es das Ziel eines offenen, handlungsorientierten und kommunikativen Unterrichts ist, *»alle Schüler so weit wie möglich mit ihrer Lebenswelt, mit ihren Interessen und Bedürfnissen, mit ihren Problemen und Erfolgen, selbstständig handelnd, also sprechend, hörend, schreibend, lesend (verstehend), aber auch bastelnd und werkend, spielend und feiernd in das Unterrichtsgeschehen zu integrieren«* (Tymister 1980, S. 30), so glauben wir, dass dies besonders auch im Förderunterricht geschehen muss. Dazu gibt es, wie der Ausschnitt aus dem Projekt zeigt, vielfältige Möglichkeiten.

## Hinweise für die Förderung

Zusätzlich zu den schon in Band 1 enthaltenen Fördermaßnahmen für SchülerInnen der Sekundarstufe sei noch auf folgende Gesichtspunkte verwiesen:

*Lesen*

Viele Lehrkräfte sind der Meinung, der Leselernprozess sei spätestens Ende der 2. Klasse abgeschlossen. Aber auch bei älteren SchülerInnen ist es notwendig, die Sinnentnahme des Gelesenen zu üben. Lautes Vorlesen eignet sich allerdings nicht dazu. Für die meisten LRS-SchülerInnen ist dies ein Trauma.

> Mich ergert es dasandere Schühler sich lustig nachen wenn ich beim lesen Stotere

Erfreulich ist, dass die meisten älteren SchülerInnen rasch ihre Lesefertigkeit verbessern, wenn

- schulische Texte vergrößert werden,
- sie vom Finger als Lesebremse wegkommen – unterstützt durch einen durchsichtigen Lesepfeil

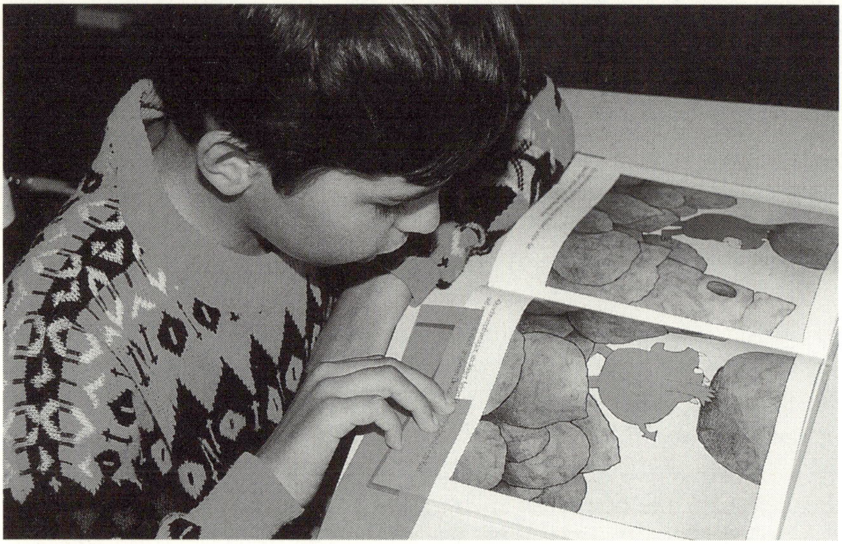

- die äußere Gestaltung der Lektüre ansprechend ist
- und das Thema reizt.

Auch ältere SchülerInnen brauchen Bestätigung und Lob, z.B. den sichtbaren Beleg ihrer Bemühungen durch Eintragen in einen Lesepass, Belohnungen in Form eines Lesefests (bei 48 Büchern/Kapiteln). Buchpreise und Wettbewerbe unterstützen diese Bemühungen. Das Vorstellen und Besprechen von gelesenen Büchern fördern die Neugier und die Auseinandersetzung mit den Inhalten. Kurzbesprechungen können der gegenseitigen Information dienen.

Zur Auswahl der Lesetexte ist anzumerken, dass es oft schwierig ist, das persönliche Interesse der bisherigen Leseverweigerer aufzuspüren. Ich kenne SchülerInnen, deren erstes Buch eine Geschichte von Brecht oder Kafka war, andere lesen nur Krimis, Detektivgeschichten, Romane von Kordon oder Tonke Dragt. Manche Leser sind auch auf bestimmte Verlage fixiert. Andere SchülerInnen machen die Auswahl von der Textmenge pro Buch und der Schriftgröße abhängig.

Besonders beliebt sind gerade bei Jugendlichen selbst hergestellte Lesetexte, seien es Zeitungen, Spielanleitungen, Witzesammlungen oder Geschichten zu Bildern (Naegele 1995).

### *Handschrift*

Bei vielen Betroffenen fällt auf, dass sie sich eine falsche Schreibhaltung angewöhnt haben, bei der das Handgelenk verkrampft (vor allem bei Linkshändern). Sie drücken zu fest auf und ermüden dadurch. Einzelne Buchstaben sind oft falsch in ihrer Bewegungsabfolge eingeschliffen und das Schriftbild wirkt ungelenk und chaotisch. Was kann in der Sekundarstufe noch geändert werden?

Zunächst muss den SchülerInnen einmal bewusst gemacht werden, was sie falsch machen und wie sie schneller und lockerer schreiben können. Hilfreich sind zum Beispiel die Änderung der Griffhaltung, neue Stifte (Dreiecksstifte, Inkys, Lamy Tintenroller), ein geänderter Bewegungsablauf bei bestimmten Buchstaben, kleinere Schrift, Einhalten von Rändern und Verwenden von blauer Tinte, damit Fehler gelöscht werden können. Es ist nie zu spät, noch einmal einen Schnellkurs in einer der verschiedenen Ausgangsschriften (VA, SAS) durchzuführen oder auf Druckschrift umzustellen.

Verkrampfungen können durch Lockerungsübungen – mit Musik oder Reimen – vermieden werden und es sollten regelmäßig Entspannungsübungen eingeplant werden. Belohnungen zum Erhalt der Motivation sind immer wichtig!

### *Abschreiben*

Auch in der Sekundarstufe haben einige SchülerInnen noch erhebliche Probleme beim Abschreiben von der Tafel oder vom Buch, weil ihr visuelles Gedächtnis für sprachliche Zeichen/Wörter begrenzt ist und Teile vergessen werden. Ihre Strategie ist falsch, wenn sie das flüchtig Gelesene aus dem Gedächtnis ohne Rückkopplung übertragen. Klar gegliederte, gut lesbare Tafeltexte, mehr Zeit und die Vermittlung von Strategien zum Speichern größerer Einheiten sind hilfreich, z.B. mit entsprechenden Materialien (Jacobs: Abschreiben erwünscht, CVK).

### *Verfassen von Texten*

Wesentlicher als der formale Aspekt ist es jedoch, SchülerInnen mit LRS zum Verschriften ihrer Gedanken und Erlebnisse zu bewegen, zum Schreiben von Briefen, der Auseinandersetzung mit Texten, dem schriftlichen Abarbeiten von Problemen (Wünnenberg 1989, Praxis Schule 4/1993). Aus Angst vor roter Tinte, Fehlern und kritischen Anmerkungen trauen sich viele Kinder gar nicht erst, schriftlich darzustellen, was sie inhaltlich bewegt. Ich habe mit abgestuften Schreibversuchen sehr gute Erfolge erreicht:

Ein Bild/eine Bildfolge oder ein Satz kann als Auslöser für eine Geschichte dienen (s. dazu auch die Anregungen von Rabkin in diesem Band). Nach dem ersten Schreiben (mit Bleistift und Leerzeilen zum Korrigieren) wird die Geschichte (vor)gelesen und in mehreren Schritten bearbeitet. Dabei sind zu beachten:

- Sind gedankliche Zusammenhänge (durch Kommas oder Punkte) für die Leser klar erkennbar?
- Wurden die Zeiten richtig verwendet?
- Sind die Wörter normgerecht geschrieben? (Wörterbuch benutzen)

Fertige Geschichten werden vorgelesen, in Geschichtenheften/Zeitungen zusammengefasst, kopiert und an Eltern, Verwandte verschenkt oder auf Schulfesten verkauft, manchmal auch bei Wettbewerben eingereicht (Valtin/Naegele 1993). Eine weitere Idee der Lese- und Schreibförderung ist das Erfinden, Erproben und Schreiben eigener Spiele, die dann auch noch Verlagen angeboten werden können (Naegele 1995).

### *Rechtschreibung*

Es tröstet, wenn schwache RechtschreiberInnen anhand von Originaltexten oder Zitaten erfahren, dass auch berühmte Männer und Frauen mit der Rechtschreibung auf Kriegsfuß standen, z.B. Goethe, der von sich 1812 sagte: »*Ich bin niemals zerstreuter, als wenn ich mit eigner Hand schreibe: denn weil die Feder nicht so geschwind läuft, als ich denke, so schreibe ich oft den Schlussbuchstaben des folgenden Worts, ehe das erste noch zu Ende ist, und mitten in einem Komma fange ich den folgenden Perioden an; Ein Wort schreibe ich mit dreierlei Orthographie, und was die Unarten alle sein mögen,*« Und zehn Jahre später meint er: »*Ich mache in jedem Brief Schreibfehler und keine Komma*« (zitiert nach Kleßmann 1993, S. 96).

Falls für eine bestimmte Zeit die Benotung der Rechtschreibung (sofern sie schlechter als ausreichend ist) ausgesetzt wird, wie es eine Reihe von LRS-Erlassen ermöglichen, so hilft dies vielen Betroffenen. Es wäre jedoch falsch zu glauben, dass sich ohne Üben die Probleme in Luft auflösen. Da viele Materialien leider methodisch-didaktisch sinnlose Übungen enthalten (Naegele/Valtin 1994, Schwenk/Klier 1994), hat sich als ökonomische und erfolgreichste Lernmethode das Üben mit einem individuellen Karteisystem erwiesen (s. den Beitrag von Naegele in Band 1).

### *Lob, Ermutigung und Motivation*

SchülerInnen, die jahrelang Misserfolge und Frustrationen in Schule und Familie einstecken mussten, brauchen vor allen Dingen die Aussicht, dass sich Üben lohnt. Deshalb steht in den Hessischen LRS-Richtlinien »Lob und Ermutigung aller Tätigkeiten« an erster Stelle. Dazu gehört auch das Zählen der richtig geschriebenen Wörter bei der Karteiarbeit. In einigen Erlassen wird anstelle der Ziffernbenotung ein verbaler aufmunternder Kommentar zu schriftlichen Arbeiten gefordert. Desgleichen ist ein geänderter Blickwinkel mit der Konzentration auf das Richtige wichtig, nicht auf das, was das Kind noch nicht kann: kein Rot, das Zählen der richtigen Wörter, Korrekturvorlagen in Druckschrift.

Motivation, ein positives Selbstbild, Selbstvertrauen und Selbstbewusstsein lassen sich am besten im Spiel fördern, in dem häufig gleichzeitig Diagnose und Förderung von sprachlichen Lernprozessen möglich ist. Selbst hergestellte Spiele erfreuen sich besonderer Beliebtheit und sind gleichzeitig motivierende Lese- und Schreibanlässe (s. dazu Band 1). Ein geglückter Einsatz von Spielen setzt aber eine entsprechende Spielfähigkeit der LehrerInnen voraus (Naegele/Haarmann 1993, Daublebsky 1988).

Manchmal kann aber auch entlastend sein, den Frust über die Schule in Worte zu fassen, wie hier Steffi:

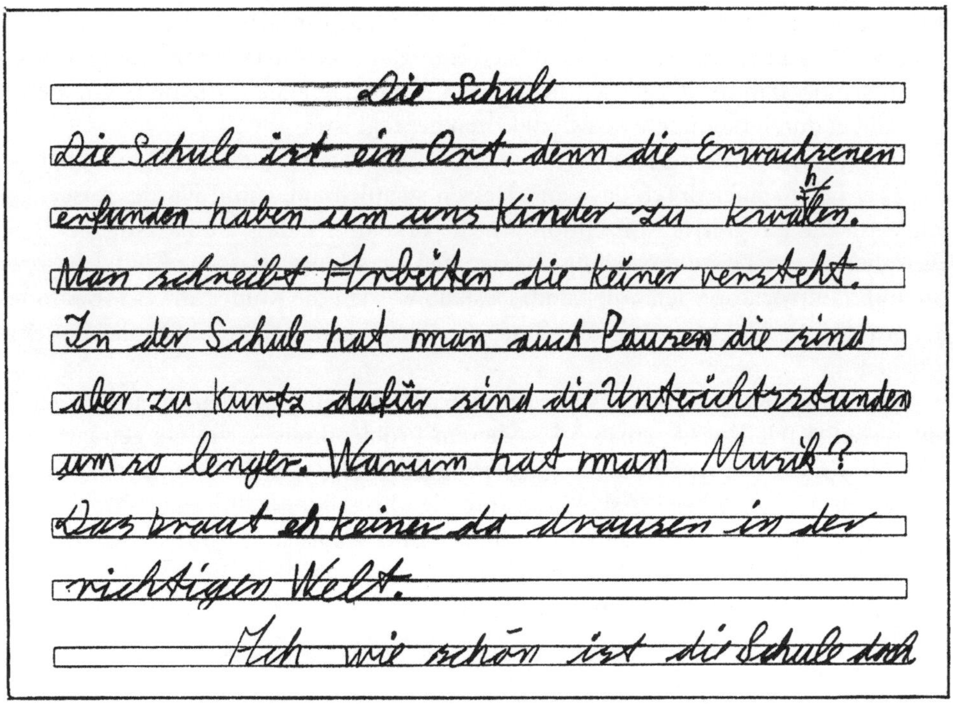
Die Schule
Die Schule ist ein Ort, denn die Erwachsenen
erfunden haben um uns Kinder zu kwählen.
Man schreibt Arbeiten die keiner versteht.
In der Schule hat man auch Pausen die sind
aber zu kurtz dafür sind die Unterichtsstunden
um so lenger. Warum hat man Musik?
Das braut eh keiner da drausen in der
richtigen Welt.
Ach wie schön ist di Schule doch

*Reinhold Komnick*

# Integrative Legasthenietherapie an der Jugenddorf-Christophorusschule Oberurff

Die Jugenddorf-Christophorusschule Oberurff als eine Einrichtung des Christlichen Jugenddorfwerkes Deutschlands orientiert sich in der Erziehung am christlichen Menschenbild und hat die ganzheitliche Bildung der Persönlichkeit zum Ziel. »Es ist ihre Aufgabe, zu locken und zu rufen, dass die Gaben kommen, dass der Mensch Erfüllung findet in allem, was er an Anlagen mitbekommen hat.« So hat jede Christophorusschule den Auftrag, sich Kindern und Jugendlichen zuzuwenden, deren Schulalltag durch besondere Schwierigkeiten geprägt ist.

In Oberurff wurde im Jahr 1975 begonnen, ein Legastheniezentrum aufzubauen, das zwei Jahre später durch das Land Hessen staatlich anerkannt wurde. Ausgangspunkt für die Integrative Konzeption war die Erkenntnis, dass die Legasthenie nicht als isolierte Lern-Leistungsstörung zu begreifen ist, sondern dass die Kinder in ihrer gesamten Entwicklung gefährdet sind. Deshalb werden die Kinder, die eine besondere Förderung erfahren, in das volle Geschehen des Jugenddorf- und Schullebens einbezogen.

Mit dem In-Kraft-Treten des Gesetzes zur Neuordnung des Kinder- und Jugendhilferechts (KJHG) wird gemäß § 35a diesem Problemkreis Rechnung getragen, indem die Kinder ein Recht auf Eingliederungshilfe besitzen. Bei Aufnahmeanfragen empfehlen wir den Eltern deshalb die sofortige Kontaktaufnahme mit ihrem örtlichen Jugendamt, das über die Notwendigkeit einer stationären Hilfe entscheidet. In der Regel dienen kinder- und jugendpsychiatrische Gutachten und schulpsychologische Stellungnahmen als Entscheidungsgrundlage.

## Das integrative pädagogische Wirkungsgefüge

**In der Schule**
Integration in die Realschule (Klassen 5-10) und das Gymnasium (Klassen 5-13). Zur Berücksichtigung und Aufarbeitung spezifischer Defizite sind in den Bereichen Methodik und Didaktik therapieverstärkende Elemente in den Unterricht eingebaut (Fachkonferenzen). In Kooperation aller am Erziehungsprozess beteiligten Pädagogen werden spezielle Förderprogramme festgelegt (pädagogische Konferenzen). Weitere spezielle Lernhilfen werden unseren Schülern in der täglichen Lernzeit gegeben. Ein umfangreiches Angebot an musischen und sportlichen Aktivitäten trägt ganz wesentlich zur Persönlichkeitsgestaltung und Stabilisierung bei.

**Im sozial-pädagogischen Wohnbereich**
Als grundlegende Hilfe bei der Persönlichkeitsentwicklung unserer Kinder dienen Maßnahmen, die emotional stabilisieren und Störungen beseitigen, damit positive Selbsterfahrungen zu einem verantwortlichen Umgang mit sich und der Umwelt führen: Hilfen zur eigenverantwortlichen Lebensführung und zum Erwerb sozialer Kompetenzen. Schwerpunkte unserer Arbeit sind: der Erlebnissport, die Religionspädagogik, die musische Bildung, die Mitverantwortung, die politische Bildung. Wir leisten Erziehungshilfen, die die Verselbstständigung unserer Kinder fördern, um damit den Schulabschluss und den Einstieg in die berufliche Ausbildung zu ermöglichen.

**Im Legasteniezentrum**
Pädagogisch-therapeutische Lehrkräfte bieten im Rahmen unseres ganzheitlich fördernden Erziehungsraumes spezifische Hilfemaßnahmen zur Persönlichkeitsstabilisierung unter Berücksichtigung der psychosozialen Disposition unserer Kinder und Jugendlichen, zum Abbau der Lese-Rechtschreibdefizite sowie zur schulischen Förderung an. Die Therapie findet täglich in Kleingruppen statt und wird durch Individualtraining ergänzt.

## Das Behandlungsangebot

gliedert sich in vier miteinander kooperierende Therapiebereiche:

- Konsultationsbereich,
- Lese-Rechtschreib-Training,
- Persönlichkeitsstabilisierende Begleitmaßnahmen,
- Therapieverstärkende Momente im Unterricht und bei der Lernzeit.

### *Der Konsultationsbereich*

Bereits vor Beginn der Therapie wird in einer kinder- und jugendpsychiatrischen Untersuchung die Symptomatik und die Ursachenverflechtung diagnostiziert. Über ein ausführliches Elterngespräch und eine Kontaktwoche, an der alle SchülerInnen teilnehmen, die für das neue Schuljahr zur Aufnahme anstehen, werden unsere Informationen zur Erstellung des Behandlungsplanes vervollständigt. Eine ganz wesentliche Voraussetzung für den Erfolg der Behandlung ist die enge Kooperation der MitarbeiterInnen untereinander und mit den Eltern. So nehmen die Mitarbeiter des Legasthenieteams an Konferenzen mit den Sozialpädagogen wie auch mit den Fachlehrern teil. Sie stehen bei Notenkonferenzen beratend zur Seite. Elternkontakte dienen zur Aufrechterhaltung der sozialen Bindungen zwischen Eltern und Kind, als Klärungsprozess zur Aufarbeitung der Problematik des einzelnen Schülers. Wir müssen gemeinsam zu einer Übereinstimmung unserer pädagogischen Situation hinfinden, um nicht gegenläufige Erziehungsfaktoren wirksam werden zu lassen. Elternkontakte finden teilweise in Gruppen statt. So organisieren wir z.B. Wochenendseminare oder klassenbezogene Elternabende. Zur Behandlung individueller Probleme ist es aber in den meisten Fällen notwendig, Einzelgespräche zu führen. Die Themen sind dabei breit gefächert (z.B. augenblicklicher Entwicklungsstand bezüglich Leistung, Freizeitverhalten, schulische Perspektive, berufliche Perspektive, besondere Probleme, die sich im Elternhaus ergeben).

### *Das Lese-Rechtschreibtraining*

Unser spezifisches Trainingsprogramm ist im Wesentlichen so konzipiert, dass die Kinder nach einer Anfangsphase mit spielerischen Elementen ein Lese-Rechtschreibtraining erhalten, das sich an seinem Entwicklungsstand orientiert. So ist festzustellen, dass zuerst eine Reduzierung von Verstößen gegen die phonetische Schreibweise erfolgt und sich die Fehlerschwerpunkte in den Regelbereich hinein verlagern. Diese Fehler werden dann mit der entsprechenden Regelarbeit und durch Festigung des Wortschatzes weiter abgebaut.

## Die Einstiegsphase, spielerische Übungen

Verunsichert und oft mit unangenehmen Erinnerungen an lange Förder- und Nachhilfestunden beladen, voller Versagensängste und bisweilen aggressiver Abwehr von Leistungsanforderungen betreten die »Neuen« das Legastheniezentrum. Deshalb geht es in den ersten 6 – 8 Wochen ihres Hierseins im Lese-Rechtschreibtraining vor allem darum, ihnen viel Spiel-Raum zu geben, in dem sie ihre z. T. durch leidvolle Schulerfahrungen verschüttete Lebensfreude »spielend« wieder entdecken. Dieses geschieht von Anfang an in kleinen Gruppen von 4 – 5 Kindern, unter denen sich schnell ein (durchaus nicht immer konfliktfreies) Spielgeschehen entwickelt.

In unseren »Grobmotorikraum«, in dem das Training mittags 4-mal wöchentlich 20 Minuten stattfindet, stürzen sich die Kinder buchstäblich hinein – das Austoben nach einem langen Schulvormittag ist dringend! Allerhand Materialien stehen bereit: mit Stoff bezogene Schaumgummiwürfel und -matratzen zum Bewerfen, Balancieren, Hüpfen, Bauen, Entspannen usw., verschiedene Bälle und Seile, eine Sprossenwand und andere Balanciergeräte, ein Großball zum Schaukeln, Orff'sches Instrumentarium. Beim Spielen ergeben sich von selbst notwendige Regeln, die die SchülerInnen einhalten lernen müssen (Zuhören, wenn einer ein Spiel erklärt; Aufträge ausführen; Menschen und Gegenstände schonen).

Nur einige, mit wenig Materialaufwand mögliche Übungen seien hier genannt, wobei gleichzeitig Prozesse auf verschiedenen Ebenen (emotional, kognitiv, motorisch) ablaufen, z.B.:

### Übungen im Bereich Sprechen

- Wortketten; Geschichten weitererzählen; Übungen mit dem Metronom, vor dem Spiegel.
- Übungen im Bereich Konzentration und Merkfähigkeit: Memory; Kofferpacken; Pfiff-Spiel; Labyrinth-Spiel.
- Vorübungen für das Schreiben (Fein- und Grobmotorik):
  Collagen, Musikmalen, Kneten, Buchstaben auf den Rücken morsen, mit dem Seil legen, ausreißen, Bilder ausmalen, Schwungübungen auf karriertem Papier.

### Übungen zur Laut-Lautzeichen-Zuordnung und zum Lesen

Bei Schwierigkeiten in der Rekodierung von Lautzeichen ist es oftmals sinnvoll, diese nicht nur in der Leserichtung zu prüfen, sondern parallel dazu auch den umgekehrten Weg von der Sprache zur Schrift zu beschreiten. Dazu bieten sich Übungen mit Wortkarten an (vgl. Nöckel 1997, S. 170ff.). Konsonantenhäufungen am Wortanfang erschweren erfahrungsgemäß das Erlesen von Wörtern. Die Lehrerin kann beispielsweise eine Reihe von Wörtern vorlesen, die auf Kärtchen auf dem Tisch liegen und dabei auf diese zeigen. Die Wörter unterscheiden sich in je einem Laut (dem ersten oder zweiten) voneinander (z.B. BREI-DREI, SCHNECKEN-SCHLECKEN). Im nächsten Schritt werden dann nur einige Wörter aufgedeckt und die Kinder zeigen die von der Lehrerin gelesenen Wörter. Anschließend zeigen die Kinder auf Wörter, die die Lehrerin vorliest, nachdem sie einen Fehler angekündigt hat, wobei sie jeweils über die Richtigkeit des gelesenen Wortes entscheiden und es verbessern. Erst am Ende der Übungseinheit lesen sie die Wortreihen komplett vor. Eine andere Möglichkeit, die Zuordnung von Lautzeichen und Laut zu üben, an die sich die Erkenntnis des Wortsinns als »echtes« Lesen anschließt, ist das Wortquartett. Dabei können die SchülerInnen entweder aus dem gesamten Alphabet Buchstaben zu Wörtern kombinieren (setzt voraus, dass sie sich bei Unsicherheiten beispielsweise anhand des Wörterbuches der richtigen Schreibung vergewissern) oder ein Wort aus seinen Bestandteilen zusammensetzen, die auf vier Lautzeichenkarten verteilt sind, wobei jede Karte zusätzlich einen bildlichen Hinweis auf das gesuchte Wort enthält.

### Trainingsmöglichkeiten mit dem Personalcomputer

Am Nachmittag steht ausschließlich für das Lese-Rechtschreibtraining ein PC-Raum zur Verfügung. Der Raum ist mit 6 Arbeitsplätzen ausgestattet, die PCs sind mit 2 Druckern vernetzt, sodass Aufsätze und Referate ausgedruckt werden können. Jeder Teilnehmer hat einen eigenen Arbeitsplatz mit Tastatur, Farbmonitor und PC. Die PCs sind mit Works für Windows ausgerüstet, vor allem wird die Textverarbeitung genutzt.

Beim Schreiben mit dem Computer spielt die Handschrift keine Rolle, Korrekturen sind leicht und schnell realisierbar, außerdem werden die Rechtschreibprüfung des Programms und der Thesaurus (Synonymwörter) von den SchülerInnen als Entlastung empfunden.

In der 5. – 7. Klasse setzen wir ein Rechtschreibtrainingsprogramm ein, »Ulk, Rettung für die Zeitreisenden«, von der 7. – 9. Klasse arbeiten wir mit »Ulk, Expedition auf den Meeresgrund«. Für die Programme benutzen die SchülerInnen Kopfhörer, so werden die auditive Wahrnehmungsfähigkeit und die Aufmerksamkeit gefördert.

Mit dem PC ergeben sich vielfältige Trainingsmöglichkeiten, um die Lese- und Rechtschreibfertigkeiten zu fördern. Darüber hinaus können PC-Spiele motivierend und effektiv eingesetzt werden.

### Persönlichkeitsstabilisierende Begleitmaßnahmen

Neben dem schulischen und pädagogisch-therapeutischen Programm des Jugenddorfes gibt es ein sehr breit gefächertes Angebot zur Freizeitgestaltung.

Je nach Alter sind die InternatsschülerInnen verpflichtet, an bis zu vier Veranstaltungen in der Woche teilzunehmen. Ein Großteil dieses Angebotes wird auch von externen SchülerInnen genutzt, sodass der integrative Charakter der Schule durch außerschulische Begegnungen unterstützt wird. Die große Auswahl an Veranstaltungen aus dem musischen, künstlerisch-kreativen und sportlichen Bereich gibt allen Kindern und Jugendlichen die Chance, sich gemäß ihren Interessen und ihren Bedürfnissen zu entscheiden. Dadurch wird eine umfassende Förderung ohne übertriebenen Therapie- und Termindruck ermöglicht. Es besteht ein umfassendes Freizeitangebot: Chor, Bläserkreis, Musikschule, Theater, Töpfern, Handarbeit, Airbrush, textiles Gestalten, Jonglage, Bibelrunde, Entspannung, Vorlesen, Fußball, Handball, Volleyball, Badminton, Tischtennis, Inline(hockey), Schwimmen, Laufgruppe, Reiten, Bogenschießen, Triathlon, Outdoorgruppe, erlebnispädagogische Wochenendveranstaltungen. Bis auf den möglichen Einzelunterricht in der Musikschule werden alle Angebote in Gruppen durchgeführt. Dadurch werden zwangsläufig neue Fähigkeiten im Sozialverhalten erlernt und vorhandene ausgebaut und gefestigt. Diese gilt auch für die Bereiche Wahrnehmung, Geschicklichkeit, Koordination, Fein- und Grobmotorik gemäß den spezifischen Anforderungen der Veranstaltungen.

Durch die Erfolge im Freizeitbereich ergeben sich positive Veränderungen im Selbstwert und Selbstbild, die auch auf die übrigen Lebensbereiche ausstrahlen. Auf diese Weise trägt die Freizeitgestaltung einen wesentlichen Teil zu der in Oberurff stattfindenden Persönlichkeitsentwicklung und -bildung der Kinder und Jugendlichen bei.

## Reiten

Im Unterschied zu anderen Tätigkeiten (z.B. Töpfern) haben es die SchülerInnen hier mit einem Lebewesen zu tun, das nicht alles mit sich machen lässt. Dadurch gelangen sie zu neuen Erfahrungen:

Reiten erfordert vom Anfänger bis zum fortgeschrittenen Reiter neben Mut Selbstorientierung und Selbstkorrektur. Steht am Anfang im Vordergrund, nicht vom Pferd zu fallen, geht es nach und nach darum, dem Pferd differenzierte Impulse zu geben. Darüber hinaus reagiert jedes Pferd unterschiedlich, sodass sich der Reiter jedes Mal wieder neu auf das Pferd einstellen muss. Die Ausführung gezielter Aufgabenstellungen ermöglicht, dass die Kinder zunehmend ein Feingefühl, ein »Gefühl für das richtige Maß« entwickeln, damit das Pferd im Sinne des Reiters reagiert. Das Optimum ist erreicht, wenn sich Reiter und Pferd wohlfühlen.

Reitanfänger haben häufig Angst. Der Kontakt zur Erde fehlt, das Sitzen ist eine wacklige Angelegenheit. Man ist größer und sieht auf einmal »von oben herab«. Hier treffen zwei Extreme aufeinander. Neben der natürlichen Befangenheit im Umgang mit etwas Neuem – schließlich strebt ein Mensch nach Sicherheit – kommt ein »Hoch«-Gefühl auf, das mit Abenteuerlust und Risikobereitschaft einhergeht. Aber auch der fortgeschrittene Reiter durchlebt diese zwiespältigen Gefühle, z.B. bei einem Ausritt. Er kann die Gefahr des Durchgehens nicht ganz ausschalten, aber er kann die möglichen Folgen beeinflussen, bzw. mit der eigenen Angst besser umgehen lernen. Dies gelingt, wenn dem Reitschüler von Anfang an deutlich gemacht wird, dass Angst durch aktives eigenes Handeln selbsttätig abgebaut werden kann.

### *Therapieverstärkende Momente im Unterricht und bei der Lernzeit*

Ein wesentlicher Bestandteil unserer Arbeit ist die Betreuung bei der Erstellung der Hausaufgaben. Viermal wöchentlich findet um 14.30 Uhr für alle Kinder der Unterstufe die »Lernzeit« statt. Für die Klassen 5 und 6 dauert sie eine Stunde, für die Klasse 7 – die ja nun schon die zweite Fremdsprache lernt – anderthalb Stunden. Die SchülerInnen treffen sich in kleinen Gruppen (3 – 5) je nach Klassenzugehörigkeit mit einem Mitarbeiter des Legastheniezentrums oder einem Fachlehrer in »ihrem« Raum. Am Anfang der Lernzeit steht meistens ein lebhafter, abwechslungsreicher Bericht der Schülerinnen vom Vormittag, den Unterrichtsinhalten der verschiedenen Fächer, den Konflikten mit einzelnen LehrerInnen und MitschülerInnen, aber auch Erlebnisse aus den Pausen. Dieses Erzählen ist nicht nur wegen des Wiederholungseffektes ungeheuer wichtig. Die Kinder merken das Interesse an ihrer »Arbeit« und entladen größere Spannungen. Schnell erkennen die Lehrkräfte Vorlieben und Abneigungen der einzelnen Kinder und Jugendlichen für bestimmte Fächer, stellen fest, bei wem es Probleme gab, wer in welcher Stunde »geschlafen« hat. Sie nehmen so auch teil an den Fächern, in denen es keine Aufzeichnungen oder Hausaufgaben gibt (Sport, Kunst …).

Die schriftlichen Hausaufgaben haben die SchülerInnen vormittags in einem Aufgabenheft notiert, sodass die Betreuer darüber Informationen haben. Diese Aufgaben sollen nun weitgehend selbstständig angefertigt werden, nur bei Unklarheiten und großen Schwierigkeiten wird geholfen (Lernzeitkonferenzbeschluss). Die Schwierigkeiten und deren mögliche Bewältigung sind vielfältiger Natur. Unsicherheiten beginnen für manchen Schüler bereits beim Lesen einer Textaufgabe im Mathematikbuch – die Betreuer lesen sie ihm vor. Andere haben Probleme beim »Entschlüsseln« der eigenen Unterrichtsschrift vom Erdkundeunterricht – der Betreuer schreibt sie selbst noch einmal ab.

Neben Lese-, Schreib- und Rechtschreibproblemen spielen Motivations- und Konzentrationsmängel die größte Rolle. Für die Mehrzahl der Legastheniker war die Hausaufgabenzeit früher (in ihren Familien) eine sehr konfliktträchtige Zeit. Die beaufsichtigenden Eltern – zumeist Mütter – waren vielleicht gereizt und nervös, persönlich emotional betroffen über Fehler und Misserfolge ihrer Kinder. Oft dauerte es zu Hause stundenlang, bis die Aufgaben als erledigt angesehen wurden. Diesen negativen Erfahrungen der SchülerInnen lassen sich oft erst nach Jahren ausgleichende positive entgegensetzen. Die meisten bringen ihre Abneigung gegen Hausaufgaben anfangs noch sehr deutlich zum Ausdruck (keine Notizen im Hausaufgabenheft, Vergessen von Materialien, Zuspätkommen u.Ä.).

Durch enge Zusammenarbeit zwischen Schule und Lernzeitmitarbeitern können die Möglichkeiten und Schwierigkeiten jedes einzelnen Kindes und Jugendlichen berücksichtigt werden. Individuelles Lerntempo, Arbeitsstil, Interessenlage und Wissensstand führen häufig zu einer Differenzierung bezüglich Inhalt und Umfang der Hausaufgaben. Bereits kleine Lernerfolge müssen Anerkennung finden, damit das Kind nicht entmutigt wird und sich als Versager empfindet. So kann allmählich ein stabileres Selbstwertgefühl aufgebaut und das Gefälle zwischen Begabung und tatsächlicher Leistung verringert werden. Die SchülerInnen gewinnen wieder Freude am Lernen, können jetzt Hinweise auf Fehler und falsche Lösungen als sachliche Kritik und Hilfe verstehen. Die Angst vor Misserfolg kehrt sich um in Hoffnung auf Erfolg.

*Iris Füssenich*

# Fähigkeiten und Schwierigkeiten beim Lesen und Schreiben in der Sonderschule

Es ist fast nicht möglich, eine allgemein gültige Aussage zu den Lese- und Schreibfähigkeiten von Sonderschülerinnen und Schülern zu treffen. In unserem Land gibt es zehn verschiedene Sonderschularten, angefangen von der Schule für Blinde über die Krankenhausschule bis hin zur Schule für Verhaltensgestörte (bzw. Schule für Erziehungsschwierige). Dementsprechend unterschiedlich sind die Lehrpläne und die Kinder. In der Schule für Körperbehinderte gibt es Gymnasiasten und in der Förderschule (Schule für Lernbehinderte) funktionale Analphabetinnen und Analphabeten.

Im Folgenden steht nicht die Institution Sonderschule im Vordergrund, sondern es geht um ausgewählte Kinder, die eine Sonderschule besuchen und aufgrund ihrer Lernschwierigkeiten sonderpädagogischer Förderung bedürfen. Diese Kinder lassen sich in zwei Gruppen aufteilen. Zum einen sind es Kinder, die bereits in der Regelschule gescheitert sind (vgl. das Beispielkind Sebastian), bei denen LehrerInnen sich nicht nur mit der LRS-Problematik auseinander setzen müssen, sondern auch mit ihren Vermeidungsstrategien, Null-Bock-Verhalten etc. Andere Kinder sind von ihren individuellen Voraussetzungen und dem familiären Umfeld so »auffällig« in ihrer Entwicklung, dass sie von Anfang an eine Sonderschule besuchen – in der Regel ist dies eine Sonderschule für Lernbehinderte, die in einigen Bundesländern auch Förderschule genannt wird. Diese Kinder benötigen eine differenzierte Förderung und eine auf ihre Lernmöglichkeiten hin abgestimmte Lernumgebung (vgl. das Beispielkind Andy). Lehrende können dies nur leisten, wenn sie vom Lerngegenstand Schrift und möglichen Schwierigkeiten ein fundiertes Wissen aufweisen.

## Wer ist ein Grundschulkind? Und wer ist ein Sonderschulkind?

Beginnen wir mit den Verschriftungen von Schreibanfängern (Abb. 1 und Abb. 2). Auf den ersten Blick sieht es so aus, als ob die erste Schreibprobe von einem Grundschüler und die zweite von einem Sonderschüler stamme. Dem ist aber nicht so. Andy zeigt, dass er sich mit seinen Verschriftungen in der Lernbeobachtung (Dehn 1988) auf dem Niveau der phonetischen Strategie befindet (vgl. das von Valtin in diesem Band beschriebene Entwicklungsmodell). Dies ist eine beachtliche Leistung für ein Kind, das bei der Einschulung von allen betreuenden Personen als eindeutig

»lernbehindert« eingestuft und deshalb mit der Zustimmung der Eltern direkt – ohne Umweg über die Grundschule – in eine Förderschule (Schule für Lernbehinderte) eingeschult wurde. Andys Schreibprobe stammt aus dem 2. Schuljahr, als er 8 Jahre, 3 Monate alt war. Seine Fehler sind »entwicklungsbedingte Notwendigkeiten« (Dehn 1988) und stellen keinen Grund zur Besorgnis dar. Andy hat verstanden, welche Beziehung zwischen der mündlichen und schriftlichen Sprache besteht.

Abb. 1: Schreibprobe von Andy

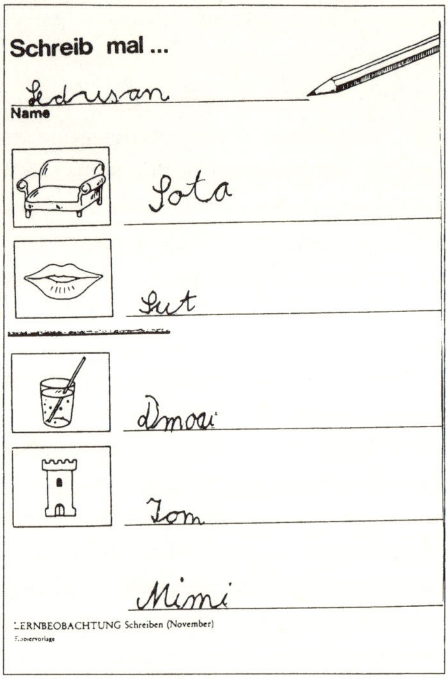


Abb. 2: Schreibprobe von Sebastian

Sebastian kann seinen eigenen Namen nicht schreiben, und seine Verschriftungen sind auf dem Niveau der willkürlichen Schreibungen oder der »Pseudowörter«, wobei er ähnlich aussehende Grapheme der Schreibschrift verwechselt. Diese Schreibfähigkeit zeigte Sebastian im Alter von 9 Jahren, 9 Monaten im vierten Schulbesuchsjahr, wobei er die ersten drei Jahre an einer Grundschule verbracht hat. Das Alphabet konnte er auswendig aufsagen.

## Wie wird man ein Sonderschulkind?

Es gibt zwei Möglichkeiten, ein Sonderschulkind zu werden: Entweder werden Kinder direkt wie Andy in eine Sonderschule eingeschult oder sie sind an einer Grund- bzw. Hauptschule »gescheitert« und kommen dann wie Sebastian erst einige Jahre später auf eine Sonderschule. Die Heterogenität der SonderschülerInnen zeigt sich nicht nur in den unterschiedlichen Leistungen, sondern auch in ihren individuellen Lernbiografien, was sich im Lernverhalten niederschlägt. Exemplarisch hierfür möchte ich die schulische Sozialisation der ersten drei Schuljahre von Sebastian darstellen.

Sebastian wurde im Alter von 6 ½ Jahren in eine Grundschule eingeschult. Zu Beginn des zweiten Schuljahres stimmten die Eltern aufgrund seiner schlechten Leistungen im Fach Deutsch einer Wiederholung des 1. Schuljahres zu. Da er trotzdem nicht besser wurde, beantragte die Grundschule im September 1992 die Überprüfung auf Sonderschulbedürftigkeit. Im damals erstellten Gutachten heißt es: »Zu Beginn der 2. Klasse kennt er nicht alle Buchstaben und kann nur wenige Wörter erlesen. Er schreibt einzelne, ihm bekannte Wörter«. Bei der Überprüfung habe er gut und konzentriert mitgearbeitet. Es zeigten sich Schwierigkeiten in der Graphem-Phonem-Zuordnung, es wurde eine partielle Merkschwäche diagnostiziert und man vermutete Wahrnehmungsstörungen. Bei der Intelligenzüberprüfung wurden ihm auffallend gute Leistungen im nonverbalen Teil des HAWIK-R bescheinigt. Im Februar 1993 teilte das Staatliche Schulamt der Grundschule und den Eltern mit, dass das Kind aufgrund seiner guten Intelligenz nicht sonderschulbedürftig im Sinne einer Förderschule sei und am besten an der Grundschule gefördert werden könne. Die Grundschule wehrte sich sofort gegen diese Entscheidung. Sebastian wurde im Juni 1993 in einer Abteilung für Entwicklungsstörungen einer Kinderklinik medizinisch und psychologisch untersucht. Dabei stellte die medizinische Überprüfung Schwierigkeiten vor allem im graphomotorischen Bereich fest, empfahl eine »weitere Durchtestung bez. einer Legasthenie« und schlug den Besuch eines Legastheniezentrums vor. Die psychologische Untersuchung mit einem sprachfreien Test ergab einen IQ von 100 und stellte somit eine »intellektuelle Leistungsfähigkeit im Durchschnittsbereich seiner Altersgruppe« fest. Die weiteren Testergebnisse ergaben eine »große Diskrepanz zwischen den von Sebastian erwarteten und seinen tatsächlichen Leistungen im Bereich des Lesens und Schreibens und der Rechtschreibung«. Die Schwierigkeiten wurden explizit nicht auf eine niedrige Intelligenz zurückgeführt. »Eine wichtige Rolle dürften seine Teilleistungsstörungen spielen, wie ein schwaches Kurzzeitgedächtnis für Reihenfolge und Abfolge von Ereignissen, eine sehr eingeschränkte Gedächtnisleistung für auditiv-verbale Inhalte, Störungen der Hand-Augen-Koordination«. Die Psychologin schlug ebenfalls eine außerschulische Legastheniebehandlung vor und empfahl sogar eine konkrete Praxis, die aber Sebastian aufgrund der geringen finanziellen Möglichkeiten der Eltern nicht besuchte. Er blieb in der Grundschule und wurde aufgrund der Noten »ungenügend« in Deutsch und »ausreichend« in Mathematik nicht in die dritte Klasse versetzt. Im vierten Schulbesuchsjahr wechselte er zum Schuljahr 94/95 in die Sonderschule für Sprachbehinderte, obwohl er keine hörbaren Sprachstörungen hatte. Aufgrund seines Alters kam er in die dritte Klasse, trotz der geringen schriftsprachlichen Fähigkeiten. Diese Lerngeschichte, dass ein Kind drei Jahre eine Schule besucht und nicht einmal lernt, seinen Namen zu schreiben, stellt leider keinen Einzelfall dar (Füssenich/Schoor 1989, Namgalies u.a.1990).

Die beschriebenen Daten und Gutachten belegen, dass die fehlenden schriftsprachlichen Kenntnisse an den Defiziten des Kindes festgemacht werden. Ohne Prüfung der schulischen Angebote der Grundschule werden die Schwierigkeiten ausschließlich Sebastian angelastet. Weder bei der Überprüfung der Sonderschulbedürftigkeit noch bei der medizinischen und psychologischen Überprüfung in der Abteilung für Entwicklungsstörungen wurde als ein beteiligter Faktor die schulische Lehr- und Lernsituation in Betracht gezogen. Bei dem Kind werden individuelle Schwächen diagnostiziert, die mutmaßlich »schuld« an dem Lernversagen sind. Eine genaue Analyse der Schwierigkeiten und Fähigkeiten bezogen auf den Erwerb der Schriftsprache wird nicht vorgenommen. Als Fördermaßnahmen werden entweder Schulwechsel bzw. der Besuch eines Legastheniezentrums, das die Legasthenie genauer diagnostizieren soll, vorgeschlagen, ohne zu beschreiben, an welchen Inhalten eine Förderung ansetzen müsste. Das staatliche Schulamt spricht sich für den Verbleib an der Grundschule aus, ohne ihr Hilfestellung für eine weitere Förderung zu geben.

Wie sich zeigt, werden Lese- und Schreibschwierigkeiten immer wieder ausschließlich auf Teilleistungsstörungen, Speicherschwächen etc. zurückgeführt, obwohl dies nachgewiesenermaßen nur bei einem kleinen Teil der LRS-Kinder der Fall ist (vgl. den Beitrag von Valtin in diesem Band). Neben den individuellen spielen auch familiäre, schulische und gesellschaftliche Faktoren bei der Entstehung von »Lernschwierigkeiten« eine Rolle. Das Zusammenspiel dieser Faktoren führt dazu, dass Kinder in den Anfangsklassen Lernschwierigkeiten haben, dem Unterricht zu folgen. Sie entwickeln in der Regel schnell Lernblockaden (Naegele 1995), die sich darin zeigen, dass sie im Unterricht nicht aufpassen: sie lassen sich leicht ablenken, sitzen entweder still herum oder stören permanent. Dieses Verhalten ist meist Ausdruck dafür, dass sie Schwierigkeiten mit den schulischen Inhalten haben, die sie hinter Disziplinproblemen verstecken (Füssenich 1993, Schumann 1995). Für eine Förderung von Kindern mit Lese- und Schreibschwierigkeiten ist es erforderlich zu überlegen, wie eine bessere Passung zwischen den schulischen Anforderungen und den Fähigkeiten sowie Schwierigkeiten der schwachen SchülerInnen vorgenommen werden kann.

Bedeutend unproblematischer verlief die Einschulung von Andy in eine Förderschule (Schule für Lernbehinderte). Ich lernte ihn im Alter von 5 Jahren kennen. Er sprach kaum, alltägliche Dinge des Lebens kannte er nicht und konnte sie auch sprachlich nicht beschreiben. Als mittleres Kind einer Familie, in der der Vater seit Jahren arbeitslos ist und die Eltern ehemalige Sonderschüler sind, erhielt er kaum Anregungen für seine weitere Entwicklung. Trotz guter Fortschritte, die er in einem Sonderkindergarten erzielte, waren sich alle beteiligten Personen (einschließlich der Eltern) einig, ihn in eine Sonderschule einzuschulen, die bereits sein Bruder besuchte und in die auch einige Jahren später sein jüngerer Bruder eingeschult wurde. Er kam in eine kleine Klasse, in der Kinder zwischen dem 1. und 3. Schuljahr gemeinsam unterrichtet wurden. Von Anfang an fühlte er sich in dieser Schule sehr wohl und sagte nach einigen Wochen: Hier ist es viel schöner als im Kindergarten.

Dass Sebastians Schwierigkeiten nicht ausschließlich an seinen Defiziten festzumachen sind, zeigt sich darin, dass sich seine schriftsprachlichen Fähigkeiten nach einem halben Jahr in der Sonderschule erheblich verbesserten und sich einer phonetischen Verschriftung annäherten. Doch unter welchen Bedingungen war eine Förderung möglich? Welche Inhalte benötigte das Kind?

## Lernfortschritte in der Sonderschule: Zum Beispiel Sebastian

Obwohl Sebastian von seinen Leistungen her nicht in eine dritte Klasse gehörte, war er durch sein soziales Verhalten den Mitschülern und Mitschülerinnen gegenüber und durch seine guten sportlichen Fähigkeiten in der Klasse schnell integriert. Die Situationen, in denen seine Schwächen offensichtlich wurden, stellten für ihn einen Leidensdruck dar. Dieser ist jedoch in einer Sonderschule bedeutend geringer als in einer Grundschule. Dort versuchte er häufig, seine Schwächen zu kompensieren, indem er den Angeber spielte.

Nach Auskunft der Lehrerin erschloss er sich seine Welt nicht durch Lesen und Schreiben. Er war auch der einzige in der Klasse, der weder seinen Geburtstag noch seine Telefonnummer kannte. Auch in seiner familiären Umgebung spielte Schrift keine große Rolle, Die Eltern sind vor Sebastians Geburt aus Polen ausgesiedelt und üben einen praktischen Beruf aus. Zu Hause gibt es keine Bücher, so beschäftigen er und seine beiden Brüder sich lieber mit Fernsehen und Videospielen oder spielen mit Freunden. Auf die Frage, warum er überhaupt lesen und schreiben lerne, antwortete Sebastian: »für meinen Beruf«. Einen anderen Grund sah er nicht.

Sebastian wirkte aufgeschlossen und schien trotz aller Misserfolge bereit und motiviert zu sein, lesen und schreiben zu lernen. Doch bei der konkreten Arbeit zeigte sich, dass er in den Jahren davor Vermeidungsstrategien entwickelt hatte, um sich nicht mit Schrift auseinandersetzen zu müssen. So wollte er zwar einerseits Lesen und Schreiben lernen, weigerte sich aber in der Klasse, eigene auf seine Fähigkeiten hin abgestimmte Materialien zu bearbeiten. Immer wieder stellte die Lehrerin fest, dass er Aufgaben, bei denen es ganz sicher war, dass er sie nicht alleine bewältigen konnte, gelöst hatte, indem er sich die Ergebnisse von seinen MitschülerInnen holte. Er fand immer wieder Ausreden, warum er Hausaufgaben nicht machen konnte. Er beschäftigte sich nur in der Schule, und zwar nur in speziellen Förderstunden, mit Schrift, ansonsten war sein Ziel, möglichst um Schrift herumzukommen. Zufrieden war er jedesmal dann, wenn er bloß etwas abschreiben musste, auch wenn er es selbst gar nicht lesen konnte. Solche Vermeidungsstrategien sind keine Seltenheit bei Kindern und Jugendlichen, die nicht im ersten Anlauf die Schrift entdeckt haben.

Auch an einer Sonderschule, vor allem in einer, in der nach dem Lehrplan der Grundschule Unterricht wird, ist es eine große Belastung, plötzlich einen Jungen in der Klasse zu haben, der vielen Inhalten des Unterrichts nicht folgen kann, weil ihm die Voraussetzungen, nämlich lesen und schreiben zu können, fehlen. Während die MitschülerInnen sich mit den Inhalten, die der Lehrplan für das 3. Schuljahr vorsieht, beschäftigten, musste Sebastian noch lernen, seinen eigenen Namen zu schreiben. Die Diskrepanz zwischen den schulischen Inhalten und seinen Fähigkeiten war sehr groß und ließ sich auch an einer Sonderschule nur schwer aufheben. Um die Lehrerin zu unterstützen, wurde Sebastian im Rahmen des sprachtherapeutischen Tagespraktikums von Studierenden unter meiner Supervision betreut. Brune (1995) hat in ihrer wissenschaftlichen Hausarbeit diese Betreuung theoretisch aufgearbeitet. Sebastian hatte sich während seiner dreijährigen Grundschulzeit Strategien des Erlesens angeeignet, die für andere schwer zu durchschauen waren. Das Prinzip der Synthese hatte er weitgehend verstanden, da er aber große Lücken bei der Phonem-Graphem-Korrespondenz hatte, kam es oft zu keinen bzw. falschen Lesungen.

Die Förderung setzte bei der kommunikativen Funktion von Sprache an: Die Fördereinheiten wurden unter das Thema »ALLEIN ZU HAUS« gestellt. Dieser Text aus der Regenbogenlesekiste wurde nach den Leicht-zu-lesen-Kriterien (Genuneit 1998) und in großen Druckbuchstaben umgeschrieben und zu einem fünfzehnseitigen Buch gestaltet, wobei auf der einen Seite der Text steht und auf der anderen Seite das den Inhalt wiedergebende Bild. Die Geschichte lautet folgendermaßen:

MAMA, PAPA, ICH UND MEINE KATZE.
MAMA UND PAPA GEHEN INS KINO.
ICH FÜHLE MICH ALLEIN.
ES IST SO LEISE IM HAUS.
ICH GEHE IN MEIN BETT.
IM ZIMMER IST ES DUNKEL.
DIE TÜR IST ANGELEHNT.
DA – DIE TÜRE KNARRT.
WER ÖFFNET DIE TÜR?
ES IST WIEDER STILL.
HILFE – ES FÄLLT ETWAS AUF MEIN BETT.
ICH MACHE LICHT: ES IST MEINE KATZE.
ICH NEHME MEINE KATZE IN DEN ARM.
SIE SCHNURRT.
WIR SCHLAFEN ZUSAMMEN EIN.

Diese Geschichte wurde Sebastian zuerst vorgelesen, und es entwickelte sich ein Gespräch über ihren Inhalt, der ihn als Katzenfreund sehr angesprochen hat.

Weiterhin ging es um die Förderung der Lesefähigkeit und um die Stabilisierung der Phonem-Graphem-Zuordnung. Das Schreiben wurde erst einmal ausgeklammert, da er sich weigerte, Wörter selbstständig zu verschriften. Beim abwechselnden Lesen dieser Geschichte wurden seine Lesefähigkeiten und auch -schwierigkeiten deutlich. Da er ihren Inhalt schon kannte, setzte er die Lesetaktik »Ausnutzen von

Sinnstützen« (Brügelmann 1981) ein und las z.B. »Im Zimmer ist es leise« statt »dunkel« und »Ich fühle mich einsam« statt »allein«.

Bei Wörtern, die er sich nicht erlesen konnte, schwieg er sehr lange und ergänzte sie dann aufgrund seiner Kenntnisse der Geschichte, wie folgendes Beispiel zeigt:

K: »Ich gehe in, in…« (15 sec.)
E: »mein«
K: »mein Bett«.

Es wurde mit ihm als Ziel der Förderung vereinbart, diesen Text selbst der Klasse vorzulesen. Das flüssige Lesen dieser Geschichte stellte den roten Faden der ersten Fördereinheit dar. Hinzu kamen Übungen zum Aufbau eines Sichtwortschatzes und zur Phonem-Graphem-Korrespondenz. So wurden wichtige Wörter wie »Licht, Kino, Haus, Zimmer, Mama, Papa« im Rahmen von Zuordnungs- und Memoryspielen regelmäßig wiederholt. Dabei zeigte sich, dass er diese Art des sich Merkens nicht gewohnt war und sie ihm sehr schwer fiel. Es traten immer wieder Situationen auf, in denen er die Wörter wieder vergessen hatte und sie nicht als Ganzheiten lesen konnte. Sehr schwierige Wörter wie »schnurrt« und »angelehnt« bereiteten ihm gar keine Mühe, er hatte sie als erste gespeichert und konnte sie fast immer korrekt abrufen. Die Phonem-Graphem-Zuordnung wurde vor allem über die modifizierte Anlauttabelle von Reichen vermittelt (Crämer/Füssenich/Schumann 1996). Eine Anlauttabelle erleichtert die Orientierung beim Erlernen der Grapheme und ermöglicht selbstständiges Arbeiten. Bei Sebastian bestätigte sich die von Dehn 1988 gemachte Beobachtung, dass schwache Leser lange und ausdauernd suchen, bis sie Phoneme und entsprechende Grapheme gefunden haben. Zusätzlich wurden weitere Anlautspiele wie Anlautwürfel und Anlautdomino zur Stabilisierung der Phonem-Graphem-Korrespondenz mit großen und kleinen Druckbuchstaben durchgeführt. Auch wenn es bestimmte Grapheme wie <l> und <t> gab, die er immer wieder vergaß, stabilisierten sich seine Phonem-Graphem-Zuordnungen. Bei diesen Spielen zeigte sich jedoch auch weiterhin sein gut ausgebautes Vermeidungsverhalten: Er wusste genau, welche Grapheme er sicher beherrscht. Bei allen Spielen war er sehr geschickt darin, sich immer wieder nur mit den gut gekonnten Graphemen zu beschäftigen, und es bedurfte der Anstrengung vonseiten der Erwachsenen, schwierige Grapheme ins Spiel zu bringen. Im Erfinden von Ausreden, warum er Hausaufgaben zu Hause nicht machen konnte, war er sehr erfinderisch. Diese erledigte er dann auf Drängen der Klassenlehrerin im regulären Unterricht.

Trotz dieser Vermeidungsstrategien wurde das »Ziel erreicht, dass Sebastian die Geschichte seiner Klasse vorlesen konnte. Ich denke, daß diese Erfahrung sein Selbstbewusstsein gestärkt und ihn für seinen Einsatz belohnt hat« (Brune 1995, S. 60). Obwohl bei der Förderung das Lesen im Vordergrund stand, hatte sich auch seine Schreibfähigkeit erheblich verbessert, wie die am Ende dieser Einheit durchgeführte Lernbeobachtung zeigt, in der er annähernd phonetische Schreibungen produziert.

Die Studentin führte eine zweite Einheit durch, in der mit Sebastian ein von ihr erstelltes Buch über die Lebensgewohnheiten von fünf Tieren erarbeitet wurde, wobei wieder durch Zusatzaufgaben die Phonem-Graphem-Zuordnung, der Sichtwortschatz und Lesestrategien gefördert wurden. Sie führte ihn auch langsam ans eigenständige Verschriften heran, in dem er z.B. einzelne Grapheme eintrug, Wörter aus vorhandenen Graphemen schrieb u.Ä. Auch hier zeigten sich gravierenden Schwierigkeiten mit den Phonem-Graphem-Zuordnungen.

Zum Abschluss der einjährigen Förderung schrieb Sebastian einen Dankesbrief.

Libe Frau Brune

ih Hofe das si Lerain werden
Es Hat wil Schbas gemaht.
Dange das sibai Mir wan
und das si net Zumir
wan. ih mahde si ser ag

Won S

*Sebastians Brief*

Der Brief zeigt, dass Sebastian

- die kommunikative Funktion von Sprache verstanden hat,
- seine Gedanken schriftlich formulieren kann,
- in einem Jahr erhebliche Lernfortschritte erzielt hat und
- noch viele Lernschritte machen muss, um das Niveau eines Viertklässlers zu erreichen.

Um die Lehrerin weiterhin zu unterstützen und um Sebastian möglichst optimal zu fördern, hat eine weitere Studentin ihn im nachfolgenden Schuljahr einmal pro Woche betreut und dabei vor allem bei der Förderung des Schreibens angesetzt.

Sebastian erzielte in diesem Jahr große Fortschritte und lernte, Wörter phonetisch genau zu verschriften. Doch die Grundproblematik blieb:

- Weiterhin zog er Abschreiben dem eigenständigen Schreiben vor. Schrift spielte in seinem Alltag immer noch keine Rolle.
- Hausaufgaben machte er kaum.
- Die Unterschiede zwischen seinen Fähigkeiten und den Anforderungen an ein Kind, das die vierte Klasse besucht, nahmen zu.

Aufgrund seiner guten Fortschritte ist er ins 5. Schuljahr versetzt worden. Er erhielt andere Lehrerinnen. Eine zusätzliche Förderung konnte vonseiten der Hochschule nicht mehr stattfinden.

## Zum Beispiel Andy

Bei Andy verlief der Einstieg in die Schrift bedeutend anders. Die von mir im Sonderkindergarten begonnene Förderung einmal die Woche setzte ich in der Schule fort. Bereits im Kindergarten hat er die Symbolfunktion von Schrift entdeckt. Über Kaufladenspiele und gezinkte Memorys wurde ihm die Funktion von Schrift bewusst (Füssenich 1992). Die Förderung von Andy in der Schule fand in Absprache mit der Lehrerin in drei Schwerpunkten statt: Erwerb der Begrifflichkeiten wie Zahl, Buchstabe und Wort, Vermittlung der Phonem-Graphem-Korrespondenzen und Erkennen der kommunikativen Funktion von Sprache.

Wie gering seine sprachlich-kognitiven Fähigkeiten waren, zeigt folgende Beobachtung: Ungefähr drei Monate nach Schuleintritt wollte ich wissen, wie weit ihm die Begriffe, Wort, Satz, Buchstabe, Zahl etc. bekannt sind. Es zeigte sich, dass er Wort und Satz sowie Zahlen und Grapheme begrifflich nicht auseinander halten konnte.

Da der Lehrerin und mir von Anfang an klar war, dass sich Andy auf einem sehr niedrigen Entwicklungsniveau bezogen auf die schriftsprachlichen Anforderungen befand, haben wir uns viel Zeit für die Vermittlung der Phonem-Graphem-Zuordnungen gelassen. Von seiner Entwicklung her war er noch nicht in der Lage, die Vergegenständlichung von Sprache zu leisten und Laute zu isolieren. Ebenfalls über die modifizierte Anlauttabelle von Reichen (1982) wurden ihm die Grapheme vermittelt, dabei wurden sie allmählich eingeführt, indem er sie z.B. in der Anlauttabelle anmalte und über die Anlautwörter stabilisierte. Dabei wurden ihm Spiele (Domino, Memory, Anlautwürfe etc.) und Leseaufgaben angeboten, um die Grapheme und die entsprechenden Anlautwörter zu stabilisieren (Abb. 3).

Um die Schwierigkeiten zu reduzieren, haben wir die Grapheme nur in großen Druckbuchstaben eingeführt, die entsprechenden kleinen hat er in den ersten Sommerferien, in denen er gerne Aufgaben der Schule erledigt hat, hinzugelernt. Im ersten Schuljahr haben wir den Schwerpunkt auf die Phonem-Graphem-Zuordnungen und die Durchgliederung von Wörtern gelegt, was auch für den Erwerb der Lesefähigkeit Gewinn bringend ist (Abb. 4).

Die kommunikative Funktion von Schrift haben wir ihm durch Vorlesen und

Sprechen über das Vorgelesene vermittelt. Als ich ihm einmal eine Geschichte von Janosch vorgelesen habe, sagte er: »Wenn ich groß bin, kann ich selber lesen«. Seine Lernfortschritte lassen sich daran ablesen, dass er im vierten Schuljahr auch schwierige Wörter phonetisch verschriften konnte.

Bei Andy hatten weder die Lehrerin noch ich mit Vermeidungsverhalten zu kämpfen. Er hatte an den schulischen Inhalten Interesse und setzte sich mit ihnen auseinander. Hierdurch nahm auch seine Konzentrationsfähigkeit zu. Bei Unsicherheiten fragte er und nahm Hilfestellungen an. Dass er langsam lernte, war für ihn, dem es vielleicht gar nicht bewusst war, kein Problem und auch nicht den Lehrenden. Hausaufgaben erledigte er immer und erhielt dabei sogar Hilfe von seiner Mutter – einer funktionalen Analphabetin – und seinem Vater. Im Unterschied zu seinen Brüdern – der ältere verließ die Schule als funktionaler Analphabet und der kleine kann auch jetzt in der vierten Klasse weder lesen noch schreiben – hat Andy lesen und schreiben gelernt. Das Interesse an Schrift ist bis heute (er besucht zurzeit die 9. Klasse der Förderschule) geblieben, auch wenn er viele Inhalte, mit denen er konfrontiert wird, aufgrund mangelnder Erfahrungen und eines geringen Wortschatzes nicht versteht. Den Schwerpunkt in den ersten Schuljahren auf die Förderung der sprachanalytischen Fähigkeiten zu legen, hat sich gelohnt. Er schreibt heute noch mit (Rechtschreib)fehlern, aber seine Schreibungen sind immer lesbar, weil er sehr gut Wörter gliedern kann und lautgetreues Schreiben mit Regelwissen verbindet.

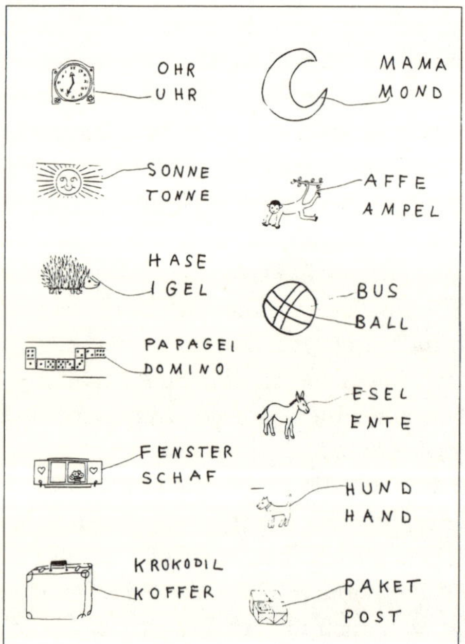


Abb. 3: Anlautübungen

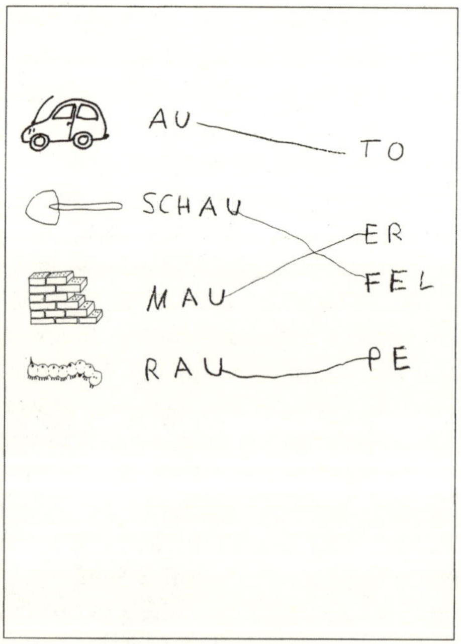


Abb. 4: Übungen zur Durchgliederung

## Schlussbemerkung

Auch wenn Andy und Sebastian sicherlich eher zu den ungewöhnlicheren Schülern von Sonderschulen gehören, zeigen sie das große Spektrum an Unterschieden zwischen den Kindern auf. Ihre individuellen Lernbiografien zeigen ebenfalls, dass das schulische Lehren unterstützend auf die individuellen Schwierigkeiten reagieren oder aber die schulische Lehr- und Lernsituation die Schwierigkeiten noch verstärken kann.

Dass in der Sonderschule – vor allem in Schulen für Lernbehinderte – nicht immer optimal gefördert wird, weiß jeder, der mit ehemaligen Sonderschülern oder -schülerinnen arbeitet und unter seinen Jugendlichen einen erheblichen Anteil an funktionalen AnalphabetInnen vorfindet (Hörschgens-Füssenich 1995). Diese Jugendlichen verfügen oft nicht einmal über rudimentäre Lese- und Schreibfähigkeiten, viele von ihnen beherrschen weder die Zehnerüberschreitung beim Rechnen noch den Unterschied zwischen Einern, Zehnern und Hundertern, wodurch sie auch große Schwierigkeiten haben, mit Geld zu rechnen.

Dass die Kinder und Jugendlichen solche gravierenden Defizite aufweisen, hat sicherlich viele Ursachen. Ein Grund liegt meines Erachtens darin, dass in der Ausbildung immer noch zu wenig Wert auf Inhalte gelegt wird, die sich mit der Schriftsprachvermittlung beschäftigen. Weiter benötigen diese Jugendlichen, die bei ihrem ersten Versuch, die Schriftsprache zu erlernen, scheitern, einen systematischen Unterricht, der aufgrund einer exakten Diagnose individuelle Fördermaßnahmen beinhaltet. Das geschieht zu oft nicht, zum Teil weil die Lehrenden in diesem Bereich nicht oder mangelhaft ausgebildet sind, zum Teil aber auch, weil Lehrende die Sonderschule – vor allem die Schule für Lernbehinderte bzw. Förderschule – als einen Freiraum für sich und die SchülerInnen betrachten, in dem viel lebenspraktischer Unterricht und soziales Lernen stattfindet, eine systematische Grundbildung aber kaum Raum erhält. Die Erfahrungen in der Alphabetisierung zeigen, dass bei vielen ehemaligen Sonderschülerinnen und -schülern noch erhebliches Entwicklungspotenzial vorhanden ist, wenn man neue Angebote auf dem Weg zur Schrift macht, die zum einen an der Bedeutsamkeit von Schrift und zum anderen an der Sprachsystematik ansetzen.

*Heike Urban / Ingrid M. Naegele*

# »Das ist dir vielleicht auch passiert«

*Freies Schreiben mit lese-rechtschreibschwachen Kindern*

## Beispiel 1

Eine Geschichte zum Einstieg, die R., 11 Jahre, unter dem obigen Titel verfasst hat:

> Eines Tages musste einer aus der Klasse 2A laut vorlesen. Er war sehr aufgeregt,daher hatte er sich verlesen!! Alle lachten ihn aus -außer seinen Freunden.Er schnappte seine Jacke, stopfte hastig sein Mäppchen in den Ranzen und rannte flennend nach Hause.
>
> Heute macht ihm Lesen viel Spaß.

Schreiben hat für R. eine freisetzende und gleichzeitig kommunikative Bedeutung bekommen. Dieser Text ist ein Beispiel aus unserer pädagogisch-psychologischen Praxis, dem Institut für Lernförderung in Frankfurt/Main. Bei uns hat das Schreiben eigener Texte einen wichtigen Platz in der Aufarbeitung persönlicher und schulischer Belastungen. Kinder, die große Lern- und damit verbunden Verhaltensauffälligkeiten zeigen, kommen einmal pro Woche zwei Stunden zur Einzeltherapie. Unser integrativer Psycho- und Lerntherapieansatz, FIT (Frankfurter Integrative Therapie), wird in diesem Band ausführlicher beschrieben.

In diesem Beitrag möchten wir aufzeigen, welche Kräfte das Verfassen von Texten freisetzen kann – gerade bei Kindern, die bisher mit Schriftsprache nur negative Erfahrungen gemacht haben. Dazu sind bestimmte Rahmenbedingungen unerlässlich, die sicherlich in einer Einzelsituation leichter herzustellen sind als im Klassenverband, welcher seinerseits wiederum andere Vorzüge bietet. Im Mittelpunkt der Schreibarbeit steht bei uns der Inhalt des Textes und nicht die normgerechte Schreibung. Diese entwickelt sich sozusagen nebenbei, wenn die Frage der Lesbarkeit z.B. bei einer Veröffentlichung aktuell wird. Viele Geschichten werden bei uns aufgehängt, am schwarzen Brett als »Geschichte der Woche« veröffentlicht oder zu Heften und Büchern zusammengefasst, die dann als selbstverfasstes Geschenk, Lesebuch u.a. große Wertschätzung erhalten. Dies spornt wiederum an, gibt Selbstvertrauen und setzt eine intensivere Auseinandersetzung mit der Schriftsprache in Gang.

Der Zugang zum Schreiben verläuft bei den Kindern sehr unterschiedlich. Als Einstieg eignen sich gut Bilder, vorgelesene Geschichten, deren Ende offen bleibt oder eigene Erlebnisse. Selbstverfasste Texte geben einen guten Einblick in die kindlichen Vorstellungen und Verarbeitungsstrategien von Schrift. Die Erfahrung zeigt, dass Kinder, wenn sie sich auf den Inhalt des Textes konzentrieren und außerdem emotional betroffen sind, wenig auf Satzbau und vor allem Rechtschreibung achten, sodass sie dabei manchmal wieder phonetisch verschriften. Deshalb sollte eine Rechtschreibanalyse erst dann erfolgen, wenn die SchreiberInnen ihren Text nochmals in Ruhe auf Interpunktion und Richtigschreibung durchgelesen haben, am besten mit zeitlichem Abstand. Die weitere Bearbeitung muss je nach Betroffenheit und Inhalt individuell erfolgen. Schließlich hat das Kind mit seinem Text etwas sehr Persönliches preisgegeben, wozu Mut und Vertrauen gehören. Dies darf nicht durch Formalismus und rote Farbe zerstört werden. Das Üben der Rechtschreibung sollte grundsätzlich unabhängig von den Texten mithilfe einer eigenen individuellen Fehlerkartei erfolgen.

Es ist schlimm, wenn freies Schreiben unter Zwang oder Druck entstehen muss. Dazu gehören die inzwischen obligaten Montags-, Ferien- oder Klassenfahrtberichte in vielen Grundschulklassen, bei denen der einstmals positive Schreibanlass zu einem rigiden, benoteten, verkappten Satz- und Rechtschreibtraining verkommt.

## Beispiel 2

P., Asylantenkind aus Afghanistan

P. musste im Alter von fünf Jahren mit seinen Eltern aus Afghanistan flüchten. Er litt lange Zeit an Albträumen und kann bis heute über die Erlebnisse nicht sprechen. Da für die Familie nur ein begrenztes Bleiberecht besteht, ist die psychische Situation sehr angespannt. P. spricht relativ gut deutsch und weigert sich, afghanisch zu lernen. Er besucht die fünfte Klasse einer Förderstufe und hat große schriftsprachliche Probleme. Er ist ein nachdenklicher Junge, versucht nirgends unangenehm aufzufallen, passt sich an, möchte typisch deutsch, wenn möglich blond sein. Zu seinen Eltern, die kaum deutsch sprechen, sehr streng sind und sich an ihre heimatlichen Traditionen klammern, hat er ein sehr schlechtes Verhältnis, das von gegenseitigem Misstrauen und Aggressionen geprägt ist. Die ältere Schwester hat sich dem Druck der Familie entzogen und ist in einem Mädchenhaus untergetaucht. P. kommt seit zwei Jahren einmal wöchentlich zwei Stunden zu uns. Inzwischen ist seine schriftsprachliche Kompetenz so weit, dass er regelmäßig Geschichten schreibt und damit – unbewusst – die schrecklichen Ereignisse seiner Vergangenheit abarbeitet. Grundsätzlich schreibt er in der dritten Person, z.B., indem er sich in die Rolle eines Kätzchens versetzt, das in der Küche aus Versehen den Gasherd anstellt und somit einen Hausbrand auslöst. Die Feuerwehr rettet das Tier in letzter Minute aus dem Inferno und das Mädchen, dem das Kätzchen gehört, ist sehr glücklich. Er schreibt von Gespenstern und Albträumen: *»Als ein Mann gehgen ein Baum rennt treumt er, das er in ein Raauhm war der runt war und 20 Türen hete. Das war nur ein Albtraum«.*

Mithilfe vielfältiger Texte hat sich P. inzwischen von seinen schrecklichen Träumen, dem Gefühl des Ausgeliefertseins, der Ausweglosigkeit, der Unsicherheit und der Bedrohung zu lösen begonnen. So nimmt er Ungerechtigkeiten von Lehrkräften äußerlich klaglos hin. Noch nicht einmal in der vertrauten Therapiesituation kann er seine Wut zum Ausdruck bringen. Die folgende Geschichte, in der P. das Verhalten eines bestimmten Lehrers – wieder in der dritten Person – beschreibt, konnte zum Anlass genommen werden, gemeinsam ganz konkrete Strategien zu entwickeln, wie sich P. in einer solchen Situation adäquat verhalten und sich wehren kann.

*»Hass gegen den Lehrer*

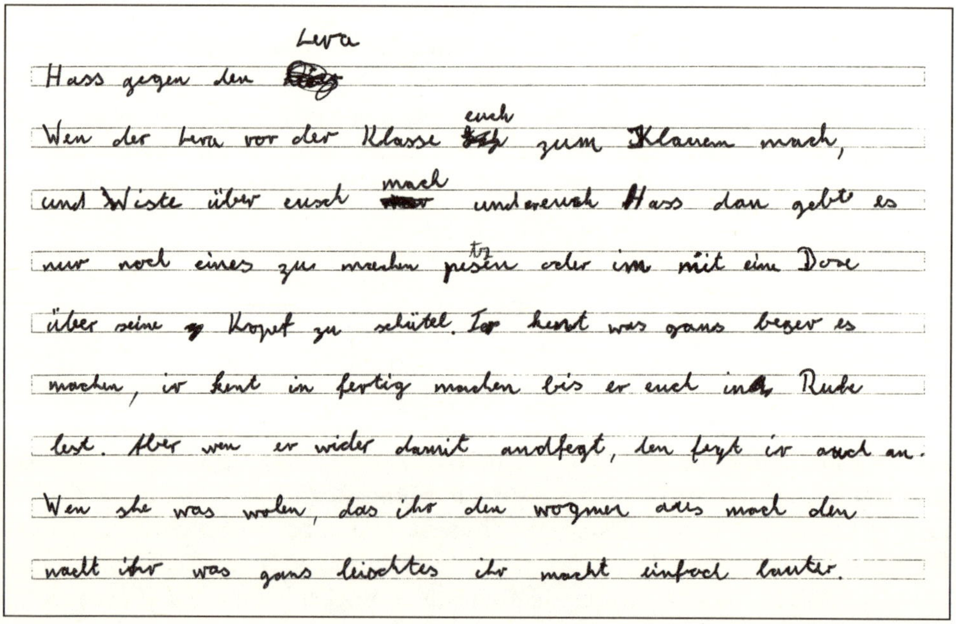
Lera
Hass gegen den ~~[illegible]~~
Wen der Lera vor der Klasse euch zum Klaunen mach,
und Wiste über eusch mach underreusch Hass dan gebt es
nur noch eines zu machen petzen oder im mit eine Dose
über seine Kopf zu schütel. Ir kent was ganz beser es
machen, ir kent in fertig machen bis er euch in Ruhe
lest. Aber wen er wider damit andfengt, den fengt ir auch an.
Wen sie was wolen, das ihr den wogmer aus mach den
macht ihr was ganz leichtes ihr macht einfach lauter.

Wenn der Lehrer vor der Klasse euch zum Clown macht und Witze über euch macht und euch hasst, dann gibt es nur noch eines zu machen: petzen oder ihm mit einer Dose über seinen Kopf zu schütteln. Ihr könnt was ganz besseres machen, ihr könnt ihn fertig machen, bis er euch in Ruhe lässt. Aber wenn er wieder damit anfängt, dann fangt ihr auch an. Wenn sie was wollen, dass ihr den Walkman ausmacht, dann macht ihr was ganz Leichtes, ihr macht einfach lauter.«

Selbstverständlich können diese authentischen Texte nur bei Zustimmung des Schreibers bearbeitet und veröffentlicht werden. Bisher verweigert dies P. Er liest die Texte vor, sie sind Thema der Gespräche und werden in seinem Ordner gesammelt. Indirekt zeigen sie jedoch den Stand seiner schriftsprachlichen Entwicklung und bieten damit Hinweise für die vom Text losgelöste Arbeit am Aufbau von Ausdrucks- und Rechtschreibkompetenz durch Karteiarbeit, Wortlisten und Vermittlung von Einsichten in das Regelwerk.

## Beispiel 3

*M. – Monster helfen*

Dieses kleine
Monster heißt
Grimmli. Grimmli
ist ungefähr
einen Meter
groß. Es hat sehr
spitze Zähne
und ein riesiges
Maul. Sein Fell ist
so haarig wie von
einem Bär. Grimmli hat fürchter -
lichen Mundgeruch. Er ist einmal in
die Stadt gegangen, nach zwei
Minuten war keiner mehr auf den
Straßen weil Grimmli so fürchterlich
aussieht. Eigentlich ist er ganz zahm
und mein bester Freund, aber jeder
hat Angst vor ihm.

M. ist ein neunjähriger Junge, der unter großem Druck steht. Er fühlt sich von Mutter und Lehrerin gegängelt, kontrolliert und eingeengt und reagiert darauf mit aggressivem Verhalten. Er glaubt, er bekomme am meisten Aufmerksamkeit, wenn er seine Aufgaben möglichst chaotisch und unordentlich macht. Gegenüber seinem großen Bruder fühlt er sich immer ungerecht behandelt und falsch verstanden. In der Grimmli-Geschichte gibt er viel von seinen Gefühlen preis. Der Text machte es möglich, über die Gefühle des Monsters seine eigenen zu thematisieren. Diesen Text wollte M. veröffentlichen und bearbeitete ihn in mehreren Schritten am Computer, bis er fehlerfrei war.

## Beispiel 4

*B. – Selbsteinschätzung*

B., 10 Jahre, hat bisher die Erfahrung gemacht, dass Üben sinnlos ist. In jedem Diktat erhielt er – erlasswidrig – eine Sechs. Seine Aufsätze gab die Lehrerin ungelesen zurück mit der Begründung, sie seien unleserlich. Er resignierte. Unsere Aufgabe war es, ihm aufzuzeigen, dass er sehr wohl eine Menge Wörter »richtig« schreiben konnte, bisher aber der Blick nur auf die Fehler gerichtet war. B. war verblüfft, dass er in der folgenden Geschichte von 88 Wörtern 61 normgerecht geschrieben hatte. Mit dem Prinzip der Verstärkung alles Positiven konnte er schrittweise zu mehr

Selbstvertrauen und Schreiblust geführt werden. Hier das Beispiel »Hilfe!«. Eine Analyse der Falschschreibungen zeigt, welche Rechtschreibprobleme parallel zu behandeln sind.

*Dieses Kind muss fliehen.*
*Bist du es vielleicht selbst?*
*Zeichne und schreibe über die Flucht!*

*»Die Mafia aus Mittelitalien verfolgte ein Kind, weil es so schlau war. Es konnte jeden Computer außer Gefecht setzen Sie waren hinter ihm her. Sie gingen in seine Wohnung und kidnappten ihn. Sie warfen ihn in einen Schrank mit einem großen Schloss. Er schrie und schrie, aber ihn hörte keiner. Weil er so schlau war, hatte er das Schloss geknackt. Er rannte auf die Straße und schrie um Hilfe. Die Polizei kam und fragte: »Was ist los, Junge?« »Die Mafia verfolgt mich.« Die Polizei nahm sie alle fest.«*

## Abschließende Bemerkungen

Kinder mit Lese-Rechtschreib-Schwierigkeiten haben fast immer negative Erfahrungen mit dem Umgang und der Bewertung ihrer schriftlichen Leistungen gemacht. Das Ergebnis ist, dass sie kein Zutrauen in ihre schriftsprachlichen Fähigkeiten haben, sich aus Angst vor Fehlern nur ganz knapp ausdrücken und keinen Sinn im Schreiben sehen. Dies kann bis hin zu massiven Schreibblockaden führen. Hier hat sich bei uns die Arbeit mit Schreibprojekten bewährt. Unser Team überlegt sich ein möglichst weitgestecktes, oft von einzelnen Kindern initiiertes Thema, das in einem festgelegten Zeitraum angeboten wird; mal ist es ein Wettbewerb, bei dem Bilder und Texte gefunden und Fragen beantwortet werden müssen, mal sind es Buchprojekte wie »Das Weihnachtsbuch«, »Schulstress, Angst, Ärger«, »Fantasiereisen« u.a. Da wir ausschließlich einzeltherapeutisch arbeiten, kann jedes Kind individuell unterschiedliche Wege gehen, Anregungen aus Büchern, Bildern, Postern oder eigenen Erlebnissen aufgreifen. Den Kindern ist es wichtig, dass ihre Texte von den anderen Kindern gelesen und kommentiert werden, was wiederum als Motivationsschub wirkt und nicht, wie zunächst vermutet, als weitere Blockade. Zwar benötigen Kinder mit sehr geringem Selbstvertrauen viel Ermutigung und Unterstützung, bis sie sich trauen, etwas zu Papier zu bringen. Sie bekommen mit dem Schreiben jedoch Mut, finden sich in den Geschichten anderer wieder oder grenzen sich davon ab.

Für manche Kinder bedeutet das Schreiben eines einzigen Satzes schon eine riesige Anstrengung, aber es ist ein erster Schritt auf dem Weg zum Autor. Die Kinder machen die Erfahrung, dass alle Ausdrucksformen (von Comics über Bildvorlagen bis zum literarischen Text) ernst genommen und – falls sie es nicht verweigern – auch veröffentlicht werden. Form und Stil sind freigestellt. Im vergangenen November/ Dezember hatten wir die Idee einer Textsammlung als persönliches Geschenk für die Eltern. Von uns wurden die Kinder durch Poster, Adventskalender, Musik, Bücher u.Ä. auf das Thema Weihnachten eingestimmt. Gleichzeitig boten wir aber auch Poster von neuen Bilderbüchern als Alternative an. Wir nahmen an, dass sich die Kinder thematisch an Weihnachten orientieren würden. Das Ergebnis war für alle überraschend. Einige Kinder beschäftigten ganz andere Dinge, die ihnen aber so wichtig waren, dass sie darüber schreiben wollten. Deshalb erhielt das Weihnachtsbuch zwei Kapitel: 1. Geschichten, die von der Weihnachtszeit erzählen, und 2. Erlebtes und Erträumtes, Lustiges und Ernstes, Spannung und Horror.

Während im schulischen Bereich Schreiben noch überwiegend mit der Hand erfolgt, können die Kinder bei uns frei wählen und viele machen gern vom Computer Gebrauch. Sie bevorzugen den »Creative Writer« (Microsoft) gegenüber dem normalen Textverarbeitungsprogramm, da sie ihre Texte individuell mit unterschiedlichen Rahmen, Bildern, Farben oder Schriftarten gestalten können. Dies motiviert auch, die Geschichte fehlerfrei zu schreiben, wenn sie veröffentlicht wird. Unsere Erfahrung zeigt, dass Kinder am Computer aufgrund des langsameren Schreibens und der zusätzlichen visuellen Kontrollmöglichkeit relativ wenig Rechtschreibfehler machen und darüber hinaus viele Fehler selbst entdecken und dann korrigieren können. Das bringt Erfolgserlebnisse, die wiederum positiv auf die Schreibmotivation wirken. Für das Training der Rechtschreibung eignet sich der Computer allerdings nicht, da das Schreiben mit der Hand ganz andere, vor allem auch schreibmotorische Bewegungsabläufe erfordert.

### Weiterführende Literatur zum freien Schreiben


Fritzsche, J. u.a.: Schreibwerkstatt. Geschichten und Gedichte: Schreibaufgaben, Übungen, Spiele. Klett, Stuttgart 1992

Kohl, E. M.: Das Eigene und das Fremde. Ein Thema für Schreibprojekte. In: Grundschulunterricht, Heft 12/1998

Naegele, I. M.: Lese-Rechtschreib-Schwierigkeiten. Ein Elternhandbuch. Weinheim 1995

Naegele, I. M.: Können Computerprogramme beim Erlernen der Rechtschreibung helfen? In: Naegele, I. M./Valtin, R. (Hrsg.): LRS in den Klassen 1-10. Band 1. Weinheim 1997

Pommerin, G. u.a.: Kreativ Schreiben. Weinheim 1996

Puhan-Schulz, B.: Wenn ich einsam bin, fühle ich mich wie acht Grad minus. Weinheim 1989

Rabkin u.a.: Fantasien von Kindern aus aller Welt. Klett, Stuttgart 1998

Valtin, R./Naegele, I. M. (Hrsg.): Schreiben ist wichtig! Grundlagen und Beispiele für kommunikatives Schreiben(lernen). Arbeitskreis Grundschule, Frankfurt 1993, 3. Aufl.

Wünnenberg, H. H.: Boff. Kinder schreiben sich frei. Heinsberg 1989

Gabriele Rabkin

# Anregungen zum freien Schreiben und Gestalten

Durch die *Arbeit mit Anregungen zum freien Schreiben und Gestalten* (im Folgenden kurz: *Schreibanregungen)* sollen Kinder die Erfahrung machen, dass Schreiben etwas mit ihnen persönlich zu tun hat, dass es eine Möglichkeit ist, mit der sich eigene Gefühle, Hoffnungen, Wünsche und auch Ängste für sich (und andere) formulieren lassen. Für Viktor aus Kasachstan, um den es in diesem Artikel gehen wird, bedeutete diese Erfahrung auch die Lösung psychischer Lern- und Schreibblockaden und einen wichtigen Schritt auf seinem Weg zur Selbstfindung und Neuorientierung in einer für ihn fremden kulturellen Umgebung. Die *Schreibanregungen* entstanden im Rahmen des Hamburger Projektes »Wege zu Schrift und Kultur«. Es wurde ein breites Repertoire verschiedenster Anregungen entwickelt (vgl. Rabkin 1992, 1995, 1998). Allen Vorgaben gemeinsam ist, dass sie in ihrer dynamischen Offenheit viel Spielraum für Fantasie und eigene Ideen lassen. Bei der Arbeit mit ihnen sollen eigene schöpferische Prozesse in Bild und Schrift initiiert werden, ohne durch die Vorgabe selbst zu viel vorzustrukturieren. In die Vorlagen kann hineingemalt werden, sie dürfen nach eigenen Vorstellungen weitergestaltet werden. Anschließend wird eine Geschichte dazu geschrieben. Die Aufgabenstellung ist bewusst einfach und wiederholt sich in nahezu identischer Form bei allen *Schreibanregungen:*

*»Male weiter (gestalte) und schreibe eine Geschichte dazu!«*

Zwei Aspekte sind bei der Konzeption der *Schreibanregungen* besonders wichtig:

1. die **Anregung** durch eine **Vorgabe,**
2. die bewusste **Integration** von bildnerischem Gestalten und freiem Schreiben während der Arbeit mit *Schreibanregungen.*

Beide Aspekte lassen sich aus der genetischen Ganzheitspsychologie der Leipziger Schule mit den Grundbegriffen *Vorgestalten* und *aktualgenetischer Prozess* ableiten. Es geht im Wesentlichen darum, über Vorgestalten aktualgenetische, die Gesamtpersönlichkeit betreffende Vorgänge im Unterricht hervorzurufen und sich entwickeln zu lassen. Bei der Konzeption der ***Schreibanregungen*** gilt als Kriterium der *vorgestalthafte* Charakter. *Schreibanregungen* sollen zum eigenen Gestalten anregen, ohne dabei zu viel vorzustrukturieren und die Ausformulierung innerpsychischer Prozesse in Bild und Schrift initiieren. Durch den besonderen Charakter der Vorgabe (erst bildnerisch gestalten, dann dazu schreiben) wird der Ablauf aktualgenetischer Prozesse gefördert.

## Viktors Arbeit mit *Schreibanregungen*

Viktor, ein vierzehnjähriger Aussiedler aus Kasachstan, wurde nach fast zwei Jahren Teilnahme an schulvorbereitenden Maßnahmen zu Schuljahrsbeginn in die 7. Hauptschulklasse einer Hamburger Ganztagsschule zugeschult. Die Klasse selbst ist seit dem zweiten Schuljahr mit der Arbeit mit den *Schreibanregungen* vertraut. Zum Zeitpunkt der Beobachtung ist Viktor die 2. Woche in der Klasse. Bisher hatte er nicht aktiv am Unterrichtsgeschehen teilgenommen und kaum mit anderen geredet.

1. ***Schreibanregung:*** Vorgabe in dieser Stunde ist ein Arbeitsblatt mit dickgedruckten arabischen Schriftzeichen (das vorgelegte Blatt war die Titelseite eines arabischen Schulbuches »Arabisch für Araber«). In der Klasse wurden zuvor einige Besonderheiten der arabischen Schrift besprochen (z.B. die Schreibrichtung). Die Aufgabe lautet:

> *»Schneide einzelne der Formen aus und gestalte etwas daraus. Schreibe dazu eine Geschichte.«*

Diese Aufgabenstellung impliziert, sich vom Bedeutungsgehalt der arabischen Buchstaben abzuwenden (die uns allen im Übrigen unbekannt sind) und sie zu Fantasiefiguren umzubilden.

Viktor braucht lange, um sich überhaupt zu entschließen, mit der Arbeit anzufangen. Er wird auf die Möglichkeit aufmerksam gemacht, sich auch einmal umzuschauen und zu erfahren, wie die anderen mit dieser für ihn ganz neuen Aufgabenstellung umgehen. Er schaut lange auf sein Blatt mit den arabischen Zeichen, dreht es einige Male und schneidet schließlich ganz gezielt zwei der »Figuren« aus.

Diese klebt er mit Bedacht ungefähr in die Mitte eines weißen DIN-A4-Blattes und ergänzt sie mit schwarzem Stift durch einige Details:

Aus der größeren Figur wird ein Gebäude mit möglicherweise technischen Vorrichtungen, aus der kleineren Figur ein Lastwagen, der auf einer Straße auf dieses Gebäude zufährt.

Viktor fängt anschließend *nicht* von sich aus an zu schreiben und reagiert auch nicht auf meine Ermutigungen. Erst als ich ihm deutlich mache, dass er seine Geschichte auf deutsch *oder russisch* schreiben kann, beginnt er, mit flüssiger Handschrift in kyrillisch zu schreiben. Danach fängt er von sich aus mit der schriftlichen Übersetzung seines Textes an, nach der 5. Zeile streicht er jedes einzelne deutsche Wort so durch, sodass nichts mehr lesbar ist. Die Übersetzung seines Textes (die wir anschließend gemeinsam anfertigen) lautet:

*Bei uns in Kasachstan*
*Immer im Herbst – ungefähr im September – fahren die Fahrer auf die Felder und laden Getreide auf und bringen es ins Lager. Dann haben sie angefangen, alles zu wiegen.*
*Und ich mit meinen Freunden bin auf den Autos mitgefahren. Und immer ist etwas passiert.*
*Zum Beispiel hat uns die Polizei ausgeschimpft, weil wir einfach mit den Fahrern auf den Autos mitgefahren sind.*

Zur Veröffentlichung der Texte darf ich seine Geschichte vorlesen. In der Klasse ruft der ganze Vorgang Erstaunen und Neugier auf Viktors russische Geschichte – und auch auf Viktor selbst – hervor. Er lässt sich schließlich dazu bewegen, sie selbst noch einmal auf russisch vorzulesen.

Im Anschluss an diese Stunde nimmt Viktor in den nächsten Monaten bei unterschiedlichsten *Schreibanregungen* inhaltlich häufig auf seine Heimat Bezug. Er hat offensichtlich Spaß an der Bearbeitung dieser Aufgaben.

2. ***Schreibanregung:*** Zwei Wochen später wurde als nächste *Schreibanregung* in der Klasse ein Scherenschnitt des zeitgenössischen chinesischen Künstlers Ren Rong (Museum für Kunst und Gewerbe, Hamburg 1995) angeboten.

*Ren Rong*

*Viktors Gestaltung*

Die Aufgabenstellung lautete entsprechend: »Gestalte die Figur weiter und schreibe eine Geschichte dazu!«

Die Vorlage regt die Kinder zu unterschiedlichsten Gestaltungen an. Die schnellste Frau der Welt, der Drache auf den Bergen, der Ameisenbär, das Monster, die Rocksänger in Stella sind einige Beispiele dazu.

Viktor fängt diesmal sofort an zu arbeiten und verfasst seinen Text gleich auf Deutsch.

> *Es war einmal eine Statue und sie war sehr schön. Und diese Statue war für die Soldaten, die im Krieg gestorben waren. Und jedes Jahr am 1. Mai kommen Leute zu dieser Statue und bringen blumen dorthin und bedanken sich, das die gut um die Heinat gekenft sind* (d.h. um die Heimat gekämpft haben).

3. ***Schreibanregung:*** Viktors Bearbeitung einer weiteren *Schreibanregung* entstand etwa ein halbes Jahr später. Vorgegeben waren fünf westafrikanische Skulpturen beziehungsweise Masken zur Auswahl. Viktor hat sich für die Weitergestaltung einer Maske aus Gabun entschieden und gestaltet daraus einen Mann im Anzug mit Aktentasche. Er schreibt zu seinem Bild (Abb. 3):

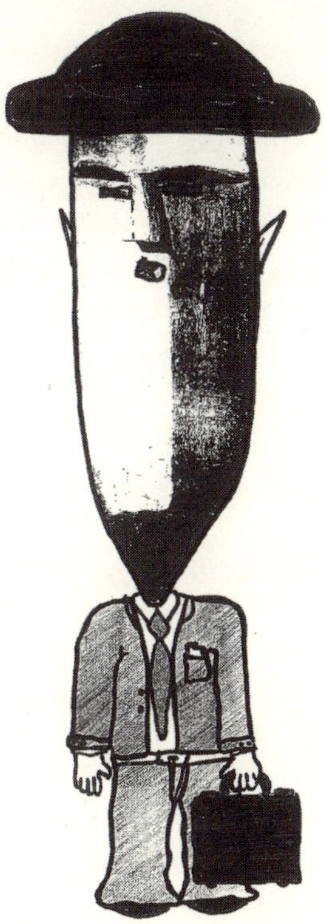

*Der intelligente Mann*

*Noch als er ein kleines Kind war*
*fing sein Kopf an zu wachsen.*
*Als er zehn Jahre alt war, war sein Kopf*
*schon größer als bei normalen Kindern.*
*In der Schule war er der Beste. Er hat den*
*Gymnasiumabschluss bekommen und*
*auch die Berufsschule. Er bekam (einen)*
*guten Job und auch viel Geld. Trotzdem*
*war er nicht zufrieden, denn immer,*
*wenn er auf die Straße kam, haben alle*
*Leute ihn ausgelacht. Er hat sich entschieden,*
*Selbstmord zu begehen. Er ist zum Hochhaus*
*gegangen und hinuntergesprungen.*

***4. Schreibanregung:*** Viktor greift das Thema »Selbstmord« in der nächsten Stunde in relativierender, ironisierender Weise wieder auf. *Schreibanregungen* waren Höhlenmalereien aus der Karibik, von denen sich Viktor eine der Figuren aussucht. Sein Text lautet:

> *Der Selbstmord*
> *Ein Mann namens Knopf wollte Selbstmord begehen. Und er ist auf das Hochhaus hochgeklettert und wollte runterspringen. Und in diesem Moment kam eine alte Frau die Straße runter. Sie wusste nicht, was sie machen sollte und ist in Ohnmacht gefallen. Der Mann ist runter gesprungen und hat sich die Beine gebrochen. Aber die Frau ist gestorben.*

In späteren Geschichten taucht dieses Thema nicht wieder auf.

**Weitere Schreibanregungen:** Es schließen sich in den nächsten Monaten eine Reihe von Bildern und Geschichten an, in denen Viktor immer wieder thematisch Eindrücke aus seiner Heimat aufgreift und verarbeitet. So zum Beispiel Geschichten zu traditionellen russischen Holzspielzeugen (Holzbären und »die Puppe in der Puppe: Matroschka«), die als zusätzliche Anregung angeboten wurden. Viktor hat sie abgemalt und zwei Texte dazu geschrieben.

> *Es gab einmal zwei Bären.*
> *Die waren so intelligent, dass die auch ein Haus hatten und alles andere, was man braucht. Sie hatten eine Lieblingssuppe, die sie jeden Nachmittag gegessen haben. Weil sie nur einen Teller hatten, mussten die Bären aus einem Teller essen. Und sie haben sich immer gestritten!*
> *Die Matroschka*
> *Es war einmal eine Matroschka, die hieß Maria. Die Füße von ihr konnte man gar nicht sehen, weil sie immer einen langen Rock anhatte. Sie trug auch immer ein Kopftuch. Weil sie eine freundliche, nette, schön aussehende Frau war, haben alle Leute sie gelobt. Und so lebte sie in Ruhe und Zufriedenheit.*

## Kommentierung der Arbeiten aus ganzheitspsychologischem Blickwinkel

Die Arbeit mit der ersten Schreibanregung verdeutlicht einen gut nachvollziehbaren aktualgenetischen Prozess. Der vorgestalthafte Charakter der Schreibanregung ermöglicht es Viktor, den Prozess seiner gedanklichen Entwicklung zu initiieren. In seinem Bild deutet er eine für ihn emotional besetzte Szene an. Die Gefühlsbesetztheit des Bildes wird erst im Zusammenhang mit Viktors Text deutlich. Während der Gestaltung des Bildes ist in Viktor die Idee zu seinem Text entstanden. Im Laufe des Schreibprozesses formuliert er diese Idee unter Herstellung von verschiedenen Bezügen auf unterschiedlichen Ebenen zunehmend für sich aus: Den Bezug zum Bild, zur Heimat, zur Jahreszeit und schließlich zur eigenen Person und persönlichen Erlebnissen.

Viktor bezieht sich in der Überschrift auf seine Heimat, die er verlassen hat. Gleichzeitig grenzt er sich damit von seiner neuen Umgebung ab. Im ersten Satz *Immer im Herbst ungefähr im September…* geht er von der aktuellen Jahreszeit aus und erinnert sich anschließend an eine Impression aus seiner Heimat zu dieser Zeit. In Nordkasachstan gibt es große Korngebiete. Eine hierfür typische Szene hat er zuvor in seinem Bild zum Ausdruck gebracht. Im weiteren Verlauf des Schreibens fokussiert Viktor diese Szenerie auf eine Situation, die ihn persönlich betrifft: »*Und ich mit meinen Freunden…*« Er wechselt in die Ich-Form und stellt eine für ihn emotional besetzte, auch lustbetonte Situation dar. Viktor musste sich von den Freunden in seiner Heimat trennen, neue hat er noch nicht gefunden.

Ein wichtiges Verbindungselement vom Bild zur Sprache bildet für ihn die Verwendung der Sprache seiner Heimat. In einer weiteren Phase beginnt er von sich aus mit dem Gebrauch der für ihn gefühlsmäßig fremderen deutschen Sprache, bleibt hierbei jedoch auf halbem Wege stehen beziehungsweise negiert diesen Schritt sogar durch das Durchstreichen.

Im zweiten Beispiel wiederholt sich die Auseinandersetzung mit einem Spezifikum seines russischen Alltagslebens. Auffällig ist die Schreibung des rechtschreibmäßig einfachen Wortes Heimat als »*Hein*«. Es wirkt fast so, als ob Viktor hier unbewusst eine symbolische Verstümmelung dieses für ihn so zentralen Begriffes vornimmt. Ebenfalls doppeldeutig könnte seine Formulierung »um die Heimat kämpfen« interpretiert werden. Sie ließe sich auch auf Viktors persönliche Situation beziehen.

Das dritte Beispiel zeigt eine neue Etappe in dem übergreifenden aktualgenetischen Prozess, den Viktor in Bezug auf seine Lebensperspektive *längerfristig* durchmacht. Sie verdeutlicht die Auseinandersetzung mit dem Sprung aus einer bäuerlichen Lebenswelt in eine völlig andere Kultur und auch den Versuch der Selbstfindung in diesem Prozess. In seinem Bild symbolisiert Viktor nebeneinander ihm wesentlich erscheinende westliche Statussymbole (*Anzug, Schlips, Hut, weißer Kragen, Aktenköfferchen*), gleichzeitig auch das Anderssein (symbolisiert durch den überproportional großen Kopf der Figur). Viktors Text gibt über eine Projektion auf die Figur Hinweise zur Aufschlüsselung von Bewusstseinsvorgängen, die er im Verlaufe des Schreibprozesses in einem zeitlichen Nacheinander entwickelt. So konstatiert er lakonisch:

- die Figur ist anders, als die Umwelt erwartet,
- die Figur entwickelt sich erfolgreich nach formalen Kriterien der Umwelt,
- dennoch ist die Figur unglücklich und bleibt ein Außenseiter der Gesellschaft,
- schließlich findet er einen dramatischen, abrupten Schluss.

Im vierten Beispiel deutet sich an, dass Viktor die Dramatik des Themas »Selbstmord« für sich relativiert hat, indem er eine ironisierende, fast komische Variante zu diesem Sujet formuliert. Den letzten beiden Beispielen zufolge scheint er nun die kritische Phase der Selbstfindung überwunden zu haben. Viktor hat eigene Gedanken, Gefühle und Einstellungen ausgedrückt und konnte dabei von seiner kulturellen Kompetenz ausgehen. Er ist über die *Schreibanregungen* in einen Selbstverständigungsprozess eingetreten.

### Welche Impulse werden im Unterricht gegeben?

Wie die Beispiele zeigen, trägt der vorgestalthafte Charakter der *Schreibanregungen* Möglichkeiten zu prozesshafter Entwicklung in sich und kann zu neuen Vorgestalten umgeformt werden.

Impulse von außen beschränken sich im Wesentlichen auf die *Schreibanregungen* selbst, die möglichst als Angebot mit *Auswahlmöglichkeiten* vorgegeben werden sollten. Verbindlich für die SchülerInnen ist die Verknüpfung von Bild und Text. Dieser Integrationsaspekt wird im Unterricht ritualisiert durch die Arbeitsanweisung:

»*Gestalte die Anregung weiter und schreibe eine Geschichte dazu.*«

Die Motivation zum Schreiben entsteht dadurch, dass sich während des Prozesses des bildnerischen Gestaltens Vorstellungen konkretisieren, die das Kind nicht bildnerisch auszudrücken vermag und deshalb niederschreiben muss.

### Wie wird im Unterricht mit Bild und Text gearbeitet?

Hervorzuheben ist in erster Linie ein weitgehender Verzicht auf Eingriffe von außen in allen Phasen des Arbeitsprozesses, also *keine* vorherige gemeinsame Interpretation der Bildvorlagen, *keine* Vorgaben zur Gestaltung des Bildes und zur Strukturierung des Textes, *keine* Bewertung des Produktes. Interventionen erfolgen nur in Bezug auf notwendige aktuell auftauchende Verständigungsbedürfnisse, so im ersten Beispiel durch den Hinweis auf die Möglichkeit, den Text auch auf russisch schreiben zu können. Die Arbeit mit *Schreibanregungen* ist am besten in schülerzentrierten Formen von Unterricht denkbar, in denen es Zeit für entdeckendes und experimentelles Lernen gibt. Vielfältige Formen von Würdigung und Präsentation der fertiggestellten Produkte sind im sozialen Kontext der Klasse besonders wichtig. Veröffentlichungen erfolgen allerdings auf der Basis von Freiwilligkeit.

#### *Textschreiben und Rechtschreiblernen*

Die beschriebene pädagogisch-psychologische Schwerpunktsetzung impliziert, dass bei der Arbeit mit den *Schreibanregungen* nicht primär die Arbeit an der Orthographie im Vordergrund steht, sondern Aspekte den Mittelpunkt bilden, die die Gesamtpersönlichkeit des Kindes betreffen. In Viktors Fall gab es kein Problem, mit ihm anschließend den Text auf orthographische Fehler hin zu überarbeiten, da er nach einer Anlaufphase, die weitgehend auf seine psychologisch bedingte Schreibblockade zurückzuführen war, keine gravierenden Schwierigkeiten mehr mit dem Erwerb einer orthographisch korrekten Schreibweise hatte.

Die praktische Arbeit mit den *Schreibanregungen* hat insgesamt gezeigt, dass diese Methode besonders Kinder mit Schreibschwierigkeiten dazu ermutigt, überhaupt mit dem freien Schreiben anzufangen. Sie kann sie dazu motivieren, den persönlichen Bezug zum Schreiben für sich zu entdecken und so auch bei ihnen Schreibblockaden lösen. Bei der weiteren Bearbeitung der Texte muss diese wichtige Grunderfahrung mit dem Richtigschreiben verknüpft werden. Spätestens die Veröffentlichung der Texte macht es notwendig, diese in Bezug auf normgerechte Rechtschreibung zu überarbeiten. Hierzu bieten sich verschiedene Formen der Korrektur an (vgl. Rabkin 1995).

### *Welche Kriterien werden für Lernfortschritte gewählt?*

In erster Linie gelten Kriterien auf psychologischer Ebene. Das Beispiel von Viktor verdeutlicht, dass er innerpsychische Blockaden lösen konnte und dass die Möglichkeit für ihn bestand, in einen Kommunikationsprozess mit sich selbst einzutreten, der auch nach außen getragen werden konnte. Für die Lehrerin liegt der Schwerpunkt dabei darauf, Prozesse, die im Kind ablaufen, wahrzunehmen und zu verstehen. Der Schwerpunkt liegt auf einem Verstehenwollen des Kindes und seines Produktes sowie der sensiblen Begleitung des Prozesses auf dem Weg dorthin.

### *Zur Verallgemeinerbarkeit der Methode in Bezug auf verschiedene Lerngruppen*

Während der Ausgangspunkt für die Arbeit mit *Schreibanregungen* Kinder mit Schreibschwierigkeiten und Schreibblockaden schwerpunktmäßig in der Grundschule waren, ist inzwischen über eine Vielzahl von Fallstudien deutlich geworden, dass die Verallgemeinerbarkeit der Methode bezogen auf unterschiedliche Lerngruppen möglich ist. Die Arbeit mit *Schreibanregungen* eignet sich sowohl für Leistungsschwächere als auch für Leistungsstärkere, sie ist möglich für unterschiedliche Alters- und Herkunftsgruppen, wie uns Viktors Beispiel gezeigt hat. Derzeit entstehen eine Reihe von Folgeprojekten mit so unterschiedlichen Bezugsgruppen wie etwa Kindern mit besonderen Begabungen oder Kindern mit traumatischen Kriegserlebnissen. Abschließend sei verwiesen auf die internationale Erprobung des Ansatzes. Einige der Ergebnisse aus über 20 Ländern sind in einem interkulturellen Lesebuch zusammengefasst (vgl. Rabkin 1998).

*Peter May*

# Bedingungen für Lernerfolg im Förderunterricht

Seit einiger Zeit gewinnt die Evaluation schulischer Bildungsprozesse nach jahrzehntelanger Abstinenz (vgl. Ingenkamp/Schreiber 1989) auch in Deutschland eine immer stärkere Beachtung (siehe Baumert/Lehmann u.a. 1997). Mehrere Studien über die Wirkungen von Unterricht auf den Lernerfolg (siehe Weinert/Helmke 1997, Einsiedler 1997) haben die Diskussion belebt, welche Faktoren den Lernerfolg günstig bzw. ungünstig beeinflussen. Die meisten Studien untersuchen vor allem die Wirkungen des Klassenunterrichts auf alle Schüler und Schülerinnen, und es liegen nur wenige Untersuchungen zu Effekten des Förderunterrichts für lernschwache Kinder vor (vgl. Klicpera/Gasteiger-Klicpera 1995). Diese Lücke soll die vorliegende Längsschnittuntersuchung schließen helfen, die Wirkungen des Unterrichts sowie des Förderunterrichts differenziert für Kinder mit verschiedenen Lernniveaus analysiert. Die Untersuchung fand im Rahmen der Evaluation des Projekts »Lesen und Schreiben für alle« (PLUS) statt, das die schriftsprachliche Förderung in Hamburger Schulen flächendeckend verbessern soll (siehe May 1995b). Bei insgesamt 2749 SchülerInnen aus 115 Hamburger Grundschulklassen wurde die Entwicklung der schriftsprachlichen Leistungen (Rechtschreibung und Textkompetenz) vom ersten bis zum vierten Schuljahr beobachtet, und während dieser Zeit wurden zahlreiche Bedingungen des Unterrichts und des Förderunterrichts mit verschiedenen Methoden (Unterrichtsbeobachtungen, schriftliche und mündliche Lehrer- und Schülerbefragungen) erfasst. Der folgende Beitrag fasst einige wesentliche Ergebnisse der umfangreichen Untersuchungen zusammen (siehe ausführlich May 1999b).

## Lernerfolg im Zusammenhang von Merkmalen der Lernerpersönlichkeit und des Unterrichts

Zur Analyse der Effektivität der schriftsprachlichen Förderung wurde ein hypothetisches Wirkungsmodell für das PLUS entworfen (siehe Abbildung 1), das im Wesentlichen zwei grundlegende Wirkungsstränge für den Lernerfolg der SchülerInnen annimmt, die in komplexer Weise ineinander greifen und sich wechselseitig beeinflussen (vgl. May 1994):

- Die **Persönlichkeit der Lernenden**, durch die ihre **individuellen Lernvoraussetzungen** bestimmt werden, wird in hohem Maße durch Faktoren des **außerschulischen Umfelds** (Familie, soziokulturellen Lern- und Anregungsbedingungen) beeinflusst.
- Die **Lernbedingungen in der Klasse** werden entscheidend durch die **Unterrichtsorganisation** und das **Interaktionsverhalten der Lehrer** bestimmt, deren Handlungsmöglichkeiten ihrerseits von den Bedingungen in der Schule und den Merkmalen des Kollegiums beeinflusst werden.

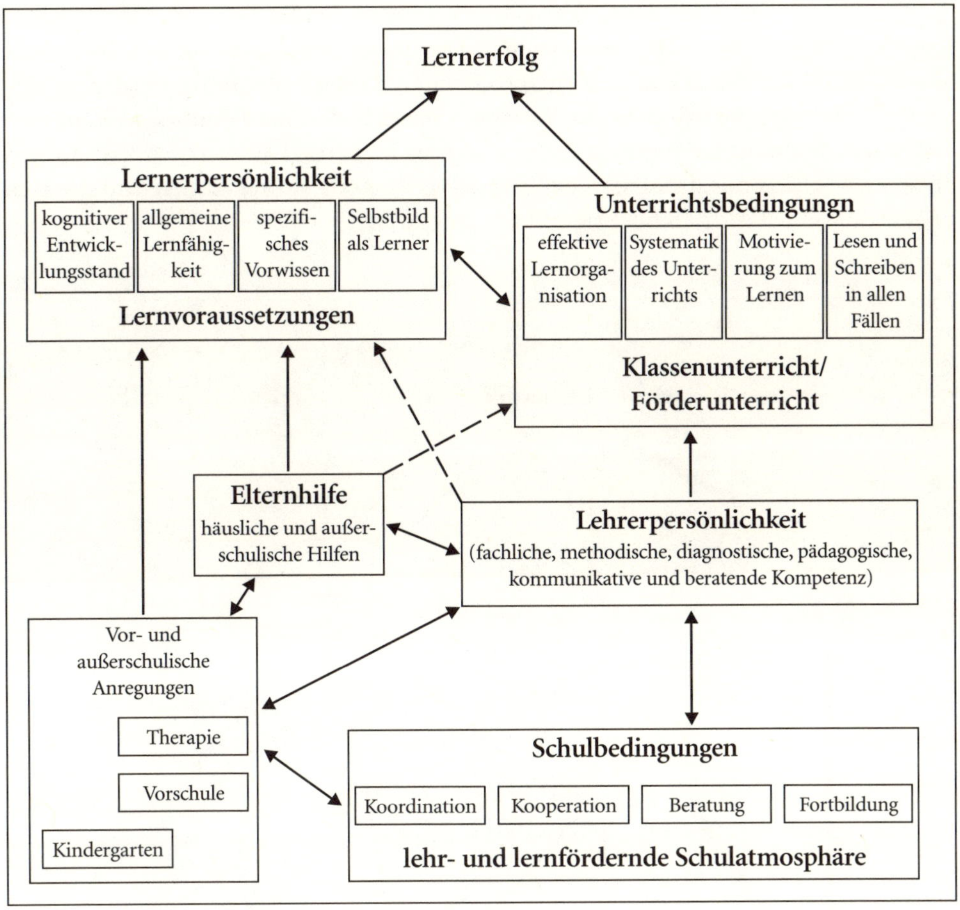


*Abb. 1: Hypothetisches Wirkungsmodell für Lernerfolg*

Zur Bestimmung des Lernerfolgs wurden der Leistungszuwachs in der **Rechtschreibung** und in der **Textkompetenz** von der Klassenstufe 1 bis 4 sowie das Ausmaß der von den SchülerInnen selbst eingeschätzten **Motivation** zum Lesen und Schreiben in den Klassen 2 bis 4 herangezogen.

Zur Überprüfung der Annahmen des Wirkungsmodells wurden die im Rahmen der Längsschnittuntersuchung erhobenen Variablen, die mithilfe von Faktorenanalysen zu übergreifenden Merkmalsbereichen zusammengefasst worden waren, einer Korrelationsanalyse unterzogen. Um »Scheinkorrelationen« zwischen Variablen möglichst auszuschließen, wurden für alle Variablenpaare anstelle der einfachen Korrelationen so genannte **Partialkorrelationen** unter Kontrolle aller übrigen Variablen berechnet. Die auf diese Weise zwischen den Variablenpaaren bestimmten »bereinigten« Korrelationswerte geben die direkten Beziehungen zwischen den betreffenden Variablen unter Ausschaltung des Einflusses aller übrigen Variablen wieder.

Abbildung 2 zeigt die Partialkorrelationen der individuellen und Klassenmerkmale im Rahmen des Klassenunterrichts. Die empirische Basis bilden 218 Kinder aus 74 Klassen, von denen die entsprechenden Daten vollständig vorliegen. Die multiple Korrelation zwischen der Variable »Lernerfolg« und den übrigen Variablen ergibt R = .63, d.h., die multiple Determination R2 beträgt 40%. Die Korrelationen ab rxy.z = .05 sind statistisch signifikant (p < .05); Korrelationen mit Werten rxy.z > .10 sind statistisch hochsignifikant (p < .01).

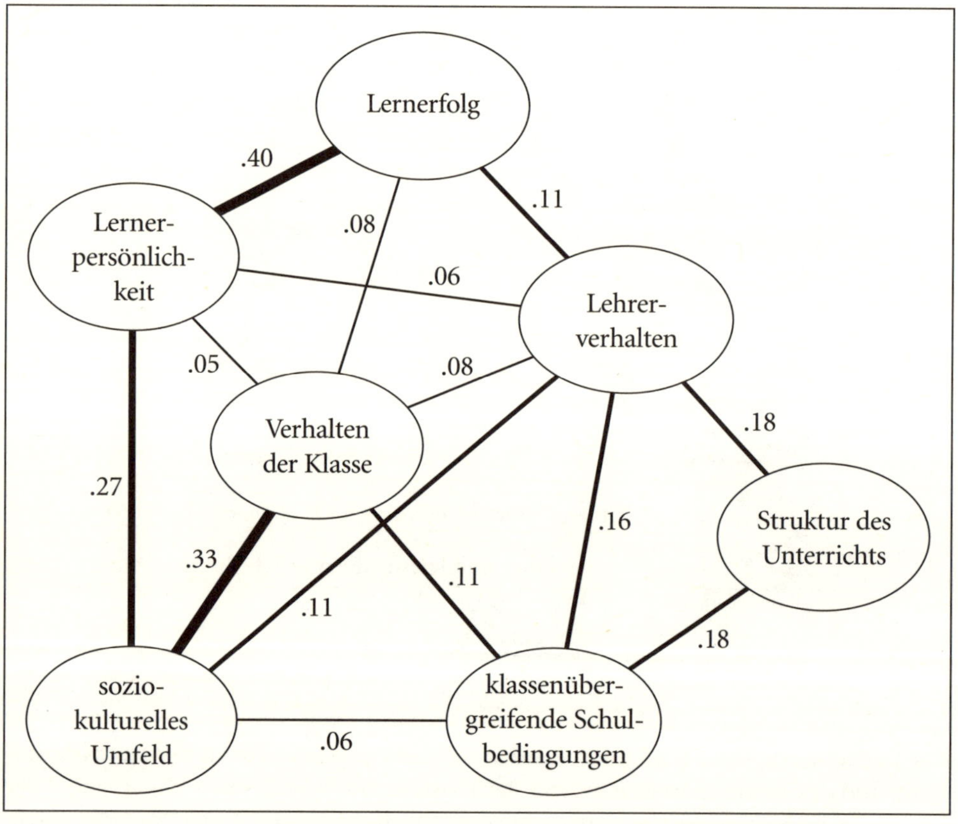


*Abb. 2: Lernerfolg im Kontext individueller, schulischer und außerschulischer Bedingungen*

Die stärksten Zusammenhänge ergeben sich zwischen den Variablen »Lernerfolg« und »Lernerpersönlichkeit« sowie zwischen der Variable »soziokulturelles Umfeld« und den Variablen »Verhalten der Klasse« und »Lernerpersönlichkeit«. Dies bestätigt die bekannte Tatsache, dass individueller Lernerfolg in erster Linie mit den Merkmalen der Lernerpersönlichkeit zusammenhängt und dieser starke Wurzeln in den soziokulturellen Umfeldbedingungen hat.

Neben der Verbindung zur Variable »Lernerpersönlichkeit« ergeben sich für die Variable »Lernerfolg« noch zwei weitere signifikante Zusammenhänge, nämlich zu den Variablen »Verhalten der Klasse« und »Lehrerverhalten«. Diese drei Variablen bilden demnach die Knotenpunkte für direkte Zusammenhänge mit dem individuellen Lernerfolg, allerdings mit deutlicher Abstufung. Zwischen den übrigen Variablen (Umfeldbedingungen, Schulmerkmale, Unterrichtsstruktur) und dem Lernerfolg ergeben sich keine direkten Beziehungen, wenn der Einfluss anderer Variablen kontrolliert wird. Eine Wechselwirkung zwischen diesen Variablen und dem Lernerfolg findet demnach nur indirekt über die Zusammenhänge mit anderen Variablen statt, die ihrerseits eine direkte Korrelation mit dem Lernerfolg aufweisen.

Mit insgesamt sechs statistisch signifikanten Partialkorrelationen weist die Variable »Lehrerverhalten« die meisten direkten Beziehungen zu anderen Variablen auf. Sie nimmt demnach eine Schlüsselstellung innerhalb des hier betrachteten Wirkungsgefüges im Zusammenhang mit Lernerfolg in der Schule ein.

## Merkmale lernerfolgreicher Schülerinnen und Schüler

Um zu prüfen, ob sich innerhalb der Gesamtstichprobe verschiedene Lernergruppen ausmachen lassen, die sich hinsichtlich der Lernerfolgskriterien qualitativ unterscheiden, wurde eine Clusteranalyse mit den drei Lernerfolgsvariablen »Lernzuwachs in der Rechtschreibung«, »Lernzuwachs im Textschreiben« sowie »Motivation und Selbstbild als Lerner« durchgeführt. Im Ergebnis ließen sich drei Gruppen unterschiedlich erfolgreich lernender Kinder voneinander abgrenzen:

Gruppe 1: Kinder mit einem hohen Lernzuwachs in der Rechtschreibung und mit einem sehr hohen Lernzuwachs in der Textkompetenz, jedoch mit einer eher geringen Selbsteinschätzung der Motivation für Lesen und Schreiben in der Schule (Anteil in der Gesamtstichprobe: 18,3 Prozent)

Gruppe 2: Kinder mit einem mittleren Lernzuwachs in der Rechtschreibung sowie in der Textkompetenz und gleichzeitig relativ hoher Motivation für Lesen und Schreiben in der Schule (Anteil: 62,6 Prozent)

Gruppe 3: Kinder mit einem extrem geringen Lernzuwachs in der Rechtschreibung, einem sehr geringen Lernzuwachs in der Textkompetenz und mit niedriger Motivation für Lesen und Schreiben in der Schule (Anteil: 19,1 Prozent).

Diese Gruppen unterschiedlich lernerfolgreicher Kinder wurden hinsichtlich der Einschätzungen einiger Lernermerkmale durch ihre Klassenlehrer, die unabhängig von der Erhebung der Leistungsergebnisse erfolgte, verglichen. Abbildung 3 zeigt die mittleren Werte der Lehrereinschätzungen für die drei Lernerfolgsgruppen.

Um die Darstellung übersichtlicher zu gestalten, wurden die Einschätzungen der verschiedenen Einzelvariablen durch die Klassenlehrer mithilfe von Faktorenanalysen zu übergeordneten Merkmalsbereichen gebündelt. Die in Abbildung 3 verwendete Skala bezieht sich auf diese Faktorwerte, die für alle in diese Teilanalyse einbezogenen Kinder jeweils Mittelwerte von $M = 0$ und Standardabweichungen von $s = 1$ ergeben.

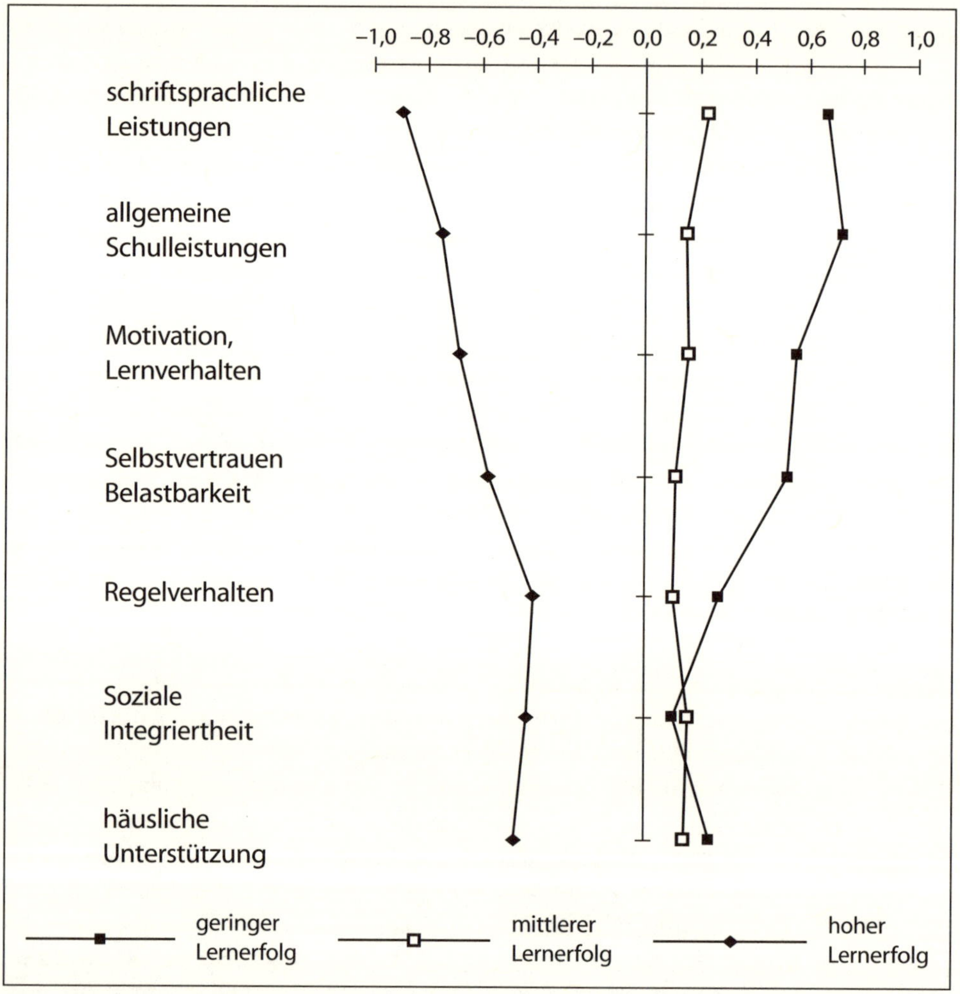


*Abb. 3: Merkmale der Lernerpersönlichkeit in Gruppen unterschiedlich lernerfolgreicher Schüler (Einschätzungen der Klassenlehrer)*

Die mittleren Werte der Lehrereinschätzungen für die drei Lernerfolgsgruppen bestätigen die Annahme, dass der Lernerfolg im Rechtschreiben und im Textschreiben mit einer günstigen Ausprägung der allgemeinen Fähigkeiten und der lernerfolgsrelevanten Merkmale der Lernerpersönlichkeit zusammenhängt. Die Gruppe der Kinder mit hohem Lernzuwachs im Rechtschreiben und in der Textkompetenz weist auch in allen anderen Merkmalsbereichen im Mittel deutlich günstigere Werte auf als die beiden übrigen Gruppen. Dies trifft neben den schriftsprachlichen und allgemeinen Leistungen auch besonders auf den Bereich Motivation und Lernverhalten sowie auf den Bereich Selbstvertrauen und psychische Belastbarkeit zu.

Fasst man die übereinstimmenden Ergebnisse der auf unabhängigen Datenquellen basierenden Analysen der Lernermerkmale zusammen, so ergeben sich zwei deutliche Tendenzen hinsichtlich der Unterschiede zwischen Kindern mit hohem bzw. niedrigem Lernerfolg im schulischen Lernen:

- **Kinder mit hohem Lernerfolg** im Lesen und Schreiben weisen demnach nicht nur zunehmend bessere spezifische Leistungen auf, sondern verfügen im Allgemeinen offensichtlich insgesamt über **bessere Lernfähigkeiten** und **weitere günstigere lernerfolgsrelevante Persönlichkeitsmerkmale** (u.a. Motivation, Fähigkeitsattribuierung) als Kinder mit geringem Lernerfolg. Daher erscheint es auch erklärlich, dass die Leistungsunterschiede zwischen den Gruppen im Laufe der Schulzeit zunehmen.
- Während sich die Leistungsüberlegenheit der erfolgreich lernenden Kinder in vielen Fällen erst im Laufe der Grundschulzeit unter dem zunehmenden Einfluss überlegener Lernfähigkeiten herausbildet, fallen die Kinder mit geringem Lernerfolg in der Regel schon sehr früh durch geringe und weiterhin relativ stagnierende Leistungen auf. Eine **frühe Diagnose der Gefährdung des Lernerfolgs** ist daher bei dieser Gruppe aufgrund klarer Hinweise auf ihr Zurückbleiben gegenüber der großen Gruppe der übrigen Lerner möglich und erscheint als Voraussetzung für eine möglichst früh einsetzende gezielte Hilfe dringend geboten.

## Merkmale lernförderlicher Klassen

Für den Vergleich zwischen *Klassen mit hohem bzw. niedrigem Unterrichtserfolg* wurden die individuellen Werte für den mittleren Lernzuwachs über alle Schuljahre hinweg auf Klassenebene aggregiert (Klassenmittelwert). Um die durch Pädagogen veränderbaren Wirkungsfaktoren zu beschreiben, wurde der Einfluss des soziokulturellen Umfelds auf den Lernerfolg aus der Analyse ausgeschaltet, sodass sich Klassen vergleichen lassen, die nach der Entwicklung der Lernergebnisse der Schüler und Schülerinnen unabhängig von den schulischen Umgebungsbedingungen als mehr oder weniger lernförderlich einzustufen sind. Wegen der besonderen Bedeutung der Verhinderung des Lernversagens wurde neben dem *Lernzuwachs aller Kinder in der Klasse* zudem der *Lernzuwachs der SchülerInnen mit Rechtschreibschwierigkeiten* besonders berücksichtigt, indem für jede Klasse ein Durchschnittswert dieser beiden Gruppenmittelwerte errechnet wurde. Dadurch wird dem Lernzuwachs der rechtschreibschwachen neben dem Lernzuwachs aller Kinder ein besonderes Gewicht beigemessen. Die im Folgenden verglichenen Gruppen von Klassen mit hoher bzw. niedriger *Lernförderlichkeit* unterscheiden sich folglich in ihrem *Unterrichtserfolg für alle Kinder und besonders für die Kinder mit Lernschwierigkeiten.* Die Festlegung der Vergleichsgruppen erfolgte mithilfe der Medianhalbierung, sodass sich zwei Gruppen von 57 bzw. 58 Klassen mit hoher bzw. niedriger Lernförderlichkeit ergaben.

Die beiden Gruppen unterscheiden sich weder hinsichtlich der Ausgangsleistungen der Kinder im ersten Schuljahr noch hinsichtlich des Sozialfaktors der schulischen Umgebung. Sie unterscheiden sich jedoch im Laufe der Grundschulzeit zunehmend in den Durchschnittsleistungen aller SchülerInnen und insbesondere in den Leistungen der ursprünglich rechtschreibschwachen Kinder. Das bedeutet, dass es den lernförderlichen Klassen gelingt, auf der Grundlage vergleichbarer Ausgangs- und Umfeldbedingungen deutlich bessere Lernfortschritte der Schülerinnen und Schüler zu ermöglichen.

Um zu analysieren, welche Merkmale die Lernförderlichkeit dieser Klasse bedingen, wurden die Klassen mit hoher bzw. niedriger Lernförderlichkeit verglichen. Nach den Ergebnissen der Gruppenvergleiche lassen sich die Merkmale lernförderlicher Klassen im Kontrast zu den übrigen Klassen folgendermaßen zusammenfassen:

Bei der Interpretation der Ergebnisse des Gruppenvergleichs muss noch einmal betont werden, dass die Hervorhebung von Unterschieden zwischen den Klassen mit hoher bzw. niedriger Lernförderlichkeit in Form der differenziellen Betrachtung nicht bedeutet, dass solchen Merkmalen, in denen sich die Gruppen nicht unterscheiden, keineswegs eine geringe Bedeutung für den Lernerfolg zukommt. Das Gegenteil kann zutreffen: Die Tatsache, dass sich die Gruppen im Hinblick auf ein Merkmal nicht unterscheiden, bedeutet lediglich, dass dieses Merkmal in beiden Gruppen ähnlich ausgeprägt ist und daher für beide Gruppen von ähnlich grundlegender Bedeutung für die Entstehung von Lernerfolg sein kann, ohne dass sich die Unterschiede zwischen den Klassen durch dieses Merkmal begründen lassen. (Aufgrund gesellschaftlicher Bedingungen und aus ethischen Gründen haben wir keine Möglichkeit, Klassen zu untersuchen, denen grundlegende Bedingungen für den Lernerfolg [z.B. Möglichkeit des Lesens in der Klasse] gänzlich fehlen, sodass der hohe Einfluss solcher als selbstverständlich angesehenen Voraussetzungen nicht als differenzierendes Merkmal lernförderlicher Klassen erscheint.) Der fehlende Unterschied hinsichtlich solcher Merkmale zwischen den Klassen besagt dann, dass alle Klassen diese Bedingung hinreichend realisieren.

- Bei den **klassenübergreifenden Bedingungen in der Schule** ergeben sich kaum Unterschiede: Weder das Ausmaß der auf die Förderung der Schriftsprache ausgerichteten Kooperation zwischen Schriftsprachberatern und Schulleitung noch der Umfang an Fortbildung und die Anzahl von Projekten differenziert die Gruppen. Das Ausmaß an Elternaktivitäten in der Schule fällt sogar nach Einschätzung der Schulleitungen geringer aus. Auch bei den Einstellungen im Kollegium lassen sich nur wenige Unterschiede feststellen. Es deutet sich ein Trend an, nach dem die Kollegien in den Schulen der lernförderlichen Klassen den Projektzielen des PLUS teilweise skeptischer gegenüberstehen: Zwar wird die Idee der präventiven Förderung gleichermaßen unterstützt, jedoch trifft die Idee der integrativen Förderung und des kooperativen Unterrichts eher auf Skepsis.

- Auch bei den **strukturellen Bedingungen des Klassenunterrichts** ergeben sich relativ wenige Unterschiede. Die Frage, ob eine *Fibel oder ein* bestimmter *Lehrgang* im Unterricht verwendet wird, ist demnach nicht entscheidend für die unterschiedliche Lernförderlichkeit, und auch andere fachdidaktische Entscheidungen (Grundwortschatz, Wörterbuch) scheinen eher marginal zu sein. Einflussreicher auf den Lernerfolg scheint demnach eher zu sein, ob in der Klasse bereits **möglichst früh systematisch an der Rechtschreibung gearbeitet wird** (Rechtschreiblehrgang bereits in Klasse 1) und in welchem Ausmaß die Schreibaufgaben für die Kinder in den frühen Phasen vom Lehrer vorstrukturiert werden. Im weiteren Verlauf der Grundschule erscheint auch die **Zahl der Schreibprojekte** einflussreich für den Lernerfolg. Bereits diese Befunde weisen auf die zentrale Rolle der Lehrerin bei der Unterrichtsgestaltung hin: in lernförderlichen Klassen wird *die Lerntätigkeit der Kinder* im ersten Schuljahr *stärker durch die Lehrerin* und ihre Vorgaben *strukturiert.*
- Damit rücken die **Prozessmerkmale des Unterrichts** in den Vordergrund der Betrachtung, die in mehrfacher Weise deutlich zwischen Klassen mit unterschiedlicher Lernförderlichkeit differenzieren: In den lernförderlichen Klassen wird mehr Unterrichtszeit effektiv zum Lernen verwendet, die Interaktionsprozesse zwischen Lehrerin und SchülerInnen dominieren stärker, während nicht direkt interaktive Prozesse (z.B. Vortrag, Einzelarbeit) zurücktreten. Die Lehrerin tritt direktiver auf, schenkt der Klasse mehr Aufmerksamkeit und differenziert ihre Zuwendung an die Kinder (weniger an einzelne Kinder, jedoch gezielt an leistungsschwache Kinder). Auch die Förderlehrerin widmet den rechtschreibschwachen Kindern in lernförderlichen Klassen mehr Aufmerksamkeit. Zudem zeigen die Kinder in lernförderlichen Klassen ein eher angemessenes Lern- und Arbeitsverhalten, und das soziale Klima in der Klasse erscheint Beobachtern besser.
- Auch beim **Förderunterricht** scheinen die strukturellen Bedingungen weniger bedeutungsvoll für den Lernerfolg zu sein als die personabhängigen Gestaltungsmerkmale. Weder die Zahl der Förderstunden noch der Ort der Förderung (intern oder extern), die Sozialform (Einzel- oder Gruppenförderung) oder die Funktion der Förderlehrerin (Schriftsprachberaterin, LRS-Lehrerin oder andere) sind nach den Vergleichsergebnissen entscheidend für den Fördererfolg. Und der Befund, dass die Anzahl verfügbarer Förderstunden negativ mit dem Lernerfolg korreliert, weist darauf hin, dass nicht die Menge der verordneten Förderzeit, sondern vielmehr die **Intensität des Lernens in dieser Unterrichtszeit die Lernförderlichkeit bestimmt**. Die Gestaltung einer effektiven Förderung scheint

leichter zu sein, wenn weniger verschiedene Förderlehrer in der Klasse tätig sind und wenn insbesondere die Tätigkeit von Klassen- und Förderlehrerin klar voneinander abgegrenzt sind.

Die **Ergebnisse der Klassenvergleiche** zeigen einige generelle Trends an:

- Zwischen verschiedenen Klassen – auch innerhalb einer Schule – zeigt sich eine **große Bandbreite hinsichtlich der Lernförderlichkeit**, die zu erheblichen Unterschieden der SchülerInnen hinsichtlich ihrer Chancen für ein erfolgreiches Lernen führt. Diese Bandbreite unter den Klassen besteht unabhängig davon, ob in einer Klasse oder Schule eine Schriftsprachberaterin oder eine andere Förderlehrerin tätig ist. Die Herstellung von Lernförderlichkeit in einer Klasse ist demnach nicht an eine bestimmte Funktion der Förderlehrerin gebunden, sondern hängt vielmehr mit der Persönlichkeit der beteiligten Lehrer zusammen. Weiter weisen die Ergebnisse darauf hin, dass die klassenübergreifenden Bedingungen der Schule offenbar eine nachrangige Bedeutung zur Erklärung von Unterschieden hinsichtlich der Lernförderlichkeit von Klassen haben. Wesentlich einflussreicher sind dagegen die klasseninternen Bedingungen.
- Allein schon wegen der zeitlichen Unterschiede in der Präsenz in der Klasse hat das **Verhalten der Klassenlehrerin** einen deutlich stärkeren Einfluss auf die Lernergebnisse der Schüler als das Verhalten der Förderlehrer, denen nur wenige Wochenstunden zu Verfügung stehen. Eine Veränderung des Unterrichts und eine Erhöhung der Lernförderung in der Klasse kann daher nicht ohne die Klassenlehrerin gelingen; die Rolle der Förderlehrerin sollte sich – in möglichst klarer Abgrenzung der Aufgaben – der Rolle der Klassenlehrerin zuordnen und diese möglichst unterstützen.
- Eine differenzierte Betrachtung der Wirkungen auf den Lernerfolg der Förderkinder zeigt, dass die erwähnten Prozessmerkmale des Unterrichts deutlich stärker mit ihrem Lernerfolg zusammenhängen als mit dem Lernerfolg der gesamten Klasse. **Lernförderliche Bedingungen des Unterrichts sind demnach umso wichtiger für den Lernfortschritt, je niedriger das Leistungsniveau der Kinder ist**. Kausal interpretiert kann angenommen werden, dass Kinder umso mehr vom schulischen Unterricht – positiv oder negativ – abhängig sind, je ungünstiger ihre außerschulischen Lernbedingungen und ihre persönlichen Lernvoraussetzungen sind. Die Frage, welche Merkmale des Unterrichts lernförderlich sind, muss daher stets um die Frage ergänzt werden, um welche Lernergruppe es sich handelt. Merkmale, die für viele Kinder mit guten Lernvoraussetzungen förderlich sind, können für lernschwache Kinder hinderlich wirken. Dies muss insbesondere bei der Steuerung der Komplexität und der Selbstständigkeit der Aufgaben sowie der Gewährung gezielter Hilfen durch die Lehrerin beachtet werden.
- Die schon im Rahmen der Voruntersuchung zum PLUS (vgl. May 1994) aufgestellten Hypothesen zur Wirksamkeit »klassischer« Merkmale des Unterrichts (effektive Nutzung der Lernzeit, affektive Unterstützung, günstige Lernatmo-

sphäre in der Klasse, konzentrierte Arbeitshaltung u.a.) auf den Lernerfolg konnte weitgehend bestätigt werden. Eine Schlüsselrolle kommt dabei offenbar der **Steuerung des Unterrichtsgeschehens** durch die Lehrerin zu. Lehrer, die im Klassenunterricht der Grundschule direktiver unterrichten, eine höhere Aufmerksamkeit für die Abläufe in der Klasse zeigen und ihre Zuwendung an die Schüler gezielt auf die förderbedürftigen Kinder ausrichten, erzielen im Allgemeinen bessere Lernergebnisse.

Nach den empirischen Befunden gibt es offenbar »viele Wege« zum Lernerfolg. Strukturelle Merkmale des (Förder-)Unterrichts wie Lehrgangsform, Ort und Sozialform der Förderung haben für die Lernförderlichkeit eine eher untergeordnete Bedeutung. Viel wichtiger scheint demnach die Frage zu sein, *wie* die Lehrkräfte ihre SchülerInnen mit dem Unterrichtsmaterial vertraut machen und ihnen helfen. Dies sollte zukünftig in den Diskussionen um die Frage des »guten Unterrichts« stärker beachtet werden.

*Ralph Weigt*

# Zur Förderung in LRS-Klassen

*Erfahrungen aus der DDR*

Es gab und gibt in Deutschland, und zwar in West und Ost, eine ganze Reihe von Schülern und Schülerinnen, die im Verlaufe der Schulzeit das Lesen und (Recht)-Schreiben nur ungenügend erlernen. In den alten Bundesländern werden 300.000 bis 3.000.000 Analphabeten geschätzt. Über die Zahlen in der DDR liegen keine Angaben vor (Huck 1990). Untersuchungen kurz nach der Wende zeigten, dass die ostdeutschen Kinder deutlich besser auf diesem Gebiet abschlossen (May 1991, Balla u.a. 1991). Allerdings gab es auch in der DDR Menschen, die die Schriftsprache so schlecht beherrschten, dass sie sie nicht erfolgreich im täglichen Leben einsetzen konnten. Deshalb begann in der DDR Anfang der 60er-Jahre die systematische Beschäftigung mit dem Problem des Versagens im Lese-Rechtschreib-Lernprozess. Zu den ersten, die sich diesen Fragen widmeten, gehörten der Psychologe A. Kossakowski (1961) und die Sprachheilpädagogin R. Becker (1985). Letztere initiierte und leitete in diesem Zusammenhang einen Schulversuch, der später vom Verfasser weitergeführt wurde. In ihm ging es darum, unterschiedliche Förderansätze in Sonderklassen zu erproben. Schließlich wurde versucht, derartige Klassen an Sprachheilschulen einzurichten. Das entsprach und entspricht dem theoretisch richtigen Ansatz, dass auch ein massives Versagen in der Schriftsprache – nicht nur in der Lautsprache! – zu einer Behinderung mit allen ihren psychischen und sozialen Auswirkungen führt. Die erste dementsprechende, beim damaligen Ministerium für Volksbildung eingereichte Vorlage wurde überhaupt nicht verhandelt, da die sozialistische Schule angeblich in der Lage war, alle Kinder ausreichend zu fördern. In der Schulpraxis zeigte sich allerdings ein anderes Bild. Deshalb kam das Ministerium schließlich nicht umhin, der Einrichtung derartiger Klassen auf der Grundlage der *vierten* Vorlage zuzustimmen. In der Folgezeit wurden in allen Bezirken der DDR schrittweise so genannte LRS-Klassen an Sprachheilschulen oder, wo das nicht möglich war, unter der fachlichen Leitung der Sprachheilschule an »allgemeinbildenden Oberschulen« (Regelschulen) eingerichtet. Demzufolge gab es auf dem Territorium der DDR schließlich (bezogen auf den letzten Tag ihrer Existenz) ca. 250 Klassen für rund 3000 Schüler und Schülerinnen mit Lese-Rechtschreib-Schwäche (so genannte LRS-Klassen, als 2. und 3. Klassen größtenteils an »Normal«schulen geführt).

Von 1974 an wurde in diesen Klassen nach einem spezifischen Lehrplan unterrichtet. Die LRS-Klassen waren so konzipiert, dass die Schüler die Klassenstufe 2 wiederholten und das Lesen und Rechtschreiben auf der Grundlage besonderer für diese Klassen entwickelter Schulbücher erlernten. Die Klassenstärke betrug durchschnittlich 12 Kinder. Die Klasse 3 LRS diente der Festigung und Erweiterung der in Klasse 2 LRS erworbenen Fähigkeiten und Fertigkeiten sowie der Vorbereitung der Rückschulung in die Klasse 4 der »Oberschule« der DDR (im Folgenden wird zur Vermeidung von Missverständnissen von Grundschule gesprochen). In beiden Klassenstufen wurden alle Fächer unterrichtet, die in der Grundschule obligatorisch waren. Zu der Zahl der Deutschstunden pro Woche (12 in Klasse 2 LRS – inklusive 2 Stunden Heimatkunde [Sachkunde] – und 14 in Klasse 3 LRS – inklusive 3 Stunden Heimatkunde –) kamen 6 Stunden spezifischer muttersprachlicher Unterricht (Therapie), der in kleineren Gruppen – je nach Schweregrad der LRS – maximal 3 Stunden pro Kind ausmachte.

Neben diesen LRS-Klassen gab es vielfältige Bemühungen in der 1. und 2. Klasse der Grundschule und darüber hinaus in den Vorschuleinrichtungen, die von 95% aller Kinder besucht wurden, um ein Zurückbleiben beim Lesen- und Schreibenlernen von vornherein zu verhindern.

## Untersuchungsergebnisse

Katamnestische Untersuchungen haben gezeigt, dass der Weg über die LRS-Klassen die meisten Kinder in die Lage versetzte, den für die DDR üblichen Abschluss der 10. Klasse zu erreichen. Der Verfasser konnte bei katamnestischen Erhebungen an Kindern der ersten Vorversuchsklassen folgende Feststellungen treffen:

Auf der Grundlage der Ergebnisse, die in einem Diktat und einer schriftlichen Nacherzählung erzielt wurden, konnten nach einjährigem Besuch der Grundschule sieben von elf Kindern als rehabilitiert angesehen werden, das sind 63,6%. Wäre man bei dieser Einschätzung vom Lehrerurteil ausgegangen, wie das in der Literatur häufig getan wird, hätten sogar alle Kinder als rehabilitiert angesehen werden können.

Bojahr (1972) hat katamnestische Untersuchungen an allen Kindern eines Jahrganges durchgeführt, die wegen Verdachts auf LRS einer Sprachheilschule vorgestellt worden waren: Alle Kinder, die eine LRS-Klasse besucht hatten, waren kontinuierlich bis zur Klasse 5 aufgestiegen. Insgesamt konnte sie feststellen, dass die Kinder, die in eine LRS-Klasse umgeschult worden waren, bessere Entwicklungsbedingungen hatten als die in einer Grundschule verbliebenen, unabhängig von der Diagnose. Das wird in der folgenden Übersicht deutlich:

Es erfüllten die schriftsprachlichen und sozialen Anforderungen der Schule in

- Gruppe 1 (Kinder mit LRS, die zwei Jahre in einer LRS-Klasse beschult worden waren): 10 von 13, d.h. 77%.
- Gruppe 2 (Kinder mit LRS, die aus Kapazitätsgründen nicht in eine LRS-Klasse aufgenommen werden konnten): 6 von 25, d.h. 24%.
- Gruppe 3 (Schüler ohne LRS, d.h. bei denen der Grad der Auffälligkeit unter den Kriterien für die Aufnahme in eine LRS-Klasse lagen): nur 14 von 26, d.h. 54%.

- Gruppe 4 (Kinder, bei denen eine allgemeine Leistungsschwäche diagnostiziert wurde und die deshalb nicht in eine LRS-Klasse aufgenommen wurden): 3 von 21, d.h. 14%.

Der Unterschied zwischen den Gruppen 1 und 2 ist (geprüft mit chi$^2$) signifikant. Es erscheint also sinnvoll, Kinder mit LRS in Sonderklassen zu beschulen, damit ihre Persönlichkeitsentwicklung bestmöglich gesichert werden kann. Erhärtet wird diese Feststellung noch durch ein weiteres Ergebnis der Arbeit. Von den 25 Kindern der Gruppe 2, die sich in Klasse 5 statt 6 befanden, d.h., ebenso wie die Kinder der Gruppe 1 eine Klassenstufe wiederholt hatten, konnten nur 3 die schriftsprachlichen und sozialen Anforderungen der Oberschule erfüllen. Das bestätigt auch die Erkenntnis, dass ein »Sitzenbleiben an sich« keine Erfolg versprechende Maßnahme darstellt. Nur wenn mit dem Wiederholen einer Klassenstufe gleichzeitig spezifische Maßnahmen eingeleitet werden, im Falle der LRS ein rehabilitationspädagogischer Prozess beginnt, besteht mit hoher Wahrscheinlichkeit die Aussicht, Auffälligkeiten weitestgehend abbauen zu können.

Katamnestische Untersuchungen des Verfassers, die in den Jahren bis 1973 an Kindern aus LRS-Klassen durchgeführt wurden, brachten das Ergebnis, dass sich ca. 75% der Schüler und Schülerinnen ohne bzw. ohne wesentliche Schwierigkeiten in der Grundschule kontinuierlich entwickelten. Bei rund 20% traten zeitweilige oder andauernde Schwierigkeiten auf, die besondere Maßnahmen der Grundschule erforderlich machten, falls die Kontinuität der Entwicklung nicht gefährdet werden soll. Nur bei 5% waren wegen massiver Auffälligkeiten Klassenwiederholungen, Heimeinweisungen und ähnliche Maßnahmen erforderlich.

Ossowski (1991) untersuchte 9 Absolventen einer LRS-Klasse in Sachsen in Klasse 5 und kam unter anderem zu folgenden interessanten Aussagen: Den Entlassungsdiagnosen zufolge hatten alle Kinder mit Erfolg am zweijährigen LRS-Lehrgang teilgenommen, das heißt die Lese-Rechtschreib-Schwäche konnte behoben werden. Trotzdem traten jedoch oftmals noch Regelfehler in der Rechtschreibung und gelegentlich Schwierigkeiten beim übergreifenden Lesen auf. Insgesamt war aber für alle Schülerinnen und Schüler die erfolgreiche Teilnahme am LRS-Lehrgang ein großer Gewinn. Es hatte sich in den zwei Jahren wieder eine Lernbereitschaft herausgebildet. Bei allen Kindern stieg aufgrund der vielfältigen Erfolgserlebnisse das Selbstbewusstsein. Alle zeigten sehr gute bis befriedigende Leistungen, hatten sich gut in die neuen Klassenverbände eingefügt und wurden von ihren Mitschülern anerkannt. Manche der beobachteten Schüler wendeten leise, nur für sich hörbar, die in der LRS-Klasse erlernten Kommentare zu Besonderheiten der Schreibweise an (s. unten). Bei besonders schwierigen Wörtern griffen einige auf das Lautieren zurück. Das Lesen erfolgte teilweise verlangsamt, aber stets sinnerfassend.

Nach der Wende wurde mit wenigen Ausnahmen der für den östlichen Teil Deutschlands geprägte Begriff »Beitrittsgebiet« sehr wörtlich genommen, beispielsweise indem man die damals immerhin 15 Jahre alten Empfehlungen der KMK, ohne auch nur die leiseste Kritik anzumelden, einfach übernommen hat oder auf Umwegen dahin kommen wollte. So wurde vielfach im »vorauseilenden Gehorsam«, ohne weitere Untersuchungen anzustellen, die Schließung der bestehenden LRS-Klassen angestrebt. Ausnahmen waren von Anfang an die Länder Mecklenburg-Vorpommern und Sachsen. In Erlassen der betreffenden Ministerien wurde die Förderung von SchülerInnen mit LRS (teilweise unter anderem Namen) gesetzlich geregelt. Inzwischen gilt das auch für die Länder Thüringen und Sachsen-Anhalt, was dem unermüdlichen Einsatz von engagierten LehrerInnen aus LRS-Klassen zu verdanken ist. In den genannten Ländern sind die LRS-Klassen – inklusive Schulzeitverlängerung – als *eine* Möglichkeit erhalten geblieben, sofern die Förderung innerhalb des Klassenverbandes oder in Form von Förderkursen nicht ausreicht. In Brandenburg und (Ost-)Berlin verfährt man weitestgehend »angepasst«. Teilweise werden Kleinklassen gebildet, deren Erfolg allerdings zweifelhaft erscheint. Eine Förderung ohne Klassenwiederholung oder -dehnung führt – wie die obigen Zahlen belegen –, nur bei einer Minderheit zum gewünschten Erfolg.

## Vorschläge für die Förderung

Aufgrund der Erfahrungen in den LRS-Klassen lassen sich u.a. folgende Regeln für die Förderung aufstellen (näheres s. Weigt 1994):

- Der Unterricht muss für die Schülerinnen und Schüler *klar zielorientiert* verlaufen. Nur so ist eine bewusste Auseinandersetzung mit dem Stoff möglich, die eine wesentliche Voraussetzung für die Vermittlung von Erfolgserlebnissen darstellt.
- Der Lernprozess muss für den Lernenden in *überschaubare Teilschritte* aufgegliedert werden. Diese müssen so bemessen sein, dass sie der Schüler mit Anstrengung bewältigen kann.
- Die Überschaubarkeit der anzustrebenden Lernziele ist mit ein Grund dafür, dass der zu erarbeitende *Wortschatz begrenzt* werden muss. Auf der Grundlage einer bestimmten Anzahl orthographisch gesicherter Wörter soll das Kind lernen, durch Analogiebildung sowie durch Anwendung gewonnener Einsichten über orthographische Regelmäßigkeiten, über Wortbildung und Wortbeugung neue Wörter weitestgehend selbstständig richtig zu schreiben.
- *Lernerfolge* sollten möglichst umgehend bestätigt und damit bewusst gemacht werden.
- Der *Entwicklungsstand* des Schülers und der Schülerin muss kontinuierlich analysiert werden. Die Lehrerin muss in jeder Phase des Lehr- und Lernprozesses von jedem Kind möglichst genau wissen,
  - welche Kenntnisse es sich bis zu diesem Zeitpunkt angeeignet hat,
  - welche Lücken im Aneignungsprozess bestehen,
  - welche Fähigkeiten und Fertigkeiten es für die Lösung bestimmter Aufgaben besitzt und welche Aufgabenarten besondere Schwierigkeiten bereiten.

- Der *individuellen Aufgabenstellung* innerhalb des Förderunterrichts kommt große Bedeutung zu. Gerade bei Kindern mit LRS sind die individuellen Besonderheiten im Lernprozess außerordentlich stark ausgeprägt, sodass es notwendig ist, durch eine flexible Gestaltung des Unterrichts jedem Schüler günstige Voraussetzungen für erfolgreiches Lernen zu schaffen.
- Förderunterricht sollte durch *spielerische Elemente* »aufgelockert« werden. Diese dienen sowohl der Entwicklung wichtiger Sozialformen als auch dem nötigen Ausgleich zum angestrengten schulischen Lernen, bedürfen jedoch einer besonders gründlichen Vorbereitung.
- Eine wichtige Voraussetzung für die erfolgreiche Gestaltung des Förderunterrichts ist die *Entwicklung positiver Lern- und Verhaltensgewohnheiten.*

Bewährt haben sich das kommentierte Lautieren und Schreiben. Ein Beispiel für **kommentiertes Lautieren** (s. dazu auch den Beitrag von Ehri et al. in diesem Band):

| | | | |
|---|---|---|---|
| wollen – | /v-o-l-en/ | – wollen | – wir sprechen /l/ und schreiben Doppel-/l/. |
| Löffel – | /l-ö-f-el/ | – Löffel | – wir sprechen /f/ und schreiben Doppel-/f/. |
| ab – | /a-p/ | – ab | – wir sprechen /p/ und schreiben /b/. |

Die Lernenden erkennen: Durch einen Vergleich des Schriftbildes mit dem Klangbild können die Teile des Wortes ermittelt werden, die von der phonemgerechten Schreibung abweichen oder – wie Kinder es ausdrücken –, die man anders schreibt, als man sie spricht. Die Lernenden werden angehalten, alle folgenden Handlungsschritte bewusst auszuführen:

- Sprechen des Wortes
- Betrachten des Schriftbildes
- Lautieren des Wortes, dabei Vergleich der Einzellaute mit den Buchstaben
- Feststellen der Abweichungen
- Formulieren der Abweichungen: Wir sprechen ... und schreiben ...

Beim **kommentierten Schreiben** lernen die Schüler und Schülerinnen, vorher festgelegte Besonderheiten zur Schreibung bestimmter Wörter anzusagen. Diese Kommentare betreffen z.B. Abweichungen zwischen Klangbild und Schriftbild, wie

| | |
|---|---|
| *– zu Konsonantenverdopplungen* | |
| kommen | – mit Doppel-/m/ |
| sollen | – mit Doppel-/l/ |
| *– zu bezeichneten Dehnungen* | |
| /i-e/: liegen | – mit /i-e/ |
| /e-h/: sehen | – mit /e-h/ |
| Doppel-/o/: Boot | – Substantiv, mit Doppel-/o/ |

– *zur abweichenden Schreibung des Konsonanten im Auslaut*

| | |
|---|---|
| – /b/: ab | – mit /b/ |
| – /d/: Bad | – Substantiv, mit /d/ |
| – /g/: Montag | – Substantiv, mit /g/ |
| – *zu Graphemen ohne eigenen Lautwert* | |
| v: vier | – mit v und /i-e/ |
| ß: heiß | – mit ß |
| ck: schicken | – mit ck |
| tz: setzen | – mit tz |
| – *zur Schreibung von st und sp im Anlaut* | |
| /z-t/: stecken | – mit /z-t/ und ck |
| /z-p/: spät | – mit /z-p/. |

In der Etappe des kommentierten Schreibens soll das Kind befähigt werden, Klangbilder und Schriftbilder in Gedanken zu vergleichen und Besonderheiten, die beim Aufschreiben beachtet werden müssen, anzusagen. Dadurch wird es in die Lage versetzt, bei schriftlichen Übungen weitestgehend fehlerfrei zu arbeiten.

## Hilfen durch Lautgebärden?

Abschließend ein paar Bemerkungen zum Gebrauch von Handzeichen bzw. Lautgebärden. Viele Autoren weisen darauf hin, dass damit dem Kind eine weitere »Stütze« für das sichere Einprägen geboten würde. Als Ausgangspunkt werden für die einzelnen Handzeichen unterschiedliche Sachverhalte gewählt: die Ähnlichkeit mit Buchstaben, die Ähnlichkeit mit Mundbildern, phonomimische Ableitungen und andere. Und gerade aus diesem Grunde halte ich die entwickelten Systeme für unzulänglich. Sie berücksichtigen nicht die individuelle Situation des Kindes. Auch ich habe Handzeichen eingesetzt, allerdings nie als System. Meine Schüler und Schülerinnen hatten immer nur mit bestimmten Lauten und Buchstaben ihre Schwierigkeiten. Nur dann habe ich Handzeichen angewandt, eben als Unterstützung. Und da jeder seine spezifischen Schwierigkeiten hatte, habe ich mich mit meinem Handzeichen darauf eingestellt. Hat ein Schüler m und n verwechselt, weil er Schwierigkeiten bei der visuellen Unterscheidung hatte, wurden drei bzw. zwei Finger für die Anzahl der Abstriche gezeigt. War eine phonematische Differenzierungsschwäche die Ursache, wurde der Zeigefinger entweder auf den Mund oder an die Nase gelegt, und auch das nur so lange, wie es unbedingt erforderlich war. Die »Stützen« wurden stets schnellstens wieder abgebaut, weil sie nur als zusätzliche Hilfen gesehen wurden. Schon aus diesem Grund hat die Vermittlung eines vollständigen Systems keinen Sinn.

*Christian Klicpera / Barbara Gasteiger-Klicpera*

# Anforderungen an die schulische Förderung von SchülerInnen mit LRS

*Erfahrungen aus Österreich*

Die Maßnahmen zu Gunsten von SchülerInnen mit Lese- und Rechtschreib-Schwierigkeiten haben in der Schule in den letzten Jahrzehnten – in Österreich wie auch in Deutschland – eine wechselhafte Geschichte gehabt: In Österreich wurden solche Maßnahmen Ende der 60er-Jahre zunächst in Wien, dann auch in den meisten anderen Bundesländern eingeführt und als Kurse für Kinder mit Teilleistungsschwächen der 2. und 3. Schulstufe bis in die späten 80er-Jahre in relativ großer Zahl für eine Stunde pro Woche durchgeführt. Etwa 25% der Kinder in der 2. oder 3. Klasse nahmen für längere Zeit an diesen Fördermaßnahmen teil. In der Zwischenzeit wurden – auch als Folge einiger Studien, die diesen Kursen nur einen geringen Erfolg bescheinigten (Seyfried/Rop 1985, Klicpera/Gasteiger-Klicpera/ Hütter 1993) – diese Kurse in einigen österreichischen Bundesländern (leider ohne besseren Ersatz) abgeschafft, in anderen eingeschränkt.

Dieser Tendenz, spezielle Maßnahmen für Kinder mit Lese- und Rechtschreib-Schwierigkeiten nicht als vordringliche Aufgabe der Schule zu betrachten oder wegen der mangelnden Wirksamkeit bestehender Maßnahmen einzuschränken, sind vor allem die folgenden Argumente entgegenzuhalten:

- Leseschwierigkeiten beeinträchtigen die weitere kognitive Entwicklung, indem sie den Kindern den Zugang zu Büchern erschweren. Lese- und rechtschreibschwache Kinder bleiben im längsschnittlichen Verlauf in ihrer sprachlichen Entwicklung – in Wortschatz und Syntax – wie auch in der Entwicklung ihres Allgemeinwissens immer mehr hinter ihren Alterskollegen zurück (Share/Silva 1988).
- In unserer Zeit hat die Bedeutung der Beherrschung des Lesens und Schreibens für das Berufsleben und den Alltag gegenüber früher deutlich zugenommen. Während vor dreißig bis vierzig Jahren noch ein größerer Teil der Berufe ohne erhebliche Lese- und Schreibfertigkeiten erlern- und ausübbar war, gilt dies heute nur mehr für einige wenige Berufe (Mikulecky/Drew 1991). SchülerInnen, die mit ungenügenden Lese- und Schreibfertigkeiten die Schule verlassen, befinden sich also in einer sehr ungünstigen Startposition für ihr späteres Leben.
- An der Entstehung von Lese- und Rechtschreib-Schwierigkeiten sind nicht nur soziale Faktoren (wie eine mangelnde oder stark wechselnde Förderung und Unterstützung durch die Eltern), sondern auch konstitutionelle Faktoren beteiligt,

sodass Kinder ein sehr unterschiedliches Risiko haben, solche Schwierigkeiten zu entwickeln (Klicpera/Gasteiger-Klicpera 1995). Im Sinn einer Schaffung von Chancengleichheit ist daher die spezielle Unterstützung lese- und rechtschreibschwacher Kinder als eine wesentliche Aufgabe der Schule zu betrachten.

- Die Hilfe für lese- und rechtschreibschwache Kinder kann zwar prinzipiell inner- wie außerhalb der Schule erfolgen. Wenn sie allerdings außerhalb der Schule stattfinden soll, besteht die Gefahr, dass eine solche Hilfe nur einem Teil der SchülerInnen zukommt. Selbst unter der Voraussetzung, dass die öffentliche Hand im Rahmen der Sozialhilfe bzw. als soziale Eingliederungshilfe – wie etwa in der BRD – solche Hilfen finanziert, ist die Wahrscheinlichkeit groß, dass nur ein Teil der Eltern um die entsprechende Unterstützung nachsucht. Wenn solche Unterstützungen nicht vorhanden sind, sind die Eltern darauf angewiesen, solche Hilfen privat zu finanzieren. Dabei muss zusätzlich bedacht werden, dass die Eltern zumeist zu wenig Informationen haben, um beurteilen zu können, welche Hilfen angemessen sind und welche nicht, und daher Modeströmungen und immer wieder propagierten Therapieprogrammen auf den Leim gehen werden, die sich bei einer kontrollierten, genaueren Evaluation als relativ wirkungslos erweisen (wie etwa die Kinesiologie – siehe Klicpera/Gasteiger-Klicpera 1996 und Zangerle in diesem Band).

Folgende Befunde der Untersuchungen der letzten Jahre müssen bei einer Neuorientierung der organisatorischen Rahmenbedingungen von Fördermaßnahmen berücksichtig werden:

- Es besteht eine hohe Stabilität der Schwierigkeiten beim Lesen und Rechtschreiben zumindest von Mitte der 2. Klasse an (Klicpera/Gasteiger-Klicpera/Schabmann 1993), sodass eine möglichst frühzeitige Intervention angezeigt erscheint.
- Auch bei frühzeitiger Intervention sind allerdings nicht alle Schwierigkeiten behebbar. Jene SchülerInnen, die trotz Teilnahme an einer frühzeitigen intensiven Fördermaßnahme fortbestehende Probleme haben, zeichnen sich durch besonders große Probleme in phonologischen Fertigkeiten aus. Für eine kleinere Gruppe von Kindern sind längerfristige Maßnahmen zur Unterstützung erforderlich.
- Lese- und Rechtschreib-Schwierigkeiten kommen in verschiedenen Klassen, sogar in Parallelklassen derselben Schule, mit einer sehr unterschiedlichen Häufigkeit vor (Valtin 1981, Klicpera/Gasteiger-Klicpera/Schabmann 1993), sodass die Förderung nicht in allen Klassen in gleichem Ausmaß angezeigt ist und spezielle Fördermaßnahmen immer auch die Situation der ganzen Klasse mit in Betracht nehmen müssen (s. dazu auch den Beitrag von May in diesem Band).

### Gefährdungen für den Erfolg schulischer Fördermaßnahmen

Eine Auseinandersetzung mit den traditionellen schulischen Fördermaßnahmen für lese- und rechtschreibschwache Kinder kommt nicht umhin, zahlreiche Schwächen in der Organisation wie auch der inhaltlichen Orientierung dieser Fördermaßnahmen festzustellen. Diese Mängel dürften an manchen Stellen so schwerwiegend sein, dass sie den Erfolg dieser Maßnahmen insgesamt infrage stellen. Dies war zumindest das Ergebnis einer detaillierten Analyse der Legastheniker-Förderkurse in einem Wiener Schulbezirk, die wir vor etwa 10 Jahren durchgeführt haben und in der wir nicht nur die Leistungsfortschritte der Kinder im Längsschnitt über mehrere Jahre analysiert haben, sondern die Aktivitäten in den untersuchten Förderkursen jeweils etwa 10 Stunden lang beobachtet haben (Klicpera/Gasteiger-Klicpera/Hütter 1993). Kritik an den bestehenden Fördermaßnahmen für diese Gruppe von Kindern kommt jedoch auch aus anderen Ländern, etwa den USA (Johnston/Allington 1991), und diese Kritik deutet zum Teil in die gleiche Richtung.

Bei unserer Wiener Untersuchung zur Effektivität des Legastheniker-Förderunterrichts mussten wir ein ernüchterndes Ergebnis feststellen: Kinder, die am Legasthenie-Förderkurs teilnahmen, konnten den Leistungsrückstand gegenüber dem Rest der Klasse in keiner Weise aufholen. Auch nach zweijähriger Teilnahme an den Förderkursen war dieser genauso groß wie zu Beginn der Fördermaßnahmen. Zusätzlich konnten die Ergebnisse nicht einmal Fortschritte gegenüber Kindern belegen, die – obwohl ebenso schwach – nicht in die Förderkurse geschickt wurden.

Zur Beantwortung der Frage, welches Lernangebot Kindern mit LRS durch die Teilnahme an den Förderkursen eröffnet wird, verglichen wir den Unterricht in den Förderkursen mit dem Klassenunterricht in den Deutschstunden. Dabei zeigte sich Folgendes (s. auch Klicpera/Gasteiger-Klicpera/Hütter 1993):

- *Lesen:* Im Förderkurs stand den Kindern etwa gleich viel Zeit zum Lesen zur Verfügung wie im Klassenunterricht, die Gestaltung der Lesesituation war jedoch eine ganz unterschiedliche. Im Förderkurs wurde von den SchülerInnen häufiger laut gelesen als in der Klasse, da in den Kursen weniger Kinder waren und es daher möglich war, die Kinder häufiger zum lauten Lesen dranzunehmen. Im Klassenunterricht wurde im Gegensatz dazu nicht nur mehr leise gelesen, hier wurden im Unterricht überwiegend zusammenhängende längere Texte gelesen, die von den LehrerInnen zunächst vorgestellt und dann besprochen wurden. In den Förderkursen lasen die Kinder hingegen vorwiegend einzelne unverbundene Wörter aus Übungsprogrammen. Im Klassenunterricht stand somit die Auseinandersetzung mit dem Lesestoff im Vordergrund, während sich der Unterricht in den Förderkursen auf den Vorgang des Lesens selbst konzentrierte.
  Lautes Lesen erscheint den Lehrern im Förderkurs wahrscheinlich deshalb sinnvoll, da hierbei die SchülerInnen Übung im Dekodieren und Zusammenlauten bekommen. Es bietet zudem der Lehrerin eine Kontrollmöglichkeit und die Gelegenheit zu unmittelbarem korrektiven Feed-back (Carnine/Silbert 1979). Lautes

Lesen bringt aber eine Erschwernis für das Leseverständnis mit sich. Die SchülerInnen müssen auf korrekte Aussprache und Betonung achten und vergessen darüber, auf den Sinn des Gelesenen zu achten. Deshalb kann auch für leseschwache Kinder die Wichtigkeit des leisen Lesens zusammenhängender Texte nicht genug betont werden. Gerade diese Kinder lesen außerhalb des Unterrichts wenig und können daher das Motivierende des Lesens nicht erfahren.

- *Schreiben:* Auch in der für das Schreiben zur Verfügung stehenden Zeit waren die Unterschiede zwischen dem Deutschunterricht und den Förderkursen gering. Ähnlich wie beim Lesen handelte es sich dabei jedoch ebenfalls um unterschiedliche Aufgabenstellungen. Im Klassenunterricht wurde mehr Zeit für freies, selbstständiges Schreiben verwendet, im Förderkurs wurde hingegen auf Schreibübungen Wert gelegt, in denen einzelne Fehlerschwerpunkte geübt und die Unterscheidung verschiedener Buchstabengruppen vertieft wurden. Es fiel dabei auf, dass solche Fehlerschwerpunkte relativ lange geübt wurden. So wie die Kinder im Förderkurs kaum zum Lesen zusammenhängender Texte kamen, so hatten sie es auch beim Schreiben überwiegend mit einzelnen Wörtern zu tun.
  Weiter fiel auf, dass die am häufigsten geübten Fehlerschwerpunkte (die Unterscheidung von ie/ei und b/d) zwar den Empfehlungen entsprechen, die man aus dem traditionellen Legastheniekonzept ableiten könnte, dass aber derartige Fehler nur einen sehr geringen Anteil an den von den Kindern tatsächlich begangenen Rechtschreibfehlern ausmachen. Zudem wurde bei Übungen an Fehlerschwerpunkten die Worthäufigkeit vernachlässigt, ebenso die anderen Merkmale bzw. Schwierigkeiten, die die Wörter sonst noch aufweisen. Da die Aufmerksamkeit der Kinder so nur auf ein Merkmal gerichtet ist, besteht die Gefahr, dass die Kinder durch diese Übungen nicht dazu kommen, sich einen sicheren Bestand an Wörtern anzueignen, von denen sie wissen, wie sie richtig geschrieben werden.
- *Häufige Anwendung von Funktionsübungen:* Aufgrund der Annahme, Legasthenie sei auf Defizite in basalen Fertigkeiten zurückzuführen, werden im Förderkurs häufig Übungen eingesetzt, die solche Defizite ausgleichen sollen. Obwohl der Einfluss von Funktionsübungen auf das Erlernen des Lesens und Schreibens heute stark in Zweifel gezogen wird und einer empirischen Überprüfung nicht standhält (Valtin 1972, Scheerer-Neumann 1979), sehen viele FörderlehrerInnen immer noch eine vorrangige Aufgabe der Förderkurse im Training basaler Fertigkeiten und einer Schulung der Konzentrationsfähigkeit.
  Da die Funktionübungen ein Charakteristikum der Legastheniker-Förderkurse im Vergleich zum Klassenunterricht darstellen und die Zeit, die diesen Übungen gewidmet wird, offensichtlich auf Kosten des Lesens und Schreibens geht, muss auf die Argumente, die gegen eine Betonung von Funktionsübungen sprechen, kurz eingegangen werden.

Viele der Konzepte, die im Rahmen des Teilleistungsmodells über die Teilfertigkeiten der Kinder propagiert werden, sind vor allem deshalb mit Skepsis zu betrachten, weil es eher unwahrscheinlich ist, dass es sich dabei um Fertigkeiten handelt, die von einer Aufgabe zur nächsten übertragbar sind. Dies gilt etwa für das Konzept der Serialität, der Raumlagelabilität, der visuellen, aber auch der auditiven Diskriminationsfähigkeit. So dürfte sich etwa die auditive Diskrimination im nicht-sprachlichen Bereich deutlich von jener im sprachlichen Bereich unterscheiden. Der Zusammenhang einiger als Teilleistungen bezeichneten Fertigkeiten mit Lese- und Rechtschreibschwierigkeiten ist geringer als vielfach von LehrerInnen immer noch angenommen wird. Dies gilt etwa für die Raumlagelabilität bzw. Schwierigkeiten bei der Unterscheidung von Links und Rechts, die in den 50er-Jahren als wesentlich an der Entstehung von LRS beteiligt gesehen wurde. Eine größere Anzahl an Untersuchungen konnte jedoch keinen Nachweis erbringen, dass sie bei der Gruppe der SchülerInnen mit LRS insgesamt oder bei einer Untergruppe dieser SchülerInnen gehäuft auftreten (z.B. Valtin 1974, vgl. auch Valtin in diesem Band). Für andere Konzepte wieder – etwa jenes der Serialität – konnte nicht der Nachweis erbracht werden, dass es sich dabei um eine Fähigkeit handelt, die als einheitlich anzusehen ist, sodass von Schwierigkeiten bei einer Aufgabe auf Schwierigkeiten bei einer anderen Aufgabe geschlossen werden könnte. Auch gibt es keinen überzeugenden Nachweis, dass ein Training in Teilleistungsbereichen sich längerfristig positiv auf das Erlernen des Lesens und Rechtschreibens auswirkt (Valtin 1972, Scheerer-Neumann 1979, Klicpera/Gasteiger-Klicpera 1995).

Ebenso kritisch wie das Teilleistungskonzept erscheint uns die Orientierung der Förderung an Fehlerschwerpunkten beim Rechtschreiben, wenn eine solche Analyse an der Oberfläche ansetzt und nicht die Strategien berücksichtigt, die die Kinder beim Rechtschreiben verwenden. Eine alleinige Orientierung an Fehlerschwerpunkten führt dazu, dass mit einzelnen Wörtern bzw. Wortlisten geübt wird, was nur eine Ergänzung zum Üben im sinnvollen Kontext eines Textes bzw. einer Geschichte oder zumindest von Sätzen sein kann (siehe dazu die Beiträge zum freien Schreiben von Urban und Naegele in diesem Band).

Neben der unzureichenden didaktischen Gestaltung der Förderkurse muss auch klar auf das Zuwenig an bereitgestellten Mitteln sowie an zur Verfügung stehender Zeit hingewiesen werden (für eine detaillierte Darstellung siehe Klicpera/Gasteiger-Klicpera/Hütter 1993).

- Wenn die Förderlehrer die Kinder nur einmal in der Woche für eine Stunde (oder zweimal für eine halbe Stunde) sehen, wie dies bei den Legasthenikerförderkursen in Österreich üblich ist, dann ist die Wahrscheinlichkeit groß, dass sie die Kinder nicht sehr gut kennen. Ein individuelles Eingehen auf die spezifischen Schwierigkeiten der Kinder ist unter diesen Umständen fast nicht mehr möglich. Auch ist eine Planung und Vorbereitung der Stunden unter diesen Umständen schwierig, sodass die Förderlehrer oft weniger auf ihre Stunden vorbereitet zu sein scheinen als die Klassenlehrer.
- Umgekehrt haben auch die Kinder große Mühe, sich auf die besonderen Anforderungen des Förderkurses einzustellen, vor allem wenn die Art der Aufgabenstellung stärker von jener im Klassenunterricht abweicht.

- Eine Weiterführung der schulischen Fördermaßnahmen durch die Eltern ist kaum möglich, wenn die FörderlehrerInnen keinen Kontakt zu den Eltern haben, sondern diese Kontakte über die Klassenlehrerin laufen und auch zwischen Klassen- und FörderlehrerInnen wenig Absprachemöglichkeiten bestehen.
- Sowohl die zeitliche Organisation wie oft auch die räumlichen Verhältnisse (Ausweichräume, wo kein Material vorbereitet werden kann) erschweren noch zusätzlich die Gestaltung von Fördermaßnahmen. Zudem bringt der Wechsel der Kinder vom Klassen- zum Förderunterricht und wieder zurück einen beträchtlichen Zeitverlust mit sich.

Da für die Auswahl der Kinder für die Förderkurse keine eindeutigen Richtlinien vorhanden sind, führt dies dazu, dass trotz eines insgesamt hohen Aufwands nur ein Teil der Kinder mit tatsächlich großen Schwierigkeiten erfasst wird (in unserer früheren Untersuchung sogar nur die Hälfte), während ein größerer Teil der Kinder in den Förderkursen (in der früheren Untersuchung ebenfalls etwa die Hälfte) keine Schwierigkeiten beim Lesen oder Rechtschreiben hat. Hinzu kommt, dass sich ohne eindeutige Vorgaben leicht andere Gesichtspunkte in die Auswahl der Kinder für Fördermaßnahmen einschleichen und diese verzerren. So überwiesen in unserer früheren Untersuchung manche LehrerInnen auch Kinder in die Förderkurse, weil sie meinten, sie hätten eine Raumlagelabilität bzw. eine Orientierungsunsicherheit bei der Unterscheidung von Links und Rechts und müssten deshalb gefördert werden, auch wenn sie sonst beim Lesen und Rechtschreiben zu den besten ihrer Klasse gehörten.

## Richtlinien für eine den Problemen lese- und rechtschreibschwacher Kinder angemessene Förderung

Bei einer Neuorientierung von speziellen Fördermaßnahmen für Kinder mit LRS sollte Folgendes beachtet werden:

### *Frühzeitiger Beginn der Förderung bereits in der 1. Klasse*

Schwierigkeiten beim Erlernen des Lesens und Rechtschreibens sind bereits Mitte der 1. Klasse recht zuverlässig festzustellen (Klicpera/Gasteiger-Klicpera 1998; siehe dazu auch die Beobachtungshinweise von Dehn in Band 1 dieses Handbuches sowie das Kapitel über Förderdiagnostik in diesem Band). Dazu ist allerdings eine Orientierung an dem in der jeweiligen Klasse verwendeten Leselehrgang nötig. Es wäre daher gut, für die verschiedenen Leselehrgänge geeignete Lese- und Schreibproben zu erstellen sowie Richtwerte für die Feststellung, ab wann spezielle Fördermaßnahmen angezeigt erscheinen. Eine solche Förderung sollte vor allem darin bestehen, den Kindern im Kontext des Lesens einer kurzen Geschichte zusätzliche Gelegenheit zum Üben des Lesens, aber auch zum Erwerb von Lesestrategien zu geben sowie eventuelle Schwierigkeiten bei der Ausbildung der phonologischen Bewusstheit zu überwinden (für eine Darstellung solcher frühzeitigen Maßnahmen im anglo-amerikanischen Raum siehe Downing/Valtin 1984 und Allington/Walmsley 1995).

Diese zusätzliche Förderung sollte nach Möglichkeit täglich für etwa eine halbe Stunde erfolgen und kann bei den meisten schwachen SchülerInnen zeitlich auf einige Monate begrenzt sein, bis sie den Anschluss an die übrigen Kinder geschafft haben. Die Förderung sollte am besten einzeln oder aber in einer kleinen Gruppe von 2 bis 4 Kindern erfolgen. Wir sehen eine Chance für die Realisierung dieser Maßnahmen im Rahmen der nun auch im deutschen Sprachraum intensiveren Bemühungen um eine Reform der Schuleingangsphase, bei der mehr Möglichkeiten für eine Differenzierung des Unterrichts zur Verfügung gestellt werden. Unterstreichen möchten wir die Bedeutung dieser Intervention durch unsere Beobachtungen (Klicpera/Gasteiger-Klicpera/Schabmann 1993), die auch von anderen Untersuchungsgruppen (z.B. Tizard/Blatchford/Burke u.a. 1988) bestätigt wird, dass die Kinder gewöhnlich im Lese- und Schreibunterricht recht wenig Zeit zum Üben des Lesens haben. Da leseschwache Kinder auch außerhalb des Unterrichts kaum lesen, kommt das Lesen unter normalen Umständen bei diesen Kindern einfach zu kurz.

Vor allem die umfangreiche Interventionsstudie von Vellutino u.a. (1997) hat jedoch deutlich gemacht, dass selbst bei einer früh beginnenden Förderung, die das im Unterricht Durchgenommene vertieft, ein Teil der Kinder nur geringe Fortschritte beim Lesen erzielt. Nach dieser Untersuchung profitieren von einer frühen Förderung in erster Linie jene Kinder, die relativ geringe Schwächen in phonologischen Fertigkeiten aufweisen und wegen zu geringer Unterstützung von Zuhause mehr Übung im Lesen und Schreiben, aber auch ein stärkeres Arbeiten an den Voraussetzungen des Lesens und Schreibens, vor allem an der phonologischen Bewusstheit, benötigen. Jene Kinder, die auch mit zusätzlicher Förderung die Anfangsphase des Schriftspracherwerbs nicht schaffen, zeigen also recht große Defizite in phonologischen Fertigkeiten und benötigen eine intensivere Hilfe, als sie im Rahmen der empfohlenen Unterrichtsdifferenzierung möglich ist. Die Hoffnung, dass eine frühzeitige Intervention spätere Hilfen überflüssig macht, ist also leider nicht berechtigt. Allerdings kann sie den Umfang des Bedarfs an solchen Hilfen deutlich reduzieren.

### *Flexibilität im Ausmaß der für die Förderung zur Verfügung stehenden Zeit und ihrer Dauer*

In Anbetracht der großen Unterschiede von Kind zu Kind sowohl im Ausmaß wie in der Art der Schwierigkeiten sollten sich Fördermaßnahmen um eine Staffelung des Hilfsangebots bemühen. Wenn Kinder am Ende der ersten bzw. zu Beginn der zweiten Klasse noch nicht einmal die Anfänge des Lesens gemeistert haben, benötigen sie eine intensivere Betreuung als Kinder, die zu diesem Zeitpunkt noch sehr stockend, Wort für Wort, lesen. Generell plädieren wir eher für kürzere, intensive Fördermaßnahmen und nicht für längerdauernde, aber dafür seltener angesetzte. Aber nicht nur die Intensität, auch die Dauer von Fördermaßnahmen sollte sich an den Schwierigkeiten der Kinder orientieren, wobei freilich häufigere förderdiagnostische Feststellungen des Leistungsstands und der erzielten Fortschritte notwendig wären.

### *Verbesserung der Auswahlentscheidung für Fördermaßnahmen*

Die Auswahl zur speziellen Förderung sollte unserer Ansicht nach unbedingt auch Ergebnisse von Lese- und Rechtschreibtests einbeziehen. Dabei ist zu betonen, dass neuere Testverfahren, vor allem der Salzburger Lese- und Rechtschreibtest (SLRT, Landerl/Wimmer/ Moser 1997), gegenüber früheren Lesetests nicht nur Testnormen enthalten, die sich auf eine relativ große Stichprobe stützen, sondern auch Hinweise für eine differenzierte Förderung bieten. (Allerdings besteht bei Lehrkräften die Tendenz, sich in erster Linie der Rechtschreibtests zu bedienen, eine Tendenz, von der dringend abzuraten ist.) Diese Betonung der Testung in der Auswahlentscheidung soll nicht nur Fehlwahrnehmungen des Leistungsstands von Kindern durch die LehrerInnen verhindern, sondern auch der Tendenz entgegenwirken, vorhandene Fördermaßnahmen auszuschöpfen, auch wenn in einer Klasse kein Bedarf ist (da der Leistungsstand der Klasse insgesamt sehr hoch ist). Die Empfehlung, sich bei der Auswahl auf Testverfahren zu stützen, ist allerdings ungenügend, wenn nicht gleichzeitig auch eine Grenze angegeben wird, ab der eine Förderung angezeigt erscheint. Wir empfehlen dabei als Grenze einen Prozentrang von 15.

### *Konzentration der Förderung auf das Lesen und Schreiben*

Lesen und Schreiben lernen alle Kinder – auch Kinder, die dabei Schwierigkeiten haben –, nur durch das Üben des Lesens und Schreibens. Worum es also primär in der Förderung von Kindern mit LRS geht, ist einerseits, den Kindern Strategien beizubringen, durch die eine schrittweise Aneignung der Fertigkeiten des Erlesens und des phonologischen Dekodierens beim Rechtschreiben gelingt. Das ist gleichsam eine Krücke, durch die sie in den Leseprozess hineinkommen und erste Erfolge beim Schreiben von Wörtern erzielen können. Andererseits sollte den Kindern ausreichend Gelegenheit zum Üben des Lesens gegeben werden, da der Erwerb von Lesesicherheit und Geläufigkeit viel Übung voraussetzt und beim Rechtschreiben der Erwerb eines recht umfangreichen Wissensbestands erforderlich ist.

### *Individualisierung der Schwerpunkte in der Förderung*

Manche Kinder, die beim Lesen- und Schreibenlernen zurückgeblieben sind, benötigen in erster Linie mehr Gelegenheit und Zeit zum Üben des Lesens und Rechtschreibens sowie eine Vertiefung der Einsicht in den Zusammenhang zwischen mündlicher Sprache und Schrift. Für Kinder mit schweren Lese- und Rechtschreib-Schwierigkeiten reicht eine bloße Wiederholung bzw. Erweiterung des bereits in der Schule Durchgenommenen allerdings nicht aus. Bei den meisten dieser Kinder dürfte der Schwerpunkt ihrer Schwierigkeiten im phonologischen Bereich liegen. Sie haben Probleme bei der Analyse der Phonemfolge von Wörtern, die eine Voraussetzung des Rechtschreibens darstellt, und bei der Bildung jener phonologischen Repräsentationsformen, die für das Erlesen neuer Wörter von Bedeutung sind. Aus diesem Grund benötigen diese Kinder besondere Hilfestellungen, die bei anderen Kindern nicht unbedingt erforderlich sind. Die Art der erforderlichen Hilfen ist natürlich vom Entwicklungsstand der Kinder beim Lesen und Rechtschreiben abhängig (siehe dazu die Beiträge zu förderdiagnostischen Hilfen von Valtin und Scheerer-Neumann in diesem Band).

Dabei ist zu bedenken, dass es sich bei den Kindern mit LRS nicht um eine homogene Gruppe von Kindern handelt. Neben Problemen beim Behalten der Zuordnungen von Lauten und Buchstaben dürfte einem Teil der Kinder die Automatisierung des Lesevorgangs und die Erhöhung der Lesegeschwindigkeit besonders schwerfallen. Bei diesen Kindern sind Übungen, die auf die Erhöhung der Lesegeschwindigkeit abzielen, sei es durch kurzzeitige Vorgabe der Wörter (mit Blitzkarten oder am Computer) oder durch wiederholtes Lesen mit Vorgabe des Lesetempos, von Bedeutung.

Je früher mit solchen Förderübungen begonnen wird, umso weniger besteht die Gefahr, dass die Kinder ungünstige Lesestrategien ausbilden, die zwar eine momentane Erleichterung darstellen, sich aber längerfristig ungünstig auf die weitere Entwicklung der Kinder auswirken.

### *Intensivierung der Aus- und Fortbildung der LehrerInnen*

Eine verbesserte Aus- und Weiterbildung in Bezug auf den Lese- und Rechtschreibunterricht und seine Auswirkungen auf die Psyche des Kindes ist sowohl für GrundschullehrerInnen als auch für die FörderlehrerInnen zu fordern. Dies gilt sowohl für das Gebiet der Förderdiagnostik wie für jenes der Didaktik (vgl. dazu auch das Hamburger Modell der Lehrerfortbildung, S. 40 in diesem Band). Hierfür wäre dann wahrscheinlich auch ein Stundenrahmen zu schaffen.

*Zusammenfassend* bleibt die Hoffnung auszusprechen, dass die sich vertiefende Einsicht in die besonderen Merkmale und die Ursachen von Lese- und Rechtschreib-Schwierigkeiten auch in naher Zukunft Auswirkungen auf die Förderung der Kinder haben wird und dass sich die Schule der Probleme dieser Kinder verstärkt annimmt.

*Wiltrud Döpp*

# Lebens- und Lernprobleme in der Schule

*Über den Umgang mit Familienproblemen von Kindern*

Zu den heute meistzitierten Gedanken Hartmut von Hentigs gehört seine Forderung, dass die Schule es erst mit den Lebensproblemen von Kindern aufzunehmen habe, bevor sie an die Lösung ihrer Lernprobleme gehen könne. Die Bekanntheit des Satzes ist wohl darauf zurückzuführen, dass in ihm zugleich mit der Problemdiagnose ein Weg zu ihrer Überwindung aufgezeigt wird. Die Schule muss ihre Aufgabe »neu denken« und zu einem Lebensort und Erfahrungsraum werden (von Hentig 1993). Diese Forderung wird von zahllosen Ergebnissen der Kindheits- und Jugendforschung unterstützt, in denen tief greifende Irritationen und Verunsicherungen der Kinder und Jugendlichen aufgrund des Wandels insbesondere auch der familialen und intergenerationellen Beziehungsmuster festgestellt werden (Negt 1997).

Diese breite Debatte zwischen Sozialisationsforschung und Schulpädagogik beeinflusst auch die Lehrerrolle. Nicht nur die Kindheit, sondern auch das Lehrersein wandelt sich, das zunehmend von der Vorstellung der Hinwendung zum Kind und zur Erziehung geprägt ist (Hänsel 1994). Diese veränderten Bedingungen des Schulehaltens wirken sich auch auf den Umgang mit Schulschwierigkeiten und Konflikten aus. Wurden früher als Verursacher von Verhaltensauffälligkeiten von Kindern und Jugendlichen vor allem familiale und gesellschaftliche Einflussfaktoren haftbar gemacht, diese also sozusagen »externalisiert« (Fölling-Albers 1995, S. 14), so ist heute aus der Sicht der Schule eher ein Trend zur »Internalisierung« von Problemen festzustellen: Auftretende Schwierigkeiten und Lernprobleme werden **auch** auf Mängel eines Konzepts von Schule zurückgeführt, das sich nicht genügend den neuen Aufgaben und Herausforderungen gestellt hat. Nach dieser Lesart produzieren LehrerInnen immer dann zusätzliche Verhaltensauffälligkeiten, wenn sie den Problemen der Kinder und Jugendlichen nicht durch eine Veränderung ihrer Schul- und Unterrichtskonzeption gerecht zu werden vermögen. Pädagogische Werte wie Persönlichkeitsstärkung, Verlässlichkeit, Vertrauen, Kontinuität der personalen Beziehungen, Rhythmisierung des Schultages, Beruhigung, Ermutigung, gemeinschaftliches Zusammenleben usw. spielen darum eine immer wichtigere Rolle für die pädagogische Verständigung innerhalb von Kollegien und werden nicht selten zum Motor für Schulentwicklungsprozesse, die die Ausgestaltung eines eigenen Schulprogramms und eines prägnanten pädagogischen Profils zum Ziel haben (Cloer 1995, Bastian 1998).

Diese Veränderung des schulischen Selbstverständnisses wirkt sich auch auf die etablierten Formen der Kommunikation und Kooperation mit Eltern aus und macht es nötig, die Art der wechselseitigen Beziehung neu zu überdenken. Es ist leicht einzusehen, dass dies Verhältnis schwieriger wird, denn in der »gewandelten« Schule sind nicht nur die Eltern für das Wohl und Wehe ihrer Kinder verantwortlich, sondern auch die LehrerInnen, deren erzieherische Verantwortung sich auf die Förderung, Entwicklung und Stärkung des »ganzen« Kindes oder Jugendlichen richtet. Will die Schule ihrerseits Leben ermöglichen, wie sie sagt, so treten neben die belehrenden und unterrichtenden die erziehenden LehrerInnen: Die Erwachsenen werden zu Vertrauten, Spielpartnern, Lebensberatern, Fürsorgern usw. der Kinder und Jugendlichen und beanspruchen gerade bei Verhaltensauffälligkeiten eine eigene erzieherische Kompetenz und Verantwortlichkeit, mit der sie die Eltern in Beratungsgesprächen konfrontieren.

Geht es den Kindern in der Schule gut, so erfahren alle Eltern die erweiterte Rolle der LehrerInnen als Bereicherung des Lebens ihrer Kinder. Wie gut die LehrerInnen ihre Kinder kennen, wird dann mit Erleichterung und Freude wahrgenommen und der gegenseitige Kontakt darum von beiden Seiten als anregend, fruchtbar und menschlich befriedigend erlebt. Schwierig wird es hingegen immer dann, wenn Probleme auftauchen, und zwar – wohlgemerkt – auf beiden Seiten: Eine grundlegende Erkenntnis der psychoanalytisch orientierten Pädagogik besteht darin, auf die biografische »Verstricktheit« der LehrerInnen in Konfliktfällen hinzuweisen. Die Erwachsenen handeln in der Regel nicht souverän, sondern müssen immer erneut versuchen, durch Rückwendung auf die eigene biografische Erfahrung eine angemessene Souveränität im Umgang mit den aktuellen Beziehungsproblemen zu erlangen (Gudjons 1993, Scarbath 1994, Schäfer 1994).

Die Eltern wiederum empfinden die LehrerInnen schnell als erzieherische Konkurrenz und fühlen sich von ihren erzieherischen Interventionen bedroht. Sie können nicht »aus ihrer Haut« und öffnen sich den wohlmeinenden Vorschlägen der LehrerInnen nur dann, wenn sie selbst sich schon in der aufgezeigten Richtung bewegt und Schritte zur Veränderung des eigenen erzieherischen Verhaltens eingeleitet haben. Im Bedrängungsfall ist der Umkehrversuch der Begründung – die Schule mit ihren besonderen Mitteln und Maßnahmen selbst hat die Probleme des Kindes verursacht – möglich. Im Bestreben, die Definitionsmacht über die anstehenden Schwierigkeiten zu erringen, verlagern die Eltern dann oft die Ebene der Auseinandersetzung und gehen auf Konfrontationskurs. Die Erwachsenen müssen also im Zweifelsfall nicht nur die Frage der angemessenen **Er**ziehung, sondern auch die ihrer gegenseitigen **Be**ziehung klären.

Bevor einige Schlussfolgerungen für das Handeln von LehrerInnen dargestellt werden, soll zunächst am Beispiel eines Schülers der vierten Klasse veranschaulicht werden, welche Herausforderungen im Alltag damit verbunden sind.

## Lars – Überforderung und Verunsicherung

Lars ist eins meiner so genannten »Problemkinder«. Er fällt in der Gruppe sowohl durch seinen distanzlosen und herausfordernden Umgangston als auch durch seine Lernschwäche auf. Er ist ein sprachlich äußerst eloquenter Argumentierer und zugleich in allen Unterrichts- und Lernsituationen ein äußerst konsequenter Störer und Verweigerer. Lars wird von seiner Mutter, einer Sozialpädagogin, allein erzogen. Beide haben ein sehr enges, im Alltag jedoch keineswegs reibungsloses Verhältnis, das partnerschaftlich geregelt sein soll und darum von ständigen Aushandlungsprozessen begleitet ist. Dies führt oft zu heftigen Auseinandersetzungen, die Lars durchaus auch »gewinnt«. Der erste derartige Kampf, den ich als Lehrerin anlässlich meines ersten Hausbesuchs miterlebt habe, löste eine große Abwehr in mir aus – gegen den laut und unverschämt auftretenden Sohn und seine offenbar davon unbeeindruckte Mutter, die ihm in keiner Weise klar und entschieden entgegentrat. Beide arbeiten aber, wie mir die Mutter versicherte, an ihrem »Beziehungsproblem«. So entwickeln und kodifizieren sie zum Beispiel gemeinsam für ihren alltäglichen Umgang Regeln ihres Zusammenlebens und versuchen, beider Verhalten an diese »Verträge« zu binden. Indem die – pädagogisch geschulte – Mutter die Probleme ihres Sohnes zugleich zu analysieren und zu therapieren sucht, beansprucht sie alleinige Erziehungs- und Deutungsmacht über ihn. Er ist **ihr** Kind und soll es bleiben.

Als Lehrerin war für mich schnell klar, dass die Schul- und Lernprobleme von Lars auch von seinen häuslichen Erfahrungen herrührten: Die Mutter gehört zu jenem gegenwärtig häufig anzutreffenden Typ erzieherisch zugleich kompetenter und »beschränkter« Eltern, die das familiäre Zusammenleben partnerschaftlich über Aushandlungen zu regeln versuchen, dabei aber kein Sensorium für die damit verbundenen Überforderungen ihrer Kinder und keine Bereitschaft zu kritischer Rollendistanz entwickeln. Dies – generell problematische – Erziehungskonzept wurde noch durch den ungünstigen Umstand beeinflusst, dass die Mutter mit ihrem Sohn alleine lebte und es darum keine Möglichkeit für Lars gab, zumindest tendenziell auch andersartige familiäre Konstellationen und Konfliktregelungen zu erfahren. In unmittelbarer Übertragung der häuslichen Situation auf die schulische stellte für Lars zu Beginn seiner Schullaufbahn jede Anforderungssituation auch eine Aushandlungssituation dar. Ob er sich an die gegebenen Regeln halten oder ob er lernen wollte, war dem Beziehungsclinch mit den Erwachsenen untergeordnet. Jede seiner Kontaktaufnahmen im schulischen Bereich war von dem Bemühen, Aufmerksamkeit und damit Zuwendung zu erlangen, bestimmt. Er klagte Freundschaft ein und fand darum keine. Im 3. Schuljahr konnte er trotz ausreichender Begabung nur stockend lesen; er machte den Eindruck eines äußerst langsam lernenden »Sonderschülers«. Seine ständigen Versuche, sich mittels Störung in den Mittelpunkt zu spielen und die Interessen anderer den seinen unterzuordnen, machten ihn zum Außenseiter der Gruppe – mit dem Erfolg, dass die Mutter in der Schule häufig intervenierte und meiner offensichtlich mangelnden Kompetenz als Lehrerin bzw. dem reformpädagogischen Schulkonzept insgesamt die Probleme ihres Sohnes zuschrieb. So müsse sie ihm wohl oder übel zu Hilfe kommen und ihn vor mir und meinen falschen Maßnahmen beschützen.

Ganz sicher hatte es Lars bei mir nicht leicht. Die spezifische Mischung aus Störung, Forderung, Anmaßung, Verweigerung und »Nichtkönnen« rief bei mir immer wieder heftige Abneigung und den Wunsch, ihn zu schütteln oder anzuschreien, wach. Natürlich kontrollierte ich meine Reaktionen und sprach auch mit anderen KollegInnen und einer befreundeten Therapeutin über den »Fall« und meinen eigenen Anteil daran. Gleichwohl war klar, dass Lars wohl wie alle Kinder in einer solchen Situation meine Gefühlslage grundsätzlich mitbekommen hat – zumal seine zwischenmenschliche Beobachtungsgabe außergewöhnlich gut entwickelt war. So fühlte ich mich in Gesprächen mit der Mutter teilweise wirklich unfrei und reagierte gereizter, als es der Situation gut tat. An besonnene und klärende Gespräche war in dieser Zeit überhaupt nicht zu denken. Die Eskalation unserer gespannten Beziehung war programmiert und damit die nahe liegende Versuchung von Lars, uns gegeneinander auszuspielen – was er häufig genug auch tat.

Glücklicherweise gelang es mir im Rahmen der von mir praktizierten integrativen Pädagogik im Laufe der Zeit immer besser, die sozialen Beziehungen der Kinder in der Gruppe zu stabilisieren, eine Atmosphäre freundlicher Anteilnahme und Hilfe herzustellen, Vertrauen in die Regeln und Formen unseres Zusammenlebens zu schaffen und die Gruppe als Ganze zu befrieden, sodass sie es nicht mehr nötig hatte, Außenseiter immer erneut zu stigmatisieren und zu provozieren. Damit hatte auch Lars seine Lernchancen in der Gruppe und bei mir. Übertrug er anfangs die zu Hause erworbenen und für dort funktionalen Verhaltensstrategien umstandslos auf alle schulischen Beziehungen, so ist er inzwischen durch seine andersartigen Erfahrungen bei uns genötigt, sein Verhaltensrepertoire zu erweitern und zu differenzieren: Zu Hause und in der Schule gelten verschiedene »Gesetze«. So hat er zunehmend verstanden, dass er in der Schule mit seiner Strategie des Aushandelns und Verweigerns nichts »gewinnt«, sondern sich selbst nur blockiert und damit schadet. Die Gruppe und sein Bedürfnis dazuzugehören waren dabei offensichtlich der wichtigste Motor für seine zunehmende Bereitschaft, die schulischen Anforderungen und Regelungen zu akzeptieren und sich entsprechend zu verhalten. Auf derartigen Beobachtungen gründet auch meine pädagogische Einstellung, Konflikte wie den beschriebenen nicht unmittelbar als einen persönlichen Beziehungskonflikt zwischen einem Schüler und mir anzusehen – der er **auch** ist – und ihn entsprechend »therapeutisch« anzugehen, sondern die »Kraft der Gruppe« zu nutzen, um ihn »pädagogisch« mit den Mitteln und Maßnahmen der Schule zu bearbeiten und zu bewältigen.

Jetzt, am Ende der Grundschulzeit, hat Lars relativ sicher gelernt, in den zwei verschiedenen Welten seines Kinderlebens zu leben. Er ist zwar immer noch ein schwieriger und anstrengender Schüler, hat aber im Großen und Ganzen seine Haltung der Lernverweigerung aufgegeben und blitzlichtartig sogar hervorragende Leistungen gezeigt. Er hat sich auch mit einigen Jungen der Gruppe angefreundet und darüber so viel Selbstbewusstsein und Zuversicht erlangt, dass er es nicht mehr ständig nötig hat, durch Störungen im Unterricht auf sich aufmerksam zu machen. So fällt es mir auch viel leichter, meine guten Vorsätze in die Tat umzusetzen und ihm freundlich und anteilnehmend zu begegnen.

Auch das Verhältnis zur Mutter ist deutlich entspannter. Das liegt zum einen daran, dass ich äußerst konsequent darin blieb, ihre ständigen Versuche der Intervention in meinen Verantwortungsbereich zurückzuweisen. Die Klarstellung unserer Zuständigkeiten ermöglichte Distanz und verringerte den Beziehungsclinch, in den wir uns zu Beginn verstrickt hatten. Auch die zunehmend sichtbar werdenden Erfolge meiner pädagogischen Bemühungen wirkten sich positiv auf unsere Kooperationsmöglichkeiten aus.

Die beruhigend klingenden Berichte, die ich inzwischen aus der Schule geben kann, entspannen und entlasten die Mutter deutlich. Ich genieße zunehmend ihr Vertrauen und schaffe damit die Voraussetzung für eine offenere Gesprächssituation. Unsere bessere Kooperation führt dazu, dass wir im Alltag öfter an einem Strang ziehen und beide darauf achten, dass Lars z.B. seine in der Schule nicht geschafften Pflichtaufgaben zu Hause erledigt. So lernt und praktiziert sie vielleicht allmählich andere und angemessenere Formen des Umgangs mit ihrem Sohn – wiewohl ich darauf grundsätzlich nicht setze. Die Folgen meiner eigenen erzieherischen Bemühungen sind deutlich spürbar und ich hoffe, dass Lars sich im Vertrauen auf die Gesamtheit seiner schulischen Erfahrungen weiterhin so positiv entwickelt.

## Folgerungen

Für die gelungene Kommunikation und Kooperation zwischen Elternhaus und Schule bedeuten die am Beispiel von Lars sichtbar gemachten Herausforderungen und Probleme, dass sich beide Seiten in neuer Weise sehen lernen müssen: Die Schule muss von den eigenen erzieherischen Möglichkeiten überzeugt sein und davon ausgehen, dass – wie bei Lars – die schulischen Erfahrungen durchaus geeignet sind, ein eigenes sozialisatorisches Gewicht im Leben von Kindern zu erlangen (Döpp 1997). Um diese Möglichkeiten erkunden zu können, braucht die Schule eigene Handlungsspielräume und die pädagogische Freiheit, die eigenen Vorstellungen und Ansprüche in Ruhe und ohne Angst vor Fehlern und Verwicklungen auszuprobieren. Erst gelungene Formen schulischer Erziehungsarbeit schaffen die Voraussetzung dafür, dass sich die LehrerInnen mit den Eltern über die notwendigen Maßnahmen im schulischen Alltag überhaupt verständigen, ihren teilweise massiven Interventionen standhalten, ihrem oft absolut gesetzten Deutungsanspruch etwas entgegensetzen und damit der angelegten Spannung und Konkurrenz entkommen können. Die Eltern wiederum müssen über den erzieherischen Selbstanspruch der Schule informiert sein und ihn im Prinzip akzeptieren. Dies setzt viele vertrauensbildende Maßnahmen im Rahmen einer gut durchdachten Elternarbeit voraus.

Selbstverständlich trifft der beschriebene »Fall« nicht alle Problemlagen in der Schule; vor allem die »klassischen« Fälle armuts- oder sozialbedingter »Schulversager« existieren nach wie vor und sind allein mit Pädagogik nicht zu bewältigen. Gleichwohl gilt auch hier, dass die schulischen Erfahrungen dieser Kinder und Jugendlichen nicht allzu gering eingeschätzt werden sollten, sondern durchaus eine eigene sozialisatorische Bedeutung in ihrem Leben erlangen können: Haben die Kinder – ermutigt und gestärkt durch entsprechende Erfahrungen – einmal verstanden, dass ihr Lebens- und Schulschicksal auch von ihnen selbst und ihren eigenen Verhaltensweisen und Einstellungen abhängt, sind sie – so meine Erfahrungen – auch in der Lage, sich auf die ihnen letztlich fremde Welt der Schule mit ihren andersartigen Regeln und Erwartungen einzulassen, ihr allmählich zu vertrauen und ihren Weg darin zu suchen.

Diese schwierige Aufgabe ist von den LehrerInnen freilich nur zu bewältigen, wenn das Kollegium sie *gemeinsam* angeht. Gespräche mit KollegInnen sind notwendig. Für die diese erzieherischen Prozesse begleitenden Gespräche muss es Foren geben, die ein selbstverständlicher Bestandteil der schulischen Kommunikations- und Kooperationskultur sind. Für die Form der kooperativen Lernbegleitung gibt es inzwischen Vorbilder in der Literatur (Heuser/Schütte/Werning 1997); auch die verstärkten Bemühungen zur Realisierung von Teamarbeit in der Schule schließen die Aufgaben der fallbezogenen pädagogischen Beratung und Begleitung mit ein. Einen wichtigen Bestandteil dieser Arbeit bilden die gegenseitige Supervision und die Entwicklung einer integrativen Pädagogik und Didaktik. Gerade dazu gibt es inzwischen vor allem im Zusammenhang mit den Versuchen zur gemeinsamen Unterrichtung behinderter und nichtbehinderter Kinder, aber auch allgemeinpädagogisch unter dem Stichwort »Umgang mit Heterogenität« vielfältige didaktisch-methodische Anregungen, die die Kollegien für den Prozess der Schulentwicklung nutzen können (Eberwein 1994, Prengel 1995, Hildeschmidt/Schnell 1998).

Neben der Weiterentwicklung der kollegialen Handlungsformen in der Schule muss auch das Netz außerschulischer Ansprechpartner – schulpsychologische und andere familientherapeutische Dienste – ausgebaut werden, denn in vielen Fällen kann die Schule die anstehenden Probleme nicht aus eigener Kraft lösen. Auch dafür muss also die Schule gerüstet sein und den LehrerInnen im Ernstfall Adressen vermitteln können, aus denen sich im Idealfall allmählich ein Netz kooperativer Arbeitszusammenhänge entwickelt.

Den im Fallbeispiel beschriebenen Prozessen persönlicher Verstricktheit ist allerdings trotz aller kollegialen und professionellen Hilfe in keiner Weise zu entkommen, weder auf der Ebene der Eltern noch auf der Ebene der Lehrer. Das ist aber – so das abschließende Fazit – solange nicht dramatisch, solange es der Schule gelingt, bei allen Beteiligten Vertrauen in die erzieherische Kompetenz der LehrerInnen zu erzeugen. In dem Maße, in dem es diesen gelingt, mit den beschriebenen pädagogischen Herausforderungen im Alltag der Schule fertig zu werden, können sie mit den eigenen Unzulänglichkeiten und Schwächen als Person leben und sie als zugehörig zu dem lebendigen menschlichen Prozess empfinden, der den Kern der pädagogischen Aufgabe ausmacht.

# Außerschulische Förderung und Therapieansätze

*Ilona Löffler / Ursula Meyer-Schepers / Ingrid M. Naegele*

# Überlegungen zur Qualitätssicherung in der kombinierten Lern- und Psychotherapie

Bei der Förderung von Kindern mit Lese-Rechtschreib-Schwierigkeiten werden in den letzten Jahren vermehrt »Behandlungsmethoden« propagiert, die die Besonderheiten des Schriftsprachsystems und die spezifischen Erwerbsstrategien ausblenden. Sie gleichen teils Glaubensbewegungen (Davis 1995), teils bestehen sie aus Versatzstücken der sensorischen Integration (Dietl 1987), aus Frostig-Training, Delacato- oder Tomatis-Methode. Es scheint, dass die Auswahl der Verfahren der persönlichen Neigung entspringt und der Präferenz ihrer Anwender für diffuse neurologisch inspirierte Vorstellungen, wie zum Beispiel einer im Kinde liegenden anlagebedingten Störung von Teilfunktionen des zentralen Nervensystems. Mutter eines »Legasthenikers« zu sein reicht ebenso wenig aus wie die Tatsache, dass man selbst Lesen und Schreiben gelernt hat! Deshalb kommt der Qualitätssicherung in der Behandlung lese-/rechtschreibschwacher Kinder eine besondere Bedeutung zu.

Unsere Überlegungen zur Qualitätssicherung in der kombinierten Lern- und Psychotherapie (vgl. auch Löffler u.a. 1999) richten sich im Folgenden auf die notwendigen Kompetenzen der LerntherapeutInnen und auf die Qualitätsbestimmungen der Therapie selbst.

## Welche schriftsprachlichen Kompetenzen sind für eine Therapie von LRS notwendig?

Profunde linguistische Fachkenntnisse vom **Lerngegenstand** Schriftsprache, von der Entwicklung der kindlichen Zugriffsweisen auf Schrift sowie von spezifischen Teilfertigkeiten, die für das Lesen- und Schreibenlernen erworben werden müssen, sind unverzichtbar. Wortbildorientierte Vermittlungsstrategien reichen nicht aus (Landerl u.a. 1994).

In unsere Einrichtungen kommen häufig Kinder, die medizinisch als wahrnehmungsgestört diagnostiziert wurden, z.B. mit einer »auditiven oder visuellen Wahrnehmungsstörung«. Wir müssen dann feststellen, dass diese Kinder in den meisten Fällen die für das Schreiben und Lesen notwendigen Teilfertigkeiten noch nicht gelernt haben (Mannhaupt 1994). Die spezifische Leistung dieser geforderten Teilfertigkeiten erschließt sich allerdings erst, wenn man die Sachlogik des Lerngegenstandes »Schriftsprache« betrachtet: Unsere Schrift ist eine Lautschrift nach dem alphabetischen System, d.h. auditiv perzipierte verbale Informationen werden in korrespondierende Graphemzeichen (und Graphemabfolgen werden in Lautstrukturen) umgesetzt. Die Sprachlaute im gesprochenen Wort existieren jedoch nicht als Aneinanderreihung isolierter, invarianter und zeitlich eingegrenzter Lautgestalten, wie die Buchstabenzeichen des geschriebenen Wortes und ihre von links nach rechts verlaufende Schreibweise es suggerieren. Der *»Einzel-Buchstabe«* des Schriftbildes bleibt stets der gleiche, unabhängig vom Buchstabenumfeld des Wortes. Er hat folglich keine unmittelbare Entsprechung auf der lautlichen Ebene des Sprechaktes. Denn der *»Einzel-Laut«* der Sprechsprache ist Resultat einer *»Sprechbewegung«*. Das konkrete Erscheinungsbild sprech-sprachlicher Gegebenheiten besteht aus sich überlappenden akustischen Qualitäten, lautlichen Angleichungen und Verschleifungen *(»Koartikulation«* und *»Assimilation«)*. Die Phonetik spricht deswegen vom *»Lautstrom«* des gesprochenen Wortes (Löffler u.a. 1990). Neben dieser Vielfalt in den Erscheinungsformen des Sprechlautes spielen beim Sprechen aber auch ausdruckshafte und emotionelle Komponenten eine Rolle, die zusätzlich dynamische und temporale Unterschiede in den Lautgestaltungen bewirken *(»prosodische Merkmale«)*. Die »Gestalt«, in der sich Sprechlaute im Lautfluss gesprochener Wörter als erkennbare Größen konstituieren und voneinander unterscheiden, sind in Wahrheit spezifische Bündel von Lautqualitäten *(»distinktive Merkmale«)*. Die elementare Stufe des Schriftspracherwerbsprozesses ist also eine Leistung der **Analyse von Sprachlauten** in dem spezifischen Sinne, dass aus dem *»Lautstrom«* jene entscheidenden Lautmerkmale abstrahiert werden, welche die Zuordnung zum entsprechenden Schriftzeichen ermöglichen (»phonematisches Bewusstsein«). Die Tätigkeit dieser (schriftrelevanten) Lautanalyse stellt also eine Leistung höherer analytischer Wahrnehmungsprozesse dar, die im Übrigen in ihrem Analysecharakter verkannt wird, wenn sie z.B. als einfaches sensorisches *»Abhören«* bezeichnet wird (*»Das hört man doch!«)*.

Die Verschriftung von Buchstaben, Buchstabenfolgen und ganzen Wörtern, d.h. der Akt des kontrollierten Schreibens, erfordert aber auch visuelle Fertigkeiten und die visuelle Merkfähigkeit zur Speicherung der Gestalt eines abstrakten Graphemzeichens und zur Unterscheidung von Größenverhältnissen.

Das Schreiben von Einzelbuchstaben erfordert ein Höchstmaß an feinmotorischer Koordination und Genauigkeit der Schreibbewegung. Diese besteht – entsprechend der Schreibrichtung sowie der Gestalt der einzelnen Schriftzeichen und ihren Verbindungen – gleichzeitig aus einer horizontalen Fortbewegung von links nach rechts, aus kreis-, ellipsenförmigen und gradlinigen Auf- und Abbewegungen sowie aus Vor- und Zurückbewegungen an formentscheidenden Punkten der jeweiligen Graphemzeichen. Je nach Gestalt der Buchstaben ist in einem Moment der Schreibbewegung der aktivere Einsatz der Finger und im anderen der vermehrte Einsatz des Handgelenks gefordert.

Für das Schreiben von Buchstaben in Druck- und Schreibschrift, für die Beachtung der unterschiedlichen Größenverhältnisse der Buchstaben sowie für das Schreiben von Wörtern auf und zwischen den Linien sind gleichzeitig ständig visuomotorische Kontrollen der Bewegungsdurchführung zu erbringen.

Wird die Lautfolge unzureichend analysiert, kann sie nicht den Schriftzeichen zugeordnet werden. Wegen mangelnder feinmotorischer Übung kann es zu einer Stifthaltung mit zu hoher Griffkraft oder zu festem Stiftdruck kommen, was die Schreibbewegung erschwert. Dadurch können das Schreiben von Buchstaben oder Elementen von Buchstaben, aber auch die Folge von Buchstabengruppen deutlich behindert sein. Wird die visuomotorische Kontrolle unzureichend ausgeführt, können kontrollierte Schreibbewegungen nicht erworben werden.

## Welche psychotherapeutischen Kompetenzen sind notwendig?

Eine kombinierte Lern- und Psychotherapie muss die seelischen Schwierigkeiten, die **Selbstwertverletzungen des Kindes**, die durch jahrelange schulische und damit verbundene familiäre Belastungs- und Konfliktsituationen entstanden sind, durch psychotherapeutische Verfahren (z.B. verhaltens-, gesprächs- und spieltherapeutische Methoden) aufarbeiten können (Naegele 1995, Warnke u.a. 1997).

Der Schuleintritt ist für jedes Kind eine einschneidende Erfahrung: Das bewusste Lernen rückt in den Mittelpunkt des kindlichen Lebens. Die Erfahrungen von Erfolg und Misserfolg formen nun wesentlich das kindliche Selbstbild. Das Erlernen der »Kulturtechniken« des Lesens und Schreibens (und Rechnens) hat im Erleben der Kinder eine herausragende Bedeutung. Manche Kinder schließen bereits in frühem Schulalter von ihrem *spezifischen Lernrückstand* auf ihre *generelle* Unterbegabung (*»ich bin dumm«, »ich lerne das nie«)* als ein quasi unbeeinflussbares und stabiles Persönlichkeitsmerkmal. Die sich ständig wiederholenden Selbstwertverletzungen, die sie wegen ihrer Lernprobleme erleiden, können von ihnen oft nur unzureichend kompensiert werden.

Das Lernversagen kann in Anlehnung an verschiedene Erklärungskonzepte der Psychologie wie folgt dargestellt werden:

- Diese Kinder erleben – z.T. jahrelang – dauerhaften Misserfolg im Erlernen des Lesens und Schreibens. Bedingt durch dieses Versagen werden *unangenehme Gefühle* mit Elementen der Lernsituation verknüpft. Das Vorlesen vor der Klasse, die Person der Lehrerin, schon das Klassenzimmer oder das Schulheft lösen, unabhängig vom tatsächlichen Versagen, Ängste und Minderwertigkeitsgefühle aus. Diese werden also ständig verstärkt, und die Tendenz, die unangenehme Situation vermeiden zu wollen, wächst. Dieses Vermeidungsbedürfnis – oft als bloße Unkonzentriertheit oder grundlose Unlust missverstanden – wird zusätzlich verfestigt durch die negativen Konsequenzen des Versagens, mit denen das Kind konfrontiert wird: Wie der Misserfolg selbst, stellen seine sozialen Folgen (Ausgelachtwerden, Lehrerkommentare, Elternreaktionen) das Lernen unter »Bestrafungsbedingungen«. Je länger und je umfassender solche Prozesse wirken, desto mehr wird die Entwicklung allgemeiner positiver Komponenten des Lernens gefährdet: Ausdauer, Reflexivität oder Problemlöseverhalten.

- Die negative Bewertung seines Leistungsverhaltens durch die Umwelt (»du brauchst immer so lange«, »du konzentrierst dich nicht genug«, »du merkst dir einfach nicht, wie man das Wort schreiben muss«) übernimmt das Kind in sein Selbstkonzept: Es entwickelt eine negative Selbstbewertung. Diese löst sich schließlich von der Situation ab, in der sie herausgebildet wurde, habitualisiert sich und wird zum Bestandteil des sich entwickelnden Selbstbildes, das auch durch dem Misserfolgserleben widersprechende Einzelerfahrungen nicht mehr korrigiert wird: Positive Leistungen, z.B. die Fähigkeit, Rechtschreibfehler aufzufinden, werden kognitiv als weiterer Beleg des Misserfolgs gewertet und verarbeitet (»mir unterlaufen immer Fehler«).
- Die negativen Selbstbewertungen wirken als »sich selbst erfüllende Prophezeiungen«: Das Kind erwartet den Misserfolg und wird *misserfolgsorientiert*. Aufgaben werden nicht mehr angegangen, da man sie *»eh nicht kann«* mit der Folge, dass sich die Lerndefizite weiter vergrößern und die negative Selbstsicht verfestigt.

Als Folge steigern sich mit der Zeit *Angst-* und *Vermeidungsreaktionen*:

- Angst und depressive Verstimmungen (Prüfungsängstlichkeit, soziale Angst und Isolation, Minderwertigkeitskomplexe, Selbstverurteilungen),
- psychosomatische Symptome (Schlaflosigkeit, Durchfall, Kopf- und Bauchschmerzen im Kontext von Leistungsanforderungen),
- Aufmerksamkeitsdefizite (inneres »Aussteigen«, Unkonzentriertheit, gedankliche Unbeweglichkeit, Müdigkeit, Unlust),
- Kompensationsverhalten zur Abwehr der Selbstwahrnehmung als Versager (externes Attribuieren von Misserfolg; Klagen über LehrerInnen, ungerecht beurteilt zu werden; Demonstration von Gelangweiltsein/von Kompetenz; Angebertum),
- oppositionelles Trotzverhalten (Lernverweigerung, Trotz, Störverhalten in der Klasse, kompensatorische Clownerien, Geschwisterrivalität, Konflikte mit Gleichaltrigen, konfliktbelastetes Üben mit den Eltern).

Aus der Wechselwirkung von Lernversagen und den Auswirkungen auf das betroffene Kind kann so der Kreislauf einer **emotionalen Lern-/Leistungsstörung** entstehen. Selbst die Nutzung der vorhandenen kognitiven Kompetenzen wird u. U. blockiert und so das schulische Versagen vergrößert mit weiteren negativen Folgen.

## Was gehört zur Qualität der kombinierten Lern- und Psychotherapie?

Eine Qualitätssicherung von Therapien bei Kindern und Jugendlichen mit LRS wird erschwert durch den Umstand, dass neben den Lern- und Leistungsproblemen beim Schriftspracherwerb eine sich erst entwickelnde Persönlichkeit im Blickpunkt der Therapie steht. Die kindlichen Formen des Erlebens und Verarbeitens von Belastungssituationen und die Bezüge in der familiären und schulischen Situation spielen eine große Rolle (Reiser 1993). Um so bedeutsamer ist es nach unserer Ansicht, relevante und überprüfbare Zielkriterien für die Förderung festzulegen. Es sind kurz- und langfristige Ziele zu formulieren und zu festgelegten Zeitpunkten zu prüfen, ob die Teilziele erreicht wurden. Nur so ist eine rechtzeitige Korrektur des therapeutischen Vorgehens möglich. Außerschulische lerntherapeutische Maßnahmen dürfen sich zunächst nicht an schulischen Lehrplänen oder den vorgegebenen Unterrichtszielen der jeweiligen Klassenstufe orientieren. Kinder, die eine Therapie benötigen, sind gerade daran gescheitert.

Im Hinblick auf die Förderung lese-/rechtschreibschwacher Kinder spielen folglich bei der individuellen Therapiegestaltung und bei der (anzustrebenden) Evaluation ihres Erfolges folgende Gesichtspunkte eine Rolle:

- die detaillierte Ermittlung des erreichten **Standes des Schriftspracherwerbs**,
- die detaillierte Ermittlung verstärkender Parameter und Belastungsreaktionen, um die **Umfangsrelevanz** der Fördermaßnahmen zu bestimmen,
- die **Methode** als solche: Wie soll im Rahmen einer Lerntherapie der Schriftspracherwerb entwickelt werden und wie sollen im Rahmen einer integrierten Psychotherapie Belastungsreaktionen unter Einbezug von Familie und Schule reduziert werden?
- Bestimmung der **Rahmenbedingungen** der Förderung wie z.B. des therapeutischen Settings in Form von Einzeltherapie oder mit einem ausgewählten Partnerkind (Gruppentherapien sind meistens nicht ratsam), Elternbetreuung, häuslichen Übungen, Kooperation mit der Schule.

Je nach Einzelfall gewichtet, wird in der förderdiagnostischen Arbeit der Entwicklungsstand in folgenden Bereichen ermittelt:

- die Lesefertigkeit (Buchstabenkenntnis, Wörter, Texte, Selbstkorrektur, Sinnverständnis) unter Beobachtung der angewandten Lesestrategien, des Motivationsverlaufs, der Angestrengtheit und Erschöpfung sowie von Versagensreaktionen;
- die Schreibfertigkeit (Buchstaben-, Wort-, Satzdiktat, Fehlerkorrektur), auf jeden Fall auch durch Schuldiktate, -aufsätze und freie Schreibproben. Der Schriftsprachstatus des Kindes sollte anhand einer linguistisch begründeten qualitativen Fehlerauswertung ermittelt werden, um die Aneignungsschwierigkeiten systematisch erfassen zu können (Meyer-Schepers u.a. 1994). Beobachtet werden müssen auch Stifthaltung und Schreibbewegung, die eingesetzten Schreibstrategien, der Motivationsverlauf und Angestrengtheit während der strukturierten Untersuchungssituation, Zeichen von Insuffizienzgefühlen und Versagensreaktionen;
- die Leistungen in Phonemanalyse und -synthese, Phonemdifferenzierung, Gedächtnis und Aufmerksamkeit für Lautfolgen, unter Beobachtung der verwendeten Strategien, sodann der Motivation und Versagensreaktionen;
- die Rekonstruktion des Verlaufs der LRS unter Einschluss der frühkindlichen Entwicklung im Bereich der Motorik, der Sprachentwicklung, der Seh- und Hör-

fähigkeit. Lese- und Rechtschreibprobleme haben ihre Wurzeln in der Regel bereits in den ersten beiden Schuljahren, wenn die Passung zwischen individuellem Entwicklungsstand und dem Lernangebot fehlt. Sie treten nur selten später auf, werden jedoch zunächst entweder als nicht Besorgnis erregende Verzögerungen im Aneignungsprozess des Lesens und Schreibens wahrgenommen (*»das gibt sich noch«, »das wächst sich aus«, »der Knoten platzt irgendwann«)* oder bleiben unerkannt, wenn die Lehrerin den Leistungsstand nur anhand vorgeübter Diktate beurteilt. Daher bemerken LehrerInnen und Eltern zum Teil erst in der dritten oder vierten Klasse den Rückstand in der schriftsprachlichen Entwicklung;
- das Instruktionsverständnis und der Arbeitsstil, das Sprach- und Sprechverhalten;
- die psychischen Auswirkungen auf das Selbstwertgefühl des Kindes, seine Rolle in der Familie und unter Gleichaltrigen, psychosomatische Störungen, elterliche Erwartungshaltungen und Erziehungsstile, seine Beziehungen zu LehrerInnen und MitschülerInnen.

Für die Therapieplanung ist die diagnostische Trennung der Lese-Rechtschreib-Schwächen von den Problemen im emotionalen Erleben und im Verhaltensbereich nötig, um beide Aspekte nicht zu vermischen. Obwohl beide Interventionen in der kombinierten Lern- und Psychotherapie mit den Therapiezielen kompatibel sein müssen und sich nicht widersprechen dürfen, ist wegen der LRS eine lerntherapeutische Vermittlung des Lerngegenstandes notwendig und wegen der Symptomatik im Erleben und Verhalten eine Intervention mit entsprechenden kindertherapeutischen Methoden. Denn Lese-Rechtschreib-Schwächen » *werden sich weder – unmittelbar – durch nondirektive Spieltherapie noch durch systematische Desensibilisierung noch durch Musiktherapie bessern so wie niemand unmittelbar durch Psychotherapie schwimmen oder Rad fahren lernt«* (Brack 1996).

Die **Lerntherapie** in der kombinierten Lern- und Psychotherapie orientiert sich am Entwicklungsstand des Kindes (Prinzip der Adaption). Das Kind muss auf seinem Entwicklungsniveau »abgeholt« werden, um durch systematische Stufung erfolgsprovozierender Übungseinheiten kontinuierlich einen Lernerfolg zu erfahren. Lerntherapie ist in diesem Sinne Entwicklungstherapie. In jeder Therapiesitzung wird der Lernprozess in Teilschritte aufgegliedert, die das Kind erfolgreich bewältigen kann. Damit wird – zunächst nur in der außerschulischen Lernsituation – die prinzipielle Überforderungssituation, in der sich das Kind bislang befand, beendet. Denn auf der Grundlage von Überforderungen können z.B. auch impulsives wie auch träumendes und trödelndes Verhalten ungünstig den Lernprozess beeinflussen. Impulsives Verhalten (vorschnelles, fehlerhaftes Verhalten, Ausrichtung auf einen herausragenden Aufgabenaspekt unter Vernachlässigung von Unterschieden und Details oder Berücksichtigung von für die Lösung unwesentlicher Details) muss schrittweise ab- und zielgerichtete Aufmerksamkeit aufgebaut werden. In Teilschritten, die dem Leistungs- und Bewältigungsstand des betroffenen Kindes angepasst werden müssen, sollen reflexives Arbeits- und Problemlöseverhalten entwickelt werden.

Erfolgreiches Lernen sowie die Bestätigung des Erreichten bilden die Grundlage stabiler positiver Lernerfahrungen und sind unverzichtbare Grundbausteine für jede **psychotherapeutische** Strategie in einer Lerntherapie. Die Veränderung von Selbstwahrnehmung, Selbstbild, Leistungsidealen, emotionalen Besetzungen und unangepassten Verhaltensketten bedarf einer zur schulischen Erfahrung im Kontrast stehenden alternativen praktischen Lernerfahrung.

Im Schonraum der Therapie wird mit der positiven Lernerfahrung die Veränderung der mit dem Lernversagen verknüpften negativen Erlebens- und Verhaltensanteile ermöglicht. Die psychotherapeutische Intervention wird dadurch zielgenau und ökonomisch: Die Versagensangst beim Lesen wird in der therapeutischen Situation so aufgefangen, dass das Kind durch genau angepasste Leseangebote positive Erfahrungen macht und damit die Belastungssituation des Lesens allmählich reduziert wird. Dieses in der Verhaltenstherapie angewandte Prinzip ist ein wichtiger Baustein innerhalb der kombinierten Lern- und Psychotherapie.

Während vorausgegangene langwierige Versagenserfahrungen zu verfestigten Abwehrmechanismen gegen das Lernen geführt haben, die zusätzlich durch eine Verengung der Eltern-Kind-Kommunikation auf das Thema »Versagen« verstärkt werden, ist in der Therapie die Beziehungsarbeit zwischen Kind und Therapeutin wesentlich, um so dem Kind Raum für Alternativerleben und -verhalten zu schaffen. Dazu dienen Methoden, die etwa in der »integrierten Kinderpsychotherapie« bzw. in der »klientenzentrierten« Schule (Rogers 1973) beschrieben werden, wie z.B. die konsequente Wertschätzung, die positive Verstärkung, sei es in Gesprächs- und Spieleinheiten, sei es in der nonverbalen Kommunikation der Lernsituation selbst.

Ist die neu geschaffene Verbindung des Lernbereichs mit »positiven Verstärkern« wie Fehlerreduktion, Lernfreude und einer guten emotionalen Beziehung gegeben, können im nächsten Schritt die Anforderungen der lerntherapeutischen Arbeit gesteigert werden. Der Schoncharakter der Therapie wird dadurch Schritt für Schritt zurückgenommen, und potenzielle Stressfaktoren werden behutsam eingeführt: Die Erfolgswahrscheinlichkeit der Übungseinheiten sinkt, es kommt geplant zu Aufgabenstellungen, die sich nicht sofort erschließen und damit auch zur Produktion von Fehlern.

Dies wiederum gibt dem geschilderten Therapeutenverhalten eine modifizierte Aufgabe: Das Kind macht die Erfahrung, dass es nicht zu negativen Beziehungskonsequenzen führt, wenn es Verhaltensweisen zeigt, die bisher bewusst oder unbewusst von der Umwelt bestraft wurden und daher zunehmend gemieden wurden *(Zeit benötigen; falsche Lösungswege versuchen; Unwissen durch »dumme« Fragen eingestehen; wiederholt denselben Fehler machen)*. Die Therapiebeziehung wird »trotz« dieser Lernprobleme als eine beständige erlebt. Das Kind spürt das Vertrauen des Therapeuten in seine Fähigkeit und lernt dadurch, Vertrauen zu sich selbst zu bekommen. Die Interventionen der TherapeutInnen geschehen, abgesehen von den gesprächspsychotherapeutischen Anteilen der Therapie, auf direktiv-verhaltenstherapeutischer Grundlage, wobei vor allem Methoden zur Evokation und Entwicklung zielgerichtet aufmerksamen Verhaltens infrage kommen. Das Kind lernt, seine emotionalen Reaktionen und unkontrollierten Verhaltensweisen (z.B. beim Diktatschreiben, beim lauten Vorlesen) bewusst wahrzunehmen und zu kontrollieren.

Dies ist die Grundlage dafür, dass überhaupt wieder komplexere Lernvollzüge möglich werden und das Kind sich wieder größeren »Lernrisiken« – schwereren Aufgaben mit höherer Fehlerwahrscheinlichkeit – aussetzen kann.

Im Verlauf der Therapie müssen die Kinder behutsam an die schulische Realität herangeführt werden z.B. durch Erhöhung des Lesetempos und Steigerung der Schreibgeschwindigkeit als Annäherung an die Diktatsituation (»Generalisierung« der situationsspezifischen Fortschritte). Sie lernen Korrekturverhalten bei Rechtschreibfehlern durch gezielte Verhaltensrückmeldungen und auch Stressverarbeitung durch Entspannungsübungen. Die Effizienz solcher Maßnahmen sollte begleitend in Form von Eltern- und Lehrergesprächen sowie über Analysen von schriftlichen Arbeiten fortlaufend kontrolliert werden.

Der Erfolg der therapeutischen Arbeit mit Kindern ist abhängig von der **Kooperation mit den Eltern und der Schule.** Die direkte Arbeit mit den Eltern verfolgt vor allem drei Zielsetzungen:

- Korrektur falscher Vorstellungen über Ursachen und Folgen der LRS, z.B. Schuldzuweisungen der Eltern an die Schule, an das Kind und an sich selbst (z.B. versagt oder Erziehungsfehler begangen zu haben); Abbau von Hoffnungslosigkeit und Zukunftsangst, die sich auf die Kinder übertragen können.
- Anleitung der Eltern zur Durchführung von unterstützenden häuslichen Übungen mit Verhaltensregeln:
  - Eingrenzung des Übungsaufwandes auf die therapeutisch abgesprochenen Arbeitseinheiten,
  - Auflösung der familiären Aufmerksamkeit auf das Kind als »*Problemfall*«,
  - Schaffung einer »straffreien« häuslichen Lernsituation,
  - Reduzierung der Mitarbeit bei Eltern, die die vereinbarten Regeln überschreiten, damit dem Kind zu Selbständigkeit und Eigenverantwortung für sein Lernen verholfen wird,
  - Anleitung zu konsequentem Erziehungsverhalten bei kindlichem Ausweichverhalten,
  - Einbindung in Belohnungsprogramme zur Verstärkung von Verhaltensmodifikationen des Kindes,
  - Verhalten bei häuslichen Konflikten und schulischen Krisen.
- Beratung bei anstehenden Schullaufbahnentscheidungen in Kooperation mit der Schule und dem Kind.

*Heinz Zangerle*

# Angebote des Psycho-Marktes

*Kritische Sichtung und Wertung*

In der kinderpsychologischen Beratungspraxis sind sie längst keine Einzelfälle mehr: »Legastheniker«, die bereits mehrere Stationen einer langen Karriere auf dem Psycho- und Esoterikmarkt hinter sich haben. Die folgenden Fallepisoden aus der psychologischen Beratungspraxis werfen ein Licht auf den Umgang mit lese- und rechtschreibschwierigen Kindern:

- Eine Mutter übt stundenlang Diktat mit ihrer Tochter und stellt abends ein Fläschchen Bach'sche Notfalltropfen neben ihr Bett. Die »feinstoffliche« Wirkung nehme dem Kind über Nacht die Nervosität vor dem Schuldiktat.
- Bei »Flüchtigkeitsfehlern« in Schuldiktaten empfiehlt ein Homöopath die Einnahme von 5 Globuli Medorrhinum D200 1 – 2x im Monat.
- Ein nägelkauender Achtjähriger reibt sich beim Diktat wiederholt unterhalb des Schlüsselbeins, dreht den Kopf nach hinten und presst die Schultermuskulatur. Er müsse nur seine »Gehirnknöpfe« rubbeln, dann mache er weniger Fehler.
- Ein Therapeut »identifiziert« mit einem Muskeltest Lernprobleme und die entsprechende Bach-Blüte. Rechtschreibblockaden löst er durch »Einschalten« des Vorderhirns in Verbindung mit den Informationen der jeweils richtigen Blüte auf.
- Ein Zehnjähriger verkündet stolz, er müsse nie mehr Diktate üben. Nach einem Hörtest lerne er nur noch mit dem »Brain Boy«. Seine Mutter ergänzt: »Zur Verbesserung seiner Legasthenie aufgrund einer noch unbekannten neurologischen Fehlentwicklung und basalen Hörstörung«.
- Einem neunjährigen Mädchen mit großen Leseproblemen wird in der Kinder- und Jugendpsychiatrie einer deutschen Universitätsklinik Ritalin verordnet, weil es durch Stören im Unterricht Aufmerksamkeit sucht. Das unter das Morphingesetz fallende Beruhigungsmittel »habe keinerlei Nebenwirkung«, so die verordnende Ärztin.
- Ein Vater schließlich erkundigt sich telefonisch nach der Legasthenikerbrille, einer farbigen Spezialbrille, mit der Kinder zu begeisterten Lesern werden.

Derartige Episoden sind nur noch zu übertreffen von einer Meldung aus der Tagespresse, wonach »Legasthenie ihre Ursache im Kleinhirn hat, wo sich auch das Bewegungszentrum des menschlichen Organismus befindet … Medikamente, die gegen Reisekrankheiten eingenommen werden, können auch Legasthenie kurieren.«

## Hauptsache schnell und »alternativ« !

Ob LehrerInnen, PsychologInnen oder PsychotherapeutInnen – wer versucht, Eltern lern- und verhaltensschwieriger Kinder zu beraten, kennt die Erwartungshaltung: Gefragt ist, was vorgibt, störende Symptome von Kindern möglichst rasch und ohne viel elterlichen (Zeit-)Aufwand zu beseitigen, was als möglichst »bio« gilt und gleichzeitig esoterisch auf die kindliche Psyche wirkt. Das einfache Rezept, die schnelle Lösung zur Beseitigung kindlicher Symptome, hat Konjunktur. Dem entspricht das Esoterik-Repertoire. Die Verfahren geben sich zeitgeistig-alternativ, das Rezept allerdings ist klassisch: Säftchen, Pülverchen, ein paar Bewegungsübungen, Massage und Psycho-Kniffe à la »Brain Gym« sollen die Symptome am Kind bekämpfen.

Insbesondere bei Kindern mit Lese- und Rechtschreibschwierigkeiten liegen die Schulfitness-Angebote aus dem Repertoire der Esoterik und der Homöopathie voll im Trend. Nicht gefragt dagegen sind Methoden, die das mühsame Erarbeiten kleiner (Lern)fortschritte erfordern und nur zur allmählichen Verbesserung der kindlichen Symptomatik führen oder gar die Mithilfe oder Veränderung des Umfeldes (Elternhaus, Schule) verlangen. In der irrigen Meinung, durch punktuelle, möglichst angenehme und leicht durchführbare Maßnahmen werde sich der Knoten lösen, wird auf Förderkonzepte, die systematische Lese- und Rechtschreibarbeit beinhalten, zunehmend verzichtet.

Am Beispiel der »Legasthenie« lässt sich zudem beobachten, wie die Behandlung kindlicher Lernprobleme zu einem Markt geworden ist, der mit den Interessen alter und neu entstandener Berufsgruppen eng verknüpft ist. Pünktlich zu Schulbeginn rollen jährlich als Information verkleidete Werbekampagnen für diverse »therapeutische« Methoden, Mittel und Kurse auf verunsicherte Eltern und PädagogInnen zu. Inzwischen hat sich ein fast unüberschaubarer esoterischer Supermarkt etabliert (Zangerle 1996). Die Angebote laufen unter Bezeichnungen wie: Alternativmethoden bzw. -medizin, Naturheilverfahren, New-Age-Verfahren, Esoterik oder Unkonventionelle Diagnose-Therapie-Systeme. Im Handbuch »Die Andere Medizin« ordnet die Stiftung Warentest (1996) diesem Bereich über 60 verschiedene Verfahren bzw. Mittel zu.

## Gemeinsamkeiten des esoterischen Psycho-Marktes

Bei einer kritischen Zusammenschau esoterischer Methoden und Mittel, die an Kindern angewendet werden, lassen sich folgende Merkmale und Gemeinsamkeiten erkennen:

- Anbieter bzw. Anwender setzen bei Diagnose wie auch bei Behandlung unter Verzicht auf eine Anamnese vorschnell allein am Kind als dem Symptomträger an.

- Eine ausführliche, nachvollziehbare Dokumentation von Befunden und wissenschaftliche Wirksamkeitskontrolle fehlen. Die positive Erfahrung am Einzelfall genügt – wie auch immer diese zu Stande gekommen sein mag.
- Vertreter dieser Methoden scheuen jede sachliche und fachliche Diskussion, sie entziehen sich ihr sogar. Vieles läuft »auf der rein emotionalen Glaubensschiene ab und ist einem rationalen Zugang verschlossen. Kritiker werden sofort massiv auf der diffamierenden, persönlichen Ebene angegriffen, weil sie sich noch nicht im Kreis der Erleuchteten befänden und deshalb auch nicht kompetent zur Mitsprache seien ...« (Hund 1997, S. 109).
- Die Vertreter dieser Verfahren bedienen sich unter dem Deckmantel des »alternativen« Lernens durchweg der Suggestion, mit ihrer Methode wäre Lernen immer einfach, schnell, lustvoll. Bewusst wird verschwiegen, dass Lernen meist auch Mühe und gezieltes Training bedeutet.
- Unter dem Deckmantel humanitärer Helfermotive verschweigen die Anbieter Geschäftsinteressen und nutzen die uninformierte Hilfsbedürftigkeit verunsicherter und besorgter Eltern aus.

## Der Psycho-Supermarkt der »Legasthenie«

*Beispiel 1: Bach-Blüten und Globuli gegen Rechtschreibfehler*

»Besonders bei Kindern kann man mit der Bach-Blütentherapie schöne Erfolge erzielen (z.B. bei Stottern, Ängsten, Heimweh, Verhaltensstörungen wie Hyperaktivität, Konzentrationsschwäche, Bettnässen ...)« schreibt »Akzente«, Verbandszeitschrift der Eltern hyperaktiver Kinder (1992/2). Diverse Gesundheits- oder Elternzeitschriften preisen die »feinstofflichen Wirkungen« der nach dem englischen Arzt Edward Bach entwickelten Blütenextrakte, und viele Eltern verabreichen ihren Kindern die in Alkohol verdünnten Blütenextrakte, es gibt kein Diktat ohne »Rescue«-Tropfen Nr. 39.

Aus der Klientendatei des Verfassers in Innsbruck (ermittelt an 600 Einzelfällen) ergibt sich, dass Bach-Blüten quer durch alle Indikationsstellungen (am häufigsten bei Rechtschreibproblemen) gegeben werden. Nahezu 75 Prozent der Kinder waren damit vorbehandelt, ehe Eltern eine kinderpsychologische Beratung konsultierten.

Angesichts der verbreiteten Anwendung der Blütenextrakte sprechen Experten von »blühendem Wildwuchs« (Konsument, 1993, S. 18–20), und die Stiftung Warentest rät von der Einnahme ebenso ab wie die Bundesvereinigung deutscher Apothekervereine, und zwar mit der Begründung: Bach-Blüten sind eine Mischung aus Scharlatanerie, Aberglauben und Geschäftemacherei (Erdheim 1997).

Auch die Praxis, Kindern mit Schulschwierigkeiten vermehrt homöopathische Globuli zu verabreichen, ist leider weit verbreitet. Aus meinem Datenmaterial ergibt sich, dass 55 Prozent der Kinder – wohlgemerkt wegen ihrer Lern- bzw. Verhaltensstörungen und nicht wegen körperlicher Beschwerden! – vom Kinderarzt homöopathische Globuli verschrieben wurden. Es stellt sich die Frage nach Erklärungszusammenhang und wissenschaftlichem Hintergrund von »Behandlungen«, wonach beispielsweise Kindern mit »Sprach- u. Schreibschwierigkeiten« ein bis zweimal monatlich 5 Globuli Tuberculinum D 200 verabreicht werden (in: Wagner 1997, Stichwort »Legasthenie«).

Nicht wissenschaftlich belegt ist auch, worin die – behauptete – Ganzheitlichkeit der Verabreichung von 5-mal täglich 8-10 homöopathischer Schultropfen »Mag. Doskar« Nr. 17 bei einem aggressiv-zappeligen und unkonzentrierten Kind mit überbehütend-nervösen Eltern besteht. Was sollen – außer einem kurzzeitigen Placebo-Effekt – solche Mittel einem verängstigten, mutlosen Kind bringen, das allwöchentlich sein Diktat-Waterloo erlebt, weil es schulisch wie häuslich völlig ineffizient lernt? Kann es mit solchen Tropfen jemals lernen, mit sich und seinem Problem besser umzugehen?

### *Beispiel 2: Kinesiologie: »Liegende Acht« statt Üben*

Ein geradezu klassisches Beispiel der Versimplifizierung von Ursachen und Therapie kindlicher Lern- und Verhaltensprobleme ist die Edu-Kinestetik (Bewegungspädagogik) bzw. das Brain Gym (Lerngymnastik), basierend auf den Publikationen von Paul E. Dennison (z.B.: 1990). Der Autor, Verlagsangaben zufolge »Pionier in angewandter Gehirnforschung«, bedient sich eines der zentralen Elemente des aktuellen Trends, nämlich der Reaktivierung der angestaubten Gehirnhälften-Theorien aus den 50er-Jahren. Ob Lernstress, blockierte Lebensenergie, Aufmerksamkeits- und Konzentrationsstörungen, Legasthenie o.Ä.: Mit der mangelnden Zusammenarbeit der linken und rechten Gehirnhälfte werden die Ursachen nahezu aller kindlichen Störungen begründet. Mangelndes Zusammenspiel der Gehirnhälften, gestörter Energiefluss, Blockade des Energiesystems sind die stereotyp wiederkehrenden Erklärungen. Störung ist demnach eine Form des »Abgeschaltetseins«, reparierbar nur durch die neuesten Methoden der »Gehirnintegration«.

Die von Dennison entwickelte Angebotspalette an simplen Gymnastikübungen (Liegende Acht, Überkreuz-Gehen und Hüpfen, Wadenpumpe, Eule etc.) sollen den Energiefluss ausbalancieren und eine »Verbindung der beiden Gehirnhälften« herstellen. »Mit 2 Fingern das Steißbein und mit weiteren 2 Fingern die Oberlippe für 30 sec. halten. Dies verhilft zur besseren Raumorientierung und hält dich offen für Informationen nach außen (Raumknöpfe, Gouverneursmeridian); dehne und ziehe die Ohren sanft von innen nach außen und von oben nach unten. So kannst du besser zuhören (Denkmütze).« Mit derlei Übungen verspricht etwa das Münchner Institut für Angewandte Kinesiologie in einem Schülermerkblatt den Abbau von »Lernblockaden« und »legasthenischen Störungen« (Goldner 1997, S. 229).

Weil sich Edu-Kinestetik und Brain Gym nicht nur seit Jahren im Nachhilfe- und Lernförderungsmarkt, sondern auch in der staatlichen Lehrerfortbildung breit macht, hat das Staatsinstitut für Schulpädagogik und Bildungsforschung München umfangreiche Expertisen zu den neurologischen Grundlagen der Edu-Kinestetik eingeholt und in einem Arbeitsbericht veröffentlicht (Walbiner 1997). Darin werden diese nicht nur als unhaltbar, sondern als »eine derartige Versimplifizierung und Verfälschung der Vorgänge des zentralen Nervensystems« bezeichnet, dass die Anwendung »so erklärter diagnostischer und therapeutischer Techniken zum Umgang mit Kindern in hohem Maße beunruhigen muss« (S. 5). Die Autorin kritisiert nicht nur die allzu simple Problemlösestrategie, mit der Kinder das »An- und Abschalten« (analog der Funktion elektrischer Geräte) als Lösung für Probleme lernen sollen, sondern auch, dass sie sich durch die Manipulationen des Brain Gym als behandlungsbedürftig und »nicht in Ordnung« erleben (S. 6).

Breitenbach und Keßler (1997) haben empirische Forschungsarbeiten zum so genannten »Muskeltest« zusammengetragen. Dieser dient Kinesiologen als Diagnoseinstrument und auch dazu, passende Blütentropfen, homöopathische Globuli oder gar den richtigen Heil-Edelstein für ein Lernproblem herauszufinden. Die Autoren kommen zu dem Schluss, »dass der Muskeltest aus empirischer Sicht derzeit kein diagnostisches Verfahren ist. Ebenfalls muss darauf hingewiesen werden, dass momentan nur mangelhafte empirische Belege für die Effektivität edukinesthetischer Förderung vorliegen« (Breitenbach und Keßler 1997, S. 8).

Die simplen Erklärungsmuster und Bewegungsübungen der Kinesiologie haben inzwischen in die Lehreraus- und -fortbildung Eingang gefunden und werden höchst unkritisch in nahezu jeder Broschüre über schulisches Lernen als Universalmittel bei Schulproblemen angepriesen. Mit Versprechungen wie »Hilfe bei Lernproblemen und Konzentrationsschwäche« bringen Verlage ganze Serien an »Lerngymnastik«-Büchern auf den lukrativen Schulbuchmarkt.

Allein in der BRD werden nach Information des Berufsverbandes Deutscher Psychologen und Psychologinnen (BDP) jährlich 2 bis 3 Milliarden Mark auf dem Kinesthetik-Markt umgesetzt. Der BDP warnte kürzlich Eltern und Schulen davor, den verheißungsvollen Versprechungen der Kinesiologen Glauben zu schenken. Kinesiologie sei nicht nur unnütz und teuer, sondern könne sich auch schädlich auswirken, sofern damit wertvolle Zeit für wirkliche Hilfe vertan werde (in: Psychologie Heute, 1998/12, S. 15).

### *Beispiel 3: NLP-Rechtschreibtherapie: Kindernöte kein Thema*

Aufbauend auf den Techniken des so genannten Neurolinguistischen Programmierens (NLP) hat Klaus H. Schick das »neuropsychologische Konzept« einer »NLP-Rechtschreibtherapie« (1995) entwickelt. Was sich allerdings hinter dem viel versprechenden Titel als »Therapie« verbirgt, ist ein Verfahren, das die Arbeit an kindlichen Rechtschreib- und Leseschwierigkeiten auf einige wenige Manipulationstechniken reduziert. Die Anleihen und Querverbindungen zur funktionalistischen Gehirnhälftentheorie von Dennison sind überaus zahlreich, auch die theoretisch-empirische Fundierung ist ähnlich mager. Die Lektüre des Buches lohnt den Zeitaufwand kaum, denn der kritische Praktiker muss sich geradezu gefoppt vorkommen vom Missverhältnis seitenlanger sogenannter theoretisch-wissenschaftlicher Ausführungen und der effektiven »Hilfe« für die Praxis. Getrost kann man sich 150 Seiten Text ersparen. Auf nur einer Seite findet man das Kernstück des Buches: die »Visuelle Rechtschreibstrategie« des NLP (Schick 1995, S. 55). Was sich hinter dieser Ankündigung verbirgt, ist eine Leitkarte zur Erarbeitung einzelner Wortbilder, die eher verwirrt denn zur Sicherheit führt. Damit, so betont der Verfasser, biete er dem Lernenden – im Gegensatz zu herkömmlichen Drill-Methoden – den »Prozesscharakter des Erlernens der Rechtschreibung als einer Strategie« an. Aber gerade darum geht es bei der NLP-Rechtschreibtherapie sonst nirgendwo. Unter Verweis auf veraltete Hirndominanztheorien werden Rechtschreibschwierigkeiten als neurolinguistisches Problem allein am Kind festgemacht. Obwohl im Text mehrfach von systemischer Vorgangsweise die Rede ist, bezieht sich der konkrete Ansatz nur auf den Symptomträger Kind. Lediglich zwei knappe Seiten widmet der Autor den psychischen Nöten eines Kindes mit permanenten Rechtschreibschwierigkeiten, der psychischen Verarbeitung der andauernden Misserfolge sowie dem häuslichen und schulisch-methodischen Umgang mit diesem Problem.

Ähnlich fragwürdig ist die von Karin Leifermann-Jahn entwickelte »NLP-Buchstabierstrategie« (1996), gedacht als Hilfestellung für Kinder, die trotz häufigen Übens aufgrund einer ungeeigneten Strategie Fehler machen. Die Diagnose erfolgt allein aufgrund der Blickrichtung des Kindes bei der Präsentation eines bekannten Wortes. Je nach »Augenzugangshinweisen beim Rückwärtsbuchstabieren« (S. 22) fehle es dem Kind – gemäß der NLP Diagnostik – bei Rechtschreibschwierigkeiten entweder nur an Routine und regelmäßiger Übung oder es brauche ein besonderes Training. In Anlehnung an die visuelle Rechtschreibstrategie von Schick hat auch Leifermann-Jahn eine Leitkarte zur NLP-Buchstabierstrategie entwickelt, die mit Sicherheit dazu beiträgt, die simple und sinnlose Technologie unter LehrerInnen und Eltern rasch zu verbreiten. Unter dem Deckmantel der Wissenschaftlichkeit werden ihnen damit punktuell ansetzende, rein technische Handlungsanweisungen gegeben, ohne dass rechtschreibdidaktische Grundsätze sowie das gesamte Umfeld des Kindes berücksichtigt werden.

### *Beispiel 4: R. Davis: Legasthenie ein Talentsignal?*

Das Thema Legasthenie ist ein Dauerbrenner unter Ratgeber-Büchern. Dass für die Verkaufszahlen dieser Bücher nicht wissenschaftliche Qualitätskriterien ausschlaggebend sind, sondern die Gesetze der Marktpsychologie, erweist sich an der Publikation von Ronald D. Davis (1995) »Legasthenie als Talentsignal«. Der (Verkaufs-)erfolg des Buches – dank perfekter Medienpräsentation – zeigt, dass Eltern sich gern davon überzeugen lassen, das Lernproblem ihres Kindes deute auf ein besonderes Talent: »Das Talent der Legasthenie ist die Gabe der Meisterschaft« (Davis 1995, S. 126). Ob Kennedy, Einstein, Darwin, da Vinci, Walt Disney oder Jackie Stewart, als Legastheniker hatten sie alle »eine natürliche Fähigkeit, … die das geistige Potenzial der Person steigert« (S. 23).

Bei vielen verzweifelten Eltern wird die Hoffnung geweckt, ihr lernbeeinträchtigtes Kind sei ein – wenn auch von der Schule verkanntes – Genie. Durch diese Verknüpfung wird geschickt für ein Legasthenietraining nach Davis geworben, angeboten von der »Davis Dyslexia Association«, die in Deutschland und der Schweiz tätig ist. In Österreich bietet der Übersetzer des Buches Kennenlernseminare und Intensivwochen zum Preis von 23 000 Schillingen an. In Hamburg werden Wochenendseminare für mehrere tausend Mark angeboten.

Der Österreichische Bundesverband Legasthenie (ÖBVL) hat eine Stellungnahme formuliert (Kalmar/Schulz i.A. des ÖBVL), in der darauf verwiesen wird, dass die von Davis dargestellte Variante der Wahrnehmungsentwicklung legasthener Kinder in der gesamten entwicklungspsychologischen Literatur nicht einmal als Spekulation zu finden ist.

Das zentrale Problem von Menschen mit Lese- und Rechtschreibproblemen sieht Davis in deren »Desorientierung«. Diese könne aber bei bewusstem Einsatz eines von ihm postulierten Orientierungspunktes hinter dem Kopf überwunden werden. Das vorgeschlagene »Test«-Verfahren besteht darin, zu überprüfen, ob der Proband ein imaginiertes Stück Kuchen auf seiner Handfläche mit seinem »geistigen Auge«, welches in einer seiner Fingerspitzen platziert ist, betrachten kann. In der »Therapie« muss der Klient dann beispielsweise lernen, mit einer »Gruppe von Nervenzellen mitten im Gehirn, die die Desorientierung verursacht,« umzugehen. Dies, indem er lernt, den »Schalter zum Abschalten dieser Zellen zu bedienen« (Davis, 1995, S. 168).

Auch der Landesverband Legasthenie in Bayern distanziert sich von der Davis-Methode (s. Kasten, Hinzufügung der Herausgeberinnen).

**Schutz von Schülern und Eltern vor der so genannten Davis-Methode**
(Auszug aus der Stellungnahme des Landesverbands Legasthenie Bayern 1999)

Der Landesverband Legasthenie Bayern möchte Sie *auf eine neue Gefährdung für lerngestörte Kinder* aufmerksam machen und Sie bitten, Lehrer- und Elternschaft frühzeitig zu sensibilisieren und entsprechend zu informieren.
Seit einiger Zeit wird eine neue, von einem amerikanischen Einzelgänger stammende »Lehre« verbreitet, und zwar mit einem enormen Medien- und Vermarktungsaufwand. »In 30 Stunden zum Erfolg!« wird propagiert und »Wie man in einer Woche die Legasthenie überwindet!« Der Urheber, Ronald Davis, scheint *durch nichts weiter qualifiziert, als dass er sich als ehemaligen Legastheniker bezeichnet*. Sein deutsch herausgebrachtes Buch »Legasthenie als Talentsignal« *beschreibt eine spekulative Wahrnehmungstheorie, für die er keinen empirischen Nachweis erbringt*. Davis behauptet, Legastheniker hätten einen *dreidimensionalen Wahrnehmungsstil*, der »Desorientierung« bzw. eine »Verwirrungshaltung« bewirke. Dies ist – im Gegensatz zu den wissenschaftlichen Erkenntnissen von Multikausalität – eine monokausale Erklärung.

Sie lässt den sprachlichen Aspekt der Leseleistung sowie die zentral-cerebralen Vorgänge, aber auch die psychosozialen Probleme völlig außer Acht. Auch alle bisherigen Forschungserkenntnisse und wissenschaftlichen Schriften finden keinerlei Beachtung bei Davis.
Angepriesen wird seine Lehre, *deren Kernstück die »Desorientierung«* ist, als »neue« Errungenschaft. Jedoch der Schweizer Professor für Sonderpädagogik, Dr. Hans Grissemann (bekannter Autor einschlägiger wissenschaftlicher Bücher), hat sich schon vor dreißig Jahren experimentell mit dem Aspekt der Überforderung der Legastheniker bei der Sprachcodierung befasst. Dabei sah er die von ihm so benannte und definierte »Deutungsschwäche« als e i n e n Aspekt der Legasthenie, nicht als den einzigen.
Davis-Institute, auch in Deutschland, Davis-Internetseiten und Davis-Broschüren propagieren und verkaufen die Davismethode. Ein zum Beispiel für den 22. bis 25. Oktober 1998 in München angekündigter »Basiskurs« (30 Stunden) kostet 1.500,– DM. Gegen Vermarktung wäre nichts einzuwenden, *doch bleibt Davis jeglichen wissenschaftlich anerkannten Wirksamkeitsnachweis schuldig. Evaluationsstudien sind uns nicht bekannt.*
Aus unserer Sicht handelt es sich um ein überwiegend kommerzielles Unternehmen, das in seinen brauchbaren Elementen nichts Neues bringt, das wissenschaftlich fragwürdig ist, keiner Qualitätskontrolle unterliegt und ohne Erfolgsnachweis arbeitet. Für Hilfe suchende Eltern sind Wert oder Unwert der Methode nicht durchschaubar.
Sie zahlen hohe Gebühren, glauben das Richtige zu tun für ihre Kinder, gehen aber das Risiko ein, *wertvolle Zeit für eine fundierte Legasthenietherapie zu verlieren; bei Nichtgelingen der Davis-Behandlung dürften die Kinder noch tiefer als vorher entmutigt sein* und später eine längere, schwierigere und daher auch teurere Therapie benötigen.
Eine andere Gefahr besteht in der staatlich unkontrollierten »Ausbildung« von »Davis-zertifizierten« Therapeuten, die mit kommerziell verliehenen, undurchschaubaren Titeln berufliches Fortkommen in Lehrer- und Erzieherfortbildungen, an Schulen, Kindertagesstätten und in vielen anderen Bereichen suchen werden.

### *Beispiel 5: »Brain Boy« vom Psycho-Akustiker*

Auch der »Psycho-Akustiker« (Eigendefinition) Fred Warnke preist simple Legasthenie-Therapeutik unter Verleugnung wissenschaftlicher Standards an. In seinem (vom Verlag für angewandte Kinesiologie herausgegebenen) Elternratgeber behauptet er, beim »Patienten mit Legasthenie« sei die Verarbeitung akustischer Eindrücke, und zwar die »innere Taktfrequenz zur Decodierung der Sprache« – gestört, es bestehe ein »ursächlicher Zusammenhang zwischen zentraler Hörverarbeitung und LRS« (Warnke 1995, S. 7).

Obwohl Warnke eingesteht, dass seine Thesen keineswegs wissenschaftlich abgesichert sind, verkauft er Geräte, die er »zunächst eher intuitiv entwickelt hat« (vgl. Förster 1998). Nach einer Kurzdiagnose des Kindes können gutgläubige Eltern ein Geräteset zum stolzen Preis von DM 1400.- erwerben: ein simples Elektriker-Montagerohr, das auf der Hand balanciert wird, um die Auge-Hand-Koordination zu verbessern, und den »Brain Boy«, ein elektronisches Gerät, das optische und akustische Reize verknüpft. Damit soll das Kind lernen, seine »zentrale Fehlhörigkeit« zu behandeln. Im Therapie-Set mitgeliefert wird eine CD für die Hörtherapie und ein

»Hemisphärentraining«. Das Kind soll lernen, die Hirnareale für Sprechen und Lesen miteinander zu verbinden.

Warnke kann attestiert werden, ein Meister der Vermarktung seiner Materialien zu sein. In Massenmedien erweckt er hohe Erwartungen bei betroffenen Eltern. Er scheut auch nicht davor zurück, Legasthenikern per Ferndiagnose seine Geräte anzubieten (ORF – Ö 3, vom 3. 6. 1995). Sogar »Die Zeit« gewährte ihm breiten Raum für die Darstellung seiner »neuartigen Therapie« (Die Zeit, v. 19.2.1998).

Die Beharrungstendenz einmal verbreiteter Nachrichten über »neue« und »Erfolg versprechende« Therapien ist bemerkenswert. Obwohl sich Hoffnungen in deren Wirksamkeit längst als Seifenblasen entpuppt haben, halten sich Therapie-Mythen über Jahrzehnte. Beispielsweise tauchen in den Medien immer wieder Berichte über die, vor mehr als 15 Jahren von der Amerikanerin Helen Irlen als Wundermittel propagierten »Irlen-Gläser« auf. Sie behauptete, Legasthenikern mit einer aus über 150 Farbtönen zusammengestellten Spezialbrille schnell und billig (DM 400,–) helfen zu können. Immer wieder gibt es dazu Nachfragen verunsicherter Eltern, zumal sie inzwischen teure Folien vermarktet.

## Kernpunkte der Kritik

- **Pathologisierung – Zurück zum medizinischen Modell:** Nachdem die Sozialwissenschaften in jahrzehntelanger wissenschaftlicher Forschung Fragen der Genese, Diagnose und Therapie psychischer Störungen bei Kindern aus der alleinigen Umklammerung der Medizin gelöst hatten, kommt es nunmehr zu einem »Rollback« rein medizinisch orientierter Erklärungsmodelle (vgl. den Beitrag von Valtin »Von der klassischen Legasthenie zu LRS – notwendige Klarstellungen« in diesem Band). Der Rückgang finanzieller Mittel für schulische und außerschulische Fördermaßnahmen begünstigt medizinische Erklärungsmuster, weil sich damit die Hoffnung auf Finanzierungsmittel von Krankenkassen verknüpft.
- **Schnelle Machbarkeit – Reparaturmentalität:** Der Nährboden für vieles, was auf dem Psycho-Markt Blüten treibt, ist eine ungeduldige und an möglichst rascher Symptombeseitigung orientierte Grundhaltung vieler Eltern (und wohl auch mancher ExpertInnen). Es ist die Erwartung schneller Machbarkeit und Reparierbarkeit menschlicher Probleme mittels einfacher Rezepte, eine Haltung, die nicht oder wenig daran interessiert ist, wodurch ein Symptom überhaupt erst entstanden ist.
- **Ganzheitlichkeit als Etikettenschwindel:** Ein zentrales Mythos am Eso-Markt der Legasthenie ist die Behauptung von der »Ganzheitlichkeit« seiner aktuellen Angebote. Doch in der Praxis ist geradezu das Gegenteil zu beobachten: Auf eine gründliche Anamnese – also eine Rekonstruktion der kindlichen Leidensgeschichte, der familiären Situation, der schulisch mitbedingten Ursachen für Lern-

störungen – wird meist völlig verzichtet und das Kind somit seiner Ganzheitlichkeit beraubt.

- **Blindheit für den modernen Kinderalltag:** Der Reduktionismus des esoterischen Psychomarktes auf endogene, allein im Kind liegende Ursachen für Lernstörungen macht blind für die Probleme und Zusammenhänge des modernen Kinderalltags.
  Das enorme Bedürfnis von Eltern und PädagogInnen nach hilfreichen, schnell wirksamen und einfach durchzuführenden Praktiken ist auf dem Hintergrund eines schwierig gewordenen Erziehungs- und Schulalltags freilich verständlich. Verständlich, wenn man die Belastungen kennt, die beispielsweise der Lehrerschaft zugemutet werden, von der manche erwarten, dass sie die psychischen Folgen gesellschaftlich bedingter Probleme im Klassenzimmer reparieren soll, ohne dafür ausgebildet zu sein.
- **Vorstufe von Sucht und Sektengläubigkeit:** Durch die Praktiken des Esoterik-Booms wird Kindern vermittelt, dass die Ursachen für ihre Lern- und Verhaltensschwierigkeiten und Probleme nur bei ihnen selbst liegen, schließlich setzt allein dort die Behandlung an. Ferner lernen sie: Wenn du Probleme hast, dann gib dir Säftchen, Kügelchen oder Mittelchen. Der »geheime Lehrplan« der Esoterik vermittelt Kindern noch mehr: Da die Esoterik vom Anwender vielfach Glauben an irrationalen Hokuspokus einfordert, stimme ich jenen zu, die Esoterik als *das* Gleitmittel und Einfallstor in Okkultismus und blinde Sektengläubigkeit bezeichnen.
- **Entmythologisierung der Legasthenie:** Es erscheint dringend geboten, die Mythen und Vorurteile, die um den Begriff der Legasthenie kreisen, kritisch zu hinterfragen. Es gilt aufzuzeigen, dass sich ökonomische Interessen hinter der Fassade der Sorge um ein kindliches Lernproblem verbergen und – in Zeiten großer elterlicher Verunsicherung – mit falschen Versprechungen Geschäfte gemacht werden. Dabei wird deutlich, dass sich endogene Legasthenie-Konzepte leichter bewerben und »verkaufen« lassen als jene, die auf der Basis neuerer sozialwissenschaftlicher Forschung stehen. Denn sie suggerieren einen klaren Symptomträger – das Kind –, an dem Ursache und Behandlung festzumachen sind. Elternhaus und Schule sind entlastet, sie haben scheinbar keinerlei Anteil am Lernproblem. Durch diese Entwicklung werden Konzepte, die der Komplexität und Multikausalität kindlicher Lernstörungen gerecht werden und auch die Fragen der schulischen und elterlichen Bewältigungsstrategien nicht ausschließen, zurückgedrängt. Mit seinen »einfachen Lösungen« leistet der esoterische Psycho-Markt einen mehr als zweifelhaften Beitrag zur Verschleppung und Verschlimmerung von Lern- und Verhaltensproblemen bei Kindern.

*Ingrid M. Naegele*

# FIT – Frankfurter Integrative Therapie

## Ausgangslage

Kinder scheitern beim Lesen und Rechtschreiben aus Gründen, die individuell sehr unterschiedlich sein können, immer jedoch mit den spezifischen schriftsprachlichen Erwerbsprozessen zusammenhängen. Von daher sind ÄrztInnen und PsychologInnen meist die falschen Adressaten, da sie in der Regel keine Fachleute für Schriftspracherwerb sind und aufgrund ihrer Ausbildung entweder organische oder psychische Ursachen vermuten (vgl. Löffler/Meyer-Schepers/Naegele in diesem Band).

Während die individuellen Ursachen sehr unterschiedlich sein können, ist das gemeinsame Kennzeichen aller von LRS Betroffenen eine nicht altersgemäß entwickelte Lesefähigkeit und/oder im Vergleich zur Klasse eine große Zahl an Verstößen gegen die gültige Rechtschreibnorm.

Ursachen für LRS können sein:

- fehlende Passung des Lernangebotes an die Entwicklung des Kindes, vor allem dann, wenn das Kind noch nicht die lautanalytische Fähigkeiten erworben hat,
- ungünstige Lernvoraussetzungen, wie Rückstand in der sprachlichen oder motorischen Entwicklung, die nicht aufgearbeitet wurden,
- belastende Ereignisse (Umzug, häusliche Krisen, Krankheit, Tod von Angehörigen oder Haustieren u.a.), die die Aufmerksamkeit des Kindes voll beanspruchen,
- Unverständnis der Umwelt (Familie, LehrerInnen, FreundInnen, KlassenkameradInnen),
- Stress und Angst.

Mit Besorgnis beobachten wir gegenwärtig zwei Reaktionen von LehrerInnen:

- Einerseits werden zunehmend mehr Kinder bereits in der ersten Klasse als Problemfälle ausgesondert, und dies, obwohl in allen Rahmenplänen die Berücksichtigung des unterschiedlichen Entwicklungsstands und eine früh einsetzende Förderung vorgesehen sind. Aufgrund des verlangsamten Schriftspracherwerbs sollen diese Kinder in die Sonderschule für Lernhilfe überwiesen werden. Die

LehrerInnen dort sind jedoch in der Regel nicht besser für Fördermaßnahmen im Lesen und Rechtschreiben ausgebildet als die Lehrkräfte an Grundschulen.

- Andererseits werden die Schwierigkeiten der Kinder bagatellisiert und damit erheblich vergrößert. LehrerInnen vertrösten beunruhigte Eltern u.a. damit, dass sich der Rückstand in der Lese- und Schreibentwicklung von selbst auswachse – und lassen damit Möglichkeiten der Förderung ungenützt verstreichen.

Da alles schulische Lernen schriftsprachliche Fertigkeiten voraussetzt, sind die Folgen des Versagens besonders gravierend. Das Kind entwickelt eine negative Lernstruktur (Betz/Breuninger 1982), die bis zur völligen Blockade führen kann.

Unser integratives Psycho- und Lernkonzept, **F**rankfurter **I**ntegrative **T**herapie – FIT, soll dem Kind helfen, aus einem solchen Teufelskreis von Lern- und Verhaltensproblemen wieder herauszukommen.

## FIT – unser therapeutisches Konzept

Ausgehend von den Erfahrungen im schulischen Förderunterricht (Naegele u.a. 1981, Rathenow/Vöge 1982, Naegele/Portmann 1983, Naegele 1995) und dessen Grenzen bei der Aufarbeitung komplexer Lern- und Verhaltensauffälligkeiten wurde das Konzept der integrativen Psycho- und Lerntherapie FIT entwickelt. Seit 1986 wird es im Institut für Lernförderung, einer privaten und unabhängigen Einrichtung in Frankfurt, umgesetzt.

Das Konzept der integrativen Psycho- und Lerntherapie verbindet Erkenntnisse der entsprechenden Fachwissenschaften/Didaktiken mit Elementen der Spiel-, Gesprächs- und Verhaltenstherapie. Aufgrund der Analyse des schriftsprachlichen (oder mathematischen) Wissensstandes des Kindes werden die fehlenden Kenntnisse schrittweise aufgebaut, Problemlösungsstrategien vermittelt, das Selbstvertrauen durch Spiele und Lernerfolge gestärkt. Ohne Einbezug der Erziehungsberechtigten ist eine erfolgreiche Arbeit erschwert. Um ihre Unterstützung der Maßnahme und Veränderungen innerhalb der Familie im Interesse des Kindes zu erreichen, finden regelmäßige Elterngespräche statt sowie in der Regel Absprachen über ein regelmäßiges, kurzes häusliches Training (Karteiarbeit und Lesen). Diese Übungen sollen langfristig Sicherheit auf- und ineffektiven Lernstress und emotionale Spannungen abbauen. Kontakte zu den LehrerInnen sind wichtig, da ein einheitliches Vorgehen den Erfolg unterstützt.

Weil jedes Kind unterschiedliche Stärken und Schwächen mitbringt, ist eine individuelle Passung der Lern- und Spielangebote notwendig, sodass nur Einzeltherapien angeboten werden, die in der Regel einmal wöchentlich zwei Stunden als Block stattfinden. Die durchschnittliche Therapiedauer liegt bei einem bis eineinhalb Jahren. Die Therapie wird beendet, wenn das Selbstwertgefühl des Kindes stabil ist und sich seine Lese-/Rechtschreibleistung so verbessert hat, dass es befriedigende oder stabile ausreichende Benotungen erhält.

Wegen der individuell unterschiedlichen Versagens- und Frustrationsgeschichte der Kinder verbindet FIT kognitive, sprachwissenschaftliche, emotionale, psychologische, kreative, motorische und soziale Elemente.

Die Intentionen und Ziele von FIT sind:

- Aufbau der fehlenden schriftsprachlichen Grundlagen und Einsichten,
- Erkennen der Bedürfnisse und Nöte des Kindes und gezielte Hilfe,
- Ausbau der persönlichen Stärken, Entwicklung von Selbstvertrauen und Selbstständigkeit,
- Schaffen von neuer Motivation für das Lesen und Schreiben,
- Schaffen eines positiven, stimulierenden Umfeldes.

FIT verwendet folgende Maßnahmen und Methoden:

- Aufbau eines Vertrauensverhältnisses zwischen Kind und TherapeutIn,
- die Annahme des Kindes mit all seinen Stärken und Schwächen,
- uneingeschränktes Eingehen auf die Bedürfnisse während der Therapie,
- Lob und Ermutigung bei allen Tätigkeiten, um die Aversionen gegen das Lernen abzubauen,
- Anbahnen von Erfolgserlebnissen durch Passung der Lern- oder Übungsangebote an den individuellen Entwicklungsstand,
- sofortige Erfolgsrückmeldung,
- Positivbewertung bei allen Arbeiten (und Gewinnen beim Spielen),
- Berücksichtigung der individuellen Arbeits- und Lernstrategien,
- häufiger Wechsel der Übungs- und Spielphasen.
- Einbezug der Eltern, um negative Einstellungen zu verändern,
- Verbesserung der Beziehungen zwischen Kind und Eltern bzw. LehrerInnen mit dem Ziel des Angstabbaus, Wegnahme von Druck und Aufbau von Zuversicht in die kindlichen Fähigkeiten,
- Zusammenarbeit mit der Schule und den LehrerInnen, um schulische und soziale Konflikte lösen.

FIT beinhaltet:

- das Erstellen und Durchführen eines individuellen Förderkonzepts,
- ständige förderdiagnostische Analyse der Arbeiten der Kinder als Basis für neue Aktivitäten,
- individualisiertes Lese-, Schreib- und Rechtschreibtraining, das sich an den persönlichen Interessen und Lernwegen des Kindes orientiert. Dazu zählen z.B. das Schreiben eigener Texte oder das Lesen von Büchern,
- Entspannungs- und Konzentrationsübungen,
- Karteiarbeit als Rechtschreibübung und Lernmethodik,

- Projekte und Wettbewerbe,
- Einsatz vielfältiger Medien: didaktische Materialien, Computerprogramme, Kinder- und Jugendbücher, Spiele,
- kontinuierliche Supervision und Weiterbildung der TherapeutInnen,
- Öffentlichkeitsarbeit (Lehrerfortbildung, Lehrer- und Elternseminare).

Ist das Selbstwertgefühl des Kindes stabilisiert, sind seine Einsichten in die Prinzipien der Orthographie gesichert und ist ihm Lesen zum persönlichen Bedürfnis geworden, erfolgt

- die allmähliche Anpassung an die schulischen Anforderungen in der Auswahl von Lese- und Schreibaufgaben,
- der Einbau von Frustrationselementen bei Spielen oder Aufgaben und
- die langsame Lösung von der therapeutischen Bezugsperson.

Über einzelne Elemente unseres Konzepts liegen ausführliche Berichte vor, so

- zur Karteiarbeit als täglicher (Recht)Schreib- und Lernmethodikübung (vgl. Naegele 1995, den Beitrag von Naegele zur Rechtschreibkartei im 1. Band dieses Buches, Frauenfeld 1995 und in diesem Band),
- zur Konzentrationsförderung (Naegele 1996),
- über die Rolle des Spiels (vgl. Naegele/Haarmann 1993, Naegele 1995, 1999),
- über Projekte (Naegele 1997, Urban/Naegele in diesem Band).

Zwei Schwerpunkte unserer Arbeit möchte ich näher vorstellen:

- Beratung
- Therapie

## Beratung

In vielen Fällen hilft bei Schulproblemen bereits eine Beratung an neutraler Stelle, bei der Eltern und das betroffene Kind über ihre Belastungen sprechen können und wichtige Informationen erhalten. Bei uns wird in einem gemeinsamen Gespräch zwischen Erziehungsberechtigten, Kind und Therapeutin zunächst von den kindlichen Stärken, dem, was es gerne macht, ausgegangen.

In diesem Gespräch geht es um die Rekonstruktion der bisherigen kindlichen Entwicklungsgeschichte unter bestimmten Fragestellungen, die Schule, Freizeit, Familie und Verhalten betreffen. Einbezogen werden die mitgebrachten Zeugnisse, Haus- und Arbeitshefte, ein persönlicher Brief des Kindes mit Informationen über seine Vorlieben und Abneigungen ebenso wie bisherige Fördermaßnahmen, häusliches Üben, die Beziehungen zu Gleichaltrigen und den LehrerInnen, Erinnerungen

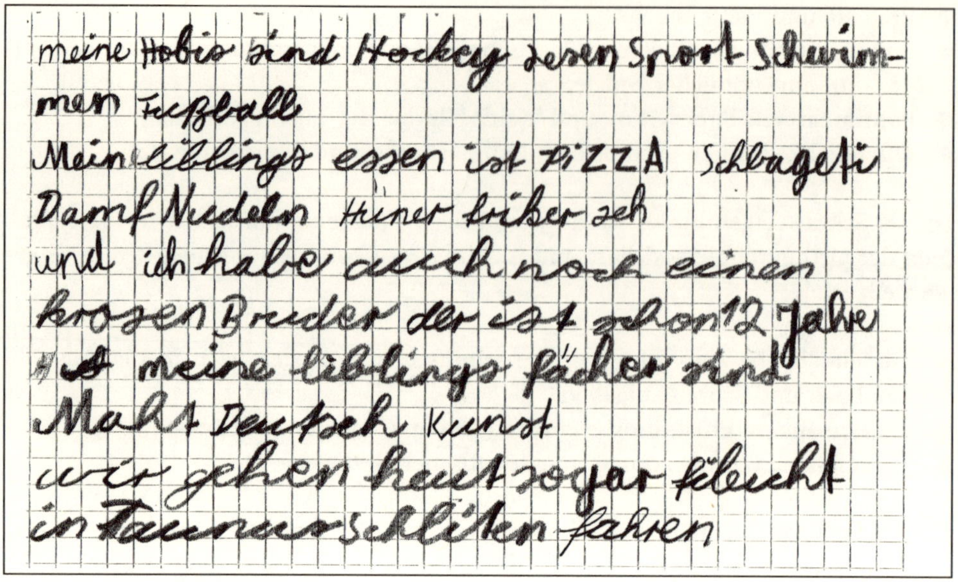

meine Hobis sind Hockey Lesen Sport Schwim-
men Fußball
Mein liblings essen ist PiZZA Schbageti
Damf Nudeln Hiner friker seh
und ich habe auch noch einen
krosen Bruder der ist schon 12 Jahre
meine liblings fächer sind
Maht Deutsch Kunst
wir gehen heut sogar fileucht
in Taunusschliten fahren

*Abb. 1: Torsten schreibt über sich*

an Erlebnisse oder erlittene Verletzungen, Fragen zum Selbstwertgefühl und sportliche Freizeitaktivitäten. Im Mittelpunkt der Beratung steht natürlich die Analyse des Entwicklungsstands im Lesen, Schreiben und Rechtschreiben anhand des Stufenmodells (s. dazu den Beitrag von Valtin über förderdiagnostische Hinweise in diesem Band) und der individuellen Einsichten des Kindes in Funktion und Struktur der Schriftsprache.

Aufgrund dieser Analyse werden dann Hilfestellungen vorgeschlagen und ausprobiert. Diese betreffen Schreibhaltung, Lesetechnik, Aufbau von Schreib-, Rechtschreib- und Ausdruckskompetenz sowie Entspannung und Arbeitsverhalten. Fast immer sind Informationen nötig über die rechtlichen Rahmenbedingungen und ihre schulischen Konsequenzen, die Aufklärung über die Ursachen der Lernverzögerung sowie den Zusammenhang zwischen Lernversagen und psychischen Reaktionen. Hinweise auf geeignete Kindertexte, Fachliteratur und gegebenenfalls Material ergänzen die Beratung.

Die Kosten für eine solche fachliche Beratung lohnen sich, da Eltern und Kind neben einer neutralen Einschätzung zugleich Anregungen zur Selbsthilfe erhalten.

Selbstverständlich sollte im Einzelfall bei Verdacht ärztlich abgeklärt werden, ob organische Befunde oder verschleppte Krankheiten Mitverursacher für die schulischen Schwierigkeiten sein können. Dazu gehört die Überprüfung des Hör- und Sehvermögens oder der Sprachentwicklung. Falls die Familie und das Kind großen seelischen Belastungen ausgesetzt sind (Unfälle, Trennungen, Scheidung u.a.), sollte in einer der staatlichen, kirchlichen oder privaten Familienberatungsstellen Hilfe gesucht werden.

Da ein Kind nicht mehrere Therapien gleichzeitig bewältigen kann, muss dort angesetzt werden, wo die Probleme am größten sind. Allerdings ist darauf zu achten, dass z.B. bei einer Familien- oder Spieltherapie die gestörten Lernprozesse nicht bagatellisiert werden und unbehandelt bleiben, da dies für die schulische Laufbahn eines Kindes gravierende Folgen haben kann.

Rufen Eltern wegen einer Beratung in unserer Praxis an, so wird oft einer der nachfolgenden Begriffe als Grund angegeben: »Mein Kind hat auditive, visuelle, visuo-motorische Wahrnehmungs-, Konzentrations-, MCD-, neurotische, Teilleistungs-, partielle Lautwahrnehmungs-, legasthene … Störungen!« Dann folgt oft ein Bericht über die Anlaufstellen, die die Familie wegen der LRS des Kindes schon aufgesucht hat: eine kinderärztliche, logopädische und/oder augenärztliche Praxis, ein sozialpädiatrisches Zentrum und/oder die Kinder- und Jugendpsychiatrie, eine psychologische Beratungsstelle, eine Ergotherapeutin, Motopädin, Heilpraktikerin, Kineseologin oder einen NLPler. Was jedoch in der Regel fehlt, ist die sorgfältige Analyse des schriftsprachlichen Entwicklungsstands des betroffenen Kindes, seiner Einsichten in Funktion und Aufbau der Schrift und seiner lautanalytischen Fähigkeiten.

### *Fall 1*

Ein typischer Anruf: »Meine Tochter hat Wahrnehmungsstörungen. Machen Sie solche Therapien?« Rückfrage: »Was hat Ihr Kind denn?« – »Sie hat Probleme in Deutsch, deshalb waren wir zur Untersuchung im Krankenhaus, wohin mich die Deutschlehrerin geschickt hat. Sie wurde dort intensiv getestet.« »Warum hat sie die Lehrerin dorthin geschickt?« – »Weil sie auf einem Kongress gehört habe, dass das etwas Medizinisches sei und eine Krankheit.« – »In welche Klasse geht denn Ihre Tochter?« – »In die sechste Klasse. Sie schreibt in Deutsch und Englisch nur Fünfen und Sechsen und es geht ihr schlecht.« – »Warum wird Ihre Tochter denn in Deutsch und Englisch benotet? Sie fällt doch unter den LRS- Erlass.« – »Was ist das? Davon habe ich noch nie gehört. Die Lehrer sagen, sie gehört nicht ins Gymnasium, und wenn ich den Psychologen richtig verstanden habe, ist meine Tochter ja irgendwie behindert.« In der Beratung mit Mutter und Tochter unter Einbezug schulischen Unterlagen und freier Texte stellt sich heraus, dass in der Grundschule nur vorgeübte Diktate geschrieben wurden, die Anja mit ihrem guten visuellen Gedächtnis und aufgrund intensiven Übens auswendig gelernt hatte. Erst nach dem Lehrer- und Schulwechsel wurde ihr wahrer Stand in der Beherrschung der Schriftsprache deutlich. Die Analyse ihrer Arbeiten, Haushefte und freien Texte zeigt, dass sie versucht, das Gehörte möglichst lautgetreu zu verschriften, was sehr fehlerträchtig ist. Einige Beispiele: »mechtig, lengt, Könich«. Sie hat sich eine, bei vielen Kindern anzutreffende, aber falsche Regel über die Dehnung und Kürzung angeeignet: »Was ich lang höre, muss ich lang schreiben«. Dabei hat sie die Aufmerksamkeit auf den Konsonanten statt auf den Vokal gelegt. Außerdem hat sie – fälschlicherweise – gelernt, dass sie immer klatschen soll, um zu hören, ob ein oder zwei Mitlaute kommen. Das erklärt dann Schreibungen wie »dehnnen«, »wen-nig« oder »vor-rüber«. Die Mutter hat bei der Untersuchung im Krankenhaus erfahren, dass Anja unter einer auditiven Wahrnehmungsstörung leide, weil sie d-t und g-k nicht unterscheiden könne. Die Analyse zeigt aber, dass Anja nur das Prinzip der Wortfamilie und der Verlängerung nicht kennt und deshalb »Glüg« und »stant« schreibt. Es beruhigt die Mutter, als sie merkt, dass es sich bei ihrer Tochter nicht um ein organisches Leiden, sondern um ein Lernproblem handelt, das durch Einsichten und regelmäßiges Üben mit ihren Problemwörtern in Sätzen aufgefangen werden kann. Anja erhält von uns Hinweise zum handschriftlichen Üben der englischen Vokabeln und Tipps zur Verbesserung der Lesetechnik und -geschwindigkeit. Die Schule verlangt noch ein Gutachten, damit die Benotung der Rechtschreibung in Klassenarbeiten, die schlechter als ausreichend sind, ausgesetzt wird und Anja die Angst vor Fehlern in den Arbeiten verlieren kann.

*Fall 2*

Eine Mutter stellt ihr Kind vor, da es Anfang dritter Klasse große Probleme beim Lesen und Angst vor dem Schreiben hat. Sie bringt eine Fülle von Gutachten mit, die für das Kind stressreiche Untersuchungen, Befragungen und Diagnosen in verschiedenen Kliniken und Praxen bedeutet haben müssen. Kein Wunder, dass der Junge nicht mehr reden will. Seine Standardantwort lautet: »Es geht!«

Ein paar Auszüge aus den verschiedenen Gutachten: Multiple Dyslalie, myofunktionelles Defizit, sensorische Integrationsstörung, taktil-kinästhetischer und vestibulärer Bereich der Körperwahrnehmung noch nicht ausreichend differenziert und integriert, Lateralitätsprobleme in Fein- und Visuomotorik, auditive Diskriminationsschwäche, neurotische Symptomatik und Teilleistungsstörung im Sinne einer Legasthenie.

Und was hat der Junge nicht sonst schon alles hinter sich: Ergotherapie, sensorische Integrationstherapie, Logopädie, psychomotorische Behandlung, EEG. Die Mutter hat den Akustotrainer von Warnke auf Empfehlung der HNO-Ärztin gekauft und sollte ihren Sohn in der Freiburger Klinik vorstellen (vgl. den Beitrag von Valtin »Von der klassischen Legasthenie zu LRS – notwendige Klarstellungen« in diesem Band). Eine differenzierte Analyse seines schriftsprachlichen Entwicklungsstands erfolgte bisher jedoch nicht, denn die quantitative Auswertung eines durchgeführten Rechtschreibtests sagt wenig aus. Unsere Untersuchung zeigt, dass der Junge in mehreren Bereichen (Schreibhaltung, Schreiben, Lesen, Rechtschreiben) einen so großen Entwicklungsrückstand hat, dass er individuell passende Hilfe benötigt, die gleichzeitig sein angegriffenes Selbstwertgefühl aufbaut. In diesem Fall raten wir den Eltern, sich bei der zuständigen Stelle des Jugendamtes um eine einzeltherapeutische Maßnahme für ihren Sohn zu bemühen und die Gesprächsangebote der staatlichen oder kirchlichen Erziehungsberatungsstellen zu nutzen.

## Therapie

Nachhilfe oder Gruppensitzungen können die komplexen schriftsprachlichen und psychischen Schwierigkeiten eines Kindes nicht abbauen und eine reine Psycho-, Spiel-, Sensomotorik-, Moto- oder andere Therapie wird die fehlenden Lese- und Rechtschreibfertigkeiten nicht herbeizaubern können. Nur ein kombiniertes Vorgehen, das unterschiedliche therapeutische Richtungen und methodisch-didaktische Ansätze der Pädagogik/Sprachwissenschaft verbindet, kann dauerhaft helfen (vgl. Löffler/Meyer-Schepers/Naegele in diesem Band). »Liebe, Hilfe von einem Menschen, der dafür ausgebildet worden war, Lernbehinderungen abzubauen, jede Stunde mit einem Erfolgserlebnis beenden und ein sicherer Ort« all dies ist nach Mary Mac Cracken (1990, S. 271) notwendig, um Kindern mit Schwierigkeiten beim Lesen- und Schreibenlernen zu helfen.

Das Konzept unserer Arbeit nach FIT umfasst folgende Bereiche:

- Gespräche,
- Spielen – Malen – Bewegen,
- Entspannung,
- Lern- und Arbeitstechniken,
- Lesen – Schreiben – Rechtschreibung – Mathematik – Fremdsprachen (je nach Problemlage),
- Beratung der Bezugspersonen, Lehrer und Lehrerinnen,
- Zusammenarbeit mit anderen Institutionen.

Voraussetzung für eine Therapie ist ein großer Leidensdruck und die Einsicht, dass man mit seinen bisherigen Strategien gescheitert ist. Dies ist der Ausgangspunkt für elterliche Aktivität. Sie suchen Hilfe, weil sich die Lehrerin beschwert, das Kind trotz Nachhilfe und Üben schlechte Noten erhält, das häusliche Üben zum Drama geworden ist, das Kind somatisiert, auffällig geworden ist, sich von Freunden zurückzieht, Albträume hat, unkonzentriert wirkt …

Das Kind soll in der Therapie neue, erfolgreichere Wege ausprobieren können. Es soll erlittene Verletzungen aufarbeiten können. Zunächst muss das Kind Vertrauen zur Therapeutin/zum Therapeuten aufbauen und sein angegriffenes Selbstwertgefühl und Selbstvertrauen müssen gestärkt werden. Aus diesem Grund orientiert sich unsere Arbeit zu Beginn an den Stärken und Interessen des Kindes, seinen Hobbys, den Lieblingsspielen, der Wut auf bestimmte Personen. Die Therapie ist vergleichbar mit einer Liebesbeziehung: gegenseitiges Vertrauen, Empathie, Sorge um das Wohlergehen, Parteinahme für das Kind, Verantwortung sind wichtige Bestandteile.

Die Kinder oder Jugendlichen kommen, wie bereits erwähnt, einmal wöchentlich für zwei Stunden zur Einzeltherapie. Diese Zeit ist nötig, um die verschiedenen Bereiche einzubeziehen: Spiel, Malen, Trommeln, Hüpfen, Fantasiereisen, Abreagieren von Frustrationen (Abb. 2).

*Abb. 2: Mit Schaumstoffwürfeln gegen Lehrerfrust*

*Abb. 3: Erste freie Schreibversuche von Umberto*

In Lese- und Schreibsituationen (Abb. 3) erleben die Kinder durch die Passung der Aufgabenstellungen sofortige Erfolgsrückmeldung. Nicht die Fehler oder Versäumnisse, sondern die richtigen Lösungen werden hervorgehoben und verstärkt. Bilder-, Kinder- und Jugendbücher unterschiedlicher Lesestufen und zu unterschiedlichsten Themen sowie eine umfangreiche Spielesammlung unterstützen diese Arbeit. Natürlich gehören auch Computer mit kindgemäßen Textverarbeitungsprogrammen und Spielen dazu.

Leistungsdruck und emotionale Belastungen werden in der Therapie weitestgehend ausgeklammert. Neben spiel- und gesprächstherapeutischen Maßnahmen sind in die Arbeit motivierende Übungen zum Aufbau der schriftsprachlichen Fertigkeiten integriert, wie

- die Arbeit an individuellen Fehlern, wobei die Übungen in Sätze eingebettet sind,
- das Schreiben von freien Texten,
- der Aufbau eines verfügbaren Wortschatzes,
- die Vermittlung von Einsichten in die Grundlagen und Regelungen der deutschen Rechtschreibung und Grammatik.

Diese Arbeit wird ständig förderdiagnostisch begleitet. Vielfältige Medien und Techniken erleichtern das Lernen.

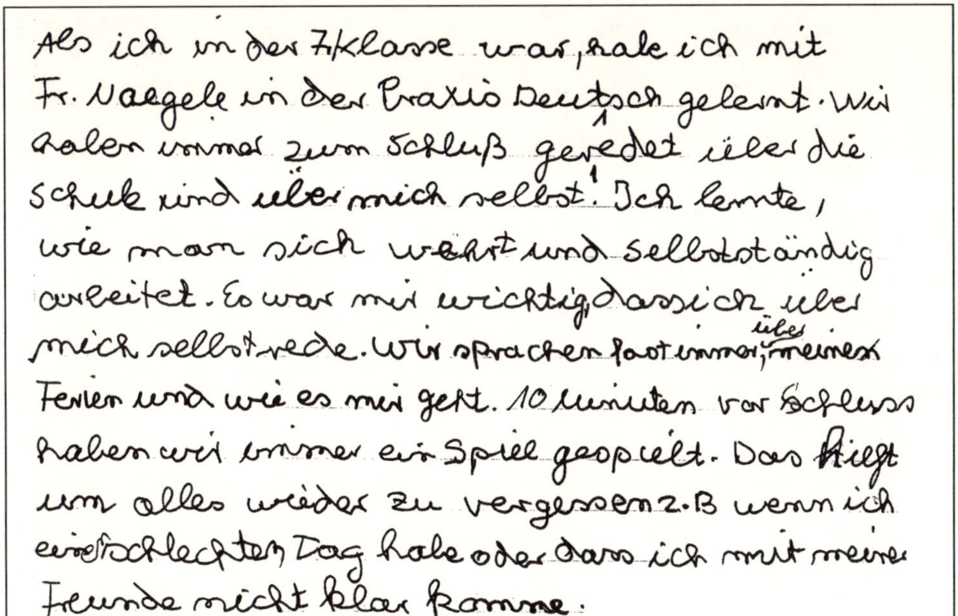

Als ich in der 7. Klasse war, habe ich mit
Fr. Naegele in der Praxis Deutsch gelernt. Wir
haben immer zum Schluß geredet über die
Schule und über mich selbst. Ich lernte,
wie man sich wehrt und selbstständig
arbeitet. Es war mir wichtig dass ich über
mich selbst rede. Wir sprachen fast immer über meinen
Ferien und wie es mir geht. 10 Minuten vor Schluss
haben wir immer ein Spiel gespielt. Das hilft
um alles wieder zu vergessen z.B wenn ich
ein schlechten Tag habe oder dass ich mit meiner
Freunde nicht klar komme.

*Abb. 4: Daniela erinnert sich an die Therapie*

Hat das Kind Sicherheit in vielfältigen Situationen erworben und ist das Selbstwertgefühl soweit stabilisiert, dass ein Kind auch im Spiel verlieren kann, folgt eine »Abnabelungsphase«, in der es im Schonraum der Therapie die schulischen Anforderungen erproben kann, bevor es auf sich selbst gestellt seinen Weg geht. Schwere und Ausprägung der jeweiligen Lern- und Verhaltensauffälligkeiten bestimmen die Förderschwerpunkte. Ohne Einbezug der Erziehungsberechtigten kann die Arbeit mit dem Kind nicht dauerhaft erfolgreich sein. Deshalb sind Gespräche und Absprachen mit den Eltern so wichtig, desgleichen Kontakte zu den LehrerInnen, da nur ein abgestimmtes Vorgehen den Therapieerfolg sichern kann. Die Inhalte und Methoden wiederum werden im Team laufend weiterentwickelt.

*Ingrid M. Naegele*

# »Unkonzentriert, aufmerksamkeitsgestört, faul!«

*Erfahrungen einer Lerntherapeutin*

Wenn ein Kind im Unterricht leicht abgelenkt ist, träumt, überhastet arbeitet, Hausaufgaben vergisst oder den coolen Typ spielt, dem alles egal ist, so kann dieses Verhalten die Reaktion auf schulische und/oder häusliche Überforderungen sein. Anhaltende Misserfolge und schulisches Versagen, vor allem im Lesen und Rechtschreiben, belasten nicht nur das Kind, sondern auch die Familie. Ein Teil der betroffenen SchülerInnen resigniert, frisst die Belastungen in sich hinein – im wörtlichen Sinn – oder reagiert sie körperlich über Kopf- oder Bauchschmerzen, Allergien, Krämpfe oder andere körperliche Symptome ab. Auf andere passen Zuschreibungen wie »chaotisch«, »unfähig sich zu konzentrieren«, »hyperaktiv«, »Zappelphilipp« oder seit kurzem »aufmerksamkeitsgestört« (ADD – attention deficit disorder- oder ADHD – attention deficit hyperactive disorder). Vor allem das letztgenannte Erklärungsmuster für erwartungswidriges Lernversagen und Verhalten erfreut sich zunehmend großer Beliebtheit, muss jedoch nach den Erfahrungen aus den USA (vgl. Hallowell/ Ratey 1995) kritisch gesehen werden, zumal auch in Deutschland zu beobachten ist, dass Ärzte zunehmend häufig sedierende Medikamente (Ritalin) zur Lösung komplexer kindlicher Probleme verordnen (siehe Kritik bei Döpfner/Schürmann/Frölich 1998). Zu Recht warnt der SPIEGEL (Nimtz-Köster, H. 52/98) vor der Medikalisierung der Pädagogik.

## Mangelnde Konzentrationsfähigkeit: Hauptgrund für Rat suchende Eltern

Für über die Hälfte aller Eltern stellt mangelnde Konzentrationsfähigkeit ihres Kindes den Hauptgrund für eine Beratung in unserer kindertherapeutischen Praxis dar, obwohl unser Therapiekonzept primär für Kinder mit einem Versagen im Schriftspracherwerb oder in Mathematik vorgesehen ist. Die meisten Familien werden von LehrerInnen, KinderärztInnen, SchulpsychologInnen, Erziehungsberatungsstellen oder Bekannten geschickt, in der Hoffnung, dass wir mit unserem integrativen psycho- und lerntherapeutischen Ansatz FIT (s. Naegele 1995 und den Beitrag in diesem Band) helfen können.

Der Weg zu einer Beratungsstelle fällt den meisten Eltern sehr schwer, weil sie oft zunächst fälschlicherweise glauben, dass dies die Bankrotterklärung ihres eigenen Erziehungskonzepts bedeute. Das bewirkt Schuldgefühle. Deshalb sind bei Eltern und vielen LehrerInnen Erklärungsansätze besonders beliebt, die die Ursachen im Kind festmachen, denn dann sind sie selbst am Problem unbeteiligt. Von daher ist z.B. das Festhalten am klassischen Legasteniekonzept als medizinisch orientiertem Teilleistungsversagen allen wissenschaftlichen Erkenntnissen zum Trotz zu verstehen (Klicpera/Gasteiger-Klicpera 1995, s. auch den Beitrag von Valtin in diesem Band).

## Tun Sie mal was ...

Bis Eltern Hilfe für ihre Kinder suchen, liegt in der Regel schon eine lange Liste an Vorfällen vor, zum Beispiel: Verwarnungen wegen Stören im Unterricht, Vergessen der Hausaufgaben, Konflikte mit Lehrkräften/MitschülerInnen, Gefährdung der Versetzung oder Androhung von Schulverweis. Einige der Kommentare, die die Eltern in der Schule zu hören bekamen, lauten: das Kind störe, träume, kaspere 'rum, sei abgelenkt, unruhig, schusselig, gehöre nicht in die gewählte Schulform, mache Leichtsinnsfehler, sei nicht intelligent ...

»Christoph ist stinkefaul, schlampig und passt im Unterricht nicht auf, sagt die Lehrerin«, klagt seine Mutter. »Die Hausaufgaben sind chaotisch und unvollständig, wenn ich nicht ständig daneben sitze. Ich streiche ihm jetzt die Pfadfinder. Die Lehrerin will, dass er zum autogenen Training geht.«

Die Erwartung der Eltern geht dahin, dass die Beratung entweder ihr bisheriges System aus Verboten und Sanktionen – meist von der Schule mitgetragen – unterstützt oder hier die passende Medizin quasi aus dem Hut gezaubert werden könne – nach dem Motto: Das Kind hat das Problem – tun Sie was dagegen: Beruhigungspillen, Konzentrationsprogramm, autogenes Training, Lerntechniken ...

## Ursachen

Wir sehen es als unsere Aufgabe, Eltern von der Sinnlosigkeit von Strafen und Verboten zu überzeugen, da sie ebenso wenig nutzen wie irgendwelche Konzentrationspillen, homöopathische Globuli oder Konzentrationsprogramme, die nur am Symptom herumdoktern, ohne die dahinter liegenden Ursachen aufzudecken und differenziert zu bearbeiten. Die Ursachen für Konzentrationsprobleme oder Abgelenktheit sind vielfältig und individuell unterschiedlich. Genannt seien hier nur:

- fehlendes morgendliches Frühstück, falsche Ernährung, zu wenig Trinken,
- körperliche Verspannungen, Über- oder Unterforderungen im Unterricht oder zu Hause,
- Angst vor den Eltern oder Lehrer/innen und ihren Anforderungen, ein negatives Selbstbild,
- das Gefühl, von den Eltern abgelehnt zu sein, oder Reizüberflutungen.

Dominique, 8. Klasse, schreibt: »*Mein größtes Problem ist, dass ich sehr faul bin und Arbeiten verschiebe und dann keine Zeit mehr habe oder sie vergesse*«. Sicherlich kann es im Einzelfall auch organische Gründe geben, die das Konzentrationsvermögen beeinflussen, wie z.B. unerkannte Hör- und Sehprobleme, Wachstumsschübe in der Pubertät, Mineral- oder Vitaminmangel oder erhöhte Ablenkbarkeit aufgrund minimaler cerebraler Störungen, die jedoch höchst selten und nie isoliert auftreten und für deren Existenz viele Faktoren zusammenkommen müssen (Schmidt 1987). Die meisten der zur Beratung kommenden Kinder habe jedoch kein generelles Konzentrationsproblem, sondern gute Gründe für ihr »abweichendes« Verhalten.

## Zusammenhänge erkennen

Schon im ersten Gespräch wird meist deutlich, dass das Kind »gewichtige Gründe« (Bettelheim 1994) für sein Verhalten hat. In Vorbereitung dieses Gesprächs formulieren SchülerInnen einen Brief, in dem sie – ohne Mithilfe und Kontrolle der Eltern – ihre Sicht der Probleme beschreiben. Ein Auszug aus dem Brief des Fünftklässlers Ulrich: »*In Arbeiten streng ich mich immer so an das ich mich nicht mehr richtig konzentrieren kann, die schwierigen Wörter schreibe ich meist richtig, weil ich mich nur auf sie konzentriere. Und dann schreibe ich die leichten Wörter falsch. Ich müsste es lernen, mich auf alle Wörter zu konzentrieren.*«

Hier einige der meistgenannten Dinge, über die Kinder klagen:

- Angst vor schlechten Arbeiten und ihren Folgen für das Verhältnis zu den Eltern, z.B. Liebesverlust,
- große zeitliche Belastungen durch zusätzliches Üben nach den Hausaufgaben, langer Schulweg, häusliche Pflichten,
- Lernen ohne Erfolgsaussicht,
- Unterricht, dessen Inhalte sie nicht verstehen,
- LehrerInnen, von denen sie sich abgelehnt fühlen,
- Ausgrenzungen durch KlassenkameradInnen,
- eingespieltes Druck- und Erwartungssystem von Schule und Eltern, in dem sie sich als Opfer ohne Chance fühlen.

Oft ergibt die gemeinsame Analyse, dass bereits eine lange Geschichte aus Druck, Angst, Überforderung, Ablehnung oder Verweigerung vorliegt, deren Wurzeln bis zum Schulanfang zurückreichen:

- fehlende Passung des Angebots in den zentralen Lernbereichen an die Lernvoraussetzungen des Kindes,
- fehlende Motivation in einem als langweilig erlebten Unterricht,
- das Gefühl, nicht akzeptiert zu sein,

- Unruhe im Unterricht,
- ungünstige Sitzordnung,
- Ablenkung durch Suche nach Anerkennung durch die MitschülerInnen bis zur Ausgrenzung durch bandenähnliches Verhalten im Unterricht und auf dem Schulhof,
- mangelnde Bewegung und falsche Lerntechniken,
- unrealistische Erwartungen an das Kind oder eine ungeeignete Schulform in der Sekundarstufe.

Im häuslichen Bereich sind es vor allem

- Überforderungen durch Familienprobleme,
- Belastungen durch Trennungen oder Streit,
- unsinnige Verbote und Sanktionen,
- Geschwisterrivalität,
- fehlende Freizeit und Zeit mit den Eltern (vgl. Bornhaupt/Hurrelmann 1991).

### Was kann man tun?

Die Fülle der infrage kommenden Ursachen und ihrer Zusammenhänge zeigt, dass es keine einfache Lösung geben kann, sondern dass die jeweils sehr unterschiedlichen Belastungen und Ursachen zu unterschiedlichen Lösungen führen müssen. Oft ist bereits eine Analyse der Situation des Kindes hilfreich, denn Eltern haben meist falsche Vorstellungen über die Belastbarkeit ihrer Kinder. Sie glauben, dass die Lernzeit Garant für Erfolg sein müsse und Sanktionen und Strafen helfen. Intensives, motiviertes Lernen erfordert jedoch volle Aufmerksamkeit und Interesse an der Sache sowie Aussicht auf Erfolg.

Lea, 7. Klasse, sieht es klarer als ihre Mutter:

*»Man könnte mich natürlich unter Druck setzen, was wahrscheinlich auch etwas bringen würde. Mir wäre dies nicht so recht, und ich glaube auch nicht, dass es bei mir der richtige Weg ist. Ich bin davon überzeugt, dass ich es schaffen kann, wenn ich daran glaube und auch was dafür tue.«*

Nur glaubte leider die Mutter nicht an sie, als sie mit ihrer Tochter zur Beratung kam.

Im gemeinsamen Gespräch wird der Frage nachgegangen, warum sich ein Kind in bestimmten Situationen so verhält, dass es eigentlich nur negative Aufmerksamkeit bekommt. Vielleicht hat es bisher die Erfahrung gemacht, dass niemand Zeit hat, wenn es »funktioniert«, diese jedoch vorhanden ist, sobald es in einem den Eltern wichtigen Lernbereich versagt (Grüttner, 1997, sieht dies z.B. als Grund für LRS).

Konfliktsituationen müssen also durch positive Anreize entschärft werden, oft zunächst mithilfe von Token-Programmen nach verhaltenstherapeutischem Muster. Fehlende Kompetenzen (Lesen, Schreiben, Mathematik), die zur Resignation in bestimmten Fächern oder insgesamt im schulischen Lernen geführt haben, müssen aufgebaut werden, die jeweiligen Konflikte mit bestimmten Personen (LehrerInnen oder MitschülerInnen) aufgedeckt und geklärt werden. Ferner sind folgende Aspekte zu berücksichtigen:

- Stresssituationen im Vorfeld eingrenzen,
- Relativierung der Ansprüche der Eltern,
- ausreichende Freizeit und Bewegungsmöglichkeiten, z.B. in der vom Kind gewünschten Sportart,
- Aufbau von Motivation zum Lernen mit geeigneten Lernmethoden,
- Anreize statt Verbote,
- Ablenkungen ausschalten.

Zum Stressabbau als Voraussetzung für konzentriertes Arbeiten eignen sich besonders Bewegungssportarten, das Austoben am Boxsack oder Dartbrett, Seilspringen u.Ä. Auch Entspannungsübungen (Richter/Pieritz 1995) können Blockaden in Stresssituationen vermeiden helfen, wenn sie intensiv eingeübt werden. Zum Thema Lern- und Arbeitstechniken habe ich in Band 1 dieses Handbuchs Hilfen aufgezeigt. Die praktische Erfahrung zeigt, dass die vielfältigen Anleitungen und Veröffentlichungen (Naegele 1994, Thieme 1994, Denig-Helms 1995, Kowalczyk/Ottich 1995, Schräder-Naef 1996) von SchülerInnen, die dringend Hilfe benötigen, nicht genutzt werden, weil sie entweder nicht über die dafür notwendige Lesefähigkeit verfügen oder ihre Probleme nicht wahrhaben wollen und lieber weiterwurschteln.

## Was können LehrerInnen im Unterricht tun?

Sicherlich ist es wichtig, den Lernstoff so vorzubereiten und anzubieten, dass die unterschiedlichen Lernwege und Erfahrungen der SchülerInnen berücksichtigt werden. Dazu gehört auch, den eigenen Unterrichtsstil und -inhalt selbstkritisch zu reflektieren. Oft wissen LehrerInnen viel zu wenig über die Gründe, warum manche Kinder im Unterricht abgelenkt und unkonzentriert sind, weil die Erziehungsberechtigten darüber nicht sprechen wollen oder können.

Stresssituationen und in deren Folge Konzentrationsprobleme lassen sich auch vermeiden oder im Vorfeld entschärfen, wenn z.B. Arbeiten durch Pausen unterbrochen oder durch eine Entspannungsübung oder Fantasiereise entkrampft werden. Ich habe die Erfahrung gemacht, dass SchülerInnen besonders interessiert sind, wenn sie die Übungen oder Fantasiegeschichten selbst entwickelt und geschrieben haben. So möchte ich diesen Beitrag mit einer Fantasiereise schließen, die der zwölfjährige Clemens, Schüler einer 7. Klasse, geschrieben hat, dessen Selbstwertgefühl durch massive Rechtschreibprobleme einst sehr beeinträchtigt war. Entspannung, offenes Sprechen und Reflektieren mit den Eltern über ihre Ansprüche und Erwartungen sowie gezielter Kompetenzaufbau im Schriftspracherwerb haben dazu beigetragen, dass sich sein hohes kreatives Potenzial entfalten konnte.

**Die Straßenbahnfahrt**

Es ist an einem verschneiten Tag im Winter. Es ist noch sehr früh, und du gehst leise durch die Straßen. Es ist noch kein Mensch wach, im Schnee sind nur wenig Spuren. Da plötzlich kommt eine Straßenbahn daher. Du wunderst dich, warum sie kein Geräusch macht. Doch dann siehst du es, die Straßenbahn hat nämlich Schlittenkufen statt Räder. Sie hält vor dir an, und du steigst ein. Die Bahn ist leer, du bist der Einzige, der in ihr fährt. Du merkst, dass kein Fahrer sie steuert. Du setzt dich an einen Fensterplatz und schaust in die verschneiten Straßen. Dann merkst du, wie die Straßenbahn sich in Bewegung setzt. Sie fährt durch die Gassen, und manchmal siehst du Katzen, die über die Straßen rennen. Nach einer Weile merkst du, dass die Bahn in eine Nebenstraße einbiegt und aufs freie Feld fährt. Am Waldrand siehst du ein paar Hasen, die davonhoppeln und im Wald verschwinden. Die Straßenbahn biegt jetzt in den verschneiten Wald ein. Nun fährst du eine Zeitlang zwischen Tannen und Fichten. Der schneebedeckte Boden ist mit Tierspuren übersät. Jetzt siehst du ein paar Rehe, die an einer Futterkrippe stehen. Da taucht ein einsames Wildschwein auf, das mit seiner Schnauze den Schnee aufwühlt, um Futter zu finden. Nun fährst du wieder aus dem Wald hinaus in die Stadt zurück, die immer noch ganz leer ist. Die Bahn gleitet wieder an den Platz, wo du eingestiegen bist. Die Türen gehen auf und du gehst in Gedanken versunken nach Hause.

Recken, strecken, gähnen.

*Ilona Löffler / Ursula Meyer-Schepers / Elsa Nijland*

# Das LautAnalytische RechtschreibSystem (LARS)

Lernprobleme im Erwerb der Schriftsprache ziehen häufig psychische Fehlentwicklungen im Erleben der eigenen Person und der Umwelt nach sich (vgl. dazu den Beitrag von Ilona Löffler, Ursula Meyer-Schepers und Ingrid M. Naegele in diesem Band). Die folgende Darstellung möchte aufzeigen, dass außerschulische Therapien an den persönlichen und situativen Gegebenheiten des Kindes ansetzen müssen, damit es sich weiterentwickeln kann. In diesem Sinne führten wir mit Dennis eine mehrdimensionale Entwicklungstherapie mit gesprächs-, verhaltens- und spieltherapeutischer Ausrichtung durch, deren lerntherapeutische Grundlage das LautAnalytische RechtschreibSystem (LARS) ist.

## Einige Informationen zu Dennis

Selbst als Dennis die erste Klasse wiederholt hatte, waren keine Fortschritte im Lesen und Schreiben eingetreten. Er wurde in die zweite Klasse versetzt, da er wohl ein »*Spätentwickler*« sei. Schnell wurde jedoch deutlich, dass er die zweite Klasse nicht schaffen würde. Mehrere Testungen zur Abklärung der Sonderschulbedürftigkeit erbrachten – außer im Lesen und Schreiben – grenzwertige Ergebnisse, weswegen er in seiner Klasse blieb. Trotz aller Bemühungen seiner Lehrerin zeigte er im Lesen und Schreiben keine Fortschritte. Schließlich kam er wegen »allgemeiner Ratlosigkeit« in die Sonderschule. Während er früher fast täglich geweint und Ansätze von Schulverweigerung gezeigt hatte, ging er nun ohne Widerstand zur Schule. Doch auch in der Sonderschule ging es mit ihm nicht voran. Die Lehrerin vermutete Konzentrationsprobleme, denn sie hatte beobachtet, dass er in Deutsch »abschaltet«. In den Pausen und im Unterricht spielte er den Klassenclown und neigte bei Ermahnungen zu Trotz- und Wutreaktionen.

Die Mutter hatte ein Studium abgebrochen und war zur damaligen Zeit Sozialhilfeempfängerin. Sie lebte getrennt von ihrem Mann. Verzweifelt über ihre eigene Lebenssituation, fühlte sie sich seit der mit Schuleintritt beginnenden Problematik überfordert. Sie empfand das Versagen von Dennis als ihr eigenes. Sie machte sich Vorwürfe, wenn ihr die Nerven durchgingen, und hatte sich beim nächsten Üben doch wieder nicht im Griff. Als Dennis zu uns kam, war sie wegen Panikattacken in neurologisch-psychiatrischer Behandlung. Zwischen dem Vater und Dennis bestand ein regelmäßiger Kontakt, da er ein Fitness-Studio, das neben der Wohnung seiner Frau lag, aufsuchte. Zu Dennis hatte er eine oberflächlich kumpelhafte Beziehung, in der weder Schulprobleme noch sonstige Erziehungsfragen Platz hatten.

Als Dennis zur Untersuchung zu uns kam, besuchte er die dritte Klasse der Sonderschule und war inzwischen zwölf Jahre alt. Lese- und Rechtschreibtests für 1. Klassen wurden wegen völligen Versagens abgebrochen. Bei freien Schreibversuchen schrieb er Buchstaben, die ihm einfielen, aber nicht verlangt waren, und bei manchen Buchstaben wechselte er die Schreibrichtung. Er konnte rechts/links und oben/unten nicht unterscheiden. Die Überprüfung grundlegender Laut-Zeichen-Verknüpfungen erbrachte, dass er außer dem großen »M« keinen Buchstaben sicher erkennen und lautieren konnte. Lautfolgen konnte er weder analysieren noch kurzzeitig behalten. Das Abschreiben von Buchstaben gelang. Bei der visuomotorischen Kontrolle der Schreibbewegung hatte er keine Probleme. Die visuelle Kontrolle, die z.B. für die Beachtung des Größenverhältnisses der Buchstaben aufgebracht werden muss, war recht gut ausgeprägt. Aus dem Gedächtnis hingegen konnte er selbst Buchstaben, die er gerade geschrieben hatte, nach ein paar Minuten weder in ihrem Lautwert noch in ihrer Zeichengestalt memorieren.

Dennis' Aussprache war sauber, der zur Verfügung stehende Wortschatz allerdings eingeschränkt, und er sprach nicht in ganzen Sätzen. Zumeist antwortete die Mutter an seiner Stelle. Sie äußerte in seiner Gegenwart Zweifel an seiner geistigen Entwicklung. Er kicherte dann, zappelte und wippte auf seinem Stuhl vor und zurück. Ansonsten war er willig und freundlich, wirkte aber intellektuell träge und desorientiert. Er konnte sein Geburtsdatum nicht angeben, kannte die Uhr nicht, wusste den aktuellen Wochentag nicht und auch nicht, wo er sich befand. In der Testsituation zeigte er sich bemüht, aber der Aufmerksamkeitsverlauf ließ schnell nach mit deutlichen Anzeichen von Unruhe und Anstrengung. Sein Schreibdruck war derart hoch, dass der Zeigefinger weiß wurde. Seine Hände musste er wiederholt an seiner Hose trockenreiben. Die negativen Bewertungen seines Leistungsverhaltens *(»du brauchst immer so lange«, »du merkst dir einfach nichts«)* hatte Dennis in sein Selbstkonzept, dass er »*eh nichts kann*«, übernommen. Aus Unsicherheit lächelte er fast ununterbrochen, hin und wieder kicherte er unmotiviert. Einen Anlass für seine Heiterkeit konnte er nicht nennen. In der Exploration fühlte er sich durch Fragen zu seiner Situation und Selbsteinschätzung angesprochen und äußerte sich überraschend reflektiert. Im Folgenden werden einige Ausschnitte aus dem Therapieverlauf beschrieben.

### 1. Therapieteilziel: Erkennen, dass Schriftzeichen lautliche Gegebenheiten der gesprochenen Sprache »bezeichnen«

Dennis hatte Lesen- und Schreibenlernen als Situation permanenten Scheiterns erfahren. Je mehr die Lehrkräfte und seine Mutter sich erfolglos und schließlich ratlos um Lernfortschritte bemüht hatten, desto mehr verdichtete sich sein Erleben, in einer aussichtslosen Situation zu sein. Gefühle der Hilflosigkeit hatten schließlich seine ganze Person ergriffen, da sich anzustrengen und zu üben nichts gebracht hatten. Er war zu der Überzeugung gelangt, dass er es nie mehr lernen würde, und wollte von dem ganzen Kram nichts mehr wissen. Er weigerte sich zu üben, trotzte, warf die Hefte auf den Boden und schaltete in der Schule ab. Die sozialen Folgen des Misserfolgs, u.a. die mangelnde Achtung der Klassenkameraden, kompensierte er durch Clownerien. In der ersten Sitzung bei uns äußerte er den Wunsch, tot zu sein. Er wollte noch einmal geboren werden, um ganz neu anfangen zu können.

Der Schriftspracherwerb, der bei Dennis einzuleiten war, sollte gleichzeitig seine psychische Befindlichkeit positiv beeinflussen. Mit dem von ihm bislang aversiv erfahrenen Lerngegenstand sollte er positive Lernerfahrungen machen. Wir begannen mit dem großen »M« und verknüpften es durch das Artikulationsmerkmal: geschlossene Lippen mit seinem eigenen Artikulationsverhalten. Da Dennis Anweisungen nur nachkommen konnte, wenn sie einzeln erfolgten und er genügend Zeit hatte, sie auszuprobieren, wurde ihm der Buchstabe »M« in verschiedenen Wörtern vorgelegt. Er erkannte allmählich, dass die darin wiederkehrenden Schriftzeichen »M« und »m«, das wir gleich mit einführten, keine sinnlosen Zeichen sind, sondern durch das Artikulationsmerkmal des Lippenverschlusses **bedingt** sind.

Indem Dennis mit wachsender Begeisterung – sogar in langen Texten und in unterschiedlichen Schrifttypen – M/m als Repräsentant der eigenen Lautartikulation begriff, betätigte er die Zuordnung von Sprachlaut und Buchstabe. Die Verknüpfung von Laut und Buchstabe wurde gefestigt durch weitere Übungen, die diese Einheit vertieften, z.B. Korrektur von präsentierten Wortklangfehlern hin zu M *(»Was klingt hier falsch?«)*, oder Übungen, die den schreibmotorischen Vollzug der Buchstabengestalt bewusst werden ließen und das visuelle Gedächtnis für Buchstaben entwickeln sollten: » *Dennis, gib mir Anweisungen, wie ich das M/m schreiben soll, denn ich habe die Augen geschlossen*«.

Dennis weigerte sich zunächst, an die Tafel zu gehen, die in der Schulsituation ein Ort der Scham und Niederlage war. Eines Tages tat er es der Therapeutin zuliebe. Er stand wie ein Häuflein Elend vor der Tafel und tat nichts. Nach »*fang links oben an*«, führte er kreisende Bewegungen aus und kicherte. Er wusste nicht, wo links oben war. Er kam schließlich auf die Idee, in die linke obere Ecke eine kleine Comicfigur zu malen, die er in Sekundenschnelle zeichnen konnte und die sein Orientierungspunkt war. Das Erlebnis, dass er selbst sich Punkte schaffen konnte, an denen er sich orientieren konnte, schien sichtlich etwas ganz Besonderes für ihn zu sein.

Auf die dargestellte Weise wurde mit ihm abgestuft ein Grundkanon von »Phonem-Graphem-Zuordnungen« erarbeitet: zuerst die vokalischen ungerundeten Öffnungslaute a, e, i und konsonantischen Sprachlaute langer Phonation und erster (vordere und im Spiegel sichtbare) Artikulationszone, danach die gerundeten Vokale o und u. Die konsonantischen Dauerlaute der weiter hinten liegenden Zonen, dann die Sprachlaute mit kurzer Phonation (Verschlusslaute) schlossen sich an. Dennis erkannte allmählich, dass die Funktion der Schriftzeichen generell darin liegt, Repräsentant eines Artikulationsmoments des gesprochenen Wortes zu sein. Die Buchstaben verloren für ihn ihre »Fremdheit«, weil er es war, der sie durch die Aussprache gleichsam zum Leben erweckte.

## 2. Therapieteilziel: Analyse des Wortklangs als Lautfolge

Wir begannen mit dem Wort »Mama«, dem Grundkontrast von Verschluss- und Öffnungsbewegung. Bereits die 1. Silbe »Ma-« musste ihm als Produktion zweier Sprachlaute bewusst gemacht werden. Bei der 2. Silbe musste er lange überlegen, bis er erkannte, dass es sich zweimal um die gleiche Silbe handelte. Eine Hilfe hierbei waren ihm die Anweisung, darauf zu achten, wie oft er die Lippen geschlossen und geöffnet habe, sowie die Veranschaulichung des Artikulationsvorgangs durch Fingerzeichen (z.B. Spreizen von Daumen und Zeigefinger für den Vokal a).

In der Freude, einen »Schlüssel« für die Verschriftung ganzer Wörter gefunden zu haben, schrieb er »fofo« statt »Foto«. Durch die Gegenüberstellung von »Toto« und »Foto« und der Beachtung des gleich bleibenden bzw. wechselnden Artikulationsortes (t – t versus f – t) wurde die lautliche Durchgliederung eingeleitet.

Dass ein Wechsel in der Wortbedeutung dadurch zu Stande kommt, *»weil ich **da** was anderes spreche?«*, wollte er überhaupt nicht glauben. Gewappnet, nicht in die Pfanne gehauen zu werden, ließ er sich zögernd auf die Erfahrung ein, den Wortanfang vorgesprochener Wörter durch m zu ersetzen und dadurch neue Wörter zu bilden: *»S-ofa wird M-ofa«* etc. Die bedeutungsunterscheidende Funktion des Phonems hatte ihn schließlich so in ihren Bann geschlagen, dass seine Mutter sich vor der nächsten Sitzung über ihn beschwerte, er hätte sich über sie lustig gemacht (*»Butter sucht die Mutter«)* und rede nur »albernes Zeug« (*»Frau Rappe* seine Lehrerin *hat 'ne Mappe, 'ne Mappe hat die Rappe«).*

Dennis veränderte sich. Sein Kichern ließ nach. Er lachte gern und spielte hin und wieder einen Clown, aber als Rolle, die er bewusst einnahm und die er auch wieder ablegen konnte. Er schien sich sicherer zu fühlen. Er begann, aus der Schule zu erzählen, hin und wieder über Mädchen, die ihm gefielen. Er sprach vermehrt in ganzen Sätzen und es fiel auf, dass er anschaulich und mit Humor erzählen konnte. Auch seiner Lehrerin fiel sein verändertes Auftreten auf. Seine Verhaltensänderung schien sich zu generalisieren.

### 3. Therapieteilziel: Erkennen der Isomorphie der zeitlichen Reihenfolge gesprochener Lautzeichen mit der räumlichen Anordnung geschriebener Schriftzeichen

Dennis wurden Schriftbilder vorgegeben und er sollte jeden Buchstaben als schriftlichen Repräsentanten seines eigenen Sprachverhaltens wie folgt kommentieren:

**D o m** – *d o m – Ich spreche: /d/ /o/ /m/«.*

Entsprechend **D o m i n o** – u.a.

Dann wurde der Vorgang umgekehrt. Dennis sollte die Lautfolge vorgesprochener Wörter deutlich nachsprechen und aus dem »Abtasten« seines eigenen Artikulationsvollzugs das Schriftbild kommentierend aufbauen: »*Ich spreche /d/ und schreibe d.*«

Durch die Vorlage von Falschschreibungen wurde ihm die bewusste Artikulation als Hilfsmittel zur Fehlererkennung und -beseitigung erfahrbar.

### 4. Therapieteilziel: Ausdifferenzierung der Lautanalyse durch den Einbezug der stellungsbedingten Lautvarianten und ihrer Buchstabenzuordnung

Um die eigene Lautproduktion als Medium der schriftrelevanten Lautanalyse zu verdeutlichen, musste die Wortauswahl des Übungsmaterials systematisiert werden: Zunächst wurden Dennis Wörter vorgestellt, in denen Buchstaben mit ihrem prägnantesten Lautwert verknüpft sind. Dann wurden die Buchstaben allmählich der ganzen Breite ihrer phonetischen Varianten gegenübergestellt. Dennis sollte auf diese Weise die gesprochene Lautfolge in ihrer verschriftungsrelevanten, also phonemischen, Klangstruktur analysieren.

Das folgende Beispiel verdeutlicht das Vorgehen. Dennis sollte »Esel« schreiben. Wir wollten sehen, ob er das dumpfe unbetonte … selbsttätig dem Schriftzeichen <e> zuordnen würde. Der Buchstabe <e> war bislang dem Lautwert e: vorbehalten gewesen. Dennis schrieb, die erste Silbe wieder verdoppelnd, »eses«, und – was er nicht mehr getan hatte – von rechts nach links. Damit er die Schreibrichtung erlernte, versah er sein Blatt zum Schreiben mit einem großen Linienkreuz, sodass vier Felder entstanden. Er sollte jeweils vorher ankündigen, welches Feld er benutzen wollte: »*links unten*«, »*rechts oben*«. Erst allmählich und mit viel Unterstützung entwickelte er mit der Zeit ein generalisiertes, auch andere räumliche Beziehungen betreffendes Verständnis für links/rechts, oben/unten, vorn/hinten.

Warum dieser Rückschritt in der Therapie? Er war mit seiner Mutter völlig abgehetzt, einige Minuten zu spät gekommen und war wegen dieser Lappalie von der Mutter – vor seiner Therapeutin – vorgeführt worden. In der Sitzung war er zunächst unzugänglich. Indem jedoch seine Therapeutin auch in dieser Situation ihn als Person akzeptierte und seine Gefühle ernst nahm, brach es aus ihm heraus, dass er überhaupt nichts wert sei. Wir hatten ständig versucht, der Mutter *(»er macht ja immer noch lauter Fehler«, »er will eben nicht«, »er merkt sich nichts«)*, die Fortschritte von Dennis im Schriftspracherwerb aufzuzeigen und ihr klar zu machen, dass der Maßstab der Null-Fehler-Grenze, den sie anlegte, Dennis keine Chance lässt. Diese Gespräche entlasteten sie sichtlich, denn sie wollte ihren Jungen ja mit anderen Augen sehen. Aber es hielt nicht lange an. Hin und wieder bat sie dringend um ein Gespräch: »*Sie müssen mir mal wieder die Augen öffnen*«. Nun trafen wir mit ihr die Absprache, in seiner Anwesenheit nicht mehr über ihn zu reden. Darüber hinaus planten wir, dass Dennis allein ins Kinderzentrum kommen sollte, damit er sich ein Stück von seiner Mutter abnabeln konnte. Mithilfe seiner Lehrerin gelang es ihm schließlich, allein mit dem Bus zu den Therapiesitzungen zu fahren.

Im Verlauf der Therapie und aufgrund neuer positiver Lernerfahrungen wurde Dennis sichtlich selbstbewusster. Eines Tages ging er unaufgefordert an die Tafel: »*So, jetzt schreib ich 'n bisschen.*« Die Vorgabe: »*Uli hat …*« änderte er selbst und schrieb ziemlich zügig: »*Dennis hat ein sch(w)ein.*« »*Dennis hat ein haus unt ein sch(w)ein*«. Dann fiel ihm ein: »*Dennis hat eine WiSakate* (Visa-Karte)«, »*Dennis hat ein BruPer* (Bruder)«, »*wir habn file raunschife*«, »*user Blanet ist fonauschpeBen betot* (unser Planet ist vom Aussterben bedroht)«. Das nächste Mal wollte er gleich zu Beginn einen Satz schreiben, den er sich zu Hause ausgedacht hatte: »*erde hat file meschen*«. Dann fiel ihm noch ein: »*Dennis hat ein sneman*« und korrigierte sich zum ersten Mal unaufgefordert: »*einen schneman*«.

Die Erfahrung, eigene Gedanken verschriften zu können und zur eigenständigen Fehlerkorrektur in der Lage zu sein, setzten in ihm Projektionen einer eigengestalteten Lebensperspektive frei: »*Da kann ich doch glatt Journalist werden*«. In der nächsten Woche brachte er eine Probe seines Könnens mit (Abb. 1).

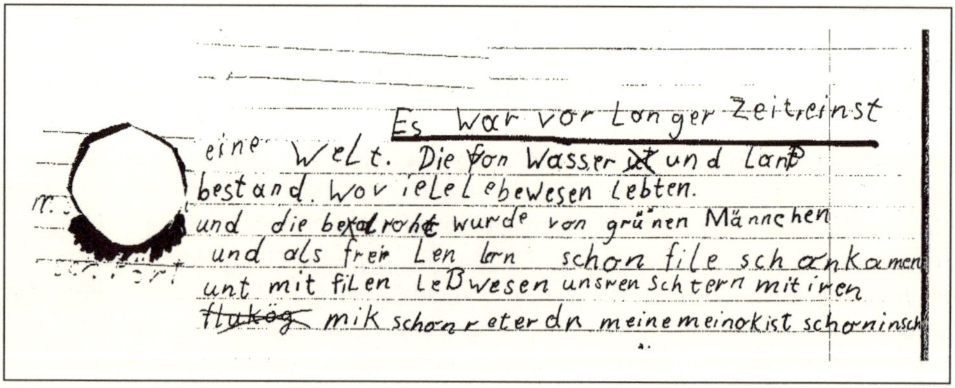


*Abb. 1: »Es war vor langer Zeit«*

**Nach 1,5 Jahren:** Fehler verbesserten wir mit Dennis nicht auf die Weise, dass er da ein »r« und dort ein »l« vergessen habe, die er zukünftig aber schreiben müsse. Wir vermeiden solche Korrekturen »von außen«. Er setzte die Lautanalyse des Wortklangs, gestützt durch den bewusst eingesetzten Artikulationsvorgang, als ihm verfügbares Mittel der Selbstkorrektur ein. Die eigenaktive Fehlerkorrektur war ein weiterer Schritt, seine Erfahrung von Schriftsprachkompetenz zu stabilisieren. Sobald orthographische Muster (z.B. er-Endung statt a) oder spezielle Zeichenzuordnungen (z.B. st, sp, im Unterschied zu sch, schl, schm etc.) eingeführt waren, kommentierte Dennis sie: »*Ich spreche /sch/ und schreibe /st/*«.

Wir diktierten Dennis die Wörter eines Schulleistungstests für Ende 3. Klassen/Anfang 4. Klassen, um an diesem Wortmaterial den Stand seines Schriftspracherwerbs zu analysieren. Dennis machte noch viele Fehler, selbstverständlich. Aber was hatte er **geleistet**. Zum einen entdeckte und korrigierte er Fehler. Zum anderen kann man jedes Wort lesen, denn er hat die Klanggestalt – Träger der Wortbedeutung – verschriftet (z.B. »*schnel, Kuchen, SchPringen, krazt, ausgeschtrekten …*«).

**Nach 2,5 Jahren:** Dennis will nicht mehr kommen. Er ist jetzt fast 15 Jahre alt, hat Mädchen im Kopf, und seine Mutter macht ihm täglich »*Zoff*« und er hat nur »Stress« mit ihr. Einen Wechsel zur Hauptschule haben wir nicht mehr geschafft. Sein Berufswunsch ist Journalist, immer noch.

Seinen Stand im Schreiben, als er uns verlässt, möchten wir unkommentiert dokumentieren (Abb. 2).

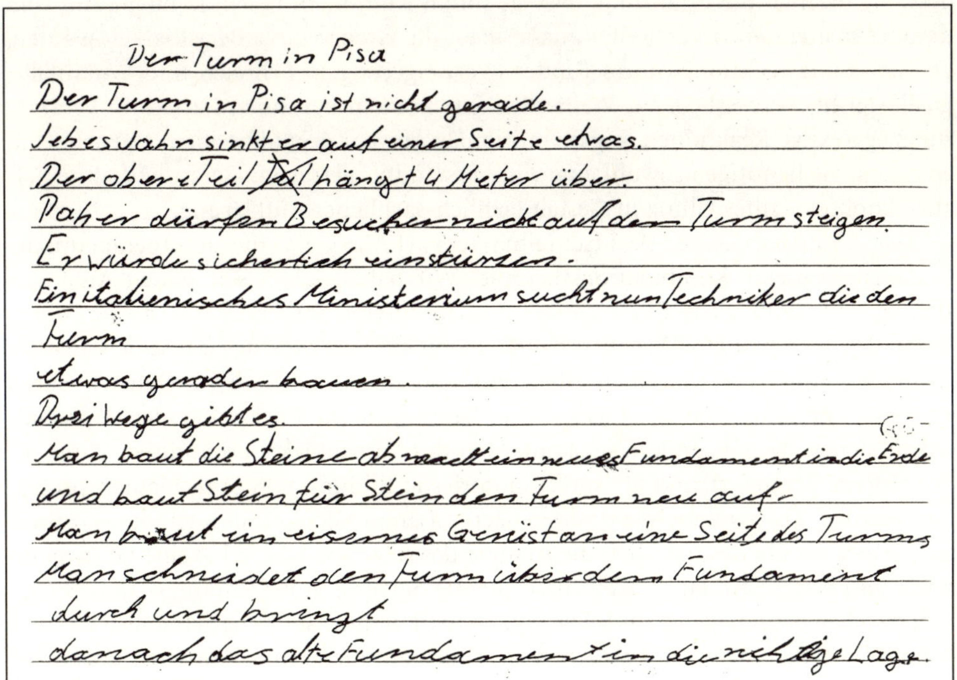
Der Turm in Pisa
Der Turm in Pisa ist nicht gerade.
Jebes Jahr sinkt er auf einer Seite etwas.
Der obere Teil ~~Tal~~ hängt 4 Meter über.
Daher dürfen Besucher nicht auf den Turm steigen.
Er würde sicherlich einstürzen.
Ein italienisches Ministerium sucht nun Techniker die den
Turm
etwas gerader bauen.
Drei Wege gibt es.
Man baut die Steine ab macht ein neues Fundament in die Erde
und baut Stein für Stein den Turm neu auf.
Man baut ein eisernes Gerüst an eine Seite des Turms
Man schneidet den Turm über dem Fundament
durch und bringt
danach das alte Fundament in die richtige Lage.

*Abb. 2: Der Turm in Pisa*

### Das Kinderzentrum für Entwicklungs- und Lerntherapie

Wir führen Einzeltherapien, wie bei Dennis zu sehen war, oder Zweiertherapien, d.h. mit einem von der Problemlage her passenden Partnerkind, durch, wenn die Zweierkonstellation einen positiven Effekt auf die Entwicklung im Lernen und Erleben erwarten lässt. Das Ergebnis der wöchentlichen Sitzung von 45 bzw. 60 Minuten Dauer wird durch Übungen für den Rest der Woche gefestigt. Eltern werden in das Wochentraining eingeführt und angeleitet.

Unser Förderkonzept ist eine mehrdimensional kombinierte Entwicklungstherapie. In Abhängigkeit vom Einzelfall kommen die Anteile unseres Therapiekonzepts verschieden gewichtet zum Tragen: Lernprobleme im Schriftspracherwerb ziehen z.B. sehr häufig Defizite in der Organisation des Lernverhaltens nach sich, Versagenserlebnisse – z.T. jahrelang andauernd – psychische Fehlentwicklungen in Emotionalität und Verhalten. Aus der Wechselwirkung von Lernversagen und seinen Folgen kann der Kreislauf einer emotionalen Lern-/Leistungsstörung entstehen.

Begleitend führen wir Elternseminare und individuelle Elternberatung durch. Denn auch die primären Bezugspersonen sind tagtäglich den Lern-/Leistungsproblemen und seinen Folgen ausgesetzt (Klagen der LehrerInnen; aufwendiges, aber erfolgloses und konfliktgeladenes Üben; Zweifel an der Normalität des eigenen Kindes). Sie machen die Erfahrung, dass sie ihrem Kind nicht helfen können, und sind darüber häufig derart verzweifelt, dass sie an die Grenze ihrer Belastbarkeit geraten. Die Belastungsreaktionen ihres Kindes (Verweigerungen, Schreien und Wutanfälle, Lustlosigkeit, Vergesslichkeit, Weinerlichkeit) können bei ihnen Irritation, Verärgerung, aggressive Reaktionen, sogar emotionale Abwehr gegenüber dem eigenen Kind erzeugen. Sie benötigen sowohl eine von Verständnis getragene Beratungshaltung als auch konkrete Hilfestellung in Gestalt fachlich-sachlicher Aufklärung.

Das LautAnalytische RechtschreibSystem (LARS) ist die lerntherapeutische Grundlage unserer Kombinationstherapie. Wir haben LARS seit seinen Anfängen ständig weiterentwickelt. Ein wichtiges Prinzip unseres Vorgehens ist u.a., die Fertigkeiten der Sprachlautanalyse aufzubauen, damit ein Sprechgefüge auf seine schriftrelevanten distinktiven Merkmale überprüft werden kann. Hierbei setzen wir daran an, dass sinnhafte Wörter einerseits als Lautfolgen im Blickpunkt der Alphabetschrift stehen, welche andererseits aufseiten des Lernsubjekts als auditive Vorgänge des Hörens perzipiert und als sprechmotorische Bildung von Sprechlauten produziert werden. Die Lautanalyse umfasst nach unserem Verständnis auch die »Distinktionen zweiter Ebene«, nämlich die Analyse des Akzentvokals, d.h. seine Stellung im Wort und seine Lautdauer, weil diese für die Setzung von Dehnungs- und Schärfungszeichen grundlegend sind. Die eigene Artikulation soll – gezielt angeleitet und dann selbsttätig eingesetzt – als Analysator für Lautfolgen und Wortrhythmus nutzbar und zugleich als der elementare Zugriff auf Schrift und Verschriftung verdeutlicht werden: »Schrift-Sprache«. Das Ziel unseres Vorgehens ist, dass Kinder über Sprache und Schrift verfügen können, indem sie Einsichten in die bestimmenden Merkmale des alphabetischen Schriftsystems entwickeln.

Der Schriftsprachaufbau nach LARS existiert als strukturierte Loseblattsammlung zur verantwortlichen Auswahl der in der Entwicklungsanalyse des Schriftsprachstatus und der LARS-Methodik ausgebildeten Therapeuten und Therapeutinnen. Die LARS-Blätter untergliedern sich in Therapeutenvorlagen und Arbeitsblätter für die Kinder. Die Arbeitsblätter sind großzügig mit serifenlosen Schriften gestaltet und mit Bildern zum Ausmalen versehen. Die grundlegenden Trainingsteile sind zunächst in Großbuchstaben in einer Schriftgröße von 20 Punkten gedruckt, dann von mindestens 16 Punkten. Später sind Wechsel in verschiedenen Druckschrifttypen systematisch eingeplant. Da regelmäßig geschrieben wird, wird die Umsetzung in Schreibschrift auch regelmäßig vollzogen. Durch Laserdruck ist das Schriftbild gut lesbar, Anweisungen, Regeln oder Merksätze sind deutlich herausgestellt. Wiederholmöglichkeiten sind planmäßig vorgesehen und bilden das Reservoir für die Therapeuten, um das Wochentraining für die Eltern oder für die Selbstbearbeitung durch das Kind zusammenzustellen.

Der Schriftsprachaufbau im Kinderzentrum ist kein programmierter Lehrgang, sondern wird auf den Entwicklungsstand des Kindes abgestimmt. Wir ermitteln vor und während des Verlaufs der Lerntherapie den Schriftsprachstatus der Kinder anhand einer linguistisch begründeten Fehlerauswertung (DoRA, Dortmunder RechtschreibfehlerAnalyse), um die Aneignungsschwierigkeiten systematisch erfassen und für die Therapieplanung nutzbar machen zu können (Löffler/Meyer-Schepers 1992). Zu diesem Zweck analysieren wir auch den Stand der Voraussetzungen des Lese- und Schreiblernprozesses: Sprachverständnis, Sprechmotorik, sprachlautanalytische und schrift-visuelle Aufmerksamkeit und Gedächtnis sowie visuomotorische Kontrollfertigkeiten. Es sind zum großen Teil die mangelnde Förderung dieser Voraussetzungen, die zum bereichsspezifischen Lernversagen führen.

Das Kinderzentrum ist eine private und unabhängige Facheinrichtung zur Diagnose und Förderung von Kindern und Jugendlichen im schulpflichtigen Alter, deren Lernprobleme beim Lesen- und Schreibenlernen sowie deren Umfangsrelevanz z.B. in Form kindlicher Belastungsreaktionen die Möglichkeiten schulischer Förderung überschreiten. Es ist 1992 durch Namensänderung aus dem »Institut für Legastheniker-Therapie und deutsche Orthographie«, das 1982 gegründet worden war, hervorgegangen. Zur Verfügung stehen derzeit 400 Therapieplätze, wobei je nach Fall eine Therapie bis zu drei Jahre dauern kann. Das Team des Kinderzentrums besteht einschließlich der Leitung aus zwanzig TherapeutInnen. Sie üben ihre Tätigkeit hauptberuflich und in festem Anstellungsverhältnis aus und verfügen neben der Aus- und Weiterbildung im Kinderzentrum über ein abgeschlossenes Hochschulstudium der Fachrichtungen Sprachwissenschaft/Germanistik, (Sonder-)Pädagogik und Psychologie. Interdisziplinäre Orientierung, Supervision im Team und Weiterbildungsmaßnahmen gehören zur kontinuierlichen Qualitätssicherung des Dortmunder Kinderzentrums.

*Christine Mann*

# Linguistisch orientierte Therapie

*Vorbemerkung der Herausgeberinnen:* Der Bitte der Herausgeberinnen, im Sinne einer einheitlichen Terminologie den Ausdruck Legasthenie durch LRS zu ersetzen, wollte Christine Mann nicht entsprechen, obwohl ihr Legasthenie-Konzept sich nicht von dem in diesem Band vertretenen LRS-Konzept unterscheidet. Christine Mann möchte verdeutlichen, dass nicht alle Kinder mit LRS eine außerschulische Therapie benötigen – diese Auffassung deckt sich ebenfalls mit der der Herausgeberinnen.

In der linguistisch orientierten Legasthenietherapie geht man davon aus, dass viele der Schwierigkeiten, die den Kindern als Teilleistungsschwächen angelastet werden, sehr viel mehr mit dem linguistischen System der Schriftsprache (Mann 1989, 1997) zu tun haben als mit vermeintlichen Teilleistungsschwächen der Kinder. (Ohnehin ist der Anteil der LRS-Kinder mit Teilleistungsschwächen sehr gering, wie verschiedene Studien u.a. von Klicpera/Gasteiger-Klicpera 1993 zeigen, Anm. d. Hrsg.) Kinder, die das linguistische System unserer Buchstabenschrift von Anfang an richtig verstehen, entwickeln trotz Teilleistungsschwächen keine Legasthenie, weil im Umgang mit der Schriftsprache diese schwachen Funktionen ständig mittrainiert werden. Von der großen Gruppe der Risikokinder, die Breuer und Weuffen in Kindergärten durch Tests ermittelte (Breuer u.a. 1982), entwickelten 80% *keine* LRS, obwohl sie keinerlei besondere Förderung erhalten hatten (pers. Mitteilung). Andererseits belegen Klicpera/Gasteiger-Klicpera (1993), dass von den Kindern, die Ende des ersten Schuljahres das linguistische System der Schriftsprache nicht ausreichend verstanden und das so genannte phonematische Bewusstsein noch nicht erworben haben, fast alle Kinder dauerhaft gravierende Schwierigkeiten mit der Schriftsprache entwickeln, die nur noch in Einzeltherapie abgebaut werden können.

Ungenaues Hören beispielsweise führt bei vielen Kindern nicht zur Legasthenie, weil sie durch ihr Lesen die der Schriftsprache zugrunde liegende Lautung der Wörter erlernen. Viele Kinder kommen mit einem reichen Schatz an ungenau artikulierten Wörtern in die Schule. Das zeigt sich, wenn man ihnen erlaubt, schon sehr früh freie Texte zu schreiben. Dann wird die »Bundeswehr« zur *Bonizwea, aus »ich wünsche mir« wird *ichwönjemia, aus »haben wir ja« wird *hamwaja. Dass sich allmählich eine richtige Rechtschreibung entwickelt, liegt nicht an einer Weiterentwicklung des Hörens, sondern an der Klärung der Wörter durch die Schriftsprache.

Etwa die Hälfte der Kinder haben eine Zeit lang Schwierigkeiten, die Raumlage eines Buchstabens klar zu erkennen und zur Bedeutungsunterscheidung zu nutzen. Dass sie diese Schwierigkeiten überwinden, liegt an der im Leseprozess vollzogenen beständigen Übung, bei der eine falsche Deutung des Buchstabens keinen Sinn ergibt und deshalb durch die Sinnerfassung korrigiert wird. Das heißt, bei den meisten Kindern, die mit einer angeblichen Teilleistungsschwäche in die Therapie kommen, ist der Leselernprozess missglückt. Sie haben nicht richtig lesen gelernt und konnten deshalb die Schriftsprache nicht zum Überwinden ihrer Schwierigkeiten nutzen.

## Das Beispiel Andreas

Andreas kam Mitte der zweiten Klasse in Therapie wegen der vielen Rechtschreibfehler. Lesen ging angeblich einigermaßen. Tatsächlich aber holperte er durch die Texte, indem er einige Wortbilder erkannte, einiges erriet und bei dem Rest der Wörter unendlich mühsam die Synthese versuchte. Dabei allerdings verwechselte er auch noch ständig b – d und ei – ie. Dass sein Lesen als halbwegs ausreichend galt, lag daran, dass die Mutter einen Übemodus gefunden hatte, bei dem sie die Texte abschnittweise vorlas, bevor Andreas sie lesen musste. Er hatte seine Fähigkeit, auswendig zu lernen, schon gut trainiert – allerdings um den Preis, dass er zu Hause inzwischen Terror machte, wenn er lesen üben sollte. Er war eindeutig von seelischer Behinderung bedroht, sodass das Sozialamt nach § 35 a KJHG die Kosten für die Therapie übernehmen musste.

Lesen lernt man nicht durch ständig wiederholtes Lesen einzelner Wörter, sondern durch eine Klärung dessen, wie Lautsprache und Schriftsprache miteinander zusammenhängen. Dafür ist der erste Schritt, zu erkennen, wie die Buchstaben mit der Artikulation zusammenhängen. Ich fing mit Andreas also noch einmal ganz von vorn an. Wir erarbeiteten, ausgehend von dem längst bekannten Buchstaben A/a, wie man beim Sprechen des /a/ den Mund öffnet, betrachteten es im Spiegel, hielten die rechte Hand genauso geöffnet neben den Mund und machten ein Foto mit der Polaroidkamera, das wir säuberlich auf eine Karteikarte klebten, sodass man die Buchstaben zu dieser Artikulation darunter stempeln und in Schreibschrift schreiben konnte. Und da ihm die Buchstaben ja bekannt waren, konnten wir sofort genauso mit dem M/m verfahren. Mit diesen zwei Buchstaben kann man das Wort »Mama« schreiben. Das hätte Andreas natürlich sofort gekonnt. Aber wir ließen uns Zeit damit, denn es ging darum, den Zusammenhang zwischen den Lauten, ihrer Artikulation und den Buchstaben zu verstehen. Wir erarbeiteten erst einmal, wie man das Wort in Silben sprechen und dabei in Schritten laufen kann. Wir erlernten das Silbentanzen: ein Sprechen des Wortes in Silben, wobei bei jeder Silbe seitwärts geschritten und ein tiefer Armschwung gemacht wird. Für Andreas war das nicht leicht, denn er war motorisch unbeholfen, hatte Schwierigkeiten mit dem Gleichgewicht dabei und der Synchronität. Natürlich speicherte ich bei dieser Beobachtung, dass ich die »Spielzeiten« bei ihm für motorische und das Gleichgewicht fördernde

Übungen nutzen sollte, was in den weiteren Stunden auch geschah. Schon bei diesem Silbentanzen, aber noch mehr beim Malen der Silbenbögen an die Tafel zeigte es sich auch, dass das Verlangsamen der Aussprache, um die Silben synchron zum Tanzen beziehungsweise Malen zu sprechen, für Andreas keine Selbstverständlichkeit war, sondern mühsam gelernt werden musste.

Nun hatten wir die Silbenbögen an der Tafel stehen und erarbeiteten die erste Silbe mit Handzeichen. Das heißt, wir fühlten, was der Mund beim Sprechen tut, ordneten der taktil-kinästhetischen Artikulationswahrnehmung ein Handzeichen zu und erschlossen damit die zu schreibenden Buchstaben. Dann erst wurden sie in die Bögen geschrieben, wobei die Aussprache noch stärker verlangsamt werden musste, damit man genau gleichzeitig den Buchstaben schreibt, zu dem man gerade den Laut spricht. Das konnte Andreas zunächst nicht alleine und ich musste mitsprechen. Es brauchte einige Stunden mit verschiedenen Wörtern, bis es Andreas auch alleine gelang.

Durch das Erarbeiten der Artikulation und der Handzeichen, die alle einen engen Bezug zur Artikulation haben, wird die Aufmerksamkeit der Kinder zunächst weg vom Hören hin zur Körperwahrnehmung im Artikulationsbereich gelenkt. Das erleichtert die Phonemwahrnehmung. Auch das eingeführte deutlich in Silben gegliederte synchrone Sprechen und Schreiben hat mehrere positive Effekte:

- Die Silbengliederung gibt dem Wort eine viel klarere Strukturierung. Nach jeder Silbe wird abgesetzt, kurz kontrolliert und dann erst zur nächsten Silbe angesetzt.
- Das genau synchrone Sprechen und Schreiben trägt zu einer Automatisierung der Laut-Buchstabenverbindung bei, die bald dazu führt, dass das Kind sofort beim Lossprechen auch losschreiben kann, ohne lange nachzudenken, welcher Buchstabe denn zu schreiben sei. Allerdings sind wir sorgfältig darauf bedacht, dass die Kinder über lange Zeit diese Art zu schreiben nur an Wörtern üben, in denen jeder alphabetisch kodierbare Sprechlaut nur durch die häufigste graphemische Alternative symbolisiert wird. Wörter mit b, d oder g am Ende, Wörter mit ß, ä oder unhörbarem h fehlen also lange Zeit völlig. Es soll sich zunächst nur der häufigste Buchstabe für einen Laut festigen. Die anderen Alternativen müssen später durch Nachdenken erschlossen oder extra gelernt werden.
- Dieses verlangsamte Sprechen der Silbe, bei dem ja nicht Einzellaute nacheinander gesprochen werden, sondern der Gesamtklang der Silbe erhalten bleibt, macht gleichzeitig dem Kind intensiv deutlich, wie die Laute in der Silbe zusammenklingen. Dadurch wird es, viel besser als durch jede Erklärung, auf die Lesesynthese vorbereitet. Sehr bald kann man dazu übergehen, das Kind neue Wörter aus den sorgfältig erarbeiteten Buchstaben erlesen zu lassen.
- Schließlich muss bei dieser Schreibtechnik jede Silbe in einem Atemzug geschrieben werden. Damit bildet sie ein Regulativ zum Schreibtempo. Zu hektisch schreibende Kinder müssen ihr Schreibtempo verlangsamen, um die Synchronität hinzubekommen. Ihre Schrift wird dadurch formklarer und gleichmäßiger. Langsamer schreibende Kinder müssen ihre Schrift beschleunigen, weil sie sonst

mit dem Atem nicht hinkommen. Andreas bezog bis zur Therapie seine Anerkennung über seine schöne Schrift. Das änderte sich mit dem Erlernen dieser Schreibtechnik, aber nicht zu seinem Nachteil.

Sehr bald konnte ich Andreas nicht nur Wörter schreiben, sondern auch noch nicht erarbeitete Wörter erlesen lassen. Bei den ersten drei Wörtern halfen die Handzeichen beim Erlesen. Danach brauchte er diese Stütze nicht mehr. Mit dem Erarbeiten von zehn Buchstaben hatte Andreas begriffen, wie die Lesesynthese geht. Und da er in der Schule ja schon sämtliche Buchstaben gelernt hatte, konnten wir neben dem Erarbeiten der weiteren Buchstaben mit dem Lesen eines einfachen Textes beginnen. Da er einen Hund besaß, den er sehr liebte, bot sich das Kinderbuch »Eine Handvoll Hund« an. Das anfängliche Lesen war allerdings sehr mühsam. Denn bei Andreas nahm die Lesesynthese zunächst so viel Raum ein, dass die Sinnerfassung weitgehend auf der Strecke blieb. Wenn man sich mit einem in dieser Form synthetisierten Satz zufrieden gibt und gleich zum nächsten Satz übergeht, wird das Lesen sinnlos und macht keinen Spaß. Es degradiert zu einem für die Erwachsenen veranstalteten Kunststück in Mundgymnastik. Aber, noch viel schlimmer, es kann sich nicht weiterentwickeln, es entwickelt sich keine Leseflüssigkeit, und der positive Effekt für die Rechtschreibung bleibt aus. Ein aus Einzelbuchstaben synthetisiertes Wort klingt meist sehr anders als das eigentlich gemeinte Wort. Es gibt übergeordnete Sprech-Schreibmuster, in denen der Leser einer Gruppe von Buchstaben sofort eine Lautfolge zuordnet, in der der Klang des Einzellautes gegenüber dem Normallaut schon deutlich verändert ist. Die Endungen -en, -er und -el an Wörtern beispielsweise werden von vielen Kindern sehr bald nicht mehr mit einem lang hörbaren e gelesen, sondern mit dem kaum noch hörbaren Schwa-Laut. Erst wenn das Kind eine gewisse Menge an übergeordneten Sprech-Schreibmustern gesammelt hat, werden die Wörter schon beim ersten Erlesen dem Normalklang so ähnlich, dass die Sinnzuordnung spontan und selbstverständlich erfolgt, sodass sich auch bei jedem Lesen spontan weitere Sprech-Schreibmuster entwickeln und sich die Leseflüssigkeit steigert. Aber zu Anfang werden diese Sprech-Schreibmuster erst erlernt, wenn auf das synthetische Erlesen die Zuordnung des Sinns und des umgangssprachlichen Wortklangs erfolgt und die Buchstabenfolge sorgfältig mit dem nun erarbeiteten Wortklang verglichen wird. Auch das Speichern des Wortbildes ist erst nach der Sinnzuordnung möglich.

Deshalb musste bei Andreas nach jedem mühsam erlesenen Satz der Text zugedeckt und gefragt werden: »Was hast du jetzt gelesen?« Beim ersten Mal erfolgte großes Erstaunen. Andreas hatte keine Ahnung. Also wurde der Satz noch einmal gelesen. Beim zweiten Zudecken des Satzes waren immerhin einige Wörter verstanden worden. Aber es brauchte fünf Wiederholungen in derselben Weise, bis Andreas den Satz vollständig verstanden hatte. Aber das war mir durchaus recht, denn bei jedem Durchgang wurden mehr Wörter verstanden und umgangssprachenähnlicher ausgesprochen. Und jede weitere Wiederholung ermöglichte ein schnelleres Wiedererkennen und allmähliches Einprägen der Wörter. Und wir hatten ja Zeit und mussten kein bestimmtes Pensum schaffen. Deshalb konnten wir uns in der ersten Stunde mit diesem einen Satz zufrieden geben, der nach dem vollen Sinnverständnis noch einmal so gelesen wurde, »dass er fast wie erzählt klingt«, und zum Schluss mit Silbenbögen untermalt wurde. Nach drei Therapiestunden mit je fünfzehn Minuten Üben schaffte er eine ganze Seite (sechs Zeilen) in einer Übesequenz, nach weiteren vier Stunden wollte er nach drei Seiten noch nicht aufhören, denn inzwischen hatten sich so viele Wörter eingeprägt, die immer wieder vorkamen, dass das Lesen viel schneller ging und interessant wurde.

Allerdings wurde nach diesem Anfangserfolg auch bald deutlich, warum er das Lesen in der Schule trotz guten Unterrichts nicht gelernt hatte. Bei b – d und ei – ie erwischte er sehr oft den falschen und musste dann mühsam den Sinn suchen, um sich zu korrigieren. Die richtige Reihenfolge der Buchstaben beim Lesen einzuhalten strengte ihn sehr an, weil er seine Augen so schwer lenken konnte. Das wurde nach einer Augenoperation wegen seines leichten Schielens zwar etwas besser, aber seine Ungeduld war so groß, dass er nun viel mehr erhofft und Mühe hatte, so langsam und sorgfältig zu arbeiten, dass die Augen dies fertigbrachten. Beim Schreiben hatte er mit dem Erkennen der Vokale lange Zeit Schwierigkeiten. Immer wieder wurde u zu o, i zu e. Wir mussten in den Lesetexten eine Zeit lang alle u besonders markieren, damit er diese Wörter überdeutlich aussprach, um langsam ein Gefühl für den Klang des u zu bekommen, ebenso beim i und beim k, das er mit dem g gleichsetzte.

Es war offensichtlich, dass sein Körpergefühl und seine Motorik ihm große Schwierigkeiten machten, weil sie so schlecht entwickelt waren. Deshalb wurden in jede Stunde Elemente aus der sensomotorischen Übungsbehandlung hineingenommen. Außerdem musste auch oft an den Beziehungsproblemen mit den Klassenkameraden gearbeitet werden, bevor er sich auf das Lesen und Schreiben einlassen konnte. Und mit den Eltern musste eine andere Betreuung der Hausaufgaben erarbeitet werden. Daher kamen wir mit den ersten bewilligten vierzig Stunden nicht aus und mussten bis zu achtzig Stunden verlängern. Arbeit an den Rechtschreibregeln allerdings brauchte Andreas nicht. Durch die erworbene richtige Lesetechnik speicherte er die Wörter bei jedem Lesen allmählich gut genug, sodass die in der Schule vermittelten Rechtschreibregeln ausreichten.

## Das Beispiel Georg

Georg kam erst im vierten Schuljahr zu mir in Therapie und war schon ein kompetenter Leser. Zwar machte er viele Lesefehler, aber er las schnell, flüssig und sinnerfassend. Nur wenn fremde Namen im Text vorkamen, brauchte er sehr lange, um sie zu erlesen. Und bei dem Wort »Stiefel«, das er nicht sofort erkannte, war sein Verhalten sehr verblüffend. Er stutzte, ärgerte sich und schloss die Augen. Auf meinen Hinweis, er möge doch die Buchstaben erlesen, wehrte er irritiert ab: »Nein, nein, ich hab' es gleich!«, um dann die Augen wieder zu öffnen und die richtige Lösung zu nennen. Er war ein Ganzwortleser, der sich die Wörter aus Kontexthinweisen und vielleicht den ersten zwei synthetisierten Buchstaben erschloss, sie speicherte, und nun im Speicher nachsuchte, in welchem Kontext ihm denn dieses Wort schon einmal begegnet war, um sich dann an »Stiefel« zu erinnern. Das zeigt natürlich einen hohen Grad von Intelligenz und ein sehr gutes visuelles Gedächtnis. Seine Lesetechnik war so effektiv, dass es nicht mehr möglich war, sie zu ändern. Aber sie war für sein Rechtschreiben absolut destruktiv. Er lernte nicht durch das synthetische Erlesen, wie die Wörter für die Verschriftlichung gesprochen werden müssen, und verschriftlichte seine Umgangssprache. Deshalb bekam er bei der Anfangsdiagnostik vom Kinder- und Jugendpsychiater eine auditive Wortdurchgliederungsschwäche angehängt. Und da er sich vom Wortbild her oft an Buchstaben erinnerte, die in der Umgangssprache gar nicht erkennbar waren, ordnete er sie ungefähr an der entsprechenden Stelle ein, was ihm die Diagnose einer zusätzlichen Raum-Lage-Labilität einbrachte. Da ihm das auch bei sehr häufigen Wörtern wie »fahren« = *farhen oder »sehr« = *sher passierte, wurde noch eine visuelle Merkschwäche hinzugefügt.

Für Georg war der Zusammenhang zwischen mündlicher und schriftlicher Sprache nicht völlig klar. Er verstand zwar beim Lesen den Sinn und konnte jedes gelesene Wort mündlich einwandfrei in Silben gliedern. Wenn er dann aber unter die gelesenen Wörter die Silbenbögen malen sollte, malte er sie irgendwie nach seinem Sprechrhythmus. Dass genau definiert ist, welche Buchstaben zu welcher Silbe gehören und dass man dies durch Vergleich zwischen der Laut- und der Buchstabenfolge erkennen kann, musste er mühsam lernen. Besonders mühsam war dies, weil er durch seine vielen schlechten Erfahrungen in Schule und Familie aufgrund seines Rechtschreibversagens nicht lesen und schreiben mochte und die Aufgaben so schnell wie möglich hinter sich bringen wollte. Dies stand dem notwendigen sorgfältigen Hinschauen im Wege und musste immer wieder auch psychotherapeutisch bearbeitet werden. Und natürlich waren auch intensive Eltern- und Lehrergespräche nötig, um dort Verständnis zu wecken und verändertes Verhalten zu erreichen.

Auch das synchrone, in Silben gegliederte Sprechen und Schreiben war für ihn schwer, denn er musste seine Aussprache verlangsamen und die Silbenpausen einhalten. Das stand einer Schnellsterledigung im Wege. Umso wichtiger war es, dass dieses sorgfältige Arbeiten durch hundertprozentigen Erfolg belohnt wurde. Das heißt, bei den Diktaten, in denen er diese Schreibtechnik übte, durften keine Rechtschreibbesonderheiten vorkommen, die Fehler hätten verursachen können. Zu Anfang wurden sogar Konsonantenhäufungen in einer Silbe vermieden, damit er in seiner Ungeduld nicht einen der beiden Konsonanten überhörte. Und es musste vor dem Diktat sichergestellt werden, dass er wusste, wie die Wörter gesprochen werden, um sie richtig zu schreiben, denn diese Fähigkeit wurde vom Lesen her zu wenig trainiert, dort hatte er seine großen Defizite.

Bei ihm mussten dann auch die übergeordneten Rechtschreibstrategien, mit denen die lautliche Orientierung der Rechtschreibung modifiziert und allmählich in eine Morphemorientierung übergeführt wird, systematisch aufgebaut werden. Die lautliche Orientierung ist zwar die Grundlage der Rechtschreibung, aber darüber hinaus müssen Verwandtschaften zwischen Wortformen und Wörtern und historisch entstandene Schreibungen, die die lautorientierte Schreibung modifizieren, ebenso berücksichtigt werden wie syntaktisch-grammatikalisch orientierte Regeln. (Die verschiedenen Strategien, mit denen man die lautliche Orientierung zunächst aufbaut und dann modifiziert, werden bei Mann 1997 dargestellt.) Gute Rechtschreiber lernen diese Modifikationen mit relativ wenig Aufwand. Bei Kindern wie Georg aber muss man Schritt für Schritt jede übergeordnete Rechtschreibstrategie einzeln aufbauen. Die erste übergeordnete Strategie war die Beachtung des t-Signals bei Verben. Verbformen mit t in der grammatikalischen Endung (du komms***t***, er läuf***t***, ihr reiß***t***, ich dreh***t***e, sie reiz***t***en) müssen auf die Grundform zurückgeführt werden, um die Schreibung zu überprüfen. Dies wird zunächst an Einzelwörtern geübt. Dann wird das Auffinden des t-Signals an gedruckten Texten trainiert. Erst dann werden dem Kind Sätze diktiert, in denen solche Verbformen vorkommen, und sie lernen, nach dem Schreiben des Satzes die Verben zu suchen, beim t-Signal die Schreibung zu überprüfen und gegebenenfalls zu korrigieren. Der nächste Schritt ist, die Verben mit t-Signal schon vom Hören her zu erkennen um sich schon vor dem Schreiben die Rechtschreibung klar zu machen. Erst wenn diese Strategie so weit automatisiert ist, dass man beobachten kann, wie das Kind bei diktierten Sätzen ohne lange Vorüberlegungen spontan beim Schreiben des t-Signals zögert und seine Schreibung überprüft, kann man die nächste Strategie einführen. Bei Georg war das das Peteka-Signal. Alle Wörter, die auf b – p, d – t oder g – k enden, müssen verlängert werden, um sicherzustellen, dass man den richtigen des Buchstabenpaares erwischt hat. Im zweiten Schritt wird gelernt, dass dieses Signal gar nicht immer nur am Ende eines Wortes steht, sondern manchmal auch mitten im Wort. Dann muss man vor dem Verlängern erst den folgenden Wortbaustein abtrennen, etwa bei Freun***d***schaft oder grün***d***lich.

Ziel des Strategielernens ist schließlich eine morphemorientierte Schreibung, bei der Wörter, die man nicht sicher kennt, in ihre Wortbausteine zerlegt werden, um auf diese Weise die Schreibung überprüfen zu können.

Bei Georg waren damit nicht sämtliche Rechtschreibfehler zu beseitigen. Aber er lernte, wie er sich die Wörter, die er richtig schreiben will, erarbeiten muss, und welche Gedächtnisstrategien er dafür anwenden kann. Hier konnte man dann auch wieder auf sein gutes visuelles Gedächtnis zurückgreifen, das nach der genauen Analyse der Buchstabenfolge und des Morphemaufbaus durchaus hilfreich ist, um sich die Wörter einzuprägen.

Andreas und Georg wurden von mir in meiner Schulpsychologischen Praxis therapiert, denn bei ihnen waren die psychischen Störungen schon so stark geworden, dass sie eine psychotherapeutische Behandlung brauchten. Die meisten Legastheniker aus dem hiesigen Raum werden an LegasthenietherapeutInnen weitergegeben, die sich 1975 in einer Gesellschaft für Legasthenietherapie e.V. zusammengeschlossen haben, um sich gemeinsam gute Formen von Legasthenietherapie zu erarbeiten. Die linguistisch orientierte Legasthenietherapie basiert auf dem Wissen aus zwei Forschungsprojekten (Mann 1987, Reuther-Liehr 1993).

# Literaturverzeichnis


Allington, R.L./Walmsley, S.A. (Eds.): No quick fix: Redesigning literacy programs in America's elementary schools. New York 1995.

Andresen, H.: Schriftspracherwerb und die Entstehung von Sprachbewußtheit. Opladen 1985.

Augst, G./Dehn, M.: Rechtschreibung und Rechtschreibunterricht. Können – Lehren – Lernen. Stuttgart 1998.

Balla, I./Dummer-Smoch, L./Finck, W.: Förderdiagnostik im Anfangsunterricht. In: Pädagogik und Schulalltag, 46, 1/1991.

Bastian, J. (Hrsg.): Pädagogische Schulentwicklung. Schulprogramm und Evaluation. Hamburg 1998.

Baumert, J./Lehmann, R. u.a.: TIMSS – Mathematisch-naturwissenschaftlicher Unterricht im internationalen Vergleich. Zusammenfassung deskriptiver Ergebnisse. Berlin 1997.

Becker, R.: Die Lese-Rechtschreib-Schwäche aus logopädischer Sicht. Berlin 1985.

Bergk, M.: Rechtschreiben lernen von Anfang an. Frankfurt a.M. 1987.

Bergk, M.: Spielen mit Texten und Rechtschreiben. Leipzig 1999.

Bettelheim, B.: Ein Leben für Kinder. Erziehung in unserer Zeit. München 1991 .

Bettelheim, B.: Zeiten mit Kindern. Freiburg 1994.

Betz, D./Breuninger, H.: Teufelskreis Lernstörungen. München 1982.

Biscaldi, M./Gezeck, S./Stuhr, V.: Poor saccadic control correlates with dyslexia. Neuropsychologia, Vol. 36, No. 11/1998, pp. 1189-1202.

Bojahr, S.: Katamnestische Untersuchungen zur Lese-Rechtschreib-Schwäche (LRS). Diplomarbeit Sektion Rehabilitationspädagogik und Kommunikationswissenschaft der Humboldt-Universität zu Berlin 1971.

Bornhaupt, B./Hurrelmann, K.: Kinder im Streß?! Ein Ratgeber für die Lebensprobleme der 6- bis 16jährigen. Weinheim 1991.

Bosch, B.: Grundlagen des Erstleseunterrichts. Reprint der 1. Auflage 1937. Frankfurt 1984.

Brack, U.B.: Entwicklungsstörungen. In: Kindheit und Entwicklung. 5, 1996, S. 3–11.

Breitenbach, E./Keßler, B.: Edu-Kinestetik aus empirischer Sicht. In: Sonderpädagogik 1/1997, S. 8–18.

Breuer, H. u.a.: Zur prophylaktischen Einschränkung von Lernschwierigkeiten im Anfangsunterricht. Berlin (Ost) 1982.

Brügelmann, H.: Taktiken des Lesens – Zugriffsweisen im Lernprozeß. In: Ritz-Fröhlich, G. (Hrsg.): Lesen im 2.–4. Schuljahr. Bad Heilbrunn 1981, S. 81–91.

Brune, C.: Förderung eines zehnjährigen Schulkindes mit Problemen beim Schriftspracherwerb. Unveröffentl. wissenschaftl. Hausarbeit. Reutlingen 1995.

Bühler-Niederberger, D.: Legasthenie. Geschichte und Folgen einer Pathologisierung. Opladen 1991.

Bundesminister für Jugend,Familie, Frauen und Gesundheit: Das neue Kinder-und Jugendhilfegesetz. Bonn 1990.

Cardon, L.R. u.a.: Qualitative trait locus for reading disability on chromosome 6. In: Science 268, June 1995, S. 276–279.
Carnine, D./Silbert, J.: Direct instruction reading. Columbus/Ohio 1979.
Cloer, E.: Alle Kinder stärken – die beste Schule gegen Gewalt. In: Valtin, R./Portmann, R. (Hrsg.): Gewalt und Aggression: Herausforderungen für die Grundschule. Frankfurt a.M. 1995.
Coles, G.: The Learning Mystique: A Critical Look at »Learning Disabilities«. New York 1987.
Coles, G.: Reading Lessons. The Debate over Literacy. New York 1998.
Crämer, C./Füssenich, I./Schumann, G.: Lese- und Schreibschwierigkeiten im Zusammenhang mit Problemen der gesprochenen Sprache. Die Sprachheilarbeit. 1/1996, S. 5–21.
Davis, R.D.: Legasthenie als Talentsignal. Genf 1995.
Dehn, M.: Zeit für die Schrift. Lesenlernen und Schreibenkönnen. Bochum 1988.
Denig-Helms, K.: Klassenarbeiten erfolgreich bestehen. München/Wien 1995.
Dennison, P.E.: Befreite Bahnen. Freiburg 1990.
Dietl, B.: Sensorische Integration nach Jean Ayres. In: Der Kinderarzt, 18/1987, S. 1360–1369.
Döpfner, M./Schürmann, St./Frölich, J.: Therpieprogramm für Kinder mit hyperkinetischem und oppositionellem Problemverhalten. Weinheim $^{2}$1998.
Döpp, W.: Lebensprobleme und Lernprobleme. Der Umgang mit familiären Schwierigkeiten in der Schule. In: Pädagogik 7-8/1997.
Downing, J./Valtin, R. (eds.): Language awareness and learning to read. New York 1984.
Downing, R.: Task awareness in the development of reading skill. In: Downing, J./Valtin, R. (eds.): Language awareness and learning to read. New York/Heidelberg/Berlin 1984, pp. 27–55.
Dummer, L./Hackethal, R.: Handbuch zum Kieler Leseaufbau. Kiel 1984
Dummer-Smoch, L./Breuer, H./Weuffen, M.: Ratgeber Legasthenie. Mannheim 1998.
Eberwein, H. (Hrsg.): Behinderte und Nichtbehinderte lernen gemeinsam. Handbuch der Integrationspädagogik. Weinheim 1994.
Eckermann, J.P.: Gespräche mit Goethe. 2. Band. Wiesbaden 1955.
Ehri, L.C.: Development of the ability to read words: Update. In: Ruddell, R./Ruddell, M./Singer, H. (eds.): Theoretical Models and Processes of Reading (eith ed.). Newark 1994, pp. 323–358.
Ehri, L.C.: Phases of development in reading words. Journal of Research in Reading, 18/1995, pp. 116–125.
Einsiedler, W.: Empirische Grundschulforschung im deutschsprachigen Raum – Trends und Defizite. In: Unterrichtswissenschaft 25, 4/1997, S. 291–315.
Erdheim, M.: Esoterik macht selbstgerecht. In: Psychologie Heute 7/1997, S. 39–41.
Fara und Fu. Leseübungskartei. Hannover: Schroedel 1997.
Ferreiro, E.: Qu'est-ce qui est écrit dans une phrase écrite? Une réponse psychogénétique. Institut Romand de Documentation Pédagogique, Recherche 5/1979.
Fischer, B.: Prüfung der Blicksteuerung. Einführung in die Grundlagen und praktische Anwendung. Man. o.J.
Fischer, B.: Informationen zur Legasthenie. Eine Information des Blicklabors, (sic!) der Universität Freiburg. http://www.brain.uni-freiburg.de/fischer/bbl/, abgerufen 1958.
Fischer, B.: Untersuchungen zur Blicktüchtigkeit. Diagnosen und Hilfen, http://www.brain.uni-freiburg.de/, abgerufen 1998.
Fischer, B./Biscaldi, M./Hartnegg, K.: Die Bedeutung der Blicksteuerung bei der Lese-Rechtschreibschwäche. In: Sprache. Stimme. Gehör. 22/1998, S. 18–24.
Fischer, B./Hartnegg, K.: Effects of daily practice on saccadic control in dyslexia, http://w.w.w.brain.uni-freiburg.de/, abgerufen 1998.
Fölling-Albers, M.: Kindheitsforschung und Schule. In: Behnken, I./Jaumann, O. (Hrsg.): Kindheit und Schule. Weinheim und München 1995.
Förster, J.: Wenn das Gehör aus dem Takt kommt. In: Die Zeit v. 19.2.1998.
Frauenfeld, H.: Ein Förderkonzept. In: Grundschule 4/1995.

Frostig, M.: Developmental Test of Visual Perception. In: Buros, O.K. (ed.): The Sixth Mental Measurement Yearbook, 1965, pp. 552–556.
Füssenich, I./Schoor, U.: Interdisziplinäre Sprachbehindertenpädagogik – vom Kinde her gesehen. In: Lotzmann, G. (Hrsg.): Verbale und nonverbale Kommunikationsstörungen. Weinheim und Basel 1989, S. 100–120.
Füssenich, I.: Förderunterricht fördert. Wie Kinder mit Entwicklungsverzögerungen die Schrift entdecken. In: Die Grundschulzeitschrift, 57/1992, S. 42–44.
Füssenich, I.: Wie wird man AnalphabetIn? In: Stark, W./Fitzner, T./Schubert, C. (Hrsg.): Berufliche Bildung und Analphabetismus. Eine Fachtagung in der Evangelischen Akademie Bad Boll. Stuttgart/Dresden 1993, S. 59–62.
Genuneit, J.: Lesetexte für Leseungewohnte In: Crämer, C./Füssenich, I./Schumann, G. (Hrsg.): Lesekompetenz erwerben und fördern. Braunschweig 1998, S. 144–156
Goldner, C.: Psycho. Therapien zwischen Seriosität und Scharlatanerie. Augsburg 1997.
Grissemann, H.: Pädagogische Psychologie des Lesens und Schreibens. Bern/Stuttgart/ Toronto 1986.
Grüttner, T.: Helfen bei Legasthenie. Reinbek 1987.
Gudjons, H.: Pädagogisches Grundwissen: Überblick – Kompendium – Studienbuch. Bad Heilbrunn 1993.
Hallowell, E. M./Ratey, J.J.: Driven to Distraction. Recognizing and Coping with ADD from Childhood through Adulthood. New York 1995.
Hänsel, D.: Kinder fordern uns heraus – Überlegungen zum Wandel des Lehrerseins. In: Schäfer, G. (Hrsg.): Soziale Erziehung in der Grundschule. Weinheim und München 1994.
Heller, D.: Über das Elektrookulogramm beim Lesen. Inaugural-Dissertation am Fachbereich Philosophie, Geschichte und Sozialwissenschaften der Universität Erlangen-Nürnberg 1976.
Helmke, A.: Manual und Inhaltsschlüssel für die Auswertung der offenen Attribuierungsfragen im LOGIC-Projekt. München: Max-Planck-Institut für psychologische Forschung, 1990.
v. Hentig, H.: Die Schule neu denken. München/Wien 1993.
Heuser, Ch./Schütte, M./Werning, R.: Kooperative Lernbegleitung von Kindern und Jugendlichen mit besonderem Förderbedarf in heterogenen Gruppen. In: Heimlich, U. (Hrsg.): Zwischen Aussonderung und Integration. Neuwied/Kriftel/Berlin 1997.
Hildeschmidt, A./Schnell, I. (Hrsg.): Integrationspädagogik. Weinheim und München 1998.
Hinnrichs, J. u.a.: Das Elefantenbuch. Schreiben und Rechtschreiben für die Klassen 2, 3 und 4. Hannover 1997.
Hofmann, B.: Lese-Rechtschreibschwäche – Legasthenie. München 1998.
Hörschgens-Füssenich, W.: Elementarbildung in Förderlehrgängen für SchülerInnen ohne Hauptschulabschluß. In: Brügelmann, H./Balhorn, H. /Füssenich, I. (Hrsg.): Am Rande der Schrift. Zwischen Sprachenvielfalt und Analphabetismus. Lengwil 1995, S. 242–249.
Huck, G.: Gibt es in der DDR Analphabeten? In: Pädagogik 4/1990.
Hund, W.: Edu-Kinestetik: denk-, merk-, frag-würdig? In: Grundschulmagazin 7-8/1997, S. 10–12.
Ingenkamp, K./Schreiber, W.H. (Hrsg.): Was wissen unsere Schüler? Weinheim 1989 .
Jansen, H.: Untersuchungen zur Entwicklung lautsynthetischer Verarbeitungsprozesse im Vorschul- und frühen Grundschulalter. Egelsbach 1992.
Johnston, P./Allington, R.L.: Remediation. In: Barr, R./Kamil, M.L./Mosenthal, P./Pearson, P.D. (eds.): Handbook of research on reading, Vol. II. New York 1991, pp. 984–1012.
Jung, U.: Zur auditiven Diskrimination legasthener und normaler Schüler. In: Linguistik und Didaktik 31/1977, S. 210–218.
Kalmar, M./Schulz, G. i.A. des Österreichische Bundesverband Legasthenie ÖBVL): Stellungnahme zu R. Davis: Legasthenie als Talentsignal. Wien 1998.
Kemmler, L.: Schulerfolg und Schulversagen. Göttingen 1967.
Kleßmann, E.: Christiane. Goethes Geliebte und Gefährtin. Zürich $^{2}$1993.

Klicpera, C./Gasteiger-Klicpera, B. (unter Mitarbeit von A. Schabmann): Lesen und Schreiben – Entwicklung und Schwierigkeiten. Bern 1993.

Klicpera, C./Gasteiger-Klicpera, B.: Psychologie der Lese- und Schreibschwierigkeiten – Entwicklung, Ursachen, Förderung. Weinheim 1995.

Klicpera, C./Gasteiger-Klicpera, B.: Auswirkungen einer Schulung des zentralen Hörvermögens nach edu-kinesiologischen Konzepten auf Kinder mit Lese- und Rechtschreibschwierigkeiten. Heilpädagogische Forschung, 22/1996, S. 57–64.

Klicpera, C./Gasteiger-Klicpera, B.: Die ersten Stadien der Entwicklung von Lese- und Rechtschreibschwierigkeiten. Heilpädagogische Forschung, 24/1998, S. 163–175.

Klicpera, C./Gasteiger-Klicpera, B./Hütter, E.: Die Legasthenikerförderung in zwei Wiener Schulbezirken. Eine Evaluationsstudie einer schulinternen Fördermaßnahme. In:Bundesministerium für Unterricht und Kunst (Hrsg.): Was macht die Förderung effektiv? Kontroverse Konzepte zur Legasthenikerbetreuung. Beiträge zur pädagogischen Psychologie Nr. 769–778. Wien 1993, S. 41–147.

KMK-Grundsätze zur Förderung von Schülern mit besonderen Schwierigkeiten beim Erlernen des Lesens und des Rechtschreibens vom 20.4.78. In: Naegele, I./Valtin, R. (Hrsg.): LRS in den Klassen 1–10. Bd. 1. Weinheim und Basel [4]1997.

Kossakowski, A.: Wie überwinden wir die Schwierigkeiten beim Lesen und Schreibenlernen, insbesondere bei Lese-Rechtschreib-Schwäche? Berlin 1961.

Kowalczyk, W./Ottich, K.: Schülern auf die Sprünge helfen. Lern- und Arbeitstechniken für den Schulerfolg. Reinbek 1995.

Kretschmann, R./Dobrindt, Y./Behring, K.: Prozessdiagnose der Schriftsprachkompetenz in den Schuljahren 1 und 2. Bergedorfer Förderprogramme 8. Horneburg 1998.

Landerl, K., Wimmer, H./Moser, E.: Salzburger Lese- und Rechtschreibtest-Verfahren zur Differentialdiagnostik von Störungen des Lesens und Schreibens für die 1. bis 4. Schulstufe. Bern 1997.

Landerl, K./Wimmer, H.: Phonologische Bewusstheit als Prädikator für Lese- und Schreibfertigkeiten in der Grundschule. In: Zeitschrift für Pädagogische Psychologie, 8, 3-4/1994, S. 153–164.

Landesverband Legasthenie Bayern: Schutz von Schülern und Eltern vor der sog. Davis-Methode. In: LRS-Zeitschrift des Bundesverbandes Legasthenie, 1/1999, S. 4–7.

Leifermann-Jahn, K.: Die NLP-Buchstabierstrategie. Eine Hilfe zum Rechtschreibenlernen. In: Grundschule 4/1996, S. 21–23.

Linder, M.: Über die Legasthenie (spezielle Leseschwäche). In: Zeitschrift für Kinderpsychiatrie, 18, 1951, S. 97–143.

Löffler, I./Meyer-Schepers, U./Mau, C./Kuhnla, C./Hille, M.: Diagnostik und Therapie des Kinderzentrums für Entwicklungs- und Lerntherapie Bochum/Dortmund. Dortmund 1999 (unveröffentlicht)

Löffler, I./Meyer-Schepers, U./Schmidt, H.: Sprachwissenschaftlich orientierte Fehleranalyse zur Diagnose einer Lese-Rechtschreibschwäche (Legasthenie). In: Diskussion Deutsch 111/1990.

Löffler, I./Meyer-Schepers, U.: DoRA Dortmunder RechtschreibfehlerAnalyse zur Ermittlung des Schriftsprachstatus rechtschreibschwacher Schüler. Ein Arbeitsbuch für die Hand des Lehrers. Dortmund 1992.

MacCracken, M.: Charlie, Eric und das ABC des Herzens. Frankfurt a.M. 1990.

Mann, C.: Legasthenie verhindern. Bochum 1989.

Mann, C.: Selbstbestimmtes Rechtschreibenlernen. Weinheim [4]1997.

Mann, C.: Zur Prävention von LRS im Regelunterricht durch Fortbildung und Beratung von Lehrern des 1. und 2. Schuljahres, unter besonderer Berücksichtigung der »Pilotsprache« – eine Längsschnittuntersuchung. Göttingen 1987.

Mannhaupt, G.: Deutschsprachige Studien zur Intervention bei Lese-Rechtschreibschwierigkeiten. Ein Überblick zu neueren Forschungstrends. In: Zeitschrift für Pädagogische Psychologie, 8, 3-4/1994, S. 123–138.

May, P.: Rechtschreibentwicklung. Ein Vergleich. In: Unterstufe, 38/1991, S. 9.

May, P.: Rechtschreibfähigkeit und Unterricht. Rechtschreibleistungen Hamburger Schüler/innen im vierten Schuljahr im Zusammenhang mit Merkmalen schriftsprachlichen Unterrichts. Ergebnisse der Voruntersuchung zum Projekt Lesen und Schreiben für alle (PLUS). Bericht der Wissenschaftlichen Begleitung Nr. 94/01. Hamburg 1994.

May, P.: Rechtschreiblernen in West und Ost. In: Niemeyer, W. (Hrsg.): Kommunikation und Lese-Rechtschreibschwäche. Bochum 1995a, S. 169–178.

May, P.: Schriftsprachliche Leistungen und lernförderliche Unterrichtsbedingungen. Ergebnisse der Voruntersuchung zum Hamburger Projekt »Lesen und Schreiben für alle«. In: Brügelmann, H./Balhorn, H./Füssenich, I. (Hrsg.): Am Rande der Schrift. Zwischen Sprachenvielfalt und Analphabetismus. Lengwil 1995b, S. 344–349

May, P.: Diagnose orthographischer Kompetenz. Zur Erfassung der grundlegenden Rechtschreibstrategien mit der Hamburger Schreib-Probe. Unter Mitarbeit von Ulrich Vieluf und Volkmar Malitzky. Hamburg [4]1998.

May, P.: Strategiebezogene Rechtschreibdiagnose – mit und ohne Test: Analyse von freien Schreibungen mit Hilfe der HSP-Kategorien. In: Balhorn, H./Bartnitzky, H./Büchner, I./Speck-Hamdan, A. (Hrsg.): Schatzkiste Sprache I: Lesen und Schreiben von Anfang an. AKG-Band 103. Frankfurt a.M. 1999a, S. 279–293.

May, P.: Lernförderlicher Unterricht. Schriftsprachlicher Klassen- und Förderunterricht und seine Wirkungen auf den Lernerfolg im Rechtschreiben und Textgestalten sowie auf die Motivation der Kinder. Bericht über die Evaluation des Projekts »Lesen und Schreiben für alle« (PLUS). Psychologisches Institut II der Universität Hamburg 1999b.

Meyer-Schepers, U./Löffler, I.: Fehlertypologien und Rechtschreibfehler. In: Praxis Deutsch, 21, 1994.

Mikulecky, L./Drew, R. Basic literacy ski lls in the workplace. In: R. Barr, M.L./Kamil/ Mosenthal, P./Pearson, P.D. (eds.). Handbook of research on reading, Vol. II. New York 1991, pp. 669–689.

Naegele, I.M./Haarmann, D./Rathenow, P./Warwel, K. (Hrsg.): Lese- und Rechtschreibschwierigkeiten. Orientierungen und Hilfen für die Arbeit mit Grundschülern. Weinheim 1981.

Naegele/Portmann (Hrsg.): Lese- und Rechtschreibschwierigkeiten in der Sekundarstufe I. Weinheim 1983.

Naegele, I.M.: »Internationales Koch- und Spielbuch« – LRS-Förderung in Klasse 5. Grundsätze der Förderung. In: Naegele/Valtin (Hrsg.): LRS in den Klassen 1–10. Weinheim 1989, S. 77ff.

Naegele, I.M.: Schulversagen in Lesen und Rechtschreiben. Weinheim und Basel 1991.

Naegele, I.M./Haarmann, D. (Hrsg.): Darf ich mitspielen? Kinder verständigen sich in vielen Sprachen. Weinheim und Basel [4]1993.

Naegele, I.M.: O LRS ADE! Förderung von Schülern und Schülerinnen in der Sekundarstufe. In: Praxis Schule 5–10, Heft 5, Braunschweig 1994.

Naegele, I.M./Valtin, R. (Hrsg.): Rechtschreibunterricht in den Klassen 1–6. Frankfurt [3]1994.

Naegele, I.M.: Lese-Rechtschreib-Schwierigkeiten. Ein Elternhandbuch. Weinheim 1995.

Naegele, I.M.: Unkonzentriert, faul und lernunwillig! In: Pädagogik 3/96.

Naegele, I.M.: Zu Hause mit der Rechtschreibkartei üben – Beispiel eines Briefes an Eltern. In: Naegele, I.M./Valtin, R. (Hrsg.): LRS in den Klassen 1–10. Band 1. Weinheim und Basel [4]1997.

Naegele, I.M.: Spielend lernen – Lernen im Spiel. In: Naegele, I.M./Haarmann, D. (Hrsg.): Schulanfang heute. Ein Handbuch für Elternhaus, Kindergarten und Schule. Weinheim und Basel 1999.

Namgalis, L./Heling, B./Schwänke, U.: Stiefkinder des Bildungssystems. Hamburg 1990.

Negt, O.: Kindheit und Schule in einer Welt der Umbrüche. Göttingen 1997.

Neuhaus-Siemon, E.: Buchstaben- und Lesekenntnisse von Schulanfängern. Grundschule, Heft 2, 1994, S. 12–15.

Niemeyer, W.: Legasthenie und Milieu. Hannover 1974.
Nimtz-Köster, R.: Ständig unter Strom. DER SPIEGEL, 52/98, S. 180–181.
Nöckel, A.: Lese-Rechtschreibschwäche als didaktisches Problem. Bad Heilbronn 1997.
Oehrle, B.: Visuelle Wahrnehmung und Legasthenie. Weinheim 1975.
Ohnmacht, F./Olson, A.: Canonical analysis of reading readiness measures and the Frostig Developmental Test of Visual Perception. In: Educational and Psychological Measurement 1968.
Olson, A.: Relation of achievement test scores and specific reading disabilities to the Frostig Developmental Test of Visual Perception. In: Perceptual and Motor Skills 1966, pp. 179–184.
Osburg, C.: Anlauttabellen im Unterricht – Methodische Neuheit oder didaktischer Umbruch? In: Osburg, C. (Hrsg.): Textschreiben – Rechtschreiben – Alphabetisierung. Baltmannsweiler 1998, S. 97–136.
Ossowski, U.: Katamnestische Untersuchungen in LRS-Klassen. Abschlußarbeit für das Fernstudium. FB Rehabilitationswissenschaften der Humboldt-Universität zu Berlin 1991 (unveröffentlicht).
Praxis Schule 5–10, 4/1993: Schreiben: normgerecht? frei? textgebunden? kreativ?
Prengel, A.: Pädagogik der Vielfalt. Opladen 1995.
Psychologie Heute 12/1998, S. 15.
Ptok, M./Ptok, A.: Die Entwicklung des Hörens. In: Sprache. Stimme. Gehör, 20/1996, S. 1–5.
Rabkin, G.: Schreiben – Malen – Lesen. Wege zur Kultur. Stuttgart 1992.
Rabkin, G.: Der Engel fliegt zu einem Kind ... Anregungen zum freien Schreiben und Gestalten. Stuttgart/Dresden 1995.
Rabkin, G. u.a. (Hrsg.): Fantasien von Kindern aus aller Welt, Children's Fantasies from around the World. Stuttgart/Düsseldorf/Leipzig 1998.
Ranschburg, P.: Die Lese- und Schreibstörungen des Kindesalters. Halle 1928.
Rathenow, P./Vöge, J.: Erkennen und Fördern von Schülern mit Lese-/Rechtschreibschwierigkeiten. Braunschweig 1982.
Reichen, J.: Lesen durch Schreiben. Zürich 1982 .
Reiser, C.: Die kinder- und jugendpsychotherapeutische Ausbildung. München 1993.
Reuter-Liehr, C.: Behandlung der Lese-Rechtschreib-Schwäche nach der Grundschulzeit. In: Zeitschrift für Kinder- und Jugend-Psychiatrie 21, 3/1993, S. 135ff.
Richter, W./Pieritz, R.: Keine Angst vor Klassenarbeiten. Weinheim und Basel 1995.
Röber-Siekmeyer, C.: Die Schriftsprache entdecken. Weinheim und Basel $^{3}$1997.
Rödler, K.: Emines Weg zur Schrift. In: Balhorn, H. u.a. (Hrsg.): Schatzkiste Sprache 1. Von den Wegen der Kinder in die Schrift. Hannover 1998, S. 164–171.
Rogers, C.R.: Die klientenbezogene Gesprächstherapie. München 1973.
Scarbath, H.: Zur Psychoanalyse der Lehrerrolle im gesellschaftlichen Kontext. In: Schäfer, G. (Hrsg.): Soziale Erziehung in der Grundschule. Weinheim und München 1994.
Schäfer, G.E.: Integration oder Abwehr. Über Schwierigkeiten des Erziehers im Umgang mit schwierigen Kindern. In: Schäfer, G.E. (Hrsg.): Soziale Erziehung in der Grundschule. Weinheim und München 1994.
Scheerer-Neumann, G.: Intervention bei Lese-Rechtschreibschwäche. Bochum 1979.
Scheerer-Neumann, G.: The utilization of intraword structure in poor readers: Experimental evidence and a training programme. Psychological Research, 43/1981, 155–178.
Scheerer-Neumann, G.: Texte für langsam lesenlernende Kinder. Überlegungen und Tips zum Selberschreiben. Grundschulunterricht, 11, 1994
Scheerer-Neumann, G.: Der Erwerb der basalen Lese- und Schreibfertigkeiten. In: Günther, H./ Ludwig, O. (Hrsg.): Schrift und Schriftlichkeit. Ein interdisziplinäres Handbuchinternationaler Forschung. Berlin/New York 1996a, S. 1153–1169.
Scheerer-Neumann, G.: Lesen- und Leseschwierigkeiten. In: Weinert, E. (Hrsg.): Enzyklopädie der

Psychologie. Serie I Pädagogische Psychologie, Band 3, Psychologie des Unterrichts und der Schule. Göttingen 1997, S. 279–325.
Scheerer-Neumann, G.: Schriftspracherwerb: The »State of the Art« aus psychologischer Sicht. In: Huber, L./Kegel, G./Speck-Hamdan, A. (Hrsg.): Einblicke in den Schriftspracherwerb. Braunschweig: Westermann 1998, S. 31–46
Scheerer-Neumann, G.: Hörst du das [r] in »Koffer«?. Über sinnvolle und weniger sinnvolle Übungen zur Phonemanalyse. Grundschulunterricht, 43, 1996b S. 2–5.
Scheerer-Neumann, G.: Stufenmodelle des Schriftspracherwerbs – Wo stehen wir heute? In: Balhorn, H. u.a. (Hrsg.): Schatzkiste Sprache 1. Von den Wegen der Kinder in die Schrift. Hannover, Arbeitskreis Grundschule/DGLS 1998, 54–62
Schenk-Danzinger, L.: Legasthenie – Zerebral-funktionelle Interpretation. Diagnose und Therapie. München 1991.
Schick, K.: NLP und Rechtschreibtherapie. Paderborn 1995.
Schmidt, R. (Hrsg.): Grundriß der Neurophysiologie. Berlin $^{6}$1987.
Schmoll, H.: Die Lese- und Schreibschwäche von Kindern wird oft verkennt. In: FAZ, Dezember 1997.
Schräder-Naef, R.: Schüler lernen Lernen. Weinheim und Basel $^{6}$1996.
Schulte-Körne, G./Deimel, W. u.a.: Die Bedeutung der auditiven Wahrnehmung und der phonologischen Bewußtheit für die Lese-Rechtschreibschwäche. In: Sprache. Stimme. Gehör, 22/1998, S. 25–30.
Schumann, G.: Der Ausländer, der Schulschwänzer und der Zigeuner. Analphabetismus in der Schule. In: Bügelmann, H./Füssenich, I./Balhorn, H. (Hrsg.): Am Rande der Schrift. Zwischen Sprachenvielfalt und Analphabetismus. Lengwil 1995, S. 266–274.
Schwenk, E./Klier, W.: Der ewige Ärger mit der Ähnlichkeitshemmung. In: Praxis Deutsch 124, 3/1994.
Seyfried, P./Rop, I.: Ergebnisse zur schulischen Legasthenikerbetreuung. Wien 1985.
Share, D.L./Silva, P.A.: Language deficits and specific reading retardation: Cause or effect? In: British Journal of Disorders of Communication 22/1988, pp. 219–226.
Shultz, R.T. u.a.: Brain morphology in normal and dyslexic children: The influence of sex and age. In: Annl as of Neurology, 35. June 1994, pp. 732–742.
Spitta, G.: Eigendiktate. In: Naegele, I.M./Valtin, R.: Rechtschreibunterricht in den Klassen 1–6, Frankfurt 1994, S. 63ff.
Spitta, G.: Kinder schreiben eigene Texte. Bielefeld 1986.
Stark, W./Pfitzner, T./Schubert, C. (Hrsg.): Schulische und außerschulische Prävention von Analphabetismus. Stuttgart 1995.
Stiftung Warentest: Handbuch »Die Andere Medizin«. Nutzen und Risiken sanfter Heilmethoden. Berlin 1996.
Süselbeck, G.: Das Diktat wird abgeschafft – was nun? In: Praxis Schule 5–10, 4/91.
Sullivan Spafford, C./Grosser, G.S.: Dyslexia. Research and Resource guide. Boston 1996.
Tallal, P.: Auditory temporal perception, phonics, and reading disability in children. In: Brain and Language, 9/1980, pp. 182–198.
Thieme, A.: Konzentration. Trainings-Programm 6.–9. Klasse. Weinheim und Basel 1994.
Tizard, B./Blatchford, P./Burke, J./Farquhar, C./Plewis, I.: Young children at school in the inner city. Hillsdale/N.J. 1988.
Tymister, H.J.: Sprachdidaktische und lerntheoretische Elemente des Deutschunterrichts. In: Tymister, H.J. u.a.: Deutschunterricht 5–10. München 1980.
Valtin, R.: Empirische Untersuchungen zur Legasthenie. Hannover 1972.
Valtin, R.: Legasthenie – Theorien und Untersuchungen. Weinheim 1974.
Valtin, R.: Zur »Machbarkeit« der Ergebnisse der Legasthenieforschung. In: Valtin, R./Jung, U./Scheerer-Neumann, G.: Legasthenie in Wissenschaft und Unterricht. Darmstadt 1981.

Valtin, R.: Das Stufenmodell des Schriftspracherwerbs – ein förderdiagnostisches Hilfsmittel. In: Unterstufe, 9/1991.

Valtin, R.: Motivation, Rechtschreibstrategien und Regelverwendung von guten und schwachen Rechtschreibern. In: Valtin, R./Naegele, I.M. (Hrsg.): Schreiben ist wichtig! Frankfurt a.M. $^{3}$1993a, S. 95–110.

Valtin, R: Stufen des Lesen- und Schreibenlernens – Schriftspracherwerb als Entwicklungsprozess. In: Haarmann, D. (Hrsg.): Handbuch Grundschule, Band 2. Weinheim und Basel 1993b, S. 68–80.

Valtin, R./Naegele, I.M. (Hrsg.): Schreiben ist wichtig! Grundlagen und Beispiele für kommunikatives Schreiben(lernen). Frankfurt a.M. $^{3}$1993.

Valtin, R./Naegele, I.M.: Nicht nachahmenswert – Negative Beispiele aus Rechtschreibmaterialien. In: Naegele, I.M./Valtin, R. (Hrsg.): Rechtschreibunterricht in den Klassen 1–6. Frankfurt a.M. $^{3}$1994.

Valtin, R. u.a.: Kinder lernen schreiben und über Sprache nachzudenken – eine empirische Untersuchung zur Entwicklung von guten und schwachen Rechtschreibern. In: Valtin R./Naegele, I.M. (Hrsg.): Schreiben ist wichtig! Grundlagen und Beispiele für kommunikatives Schreiben(lernen). Frankfurt a.M. $^{3}$1993, S. 23–53.

Valtin, R./Würscher, I./Rosenfeld, H./Schmude, C./Wisser, C.: Der Beitrag der Schule zur Persönlichkeitsentwicklung. Erste Ergebnisse einer Längsschnittstudie. In: Benner, D./Merkens, H./ Schmidt, F. (Hrsg.): Bildung und Schule im Transformationsprozeß von SBZ, DDR und neuen Ländern – Untersuchungen zu Kontinuität und Wandel. FU, Berlin 1996, S. 219–248.

Vellutino, F.R./Scanlon, D.M./Sipay, E.R./Small, S.G./Pratt, A./Chen, R.S./Denckla, M.B.: Early intervention as a vehicle for distinguishing between cognitive and experiential deficits as basic causes of specific reading disability. In: Journal of Educational Psychology, 1997, 88, pp. 601–638.

Wagner, S.: Die Homöopathie-Fibel. Leoben 1997.

Walbiner W.: Edukinesiologie – Ein neuer Heilsweg in der Pädagogik? Staatsinstitut für Schulpädagogik und Bildungsforschung München. München 1997.

Warnke, A./Niebergall, G.: Legasthenie und Rechenstörungen. In: Remschmidt, H. (Hrsg.): Psychotherapie im Kindes- und Jugendalter. New York 1997.

Warnke, F.: Was Hänschen nicht hört … Elternratgeber Lese-Rechtschreib-Schwäche. Freiburg 1995.

Weigt, R.: Lesen- und Schreibenlernen kann jeder!? Methodische Hilfen bei Lese-Rechtschreib-Schwäche. Neuwied 1994.

Weinert, F.E./Helmke, A. (Hrsg.): Entwicklung im Grundschulalter. Weinheim 1997.

Weltgesundheitsorganisation: Internationale Klassifikation psychischer Störungen. Bern $^{2}$1993.

Wünnenberg, H.: Boff! Kinder schreiben sich frei. Heinsberg 1989.

Zangerle H.: Edelstein statt Einmaleins. Gesunde Geschäfte mit der Kinderpsyche. In: Psychologie Heute 12/1996, S. 52–57

# Die AutorInnen

Prof. Dr. Marion Bergk, Humboldt-Universität zu Berlin, Philosophische Fakultät IV, Institut für Schulpädagogik und Pädagogische Psychologie, Unter den Linden 6, 10099 Berlin

Dr. Wiltrud Döpp, Lehrerin an der Bielefelder Laborschule, Thomashof 19, 33619 Bielefeld

Prof. Linnea Ehri, The City University of New York, Graduate School and University Center, Educational Psychology, 33 West 42rd Street, New York – NY 10036-8099

Dipl.-Päd. Hannelore Frauenfeld, Lehrerin und Lerntherapeutin in Frankfurt/M.

Prof. Dr. Iris Füssenich, Pädagogische Hochschule Ludwigsburg, Fakultät für Sonderpädagogik, Postfach 2344, 72713 Reutlingen

Mag. Dr. Barbara Gasteiger-Klicpera, Psychologin, Sonnenbergstr. 18, A-2380 Perchtoldsdorf

Ruth Gerecke, Grundschullehrerin, Krumme Weiden 1, 65934 Frankfurt/M.

A.o. Prof. Dr. Dr. Christian Klicpera, Universität Wien, Institut für Psychologie, Abteilung für Angewandte und Klinische Psychologie, Universitätstr. 7, A-1010 Wien

Dipl.-Psych. Elsa Nijland, Kinder- und Jugendlichen-Psychotherapeutin, Kinderzentrum für Entwicklungs- und Lerntherapie, Am Hülsenbusch 54a, 44803 Bochum

Dipl.-Psych. Reinhold Komnick, Leiter des Legastheniezentrums der Jugenddorf-Christophorusschule Oberurff, Christl. Jugenddorfwerk Deutschlands e.V., Bergfreiheiter Str. 19, 34596 Bad Zwesten

Dr. Ilona Löffler, Leiterin des Kinderzentrums für Entwicklungs- und Lerntherapie, Ostwall 18, 44135 Dortmund

Dr. Christine Mann, Psycho- und Lerntherapeutin, Schulpsychologische Praxis, Weender Landstr. 76a, 37075 Göttingen

Dr. Peter May, Universität Hamburg, Psychologisches Institut II, Von-Melle-Park 5, 20146 Hamburg

Dr. Ursula Meyer-Schepers, Leiterin des Kinderzentrums für Entwicklungs- und Lerntherapie, Ostwall 18, 44135 Dortmund

Dipl.-Päd. Ingrid M. Naegele, Leiterin der pädagogisch-psychologischen Praxis: Institut für Lernförderung, Franz-Rücker-Allee 58, 60487 Frankfurt/M.

Dr. Gabriele Rabkin, Institut für Lehrerfortbildung, Felix-Dahn-Str. 3, 20357 Hamburg

Prof. Dr. Gerheid Scheerer-Neumann, Universität Potsdam, Institut für Grundschulpädagogik, Postfach 601553, 14415 Potsdam

Dipl.-Päd. Heike Urban, Leiterin der pädagogisch-psychologischen Praxis: Institut für Lernförderung, Franz-Rücker-Allee 58, 60487 Frankfurt/M.

Prof. Dr. Renate Valtin, Humboldt-Universität zu Berlin, Philosophische Fakultät IV, Institut für Schulpädagogik und Pädagogische Psychologie, Unter den Linden 6, 10099 Berlin

Prof. Dr. Ralph Weigt, Sandbacher Weg 79, 12526 Berlin, ehemaliger Leiter der Fachabteilung Sprachbehindertenpädagogik am Institut für Rehabilitationswissenschaft der Humboldt-Universität zu Berlin

Dr. Heinz Zangerle, Kinderpsychologe, Psychotherapeut, Anichstr. 29, A-6020 Innsbruck

# Stichwortverzeichnis

Abschreiben 119
alphabetische Strategie 76 f., 88 f., 96
analytisch-synthetisches Verfahren 37, 64, 74, 76, 95
Anfangsunterricht 36, 38, 110
Anlauttabelle 64, 67, 100, 103, 135
Arbeits- und Lerntechniken 37, 39, 48, 58, 68, 112, 211
Artikulation(sschwierigkeiten) 21, 33, 89, 223, 231
auditive Wahrnehmung(sschwierigkeit) 20 ff., 25, 31, 61, 171, 186, 210, 235
Augenbewegungen 29 ff.

Benotung 120
Blickkontrolle, -steuerung 29 ff.

Computer 38, 101, 111, 125, 143, 145, 213

Diagnostik 48 ff., 70 ff., 87 ff.
Differenzierung (des Unterrichts) 36
Diktate 104, 110, 191, 235
Diskrepanzen, »Diskrepanz-Legastheniker« 22 f., 32, 34

Edu-Kinestetik 25, 197 f.
Eltern 38, 43, 108 f., 171, 179 ff., 193, 205 f., 214, 216, 228
Entstehung von LRS s. Ursachen
Entwicklungsmodell (des Schriftspracherwerbs) 21, 37, 48, 60 ff., 72 ff., 208
Erblichkeit u. Vererbung
Erstlese- und -schreibunterricht s. Anfangsunterricht

familiäre Faktoren, familiäres Umfeld 32, 129, 133, 155, 179 ff.

Förderdiagnostik 37, 48 ff., 70 ff., 87 ff.
Fördermaßnahmen 63, 80, 111 ff., 125 f., 132, 134, 167 f., 171, 190, 228
Förderunterricht 10 f., 24, 38, 40, 82, 101, 109, 112, 154 ff., 170 ff.
freies Schreiben 64, 67, 108, 111, 119, 140 ff., 146 ff., 173, 213
Funktionsschwäche s. Teilleistungsschwäche, -störungen
Funktionstraining, -übungen 24, 173 f.

Grundwortschatz 37, 67, 161

Handschrift 119
häusliche Faktoren, Unterstützung (s. auch familiäre Faktoren) 158, 218
Hausaufgaben 108, 127 f.
Hirnorganische und Hirnfunktionsstörungen 25, 43

Intelligenz, IQ, 17, 22, 32, 131

Karteiarbeit 106 f., 142, 206 f.
korrigieren, Korrektur 85

Lateralität s. Linksdominanz
Lautanalyse, -synthese s. Phonemanalyse, -synthese
lautes Lesen, Vorlesen 172, 188
Lautgebärdenmethode 169
lautorientierte Schreibung s. phonetische Fehler
Legastheniebegriff 11, 16 ff., 203
LehrerInnen, Lehrerausbildung, -fortbildung 35, 36, 38, 39 f., 46, 110, 139, 162 f., 178
Lernausgangslage 37
Lernblockade 132, 144, 146, 205

Lernstrategien 37, 56, 58 f.
Lernvorauseetzungen 33, 110, 162, 229
Lesefehler 17, 73 ff.
Leselehrmethode 37
Lesetests 70 f.
Lesetraining, -förderung 79, 112, 117 f., 124
LRS, Lese-Rechtschreib-Schwierigkeiten 11, 32 ff.
Linksdominanz, Linkshändigkeit 17, 19 f., 34
logographisches Schreiben/Lesen 17, 74 f.

medizinisches Modell der Legasthenie 10, 34, 46, 216
metakognitive Prozesse 58, 73, 83
Morphem, morphematisch, morphemorientiert 67, 72, 88, 235, 236
Motivation 37, 41, 67, 69, 98, 99, 111, 112, 120, 144, 155, 157 f., 206

neurologische, neuropsychologische Störungen 16, 25 ff.

Persönlichkeit(smerkmale) 25, 33, 126, 155, 159
Phonemanalyse, -synthese 21, 55 f., 65 f., 73, 78, 93, 100, 178, 187, 190, 224 f., 228
Phonem-Graphem-Korrespondenzen 56, 77, 89, 131, 135, 187, 223
phonetische Fehler, Strategie 21, 59, 124, 129, 138, 236
phonologische Bewusstheit 21, 55, 176, 230

Ranschburgsche Hemmung, Ähnlichkeitshemmung 68, 111
Raumlage 17, 19 f., 34, 61, 174, 231, 235
Rechts-Links-(Un-)Sicherheit 17, 19, 174, 175
Rechtschreibmaterialien 68
Rechtschreibstrategien 87 ff.
Reversionen (spiegelbildiche Vertauschung von Buchstaben) 17, 24, 31, 34, 62, 173

schulische Faktoren 28, 32, 44, 110, 217
Segmentierung(sprobleme) 51 f., 79 f.
Selbstkonzept 41, 46, 189
Selbstwert(gefühl) 38, 61, 126, 188, 205
Silbe, Silbenübungen 66, 80, 232
soziokulturelle Faktoren 18, 33, 155 f., 170
Spiele, Spielen 39, 65, 69, 99, 106, 112, 121, 168, 205
Sprachbewusstheit 49 ff.
sprachliche Entwicklung, Probleme 232, 170
Stufenmodell s. Entwicklungsmodell

Teilleistungsschwächen, -störungen 16, 18 ff., 23 ff., 48, 62, 131 f., 230
Tests 70 f., 87 ff., 177

Unterricht, Unterrichtsbedingungen 22, 25, 28, 33, 110, 155, 159 ff.
Ursachen (von LRS bzw. Legasthenie), Ursachenfaktoren 12, 28, 33, 36, 46, 61, 132, 204, 217 f.

Vererbung 16, 18, 43, 46
visuelle Wahrnehmung 17 f., 31, 34, 186
visuomotorische Koordination 18, 187

Wortbegriff, -konzept 53 f.